大数据征信及智能评估：
征信大数据挖掘与智能分析技术

孙圣力　罗　宁　张福浩　编著

清华大学出版社
北　京

内 容 简 介

本书聚焦于个人层面的信用违约技术研究、风险预警与监控系统的实现，但其中的技术也可以便捷地应用于企业征信。全书由浅入深、循序渐进地讲述了大数据时代下的征信技术。全书分为三个部分，第一部分是基础技术研究，介绍了征信业务中多源、多模态数据的融合方法，以及大数据征信模型的归因分析与解释性研究；第二部分是信用评估技术研究，包括大数据征信场景下时序数据的挖掘与分析，违约风险评估预警技术，以及不同区域的差异性对于信用情况的影响；第三部分聚焦于信用评估系统研发，从全局角度描述了一个信用评估与监控预警系统的实现。

本书封面贴有清华大学出版社防伪标签，无标签者不得销售。
版权所有，侵权必究。举报：010-62782989，beiqinquan@tup.tsinghua.edu.cn。

图书在版编目(CIP)数据

大数据征信及智能评估：征信大数据挖掘与智能分析技术 / 孙圣力，罗宁，张福浩编著. —北京：清华大学出版社，2022.1
ISBN 978-7-302-59466-6

Ⅰ．①大⋯　Ⅱ．①孙⋯ ②罗⋯ ③张⋯　Ⅲ．①信用－数据采掘－研究　Ⅳ．① F830.5-39

中国版本图书馆 CIP 数据核字 (2021) 第 217273 号

责任编辑：陈　莉
封面设计：周晓亮
版式设计：方加青
责任校对：马遥遥
责任印制：杨　艳

出版发行：清华大学出版社
网　　址：http://www.tup.com.cn，http://www.wqbook.com
地　　址：北京清华大学学研大厦 A 座　　　邮　编：100084
社 总 机：010-83470000　　　　　　　　　邮　购：010-62786544
投稿与读者服务：010-62776969，c-service@tup.tsinghua.edu.cn
质 量 反 馈：010-62772015，zhiliang@tup.tsinghua.edu.cn

印 装 者：三河市东方印刷有限公司
经　　销：全国新华书店
开　　本：170mm×240mm　　印　张：23.25　　字　数：405 千字
版　　次：2022 年 3 月第 1 版　　印　次：2022 年 3 月第 1 次印刷
定　　价：198.00 元

产品编号：088873-01

作者简介

孙圣力，博士，北京大学副教授，南京博雅区块链研究院副院长，复旦大学计算机软件与理论专业博士；主要研究方向为大数据、数据科学、机器学习、智慧医疗、服务计算。

罗宁，博士，高级工程师，现任职于中国科学院软件研究所；长期从事政府数据治理，金融信息安全及分布式计算方面的研究工作。

张福浩，博士，中国测绘科学研究院地理空间大数据应用研究中心主任，自然资源部青年技术带头人；中国地理信息产业协会政务GIS委员会主任委员，发改委系统整合专家组成员。

前　言

电视剧《黑镜》描绘过一幅画面：在未来的某天，当你遇到一个陌生人时，你的眼前将立即显示他的证件信息、身份地位、社会信用，以及一个汇总后的数值评分，你可以根据这个评分来决定如何与他互动。如果是一个评分较低的陌生人向你借手机，你当然可以直截了当地拒绝；而如果你遇到的是一个评分较高的人，你可能更倾向于伸出援手。或许你已经想到了，这就是增强现实技术在人脸识别中的一种完全可以预期的应用。尽管这项应用目前还处于设想之中，但它或许很快就将变成现实。

实际上，如今我们已经有了这样一个评分体系的雏形，这就是人们常提到的征信系统。传统的征信业务由专门机构对个人的历史信用行为进行评估，从而产生他的个人信用报告。在信贷等业务中，在征得个人同意后，业务员可以查询该报告，从而决定是否向其提供贷款。在传统的征信场景下，征信机构主要从国家的银行、证券、商业保险与社保等系统中获取数据，评分则由人工结合机器来完成。这样生成的结果数据较为完整，又比较权威，主要用于个人资产与贷款额度的评估。

近几年，随着大数据时代的来临与互联网金融行业的发展，传统征信业务模式迎来了革命性的变化：大数据征信开始渗透到人们生活的方方面面。在新的征信场景下，一位消费者在购物平台上以分期付款形式完成一次购买后，一双"无形的眼睛"就开始盯着这笔贷款的还款情况——如果这位消费者逾期不还，这一行为将被记录到他的个人征信数据中，直接影响他未来的贷款与消费；而如果这位消费者长期坚持良好的信用行为，他未来的贷款与消费将变得非常便利。支付宝的"芝麻信用分"就是反映个人信用评分的一个范例，如果你具有较高的"芝麻信用"，你就可以便捷地使用免押金租借、零订金预订等服务。

随着国内互联网金融等业务的发展，相关领域对风控技术的需求大大增强，依托于大数据的征信技术也逐渐为人们所重视。在数据侧，万物互联的数据传输模式，使得原先分离的各类行为数据被统一整合。通过不同数据源、不同模态数据的融合，信用的评估范围变得更加广阔，评估结果也变得更加有效。在模型侧，随着算法的不断发展与算力的逐步增强，传统的信用评估算法可以被机器学习，乃至由深度学习算法所取代。平台开发技术的迭代也支持着更精准、更高效的征信系统的出现。

看到这里，或许你会产生一些疑惑：尽管大数据征信听起来十分美好，但背后的技术支持是否到位？如何将一个人在不同互联网平台的数据进行自适应融合？机器学习、深度学习技术是否有能力对信用评估的结果进行准确解读？技术上如何有效地对信用评分、违约风险进行定量评估？最后，如何构建一个征信的原型系统，以对用户友好的形式提供征信服务？这一系列问题，本书或许能帮你找到答案。

本书聚焦于个人层面的信用违约技术研究、风险预警与监控系统的实现，但其中的技术也可以便捷地应用于企业征信。全书由浅入深、循序渐进地讲述了大数据时代下的征信技术，由以下三个部分构成。

第一部分：基础技术研究(第1～2章)。第1章介绍了征信业务中多源、多模态数据的融合方法；第2章主要进行大数据征信模型的归因分析与解释性研究。

第二部分：信用评估技术研究(第3～6章)。第3、4章聚焦于大数据征信场景下时序数据的挖掘与分析，分别提出了一个新颖的时序行为研究模型，以及一个高效的频繁模式、关联规则挖掘方法；第5章以总括的形式对违约风险评估预警技术进行了讨论；第6章从宏观角度分析了不同区域的差异性对于信用情况的影响。

第三部分：信用评估系统研发(第7章)。第7章从全局角度描述了一个信用评估与监控预警系统的实现。

本书第1～5章分别由北京大学张成蹊、吴晖、沈依芸、马建伟、喻彦龙主笔，第6～7章由中国测绘科学研究院刘晓东主笔。全书由北京大学孙圣力统编。鉴于作者现有水平，本书撰写的内容难免存在知识点的缺失或事实性错漏，希望读者不吝批评指正。

作者
2021.6

目 录

第一部分 基础技术研究

第1章 多源多模态征信大数据融合方法……2

1.1 多模态融合概述……3
1.1.1 研究背景与意义……3
1.1.2 研究现状……5
1.1.3 研究内容……10

1.2 多模态融合相关理论技术……12
1.2.1 众包标注……12
1.2.2 众包数据的消噪……13
1.2.3 图像分类……19
1.2.4 多模态数据融合……25
1.2.5 协同学习……29

1.3 基于协同学习技术的决策级融合方法……33
1.3.1 任务描述……33
1.3.2 多源同构数据融合方法：CT-MID……34
1.3.3 CT-MID模块说明……35
1.3.4 实验分析……41
1.3.5 方法分析……45

1.4 基于多模态适配器的特征级融合方法……50
1.4.1 任务描述……50
1.4.2 多源异构数据融合方法：MLP-Adapter……51
1.4.3 实验结果……55

1.5 基于协同学习的多源数据融合原型系统……59
1.5.1 系统组成单元……59

1.5.2 功能展示 ·· 61

第2章 大数据征信归因分析及模型可解释性研究 ················ 66

2.1 大数据征信分析概述 ·· 67
2.1.1 研究背景与意义 ·· 67
2.1.2 研究现状 ·· 68
2.1.3 问题与挑战 ··· 72
2.1.4 研究内容 ·· 77

2.2 相关理论技术 ·· 78
2.2.1 特征选择方法 ··· 78
2.2.2 因果模型 ·· 81
2.2.3 模型的可解释方法 ·· 83

2.3 归因分析技术研究 ·· 87
2.3.1 归因分析总体流程设计 ··· 87
2.3.2 实验评估：归因分析 ··· 93

2.4 模型可解释性提升技术研究 ·· 101
2.4.1 可解释性提升方法设计 ··· 101
2.4.2 实验一：整体可解释性提升 ·· 107
2.4.3 实验二：个体可解释性提升 ·· 116

2.5 原型系统的设计与实现 ·· 124
2.5.1 系统业务流程设计 ··· 124
2.5.2 系统功能架构设计 ··· 126
2.5.3 效果展示 ·· 128
2.5.4 系统测试 ·· 135

第二部分 信用评估技术研究

第3章 基于时序行为分析的信用评估技术 ··················· 140

3.1 时序行为信用评估概述 ·· 141
3.1.1 研究背景与意义 ·· 141
3.1.2 研究现状 ·· 142
3.1.3 研究内容 ·· 144

3.2 相关理论技术 144
3.2.1 基于神经网络的模型 144
3.2.2 图嵌入模型 149
3.3 数据准备与特征工程 152
3.3.1 数据准备 152
3.3.2 数据观察 154
3.3.3 数据清洗 156
3.3.4 特征工程 157
3.4 基于时序行为的征信评估模型设计 163
3.4.1 模型总体设计 163
3.4.2 基于Auto-Encoder LSTM模型的交易序列特征编码 164
3.4.3 基于Node2Vec模型的行为序列特征编码 168
3.4.4 基于特征融合的用户信用评估模型 173
3.5 模型验证与原型系统 176
3.5.1 模型验证 176
3.5.2 原型系统设计与实现 184

第4章 征信大数据频繁模式与关联规则挖掘 192
4.1 征信大数据挖掘概述 193
4.1.1 研究现状 193
4.1.2 问题描述 197
4.1.3 研究内容 198
4.2 相关理论技术 198
4.2.1 数据融合的相关技术 198
4.2.2 动态关联规则挖掘的相关技术 203
4.3 多源征信大数据融合方法 207
4.3.1 数据融合 207
4.3.2 数据融合方法 209
4.3.3 多源异构数据的融合模型 212
4.3.4 实验结果与分析 217
4.4 结构化征信大数据动态关联规则挖掘算法 219
4.4.1 动态关联规则的形式化定义 219

4.4.2 与静态关联规则的比较 ·········· 220
4.4.3 动态关联规则的评价 ·········· 221
4.4.4 动态关联规则挖掘算法 ·········· 221
4.4.5 实验结果与分析 ·········· 224

4.5 流式半结构化征信大数据频繁项集挖掘算法 ·········· 227
4.5.1 数据流与半结构化数据 ·········· 227
4.5.2 树结构模型挖掘的相关定义 ·········· 229
4.5.3 两个改进 ·········· 230
4.5.4 改进的挖掘算法 ·········· 235

4.6 实验结果与分析 ·········· 238
4.6.1 实验数据 ·········· 238
4.6.2 实验结果 ·········· 238

第5章 信用风险违约识别与预警技术 ·········· 242

5.1 信用风险违约概述 ·········· 243
5.1.1 研究背景与意义 ·········· 243
5.1.2 研究现状 ·········· 245
5.1.3 研究内容 ·········· 250

5.2 相关理论技术 ·········· 251
5.2.1 个人信用评估指标体系 ·········· 251
5.2.2 个人信用评估模型技术 ·········· 253

5.3 信用风险数据与数据预处理 ·········· 263
5.3.1 数据来源 ·········· 263
5.3.2 数据信息 ·········· 265
5.3.3 缺失值分析 ·········· 268
5.3.4 分类变量 ·········· 270
5.3.5 连续变量的离散化 ·········· 273
5.3.6 异常值处理 ·········· 274
5.3.7 领域变量处理 ·········· 276

5.4 个人信用风险违约识别与预警模型设计 ·········· 276
5.4.1 模型设计分析 ·········· 277
5.4.2 组合模型优化 ·········· 279

5.4.3　D-S Stacking模型 ··· 282
　5.5　模型验证与原型系统 ·· 288
　　　5.5.1　系统业务流程 ·· 288
　　　5.5.2　系统架构设计 ·· 290
　　　5.5.3　原型系统效果评估 ·· 296

第6章　信用环境的区域差异性影响因素 ··· 301
　6.1　信用环境的区域差异概述 ·· 302
　　　6.1.1　研究背景与意义 ·· 302
　　　6.1.2　研究现状 ··· 302
　　　6.1.3　研究内容 ··· 304
　6.2　相关理论技术 ·· 305
　　　6.2.1　数据准备 ··· 305
　　　6.2.2　空间自相关分析方法 ·· 306
　　　6.2.3　XGBoost算法 ··· 309
　　　6.2.4　随机森林 ··· 311
　　　6.2.5　TreeSHAP模型 ··· 312
　6.3　基于两种机器学习算法的我国城市商业信用环境指数模型 ··········· 313
　　　6.3.1　我国城市商业信用环境指数特征共线性分析 ······························ 313
　　　6.3.2　基于XGBoost的我国城市商业信用环境指数模型 ················· 314
　　　6.3.3　基于随机森林的我国城市商业信用环境指数模型 ··················· 316
　　　6.3.4　两种机器学习方法评估精度比较分析 ··································· 317
　6.4　基于TreeSHAP特征因子解释分析 ·· 319
　　　6.4.1　基于XGBoost模型的特征因子解释分析 ····························· 319
　　　6.4.2　基于随机森林模型的特征因子解释分析 ······························ 321
　　　6.4.3　小结 ··· 323

第三部分　信用评估系统研发

第7章　信用评估监测预警技术及系统 ··· 326
　7.1　系统建设目标与任务 ·· 327
　　　7.1.1　建设目标 ··· 327

　　　　7.1.2　建设任务 …………………………………………………… 327
　　　　7.1.3　总体设计方案 ………………………………………………… 328
　　7.2　**系统设计** ………………………………………………………………… 328
　　　　7.2.1　需求调研 …………………………………………………… 328
　　　　7.2.2　数据库设计 ………………………………………………… 329
　　　　7.2.3　系统架构设计 ……………………………………………… 330
　　　　7.2.4　功能设计 …………………………………………………… 331
　　　　7.2.5　接口设计 …………………………………………………… 356
　　　　7.2.6　系统部署 …………………………………………………… 357
　　　　7.2.7　软件安装 …………………………………………………… 357

第一部分
基础技术研究

第 1 章
多源多模态征信大数据融合方法

1.1 多模态融合概述

1.1.1 研究背景与意义

随着大数据时代的来临,大数据相关技术的运用已经对如今生活的各方面产生影响,包括教育、医疗、金融等领域。IBM提出目前的大数据具有"5V"的特点:数据量大(Volume)、数据质量不可控(Veracity)、数据多样(Variety)、价值密度低(Value)与增长速度快(Velocity)等,这些特点往往影响到人们充分利用数据中的信息,从而进一步影响到数据的应用。

大数据时代的数据分析工作通常涉及对多个来源、多模态数据的融合[①]。例如,同一条新闻往往会被不同的门户网站收录,并由编辑配上不同的标题、图片,并受到不同用户群体的评论。为吸引受众,编辑在事件报道标题中偶尔会夹杂倾向性的文字,如图1.1.1所示,同一事件"LV推出充气夹克"在不同媒体报道的标题中分别呈现出积极、消极与中性三种类型的描述。因此,在对事件进行总结时,往往需要综合考虑不同的标题,选择性地对多源数据进行筛选与融合,以提升数据的可信度。

图1.1.1 媒体对"LV推出充气夹克"的事件报道和配图不尽相同,为数据融合带来阻碍

此外,学者们也广泛研究了不同模态数据的应用,多模态数据的融合能够

---

① Zheng Y. Methodologies for Cross-Domain Data Fusion: An Overview[J]. IEEE Transactions on Big Data, 2015, 1(1): 16-34.

为下游系统提供更好的特征表示、服务于更多样的业务场景。微软研发的聊天机器人小冰通过对大量"图片—评论"样本对的学习,在核心对话引擎基础上添加了图片评论模块[①],从而使得日常的聊天显得生动有趣,如图1.1.2所示。在电商领域,阿里提出的"FashionBERT"动态融合了多模态的商品图片与文字描述,如图1.1.3所示,通过预训练的方式更好地实现了该领域图像特征的提取,并在开源的图文检索数据集上取得领先效果[②]。

图1.1.2 小冰学习的"图片—评论"对示例,0/1/2分别表示较差/一般/较好的图片评论[③]

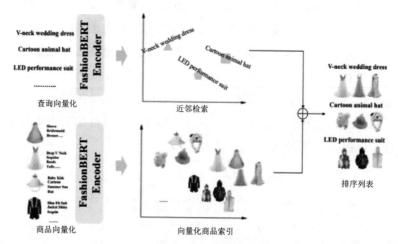

图1.1.3 "FashionBERT"预训练模型通过计算向量k近邻的方式进行商品推荐[④]

① Zhou L, Gao J, et al. The Design and Implementation of XiaoIce, an Empathetic Social Chatbot[J]. Computational Linguistics, 2020, 46(1): 53-93.
② Gao D, Jin L, et al. FashionBERT: Text and Image Matching with Adaptive Loss for Cross-modal Retrieval[C]//Proceedings of the 43rd International ACM SIGIR Conference on Research and Development in Information Retrieval. 2020: 2251-2260.
③ Zhou L, Gao J, et al. The Design and Implementation of XiaoIce, an Empathetic Social Chatbot[J]. Computational Linguistics, 2020, 46(1): 53-93.
④ Gao D, Jin L, et al. FashionBERT: Text and Image Matching with Adaptive Loss for Cross-modal Retrieval[C]//Proceedings of the 43rd International ACM SIGIR Conference on Research and Development in Information Retrieval. 2020: 2251-2260.

1.1.2 研究现状

在大数据时代的数据量急剧增加与云计算等技术带来的计算能力增强的背景下，多源数据融合的研究热度也水涨船高。在某些情况下，数据及其完整的描述并非来自同一信息源，而是有不同的来源，而这些来源分别或共同定义了该数据不同的特征维度或标签，从而被称为多源数据(Multi-source Data)[1]。同时，由于不同的数据源对数据可能具有不同的表示，导致数据呈现出复杂(Complex)、异构(Heterogeneous)等特点，将多源数据进行融合显得尤为关键。

多源数据的融合任务可以划分为数据级融合、特征级融合与决策级融合三级模型[2]，分别表示在原始数据侧、数据特征侧与数据标签侧执行融合。Dasarathy信息融合模型[3]具体表述了这些融合过程的特点，见表1.1.1。

表1.1.1　Dasarathy信息融合模型的5个融合级别[4]

输入	输出	行为描述
数据	数据	数据级融合
数据	特征	特征选择、特征提取
特征	特征	特征级融合
特征	决策	模式识别、模式处理
决策	决策	决策级融合

数据级融合旨在对重复采集的数据样本进行融合，例如多张图片的像素融合与相互补充、对多个不同位置传感器所接收信息的整合等。数据级的融合通常使用基于数理统计的方法，例如多数枚举方法、加权聚合方法、贝叶斯方法。图1.1.4展示了一种图像领域的泊松融合方法，通过将泊松方程转换为拉普拉斯方程，并使用Mean-value Coordinates求得近似解，从而实现两张图片的融合。

---

[1] Julie B D, Armelle B, et al. A Review on Heterogeneous, Multi-source and Multidimensional data mining[R]. LORIA - Université de Lorraine, hal-01811232.
[2] 祁友杰, 王琦. 多源数据融合算法综述[J]. 航天电子对抗, 2017, 33(6): 37-41.
[3] Luo R C, Kay M G. Multisensor integration and fusion for intelligent machines and systems[M]. Ablex Publishing Corp. 1995.
[4] Luo R C, Kay M G. Multisensor integration and fusion for intelligent machines and systems[M]. Ablex Publishing Corp. 1995.

图1.1.4 基于泊松融合的数据级融合示例[1]

在文本领域,郭丽娟等人对多源多领域文本进行了标注,并基于标注的数据构建汉语依存句法树库,进一步丰富了汉语句法分析研究的数据多样性。值得注意的是,该成果在数据分析后发现,获得的文本数据标注一致性较低,除了需要在后续引入专家审核外,也体现了多人标注(标注冗余度)的重要性[2]。本书在后续对于数据决策级融合的分析过程中涵盖了对标注冗余度的比较分析,为该工作提供了一定的补充。

与数据级融合给定特定的目标,且与后续应用本身关联较小的特点不同,多源数据的特征级融合是影响后续应用效果的关键部分之一。在该阶段,不同来源、不同模态的异构数据经由特征提取转化为稠密的向量表示,并通过多种方式进行集成与融合。为了充分利用异构数据中的信息,多模态技术在该阶段也得到了广泛的使用。

目前常用的特征级融合方法又可根据组合的具体方法分为特征组合、特征选择与特征变换三类。特征组合与特征选择对于多来源、多模态的数据特征向量通过拼接、堆叠、加权或选优的方式进行融合,作为数据样本的新特征表示。该方法因为简单便捷、执行速度快、运行稳定等特性,常用于CTR预估等对时间要求较为严格的应用。在Google提出的用于Google Play推荐系统的Wide&Deep方法中,分别使用了基于线性模型的Wide部分对稀疏表示特征进

---

[1] Farbman Z, Hoffer G, et al. Coordinates for instant image cloning[C]//ACM Transactions on Graphics, 2009: 1-9.
[2] 郭丽娟, 彭雪, 李正华, 等. 面向多领域多来源文本的汉语依存句法树库构建[J]. 中文信息学报, 2019, 33(2): 34-42.

行交叉组合，使用基于前馈神经网络的Deep部分完成低维稠密向量的表达，提升系统泛化能力。Wide与Deep两部分获得的向量表示最终通过加权的方式进行融合，从而完成对标签的学习，如图1.1.5所示。

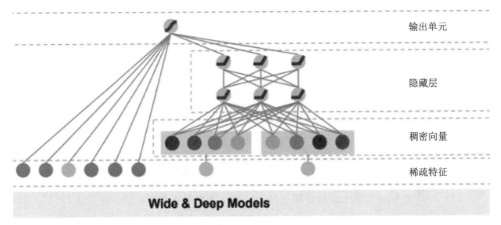

图1.1.5　Wide & Deep方法结构[①]，其输出部分使用加权的方式进行特征组合

基于特征变换的特征级数据融合方法占目前主流研究的多数，特征变换旨在将异构特征的向量表示映射到可比的新向量空间，从而辅助数据特征的融合，目前主流的特征变换方法可以分为基于模板推理、基于统计方法、基于深度学习三类。

(1) 基于模板推理的特征融合方法

较为典型的模板推理特征融合方法有基于人工规则与基于优化算法两类。人工规则法通过人工预定义的规则或预建立的知识库来指导特征的融合，而基于优化算法的方法通过遗传算法、模拟退火等方法，采用启发式随机搜索的方式选择对任务精度有效的特征维度。牛丽红等提出了一种基于遗传算法的多传感器数据特征优化方法，通过一个辅助的神经网络来评估特征的表达能力，如果当下特征未达到设定的目标，则通过遗传算法对特征进行进一步的选择与优化[②]，如图1.1.6所示。

---

① Cheng H T, Koc L, Harmsen J, Shaked T, Aradhye H, Anderson G, et al. Wide and Deep Learning for Recommender Systems[C]//Proceedings of the 1st Wordshop on Deep Learning for Recommender Systems. 2016: 75-79.
② 牛丽红, 倪国强. 多传感器目标识别系统的特征优化方法[J]. 光学技术, 2005(3): 420-423.

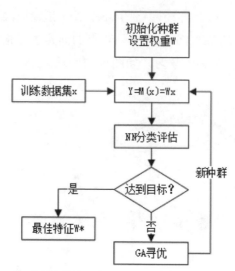

图1.1.6　基于遗传算法与辅助神经网络的特征变换方法流程①

(2) 基于统计方法的特征融合方法

在模板式的特征融合方法后，基于统计方法的特征融合成为广泛研究的对象，如贝叶斯推理方法、D-S证据推理法②等。与基于模板推理的方法类似，这些方法在一个任务评估工具的指导下，能够通过参数化的形式对特征进行变换与融合。其优点在于同时获得的参数化模型具有较强的解释性，且能通过有监督学习的方式自动对参数进行学习，避免了过多的人工干预。

(3) 基于深度学习的特征融合方法

基于深度学习的特征融合方法在目前较为常用，它具有更强的特征抽取能力与标签泛化能力。该类方法通常使用结构复杂、具有大量参数的神经网络模型，例如：用于图像特征提取的ImageNet③与ResNet④、用于文本特征提取的BERT⑤等。

异构多源数据融合涉及的核心技术为多模态融合，即对不同数据类型(图

---

① 牛丽红, 倪国强. 多传感器目标识别系统的特征优化方法[J]. 光学技术, 2005(3): 420-423.
② Dempster A P. Upper and lower probabilities induced by a multivalued mapping[J]. Annals of Mathematical Sta-tis-tics, 1967, 38(2): 325-339.
③ Deng J, Dong W, et al. ImageNet: A large-scale hierarchical image database[C]//2009 IEEE Conference on Computer Vision and Pattern Recognition, 2009: 248-255.
④ He K, Zhang X, et al. Deep Residual Learning for Image Recognition[C]//2016 IEEE Conference on Computer Vision and Pattern Recognition, 2016: 770-778.
⑤ Devlin J, Chang M W, et al. Bert: Pre-training of deep bidirectional transformers for language understanding[EB/OL]. 2018. https://arXiv preprint arXiv:1810.04805.

像、文本)或是特征形态(枚举、时序、图)进行融合。在工业界已经有不少关于多模态融合在电商、医疗等特殊领域的具体应用，该技术的逐渐落地表明了多模态技术对于数据级特征的提取与融合的有效性。其中，使用预训练模型提取的特征直接进行训练不失为一个有效的方法，如图1.1.7所示。

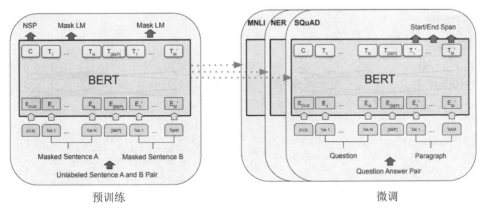

图1.1.7　由Google提出的用于文本特征提取的预训练模型BERT[①]

最后，决策级的数据融合主要在于一致性维护与标签的噪声消除，这是由于在一些情况下，不同的数据源对于数据标签会出现相异的表述。例如，对于电影下一句模棱两可的评论，不同的评价模型可能给出"中性"与"积极"两种情感分析结果，在存储该数据样本时，通常需要将答案归纳到没有歧义的一个特定标签中。因此，决策级的数据融合通常使用人工定义的归纳规则，或是具有分类能力的概率模型与神经网络分类器完成[②]。图1.1.8展示了目前主流的基于EM(Expectation Maximization)的决策级融合方法[③]，首先由同一数据的不同标签进行数据源错误矩阵与样本质量矩阵的初始化，该初始化步骤往往通过多数类投票或带权投票完成；随后，通过期望步与评估步的迭代以更新上述矩阵，从而使其收敛到更加符合实际的数值。

容易发现，通过不同数据源、不同数据模态间的相互补充、修正，能更好地从数据中提取有效信息，获得泛用性更强的特征表示。此外，研究发现，在信息的呈现与表达上，多来源、多模态数据具有更强的鲁棒性，在实际应用上

---

① Devlin J, Chang M W, et al. Bert: Pre-training of deep bidirectional transformers for language understanding[EB/OL]. 2018. https://arXiv preprint arXiv:1810.04805.
② 余辉, 梁镇涛, 鄢宇晨. 多来源多模态数据融合与集成研究进展[J]. 情报理论与实践, 2020, 43(11):173-182.
③ Platanios E, AI-SHedivat M, et al. Learning from imperfect annotations[EB/OL]. 2020. https://arXiv preprint arXiv: 2004.03473.

更占优势①，因此，研究多源数据的融合是必要且关键的。本章将协同学习方法应用于多源数据的决策级融合，并运用多模态技术对数据进行特征级融合，从而提升了下游模型效果，为多源数据的融合提供了一种新颖而有效的解决方案。

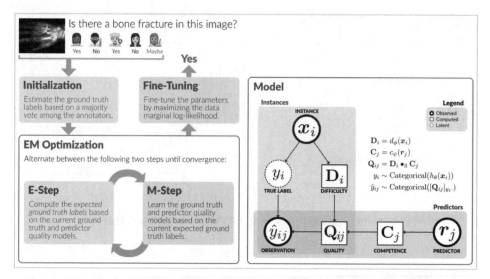

图1.1.8 使用基于EM方法的框架对数据源质量进行评估，在数据决策上进行融合②

1.1.3 研究内容

研究多源数据的融合对于大数据应用具有重要意义，本章主要针对多源数据的决策级融合方法展开算法研究，在此基础上提出了一种基于多模态技术的特征级数据融合实现方法，对数据的决策起到辅助作用。在以上工作的基础上，本书开发了一个融合上述方法的数据融合与消噪原型系统，能够完成基础的多源数据特征级融合与决策级消噪工作，具有一定的应用价值。

本章将以众包中的图像分类问题为例探究多源数据的融合，主要研究数据为cifar-10与cifar-100，共计12万张样本数据。本书模拟了不同冗余度、不同准确度的众包标注者并将其作为具有不同噪声的数据源，将其标注结果作为具有冗余标签、带噪的多源数据样本。在研究特征级数据融合时，通过基于规则

---

① 余辉，梁镇涛，鄢宇晨. 多来源多模态数据融合与集成研究进展[J]. 情报理论与实践，2020，43(11):173-182.

② Platanios E, AI-SHedivat M, et al. Learning from imperfect annotations[EB/OL]. 2020. https://arXiv preprint arXiv: 2004.03473.

与深度学习模型的方法给数据样本赋予文本信息,并以此研究多模态技术融合给数据的决策层面所带来的影响。

一类传统而有效的解决方案是将样本中的单个标注结果视为不可靠的标签,使用EM算法来对真实数据的标签进行估计,同时对每位标注者的标注质量、样本的困难度进行同步的评估。然而,EM算法要求数据的标签具有较高的标注冗余度,否则将极大地影响对标签期望的估计结果,导致参数估计出现偏差。此外,也有研究者选择将多源数据视为普通的带噪数据,使用主动学习、带噪学习等解决思路,通过对模型进行集成、添加噪声鲁棒的损失函数等方式去除其中的噪声样本,或降低具有较低置信度的样本在训练过程中的权重,从而在一定程度上完成决策级的数据融合。然而,此类方法无法充分利用甚至丢弃了数据源的信息,即无法对数据源给出一种特征层面的描述,从而影响了这些方法在决策级融合任务上的精度。针对以上研究中仍存在的缺陷,本章提出了一种基于协同学习的多源数据决策级融合方法(Co-Training with Mutual Information re-weighted Distribution, CT-MID);针对特征级的数据融合,本章研究了多模态技术在多源异构数据融合中的应用,实现了多模态数据的初步应用。

本章的总体贡献总结如下:

首先,本章提出了一种基于协同学习的决策级多源数据融合方法CT-MID。方法由初始化模块、信息交互模块与信息聚合模块构成,能从多视角动态考察模型能力与数据质量,提升预测模型精度。在信息交互模块中引入标准化信息作为数据源之间的一致性度量指标,在信息聚合模块中采用多头注意力适配器实现不同视角的信息聚合。实验证明,CT-MID相较现有方法具有更强的推理能力、更低的数据敏感性与良好的一致性维护能力,在评估数据集上平均相对准确率相较同组次优基线方法提升超过1.6%与2.1%,并在高噪声数据组别中提升明显,达到3.2%与3.5%。

其次,本章基于多模态技术,通过设计并训练多种具有不同能力的多层感知机适配器,将不同模态的数据进行特征级的融合,从而对数据的决策起到正向辅助作用。实验证明,引入不同模态的信息对后续模型推理过程有着积极影响。

最后,在本章提出方法的基础上,开发了一个多源数据融合与消噪系统,初步实现了特征层面与决策层面的数据融合。该原型系统支持模型的训练、复用与扩展,能够与用户进行控制端的动态交互,提升了后续应用中的泛用性与使用时的用户体验。

1.2 多模态融合相关理论技术

1.2.1 众包标注

众包标注，与专家标注相对，旨在让发起者能够快速、大量地获得非专家标注数据，通过牺牲部分标注精度以换取标注效率。众包任务通常发布于Amazon Mechanical Turk(AMT)网络众包平台，由任务发起者在该平台上发布任务并提供数据，在完成任务价格、答题时间等众包参数的设定后，由平台定向分发给人工标注并收集答案返回给发起者，是一种分布式的问题解决机制。

图1.2.1展示了一种典型的众包工作流程。由上层的众包任务发起者提交任务到中层的众包平台；下层的众包标注者们发现该任务后，进行任务的领取与标注，并返回标注结果到众包平台；最后由标注者收集平台标注结果，进行任务结算。目前的众包平台通常也支持由众包任务发起者所提供的质检行为，即对标注结果进行质量(往往是标注的准确率、一致性等)检验，并根据质检结果动态调整后续发放给众包标注者的激励数量(通常是金钱或其他补偿性物质)。

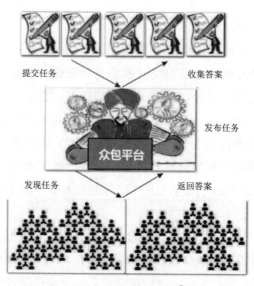

图1.2.1　众包工作流程[①]

然而，在众包便捷高效、能够快速搭建系统的友好特性之下，其收集到的数据也存在样本噪声、标注不一致等问题。具体而言，基于众包标注数据的下

---

① 柴成亮，李国良，赵天宇，等. 众包数据库综述[J]. 计算机学报，2020，43(5): 948-972.

游应用，其效果一般会受到以下三个方面的共同制约。

(1) 标注错误

成为众包标注者并不需要专业领域的知识，其较低的门槛导致了标注过程中不可避免地出现低置信的标注结果(Uncertainty Labeling)并引入标注者个人偏见(Bias)。众包平台常见的按量付费模式也使得众包标注者倾向于标注更多样本，而非对已标注的数据进行检查，进而直接影响到下游应用的精度。

(2) 标注不一致

在序列标注等边界分割类任务中，由于标注者自身认知差异，可能导致分割边界出现偏差，使得下游模型的训练过程中出现收敛速度慢、在局部最优点之间发生抖动等异常情况。图1.2.2展示了一种序列标注任务的常见不一致性问题：标注者均认为自己标注了正确的"产品"，但实际选择边界时出现了分歧。

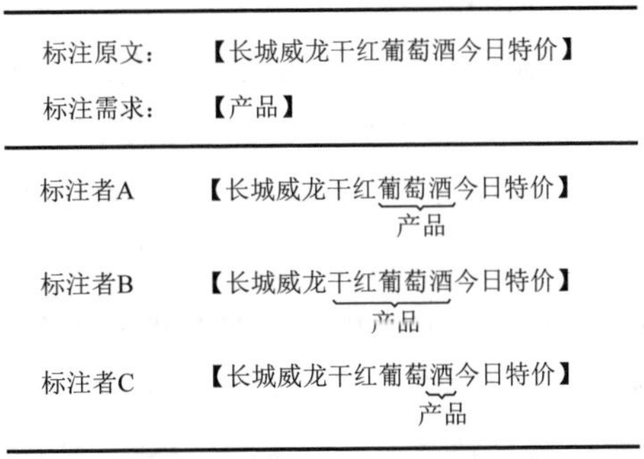

标注原文：	【长城威龙干红葡萄酒今日特价】
标注需求：	【产品】
标注者A	【长城威龙干红葡萄酒今日特价】 　　　　产品
标注者B	【长城威龙干红葡萄酒今日特价】 　　　　产品
标注者C	【长城威龙干红葡萄酒今日特价】 　　　　　产品

图1.2.2 命名实体识别任务中出现的不一致性

(3) 人效配置

由于大数据时代获取无标签数据成本很低，众包发起者往往拥有大量的无标签数据及有限的众包标注预算。因此，在总数据标注量有限的情况下，将少量的数据分发给全部标注者，以获得标注冗余度较高的标注数据，还是分发大量且不重复的数据，从而获得冗余度较低但数量更多的标注结果，同样会与后续的模型选择等过程联合影响到下游应用效果。

1.2.2 众包数据的消噪

因为标注数据准确率的问题，众包标注数据无法直接地应用到一些对模型推理能力有较高要求的系统中，研究者们开始探索能够以后处理的方式提升标注数据准确率的方法。缓解标注准确率过低问题的主流方案之一是利用冗余标注，即针对一个样本获得来自多个标注者的结果，随后使用多种标签聚合的方案来剔除数据中的噪声，最终选择并保留一类作为当前样本的标注结果。标注结果的冗余能降低数据样本上存在的偏差,显著提升每个数据标注结果的可靠性。

在此基础上,一种简单直接的解决方式是通过多数投票(Majority Voting)原则,即将数据样本出现频次最多的标签视为当前样本的真实标签,从而为每个数据选择一个概率学意义上可能性最高的标签,并在后续学习过程中将其视为样本的真实标签进行模型的训练。然而,该方法存在着两个典型的缺陷。首先,多数投票方法忽略了标注者个人的认知与偏好对于标注结果的影响,无法利用标注者与样本之间的映射信息;其次,多数类投票很难对每个样本的难度与其他关键特征进行显式建模,对于具体的数据特征不够敏感。随着研究的不断深入,其他类型的方法也逐渐被提出。总体而言,用于消噪的方法可以分为基于EM、基于带噪学习与基于主动学习三类。

(1) 基于EM的方法

与多数投票方法不同,EM是一种迭代的算法,用于含有隐变量的概率参数模型的最大似然估计或极大后验概率估计。在众包任务上,EM算法允许迭代地训练一个概率模型,同时对每个标注者的错误率或标注偏好等特性进行参数估计。

EM算法被广泛应用于具有无法观测的隐变量的参数模型中。由于参数模型的隐变量不能直接观测,无法直接使用极大似然估计等方法直接求得参数的解析值,EM算法通过迭代的方式不断逼近参数的真实解。在每一轮迭代中,EM算法都由计算期望(E-step)与最大化(M-step)构成。在计算期望过程中,利用目前已经观测到的变量估计值,计算其最大似然估计值;在最大化过程中,通过算得期望的估计值对隐变量的参数进行更新。更新后的参数将用于下一轮迭代中的期望计算。

在20世纪70年代,Dawid和Skene首先提出在众包等未知数据真实标签的情况下,可以应用概率模型,基于EM方法来联合建模标注者的标注能力与样本的真实标签[1],由于EM方法能够充分利用数据的冗余性与标注者与数据间的映射关系,在后续的几十年中被广泛研究[2][3]。Whitehill等[4]提出了通过统一

---

[1] David A P, Skene A M. Maximum likelihood estimation of observer error-rates using the em algotithm[J]. Annals of Applied Statistics, 1979, 28(1): 20-28.
[2] Tian T, Zhu J, et al. Max-magin majority voting for learning from crowds[J]. IEEE Transactions on Pattern Analysis and Machine Intelligence, 2018, 41(10): 2480-2494.
[3] Peter Welinder, Branson Steve, et al. The multidimensional wisdom of crowds[C]//Proceedings of the 23th International Conference on Neural Information Processing Systems, 2010: 2424-2432.
[4] Whitehill J, Wu T, et al. Whose vote should count more: optimal integration of labels from labelers of unknown expertise[C]//Proceedings of the 22nd International Conference on Neural Information Processing Systems, 2009: 2035-2043.

的概率模型来对图像所属的标签类型、图像分类难度与标注者的专业程度进行推断，并证明了基于EM的模型对于对抗攻击与标签噪声具有鲁棒性。

近年来，Karger等提出了众包数据上的消息传递方法[1]，并论证了在二分类的众包任务上，当每个样本的冗余标注数量超过一个阈值后，基于EM的方法将严格优于多数投票方法；Liu等[2]将任务转换为图模型中的推理任务，使用信念传播(Belief Propagation)与平均场(Mean Field)对多数投票和EM方法进行了推广，发现对标注者的参数初始化会在很大程度上影响EM模型的最终精度。在此基础上，Platanios提出了一个端到端的框架[3]，在EM的E-step基于参数更新样本的估计标签，并在M-step通过最大化期望函数的方式来同时学习数据的困难度(Difficulty)向量，以及标注者的竞争力(Competence)向量，最终用两者的矩阵乘积表示特定标注者对特定数据的混淆矩阵。该方法能够同时对样本与标注者进行评估，在综合考虑整体众包标注质量时十分有效。

虽然在实践中已经证明，EM在冗余度超过某个阈值后，其性能会显著优于多数投票方法，然而同时，实际生活中对于一个数据样本进行冗余标注所需要的成本很高，时常无法获得支持EM进行有效迭代与更新的冗余量。随后，研究者们开始探索样本冗余度与EM方法应用的相关性，及在低冗余度下对EM方法进行改善，从而提升其适应能力。Sheng等人在其研究中[4]指出，冗余标注的必要性本质上取决于获得数据与标注数据的成本差异，即由众包发起者根据不同的任务自行配置，如图1.2.3所示。Ipeirotis等[5]与Lin等人[6]都认为，在标注者的准确率低于某个阈值时，冗余标注才是严格必要的；同时最终推理模型的准确率也与所选用基分类器的精度上限有关。Khetan等

---

[1] Karger D, Oh S, et al. Budget-optimal task allocation for reliable crowdsourcing systems[J]. Operations Research, 2013, 62(10): 1-24.

[2] Liu Q, Peng J, et al. Variational inference for crowdsourcing[C]//Proceedings of the 25th International Conference on Neural Information Processing Systems, 2012: 692-700.

[3] Platanios E, AI-SHedivat M, et al. Learning from imperfect annotations. arXiv preprint arXiv: 2004.03473, 2020.

[4] Sheng V, Provost F, et al. Get another label? improving data quality and data mining using multiple, noisy labelers[C]//Proceedings of the 14th ACM SIGKDD International Conference on Knowledge Discovery and Data Mining, 2008: 614-622.

[5] Ipeirotis P, Provost F, et al. Repeated labeling using multiple noisy labelers[J]. Data Mining and Knowledge Discovery, 2014, 28(2): 402-441.

[6] Lin C, Weld D, et al. Re-active learning: active learning with relabeling[C]//Proceedings of the 32nd AAAI Conference on Artificial Intelligence, 2016: 1845-1852.

人[1]则认为，出于标注成本的考虑，在实际标注场景中数据的冗余度很难达到3甚至5，极端情况下，当冗余度只有1(即每条数据只由一个标注者进行标注)时，由EM算法估计得到的标注者质量将完全相等，从而失去了应用价值。

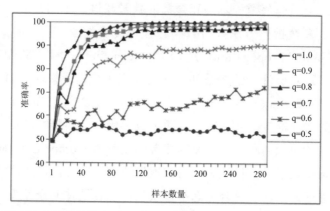

图1.2.3　Sheng等人在小规模数据上进行的探究实验，不同曲线表示不同的标注准确率(q)，横轴为标注样本数量，竖轴为最终模型准确率。在特定情况下，"低准确度+大量标注数据"的组合可以胜过"高准确度+少量标注数据"的组合，说明了冗余标注的有效性。[2]

(2) 基于带噪学习的方法

带噪学习方法[3]也常被用于众包数据的消噪。在该场景下，研究者们假设数据的冗余标签由一个与其真实标签相关的错误率产生。带噪样本可以通过预设样本权重、调整训练过程，以及使用对噪声鲁棒的损失函数[4]来进行筛选与自适应地进行降权或删除。近年来，Natarajan等人[5]研究了在均匀分布噪声下的二分类问题，提出了两种噪声鲁棒的损失函数，并在随机噪声分布下分析论证了该方法的性能下限；Jindal等人[6]提出了使用一个正则化的Dropout层来缓

---

[1] Khetan A, Lipton Z, et al. Learning from noisy singly labeled data[C]//Proceedings of the 6th International Conference on Learning Representations, 2018: 1-15.

[2] Sheng V, Provost F, et al. Get another label? improving data quality and data mining using multiple, noisy labelers[C]//Proceedings of the 14th ACM SIGKDD International Conference on Knowledge Discovery and Data Mining, 2008: 614-622.

[3] Angluin D, Laird P. Learning from noisy examples[J]. Machine Learning, 1988, 2(4): 343-370.

[4] Patrini G, Rozza A, Menon A, Nock R, et al. Making deep neural networks robust to label noise: a loss correction approach[C]//2017 IEEE Conference on Computer Vision and Pattern Recognition, 2017: 2233-2241.

[5] Natarajan N, Dhillon I, et al. Learning with noisy labels[C]//Proceedings of the 26th Conference on Neural Information Processing Systems, 2013: 1196-1204.

[6] Jindal I, Nokleby M, et al. Learning deep networks from noisy labels with dropout regularization[C]//2016 IEEE 16th International Conference on Data Mining, 2016: 967-972.

解数据中的噪声问题。

Guan等[1]研究了如何充分利用每个标注者的信息，并通过对每个标注者进行单独建模，最后通过加权方式来获得推测的数据真实标签分布。虽然该方法的思路与本书后续提出的多源数据决策级融合方法较为一致，但前者仅仅利用了每个标注者的信息，没有通过标注者信息之间的传递与交互以提升最终的精度。

除了上述方式之外，也有研究利用现有的深度学习能够通过梯度下降等方式自动收敛到合适参数，从而剔除部分较为明显噪声的特性，从模型结构出发，尝试设计能够提取表示能力强的共有特征的方法，深度残差网络ResNet[2]是其中的一个典型，如图1.2.4所示。

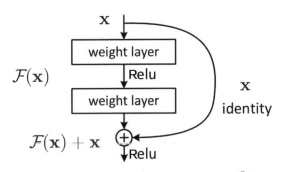

图1.2.4　ResNet中的一个块(Block)结构[3]

ResNet由数十层甚至上百层的特征提取块(Block)构成，每一个块都具有独立的特征提取能力，以所提取特征与上一个块的特征输出直接加和作为当前块的输出。直接加和的过程称为残差连接(Residual Connect)。在设计时，数十层块的参数自开始到结束逐渐收缩，从而起到提取更为抽象的共性特征的作用。特别地，在书中所提出的34层ResNet典型结构中，除去输入与输出层外，剩余的32层块参数自下而上被打散为512、256、128与64四种，从而实现提取精细化特征(隐层数量512)到提取抽象高维特征(隐层数量64)的目的。由于特征

---

[1] Guan M, Gulshan V, Dai A M, et al. Who said what: modeling individual labelers improves classification[C]//Proceedings of the 34th AAAI Conference on Artificial Intelligence, 2018: 3109-3118.

[2] He K, Zhang X, et al. Deep Residual Learning for Image Recognition[C]//2016 IEEE Conference on Computer Vision and Pattern Recognition, 2016: 770-778.

[3] He K, Zhang X, et al. Deep Residual Learning for Image Recognition[C]//2016 IEEE Conference on Computer Vision and Pattern Recognition, 2016: 770-778.

更加抽象、有限的表达向量中仅能存储具有共性的数据特征，因此具有隐层收缩特点的深度模型对于数据噪声具有一定的适应能力。

(3) 基于主动学习的方法

主动学习(Active Learning)[1]是机器学习的一个子领域，是通过一些人为设计的技术手段或数学方法来降低人工标注成本的重要手段之一，旨在通过对机器学习的过程采取人工参与和干预，以筛选出合适的候选集加入训练集，或进一步提供人工标注的方法，在只能获取少量有标注数据的场景下被广泛使用[2]。

根据主动学习介入标签标注的阶段不同，也可以分为标注时学习与标注后学习。图1.2.5展示了标注时使用主动学习进行数据挑选的迭代式流程：对于输入的样本，使用一个模型或是规则来判断当前样本加入训练集后，能为后续应用带来预期多少的收益，并根据预期收益大小来选择显示给标注者的数据。除此以外，也有研究使用推理模型直接判断样本分类的困难程度，并挑选模型认为较难的数据分发给标注者。

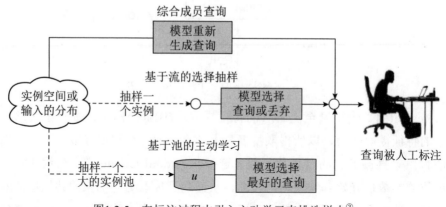

图1.2.5 在标注过程中引入主动学习来挑选样本[3]

---

① Settles B. Active learning literature survey[R/OL]. University of Wisconsin-Madison, 2010: 1648. https://minds.wisconsin.edu/handle/1793/60660.

② Mondal I, Ganguly D. ALEX: active learning based enhancement of a classification model's explainability[C]//Proceedings of the 29th ACM International Conference on Information & Knowledge Management, 2020: 3309-3312.

③ Mondal I, Ganguly D. ALEX: active learning based enhancement of a classification model's explainability[C]//Proceedings of the 29th ACM International Conference on Information & Knowledge Management, 2020: 3309-3312.

具体而言，主动学习挑选样本的经典策略可以分为以下两类。

第一，随机采样策略(Random Sampling, RS)。在未被标注的数据样本中以随机的方式挑选下一批将被标注的数据。

第二，不确定性策略(Uncertainty Sampling, US)。如上文所述，该策略假设分类器对于自身分类置信度越低的样本具有越高的困惑度，从而这些样本对训练当前分类器能够提供更加丰富的信息，因此使用分类器直接将低置信度分发给标注者。

在众包数据消噪的任务中，主动学习不仅被用来阶段性评估数据样本的真实标签，也适用于添加噪声鲁棒的损失函数，或设计消噪的训练过程。该方法的应用基于一个潜在的共识，即标注任务中每个数据都有一定的多样性，导致其标注难度不同。因此，在使用主动学习的同时，这些方法仍然会主动保留EM形式的迭代过程，以确保在未见数据上的泛化能力。较为典型的是，Khetan等[1]在众包数据的每轮迭代过程中，同时保留数据中的高置信度标签，并筛除低置信度的标签，在每轮迭代中仍使用EM来评估未被标记数据的参数。

1.2.3 图像分类

本章以图像分类数据集cifar-10与cifar-100作为检验多源数据融合效果的实验数据。现对图像分类任务概念与常用模型进行简要介绍。

图像分类是计算机视觉研究领域中较为基础的分类任务，其目标是将每张图片分入一个或若干个类目中，以使总体分类误差最小。随图像的难度与规模的发展，其基准数据集由最初的10分类灰度图像手写数字识别mnist，发展为32长宽的RGB图片10分类cifar-10、100分类cifar-100等，到如今的ImageNet分类任务，其中包含了超过1000万张图片与2万个图片类目。由监督学习训练得到的模型的分类能力已经超越了人类水平。

对于单标签图像分类任务，根据预测主体的不同，可以划分为跨物种语义图像分类、子物种细粒度图像分类与实例分类三个类别。

跨物种语义图像分类旨在对图片进行不同物种层面上的识别，例如对猫狗等动物，对汽车、飞机等交通工具，等等。cifar-10与cifar-100是典型的跨物种

---

[1] Krizhevsky A, Hinton G. Learning multiple layers of features from tiny images[R/OL]. University of Toronto, 2009. http://www.cs.toronto.edu/~kriz/cifar.html.

语义图像分类数据集①，在cifar-10中，包含了飞机、汽车、鸟、猫、鹿、狗、马、青蛙、船、卡车等10类不同的预测类别，涵盖了交通工具与动物两大品类，在语义上可以得到完全的区分，如图1.2.6所示。由于这个特性，跨物种语义图像分类数据的类间方差大、类内方差小，可以使用分簇算法或区间划分能力较强的分类模型进行预测。

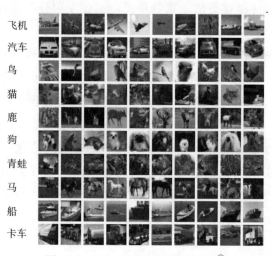

图1.2.6　cifar-10数据集图片示例②

子物种细粒度图像分类任务旨在对同物种的不同品种进行分类，例如，识别一条犬是京巴、秋田还是德牧，识别一只鹦鹉是金刚鹦鹉还是亚马逊鹦鹉。由于同种动物体态通常较为相似，分类器被要求识别不同品类间存在差异的部分，对分类器提取细粒度特征的能力提出了较高的要求。子物种细粒度图像分类往往与跨物种语义图像分类共存，例如，Caltech-UCSD Birds 200数据集③，包含了约11000张鸟类图片、200种鸟类，其中既存在不同类别的鸟类，也有同类别不同品种的鸟类。图1.2.7给出了数据集的品种示例，依序分别为黑脚信天翁、黑燕鸥、黑喉蓝莺鸟与黑喉麻雀。容易发现，数据集中即使是同类型的照片也包含了不同体态，对分类器的推理泛化能力提出了进一步的挑战。

---

① Krizhevsky A, Hinton G. Learning multiple layers of features from tiny images[R/OL]. University of Toronto, 2009. http://www.cs.toronto.edu/~kriz/cifar.html.
② Krizhevsky A, Hinton G. Learning multiple layers of features from tiny images[R/OL]. University of Toronto, 2009. http://www.cs.toronto.edu/~kriz/cifar.html.
③ Welinder P, Branson S, Mita T, et al. Caltech-UCSD Birds 200[R/OL]. California Institute of Technology, 2010. http://www.vision.caltech.edu/visipedia/CUB-200-2011.html.

图1.2.7　Caltech-UCSD Birds 200数据集图片示例[①]

实例级分类要求对图片中的不同个体进行区分，也可以认为是一个更加细化的识别问题，不仅需要判断图中个体的类别(往往存在多个个体)，还需要判断个体所在的位置。较为简单的实例级分类任务有用于考勤的人脸识别、用于自动扣费的停车场车辆识别等，而难度较大的有视频监控中的人像定位与跟踪等。

除了上述三类定义较为完善的图像分类问题外，也有一些各领域衍生的子问题被研究。一是极细粒度图像分类，例如对上千种材料、商品进行分类。二是多标签图片分类，在所整理的类别目录中，一张图片可能同时归属于其中的多个类别。三是无监督图片分类，在无法快速获得高质量监督数据的情况下，如何在减少标签信息的同时保证分类器的精度。四是对抗攻击，目前基于深度学习的分类器往往学习能力强而泛化能力弱，大多在精心设计的数据集下进行训练，在主动添加极细微的扰动后，分类器预测效果会大幅下降。

由于图像分类子任务的难度并非本书关注的重点，本书选择cifar-10与cifar-100作为基准数据集，主要关注跨物种语义图像分类任务的模型推理。图像分类问题一直是计算机视觉中一个基础而热门的研究问题。在传统机器学习领域，常用SIFT、SURF等特征描述算法与SVM等统计学习分类器联合学习，先由特征描述方法抽取图像特征，再送到分类器中学习并推理，两个阶段是独立进行的，前者的误差会对后者产生影响。近年来，建立在大量数据基础上的深度学习方法逐渐兴起，在图像分类任务上也展现出了与人类比肩的能力。与传统机器学习方法不同，深度学习类的算法能够自行提取有效的特征，从而具有更强的推理能力。

[①] Welinder P, Branson S, Mita T, et al. Caltech-UCSD Birds 200[R/OL]. California Institute of Technology, 2010. http://www.vision.caltech.edu/visipedia/CUB-200-2011.html.

牛津大学提出的VGGNet[①]系统研究了深度网络中卷积核宽度对于模型推理能力的影响，并发现使用若干个更小的卷积核替换一个大的卷积核，能够在降低参数量的情况下使网络变得更深，并增加网络的非线性，有利于决策函数辨别。特别地，作者在模型中引入了宽度为1,3的卷积核，通过在该卷积的线性映射基础上添加激活函数的方式，在不影响模型感受野的情况下进一步增加了非线性，如图1.2.8所示。

ConvNet Configuration					
A	A-LRN	B	C	D	E
11 weight layers	11 weight layers	13 weight layers	16 weight layers	16 weight layers	19 weight layers
input (224×224 RGB image)					
conv3-64	conv3-64 LRN	conv3-64 conv3-64	conv3-64 conv3-64	conv3-64 conv3-64	conv3-64 conv3-64
maxpool					
conv3-128	conv3-128	conv3-128 conv3-128	conv3-128 conv3-128	conv3-128 conv3-128	conv3-128 conv3-128
maxpool					
conv3-256 conv3-256	conv3-256 conv3-256	conv3-256 conv3-256	conv3-256 conv3-256 conv1-256	conv3-256 conv3-256 conv3-256	conv3-256 conv3-256 conv3-256 conv3-256
maxpool					
conv3-512 conv3-512	conv3-512 conv3-512	conv3-512 conv3-512	conv3-512 conv3-512 conv1-512	conv3-512 conv3-512 conv3-512	conv3-512 conv3-512 conv3-512 conv3-512
maxpool					
conv3-512 conv3-512	conv3-512 conv3-512	conv3-512 conv3-512	conv3-512 conv3-512 conv1-512	conv3-512 conv3-512 conv3-512	conv3-512 conv3-512 conv3-512 conv3-512
maxpool					
FC-4096					
FC-4096					
FC-1000					
soft-max					

图1.2.8　VGGNet仅使用宽度为1,3的卷积核，最多将深度模型堆叠到19层[②]

在此基础上，何凯明等在2015年提出了用于构建更深卷积神经网络（CNN）的ResNet，讨论了一味堆叠神经网络层数对于大量图像数据的学习

[①] Simonyan K, Zisserman A. Very Deep Convolutional Networks for Large-Scale Image Recognition[EB/OL]. 2014. https://arXiv preprint arXiv:1409.1556.

[②] Simonyan K, Zisserman A. Very Deep Convolutional Networks for Large-Scale Image Recognition. [EB/OL]. 2014. https://arXiv preprint arXiv:1409.1556.

并非始终产生积极作用,并提出了加入"短路连接"的新网络结构[1]。在短路连接的辅助下,网络结构能够由十几层加深到三十多层甚至上百层,并且不会出现梯度消失的问题。尽管在实验中也发现,在模型深度扩展到一定程度后,其推理能力的提升将不再显著,但其新颖的连接形式仍为后续工作中设计大规模数据的模型结构提供了指导。

以ResNet短路连接为基础,为了更好地重用特征,由康奈尔大学、清华大学与Facebook AI Research实验室共同提出了密集连接所有CNN特征提取层的DenseNet,并获得了2017年度的CVPR[2]最佳论文奖[3]。DenseNet相较于之前的结构,采用了更加密集的连接方式:相互连接同一区域内的所有层,对于一个L层的网络区域,DenseNet会包含$L(L+1)/2$个层间连接,如图1.2.9所示。此外,DenseNet发现ResNet以加和方式融合短路连接提供的输入会出现信息损失,因此使用拼接的方式代替了直接对提取的特征向量进行加和。

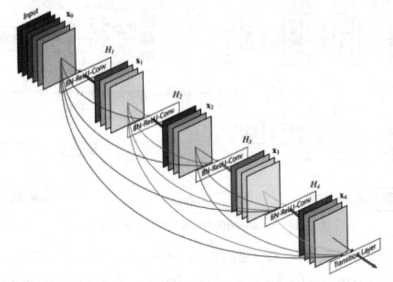

图1.2.9　DenseNet在所有层间设计了激进的密集连接方式[4]

---

[1] Platanios E, AI-SHedivat M, et al. Learning from imperfect annotations[EB/OL]. 2020. https://arXiv preprint arXiv: 2004.03473.

[2] CVPR: IEEE Conference on Computer Vision and Pattern Recognition,它是由IEEE举办的计算机视觉与模式识别领域的顶级会议之一。

[3] Huang G, Liu Z, Laurens V D M, et al. Densely Connected Convolutional Networks[C]. 2017 IEEE Conference on Computer Vision and Pattern Recognition, 2017: 2261-2269.

[4] Huang G, Liu Z, Laurens V D M, et al. Densely Connected Convolutional Networks[C]. 2017 IEEE Conference on Computer Vision and Pattern Recognition, 2017: 2261-2269.

值得注意的是，尽管DenseNet使用特征复用降低了模型训练与推理过程中的计算连接，但仍涉及大量的层间连接，如果实现方式不当会占用很大的显存。DenseNet的主要作者在后续以科技报告的形式提供了一份高效实现方案，通过以精心设计的策略进行内存共享，使得该模型结构能够在小容量内存的GPU上进行训练与推理，如图1.2.10所示。

与科技报告类似，由于对图像分类应用在移动端或嵌入式设备落地的需要，研究者们也对小参数量的高效推理模型结构进行了研究，以期在缩小参数量、提升推理速度的同时，尽可能地保持模型的精度。例如，Google在2017年提出了轻量级网络框架MobileNet，与同一年提出的DenseNet走向了小与大的两个极端。

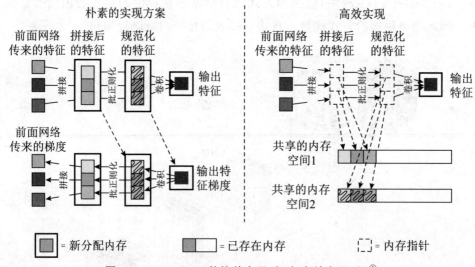

图1.2.10　DenseNet的简单实现(左)与高效实现(右)[1]

考虑到小设备场景下低延迟的要求，MobileNet[2]设计了深度级的可分离卷积基本单元(Depth-wise Separable Convolution)，通过通道(Depthwise)与像素(Pointwise)分别卷积，将原先的相乘复杂度降低到相加复杂度，从而使模型变得更加精简高效，如图1.2.11所示。

---

[1] Huang G, Liu Z, Laurens V D M, et al. Densely Connected Convolutional Networks[C]. 2017 IEEE Conference on Computer Vision and Pattern Recognition, 2017: 2261-2269.
[2] Howard A, Zhu M, Chen B, Kalenichenko D, et al. MobileNets: Efficient Convolutional Neural Networks for Mobile Vision Applications[EB/OL]. 2017. https://arXiv preprint arXiv:1704.04861.

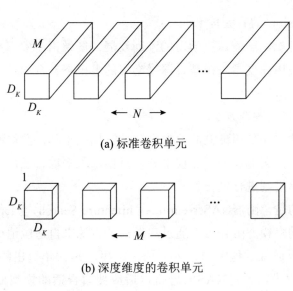

(a) 标准卷积单元

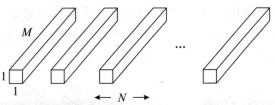

(b) 深度维度的卷积单元

(c) 在分离的Depth-wise分离卷积单元中的1×1大小的卷积单元(称为Pointwise卷积)

图1.2.11　MobileNet对卷积的分离，图a/b/c分别代表普通/逐通道/逐像素的卷积[①]

1.2.4　多模态数据融合

多模态即信息的多种模式或形态，信息的来源、组织形式都可以称为信息的一种模态(Modality)，例如文字、语音、视频等信息常用媒介。多模态机器学习(Multi Modal Machine Learning，MMML)旨在通过机器学习或深度学习的方式使模型获得处理、理解多模态信息的能力，具体而言，可以划分为五个研究方向[②]：多模态表示学习、模态转化、模态对齐、多模态融合、协同学习。考虑到与本书的相关性，本节中仅讨论使用深度学习进行多模态融合

[①] Howard A, Zhu M, Chen B, Kalenichenko D, et al. MobileNets: Efficient Convolutional Neural Networks for Mobile Vision Applications[EB/OL]. 2017. https://arXiv preprint arXiv:1704.04861.

[②] Morency L P, Baltruaitis T. Multimodal Machine Learning: Integrating Language, Vision and Speech[C]//Proceedings of 2017 Association for Computational Linguistics, 2017: 3-5.

(Multimodal Fusion)的有关技术。

从2010年开始，随着深度学习的不断发展，图像语音的识别及自然语言的处理工作开始使用深度学习模型。深度学习的多模态融合通常可以概括为三类方法[①]。

(1) 基于规则的融合方法

基于规则的方法使用独立的深度学习特征抽取工具，获得不同模态数据的特征表示向量，并采取加和、加权求和、拼接、求平均、求最大等基于任务要求所预设的简单规则进行融合。

值得注意的是，随着NAS(Neural Architecture Search)等工作的同步发展，目前基于规则的多模态融合可以通过启发式的方法来自适应地选择最为合适的规则，从而减少训练过程中的人工干预。例如，2019年提出的MFAS[②]探讨了多模态融合过程中，通过NAS的思路自适应搜索合适的模型框架的方法。如图1.2.12所示，图中的上下层分别为对不同模态数据的独立特征抽取模型。左图表示选取多模态模型中的若干层，通过不同的激活函数融合特征，随后用于分类；右图仅分别选择多模态模型中的一层用于分类。

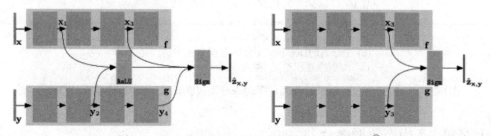

图1.2.12　MFAS所提出的两种基础融合方法示例[③]

容易发现，从独立的多模态模型中选择不同层的特征、使用不同的激活函数、采取不同的拼接手段，都会对融合后特征的分类能力产生影响，而采用NAS的思想能够自适应地找到一个相对合适的融合方法，从而较好地解决该问题。

(2) 基于双线性池化(Bilinear Pooling)的融合方法

双线性池化旨在通过计算两个不同模态表示向量的外积，获得两个模态的

---

① Zhang C, Yang Z, He X, et al. Multimodal Intelligence: Representation Learning, Information Fusion, and Applications[J]. IEEE Journal of Selected Topics in Signal Processing, 2020, 99: 1-1.
② Perez-Rua J, Vielzeuf V, Pateux S, Baccouche M, Jurie F. MFAS: Multimodal Fusion Architecture Search[C]//2019 IEEE Conference on Computer Vision and Pattern Recognition, 2019: 6966-6975.
③ Perez-Rua J, Vielzeuf V, Pateux S, Baccouche M, Jurie F. MFAS: Multimodal Fusion Architecture Search[C]//2019 IEEE Conference on Computer Vision and Pattern Recognition, 2019: 6966-6975.

联合表示空间,在一定程度上将两个稠密向量映射到具有相似意义的联合空间。由于双线性池化计算了两个向量之间的外积,因此多用于文本与图像、图像与语音这两个不同模态间的融合。

与基于规则的融合提供了线性维度增长的新向量不同,双线性池化获得了一个平方形式的矩阵,其信息保持能力远大于前者。对双线性池化结果矩阵的再压缩,线性化为一个新的向量表示,该向量即为双线性池化方法所提供的向量融合结果。

由于对外积的计算需要较大的时间开销,低秩的计算方法成为该方向的一个研究热点。Liu等提出了一个能够融合多个模态的联合计算框架LMF[1],独立地获取每个模态的特征向量,对于每个特定的模态维护一个低秩向量因子,通过该因子快速地实现低秩特征融合,如图1.2.13所示。

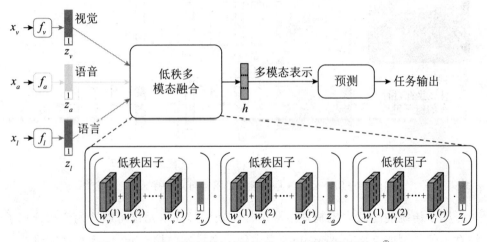

图1.2.13　LMF通过维护低秩因子对多个模态进行融合[2]

(3) 基于注意力机制(Attention Mechanism)的融合方法

注意力机制在深度学习中一直被广泛用于对因子间的相关性进行动态建模,而注意力同样能通过对不同模态特征的建模对多模态数据特征进行融合。

---

[1]　Liu Z, Shen Y, Lakshminarasimhan V B, et al. Efficient Low-rank Multimodal Fusion with Modality-Specific Factors[C]//Proceedings of the 56th Annual Meeting of the Association for Computational Linguistics, 2018: 2247-2256.

[2]　Liu Z, Shen Y, Lakshminarasimhan V B, et al. Efficient Low-rank Multimodal Fusion with Modality-Specific Factors[C]//Proceedings of the 56th Annual Meeting of the Association for Computational Linguistics, 2018: 2247-2256.

SAN是一种典型的使用注意力机制对多模态数据进行融合的范例[1]，其模型框架如图1.2.14所示。对于图片问答任务，输入图像类型的图片数据，以及文本类型的问题数据，首先通过CNN类的深度模型对图像特征进行提取，每一个维度与通道都部分表征了图像中的信息。为了从这些特征中提取对于问答任务有效的信息，作者通过一维卷积或长短期记忆网络等文本表示模型提取问题中的特征向量。随后，将文本特征作为查询向量(Query)，将图像特征视为注意力中的键值向量(Key/Value)，使用注意力机制感知图像中对于回答问题更加有效的特征。最后使用加权的方式聚合两部分特征，从而实现对问题的回复文本的产生。

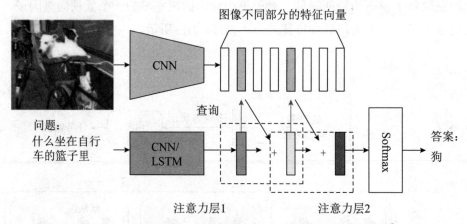

图1.2.14　SAN通过注意力机制对图像与文本特征进行融合[2]

除了传统的注意力机制直接应用外，采用门控单元也可以认为变相计算了注意力值。例如，John Arevalo等提出使用多模态门控单元[3]作为神经网络的内部计算部件，该单元通过学习不同模态如何对结果产生影响，对不同模态的特征输出进行打分，基于分数加权获得最终的表示向量，如图1.2.15所示。

---

[1] Yang Z, He X, Gao J, et al. Stacked Attention Networks for Image Question Answering[C]//2016 IEEE Conference on Computer Vision and Pattern Recognition, 2016: 21-29.
[2] Yang Z, He X, Gao J, et al. Stacked Attention Networks for Image Question Answering[C]//2016 IEEE Conference on Computer Vision and Pattern Recognition, 2016: 21-29.
[3] Arevalo J, Solorio T, Montes-y-Gomez M, et al. Gated Multimodal Units for Information Fusion[EB/OL]. 2017. https://arXiv preprint arXiv: 1702.01992v1.

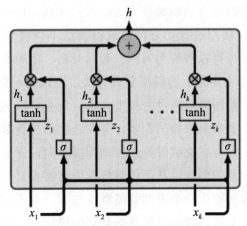

图1.2.15 通过多模态门控单元对不同模态特征进行聚合[1]

值得注意的是，根据不同的设计与使用方法，注意力机制也可以分为软性注意力与硬性注意力、全局注意力或局部注意力等。中国科学技术大学、北京理工大学与微软亚洲研究院联合对深度神经网络中的注意力机制进行了经验性研究[2]，发现不同注意力机制在如Transformer、Encoder-Decoder等结构中具有较大的差异性。这说明注意力机制在深度学习中的应用需要根据任务谨慎选择，如果选取了不适合具体任务的注意力类型与参数，可能对分类效果产生负面影响。考虑到这个问题，本书在进行多模态数据融合时，采用了上述基于规则的方法，对独立抽取的不同模态特征向量进行拼接，通过对每组模态的组合训练一个适配器的方式进行模态的融合。

1.2.5 协同学习

协同学习[3]是在同一数据分布下进行不同视角的学习，在训练多个推理模型的同时进行知识的交互，以提升基模型的性能上限的方法。下游应用使用协同学习结果进行推理时，可以通过集成基模型输出的方式，也可以通过再训练一个端到端的模型来实现。

协同学习最初在半监督学习中应用，以标注无标签的数据。不过与主动学

---

[1] Arevalo J, Solorio T, Montes-y-Gomez M, et al. Gated Multimodal Units for Information Fusion[EB/OL]. 2017. https:// arXiv preprint arXiv: 1702.01992v1.
[2] Zhu X, Cheng D, Zhang Z, Lin S, et al. An Empirical Study of Spatial Attention Mechanisms in Deep Networks[C]//2019 IEEE/CVF International Conference on Computer Vision, 2019: 6687-6696.
[3] Balcan M, Blum A, Yang K. Co-training and expansion: towards bridging theory and practice[C]// Proceedings of the 17th Conference on Neural Information Processing Systems, 2004: 89-96.

习方法不同的是，协同学习的训练模式可以显式地利用标注者的信息，或通过启发式手段对数据、模型进行切分，以获得多组不同视角下的模型以进行推理。因此，协同学习也可以理解为对同一数据分布、不同数据组别下的自监督训练，或是不同初始化参数下的模型集成方法。图1.2.16展现了两种典型的协同学习形式，其中，左图表示通过对模型参数的集成进行协同学习，模型A在训练过程中始终保持其当前参数的副本，并在迭代后与新参数进行集成。从梯度下降的角度而言，该方式能够较好地控制梯度方向，保留上一轮迭代中模型整体参数对于当前参数的影响，从而缓解样本中离群点对学习过程带来的负面影响。右图通过同时初始化两个不同的模型A与B，对不同视角的推理结果进行集成；在获得两个从不同视角考察相同数据的模型后，在每个迷你批中，模型A与B都会学习当前批次的小样本，随后根据学习的结果，挑选出自身认为比较置信的部分样本，将该样本加入下一批次对方模型的训练数据中。

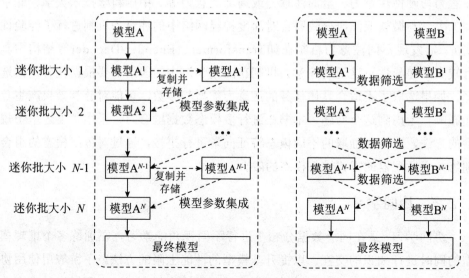

图1.2.16　协同学习的两种典型形式

在设计具体的协同学习方案过程中，核心在于如何获得对同一数据进行不同层面度量的模型集合。Laine等人[①]在2017年提出可以在训练模型的过程中存储每一轮迭代中对于未知标签的数据所预测的标签分布，以达到对未知数据进行自我集成(Self-ensemble)的效果，显著提升了模型泛化性能，总体而言，该思想与图1.2.16中典型方案的左图类似。图1.2.17展示了Laine等人提出的

---

① Laine S, Aila T. Temporal ensembling for semi-supervised learning[C]//Proceedings of the 5th International Conference on Learning Representations, 2017: 1-13.

Temporal Ensembling方法，其中y_i表示带标签样本，x_i表示样本输入，$\tilde{z}_i$表示模型对当前样本的预测结果。在每一轮迭代中，模型的损失由有监督的交叉熵损失函数，以及预测结果z_i和$\tilde{z}_i$的平方距离加权组成。通过将标签差异加入损失函数中，实现了模型参数的自集成。

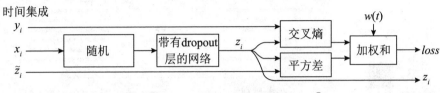

图1.2.17　Laine等人提出的集成方法[1]

除了在输出标签分布上让模型自身进行协同学习外，Tarvainen等[2]在模型迭代训练的同时记录模型参数，并使用移动平均的方式更新模型参数，通过在参数侧添加动量的方式实现了模型的自我集成，如图1.2.18所示。Han等人研究发现[3]，在使用深度模型学习带噪数据的过程中，模型会首先学习正确的数据，随后去拟合带噪数据，并基于这个发现提出了可以同时训练两个网络，并在每个批次中相互通信，告诉对方应当使用哪些数据进行训练，从而实现相互传递正确信号的目的，提升了模型在带噪样本上的精度。Han等人所使用的协同学习思想在模型层面进行了显式的交互，与本书提出的方法比较相似，但前者仅以模型对于样本预测的概率分布来作为评判样本噪声的标准，而忽略了多模型之间的一致性判断；互信息具有反映两个随机变量之间的依赖关系的作用，已经被广泛应用于表示学习[4]与迁移学习[5]等多个机器学习领域。作为改进方案，本书提出以互信息作为度量标注者模型之间一致性的标准，从而实现自监督的交互，验证了该思想的优越性。

---

[1] Laine S, Aila T. Temporal ensembling for semi-supervised learning[C]//Proceedings of the 5th International Conference on Learning Representations, 2017: 1-13.

[2] Tarvainen A, Valpola H, et al. Mean teachers are better role models: weight-averaged consistency targets improve semi-supervised deep learning results[C]//Proceedings of the 30th Conference on Neural Information Processing Systems, 2017: 1195-1204.

[3] Han B, Yao Q, et al. Co-teaching: robust training of deep neural networks with extremely noisy labels[C]//Proceedings of the 31st Conference on Neural Information Processing Systems, 2018: 8527-8537.

[4] Hu W, Miyato T, Tokui S, Matsumoto E, et al. Learning discrete representation via information maximizing self-augmented training[C]//Proceedings of the 34th International Conference on Machine Learning, 2017: 1558-1567.

[5] Gholami B, Sahu P, et al. Unsupervised multi-target domain adaptation: an information theoretic approach[J]. IEEE Transactions on Image Processing, 2020, 29: 3993-4002.

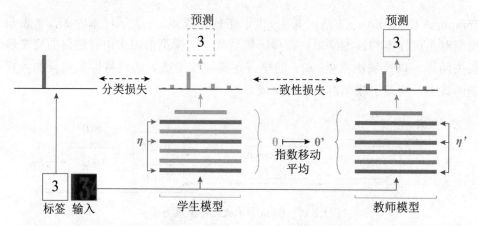

图1.2.18　Tarvainen等提出的Mean Teacher框架，同样使用了有监督与自监督两种损失[①]

除此之外，协同学习的思想也能用于将大型的网络分化为若干小型网络，起到类似模型压缩的作用。相比之下，小参数的网络具有更快的推理能力，多个小网络构成的推理系统能够达到与大型网络相似的推理能力。Zhao等采用了协同学习思想实现了该过程[②]，分化的小网络均继承了大型网络中的部分参数，并使用相同的数据利用协同学习进行多个视角的分别训练，如图1.2.19所示。

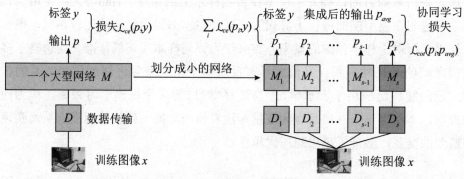

图1.2.19　Zhao等使用协同学习对大型网络进行分化[③]

通过协同学习的核心思想容易看出，协同学习方法适用于对多个视角训练模型的集成，其方法本质在于从数据特性中寻找能够用于集成的更多维信息。

---

① Tarvainen A, Valpola H, et al. Mean teachers are better role models: weight-averaged consistency targets improve semi-supervised deep learning results[C]//Proceedings of the 30th Conference on Neural Information Processing Systems, 2017: 1195-1204.

② Zhao S, Zhou L, Wang W, Cai D, et al. SplitNet: Divide and Co-training[EB/OL]. 2020. https://arXiv preprint arXiv: 2011.14660.

③ Zhao S, Zhou L, Wang W, Cai D, et al. SplitNet: Divide and Co-training[EB/OL]. 2020. https://arXiv preprint arXiv: 2011.14660.

由于带噪数据中本身没有标注者信息，因此上述方法多通过对迭代过程的记录，或选用不同模型初始化的方式来实现从多方视角认识数据的效果。与此不同的是，以众包标注数据为范例的多源数据融合任务中，每个数据来源自然携带了数据源本身的视角，因此使用协同学习来解决问题是符合直觉的。

1.3 基于协同学习技术的决策级融合方法

1.3.1 任务描述

本节主要对本书所提出的多源数据的决策级融合方法进行介绍。

如上文所述，本书以众包标注数据为范例，模拟多源数据的多样化、冗余、带噪特性，提出的方法亦将在众包的模拟数据上进行评估。具体而言，本书选择 cifar-10 与 cifar-100 作为评估数据，通过模拟标注的方式构造多源数据标注结果，通过冗余度、准确率两个超参数的变化控制数据源的数据质量、数据重合程度。

为便于后文的叙述，首先将众包标注数据的决策级融合问题形式化定义如下。

在一个众包标注任务中，由 M 位标注人组成了标注者集合 A，用于模拟多源数据融合中的数据源。由待标注数据样本 N 个构成的数据集合 D，表示不同来源数据的并集。在众包标注过程中，给每位标注者 a_i 分配了待标注样本集合的一个子集 $D_i \subseteq D$，表示该部分数据由这位标注者代表的数据来源所提供。

在标注者完成了接收到的数据的标注后，数据子集 D_i 中的每个样本都被打上了若干个预测标签。收集所有标注结果，获得每位标注者 a_i 的标注结果 $(a_i, d_j, p_{ij}, g_j), \forall d_j \in D_i$，其中 p_{ij} 表示标注者 a_i 对于样本 d_j 的标注结果，g_j 表示样本 d_j 的隐含真实标签。值得注意的是，在决策级融合的过程中，真实标签 g_j 是观测到的，因此该标签也是决策级融合所要推理得到的最终目标。在以上定义的基础上，众包标注数据的决策级融合旨在从该样本的所有来源的标注结果 $p_{\cdot j}$ 中，学习一个能够容忍标注结果中存在标注错误的表示函数 F，以对样本的真实标签 g_j 进行估计，从而使得式(1.3.1)所表示的损失在学习后达到最小。

$$\sum_{j}^{N} \mathcal{L}(F(d_j | p_{\cdot j}, \theta, *), g_j) \tag{1.3.1}$$

其中 θ 是待学习的函数参数,在本文中主要体现为模型参数和部分超参数。$\mathcal{L}$ 是由人工定义的损失函数,可以根据任务的具体需求选择平方误差和、交叉熵、K-L 散度等计算方式。

通过上述定义,将多源数据的决策级融合问题直观地转化为机器学习理论中的模型收敛问题,并允许通过模拟众包数据的标注,对决策级融合效果进行定量评估。

1.3.2 多源同构数据融合方法:CT-MID

在本节中,对本书提出的多源同构数据决策级融合方法:CT-MID(Co-Training with Mutual Information re-weighted Distribution)进行了简要说明。图 1.3.1 展示了 CT-MID 的完整运行框架。具体地,该框架由模型初始化模块、信息交互模块与信息聚合模块三部分构成。

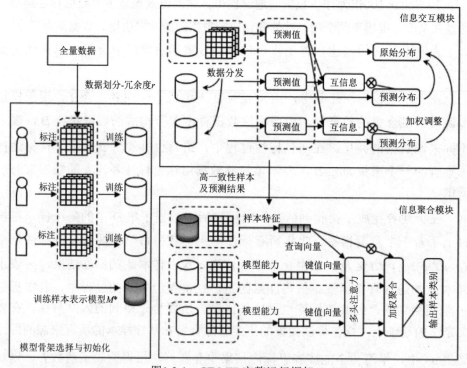

图 1.3.1　CT-MID 完整运行框架

注:所有子图中的样本数据与模型参数都是共享的。

图中的左子图表示 CT-MID 方法中的初始化模块。该模块输入由众包平台标注完成的数据,以及由 CT-MID 的使用者所选择的模型骨架(Model

Backbone)。对于给定的每个标注者的标注结果,首先基于该模型骨架进行标注者模型的初始化训练,以用于后续的信息交互与信息聚合。此外,初始化模块中使用全量数据的投票结果训练了一个表示模型,该模型将用于信息聚合步骤中的样本特征提取。在1.3.5节的方法分析部分将针对不同的模型骨架对于CT-MID精度的影响进行进一步讨论。

图中的右上子图表示CT-MID中的信息交互模块(Information Interaction Module)。该模块输入初始化模块中获得的标注者模型,在每一轮迭代过程中,由标注者将自身的训练数据分发给其他所有标注者模型,并收集来自其他标注者的预测结果。随后,计算当前标注者与其他标注者之间两两的标准化互信息值,采用该值作为两个标注者之间的一致性权重,从而构造一个更加接近真实标签的数据分布。同时,在所有标注者模型完成一轮迭代后,收集所有标注者具有高一致性的样本,以用于后续信息聚合过程。

图中的右下子图表示CT-MID中的信息聚合模块(Information Integration Module),旨在将表示模型与标注者模型聚合,从而在预测阶段具有更广泛的推理能力。在该阶段,CT-MID冻结表示模型与标注者模型的所有可训练参数,并初始化一个可以训练的多头注意力计算层,通过对信息交互模块提供的高一致性样本进行监督学习,以获得表示模型输出的查询向量与标注者模型输出的键值向量间的注意力值(Attention Score),最终实现多视角度量不同标注者对于不同数据的预测能力的目的。所有标注者模型的注意力值经过一个softmax层归一,并乘以对应权重后加和到表示模型输出的标签分布上,从而获得最终的模型预测结果。

在模型推理阶段,数据将同时输入表示模型与标注者模型中,由表示模型给出全局视角下的决策结果,由标注者模型给出独立的局部决策结果。通过多头注意力适配器动态考察各标注者模型对于数据标签预测提供的贡献度,聚合全局与局部决策,最终实现数据的决策级融合。

1.3.3　CT-MID模块说明

1.3.3.1　初始化模块

由于本章通过图片分类任务验证CT-MID方法的有效性,所以选择了ResNet作为标注者基模型与样本特征表示模型的骨架。在本节中,首先对ResNet的结构进行简要的介绍,随后详细说明CT-MID中采用模型骨架训练的两类基础模型。

ResNet是在VGGNet的基础上进行一定结构修改得到的,相关变种常用于对图像类数据的特征建模。在设计深层卷积网络时,ResNet沿用了"小而深"的思想,即每若干层使用一个步长为2的卷积操作缩小图片维度,且使得特征图的维度增加一倍,从而保持了网络层的复杂度。为了更好地提取高维特征,ResNet在若干个卷积层之间加入了名为短路连接(Shortcut Connection)的机制,使得网络的目标函数从学习输入数据x的特征向量$H(x)$,转变为学习特征的残差$F(x) = H(x) - x$,从而避免深度网络中由于梯度消失或梯度爆炸而出现模型退化问题。

ResNet中一个由若干堆叠起来的卷积层与一个残差连接所构成的单元称为"块"(Block),根据数据量与模型复杂度需求,一个ResNet中包含若干个块,每个块形式化定义如式(1.3.2)所示。

$$y = ReLU(F(x, \{W_i\}) + W_s x) \tag{1.3.2}$$

其中,函数F表示在该单元中所堆叠的卷积层对输入数据x进行特征提取操作;右侧第二项为短路连接项,旨在将原输入与提取的特征输出进行加和。在函数F的输出维度与输入项x维度相同时,权重项W_s为全1矩阵E,否则表示一个可学习全连接层的维度变换操作,保证加和操作的向量维度是兼容的;每个卷积层以及最终输出使用$ReLU$函数进行激活。

在选择ResNet作为模型骨架后,初始化模块负责进行基础模型的训练。根据后续使用意义不同,基础模型分为标注者模型与样本表示模型两类。

一是标注者模型,即每个标注者使用自身数据独立初始化训练一定轮次得到的模型。

根据上文的任务定义,对于标注者及其标注数据(a_i, D_i),使用ResNet进行基模型m_i的训练,从而初步学习到每个标注者的标注偏好,并编码到对应模型的参数θ_i中,其形式化表述如式(1.3.3)所示。

$$m_i \sim a_i = F_i(d_j | \theta_i, p_{ij}, T_0, *), \forall d_j \in D_i \tag{1.3.3}$$

初步训练在持续迭代T_0轮后停止。T_0作为初始化模块中的关键超参,需要参照模型拟合能力、标注数据量、数据冗余度进行设置,以避免在数据样本上欠拟合,或是在噪声标签上过拟合。直觉上而言,一个较小的T_0会导致模型无法学习到合适的标注特征,而过大则会导致过拟合而使得模型对于噪声样本过于置信,难以通过信息交互进行纠偏。

在标注者模型训练完成后,将这些模型集合记作M。

二是样本表示模型,从全局角度提供样本的表示,使用全量数据进行初始化训练,以使训练样本中的噪声占比更小[①]。

首先,通过多数类投票的方式获得每个样本统计角度最为置信的标签,将该标签视作真实标签,使用全量数据进行表示模型的训练,使得模型能够考察到全局样本的信息,有较好的基础表示能力,将该模型记作 M^*。

使用多数类投票能使样本的标签更为置信,消除了冗余的原始标签中包含的噪声,但同时也使得多源数据的标签信息出现一定程度的流失。为此,信息交互模块中将进一步提供信息学意义上更为置信的样本,对模型 M^* 进行迭代更新。

由初始化模块训练的两类基础模型如图1.3.2所示。

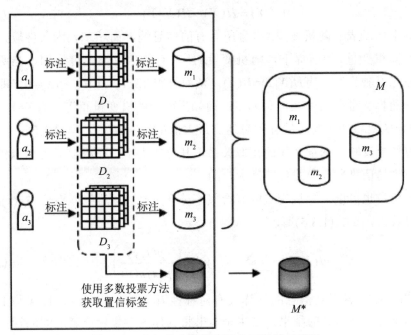

图1.3.2　由初始化模块训练的两类基础模型

1.3.3.2　信息交互模块

在初始化模块中,已经获得了具有全局视角的样本表示模型与独立的通过局部视角进行推理的标注者模型。本小节所介绍的信息交互模块旨在通过互信息对标注者模型的一致性进行评价,并基于协同学习的思想,以评价结果为指导,对标注者模型间的有效信息进行传递,从而增强推理能力。与上一小节相

---

① Du Z. GPT2-Chinese: Tools for training GPT2 model in Chinese language[EB/OL]. Github, 2019. https://github.com/Morizeyao/GPT2-Chinese.

同，首先将对互信息的概念进行形式化阐述，随后具体说明CT-MID方法中使用互信息的方式。

互信息是信息论中的重要度量指标之一，用于衡量两个随机变量之间的相互依赖程度。由于初始化模块中的基模型通过每位标注者的标注结果训练得到，能够直观反映出对应标注者的标注偏好，因此，当多个基模型对一组数据的预测结果具有高度同一性时，表明模型间的标注倾向趋于一致。出于以上认识，CT-MID采用了互信息作为交互阶段的指导指标，从而达到聚同存异的效果。

对于两个随机变量X与Y，互信息$I(X;Y)$的计算公式如式(1.3.4)所示。

$$I(X;Y) = H(X) - H(X|Y) \tag{1.3.4}$$

其中$H(X)$表示随机变量X自身所具有的信息熵，而$H(X|Y)$为条件熵，意为在已知随机变量Y的前提下，随机变量X所具有的信息熵。可推知，当两个随机变量相互独立时，有$H(X|Y)=H(X)$，从而推得$I(X;Y)=H(X)-H(X)=0$，即相互独立的随机变量之间的互信息为零；而如果两个随机变量相等，有$X=Y$，则有$H(X|Y)=H(X|X)=0$，此时的互信息达到最大值$I(X;Y)=H(X)$。容易发现，互信息的计算结果反映了变量之间的相似关系，其值的大小与随机变量的相似程度成反比，这与信息交互中的目的是吻合的。

互信息也可以从随机变量的联合概率分布$p(x, y)$与边缘概率分布$p(x), p(y)$的角度看待，如式(1.3.5)所示。

$$I(X;Y) = \sum_{y \in Y} \sum_{x \in X} p(x,y) \log\left(\frac{p(x,y)}{p(x)p(y)}\right) \tag{1.3.5}$$

式(1.3.5)表明互信息的计算具有对称性$I(X;Y)=I(Y;X)$，即X与Y的交换操作不影响互信息的结果，这也是本书将其作为度量标注者之间的标注一致性指标的一个原因。事实上，互信息确实已经在K-均值(K-means)等聚类方法中作为重要的效果度量指标被广泛应用。

CT-MID方法基于互信息进行信息交互的流程如下。

第一步：收集由初始化模块得到的标注者基模型集合M。

第二步：对于每个基模型及训练数据(a_i, m_i, D_i)，首先将数据D_i分发给其他所有模型$m_j \in M - \{m_i\}$，获得m_j对该份数据的标签分布预测结果$\hat{P}_{j \to i} \in \mathbb{R}^{|D_i| \times l}$与标签的预测结果$\hat{P}^*_{j \to i} \in \mathbb{R}^{|D_i|}$，其中$l$为数据中标签取值个数。随后通过基模型$m_i$与$m_j$对数据$D_i$的预测结果对$(\hat{P}^*_{i \to i}, \hat{P}^*_{j \to i})$来计算其互信息，

从而对标注者 a_i, a_j 标注的相似程度 $I(a_i;a_j) \sim I(m_i;m_j)$ 进行估计。

基于公式(1.3.4)可以推知，在标签离散化的分类问题中，互信息 $MI(a_i,a_j)$ 的计算如式(1.3.6)所示。

$$\sum_{u=1}^{l}\sum_{v=1}^{l}\mathbb{I}(u,v)_{\hat{P}^*_{i,j\to i}}\log\frac{\mathbb{I}(u,v)_{\hat{P}^*_{i,j\to i}}}{\mathbb{C}(u)_{\hat{P}^*_{i\to i}}\mathbb{C}(v)_{\hat{P}^*_{j\to i}}/|D_i|^2} \tag{1.3.6}$$

其中指示函数 $\mathbb{C}$ 用于统计给定值在一维变量中的出现频次，而指示函数 $\mathbb{I}$ 用于统计二维上的共现频次。具体地，假定有统计函数 $\mathbb{P}(\hat{P}^*_{i\to i},u)$ 用于枚举变量 $\hat{P}^*_{i\to i}$ 中取值 u 所有出现位置，则有式(1.3.7)、式(1.3.8)。

$$\mathbb{C}(u)_{\hat{P}^*_{i\to i}}=\left|\mathbb{P}\left(\hat{P}^*_{i\to i},u\right)\right| \tag{1.3.7}$$

$$\mathbb{I}(u,\ v)_{\hat{P}^*i,j\to i}=\left|\mathbb{P}(\hat{P}^*_{i\to i},u)\cap\mathbb{P}(\hat{P}^*_{j\to i},v)\right| \tag{1.3.8}$$

随后，CT-MID 对计算得到的互信息进行规范化，将数值放缩到 0 到 1 之间，从而直接表征标注者之间的相似程度，如式(1.3.9)所示。

$$NMI(a_i,a_j)=\frac{2NI(a_i,a_j)}{H(a_i)+H(a_j)} \tag{1.3.9}$$

其中，标注者 a_i 的信息熵 $H(a_i)$ 使用模型 m_i 在训练数据上的预测结果 $\hat{P}^*_{i\to i}$ 进行估计。

第三步：对于 $M-\{m_i\}$ 中的所有标注者模型，均使用公式(1.3.6)到公式(1.3.9)得到当前标注者 a_i 的相似度量结果 $\{NMI(a_i,a_1),NMI(a_i,a_2),\ldots,NMI(a_i,a_N)\}$，且由标准化互信息公式容易推知 $NMI(a_i,a_i)=1\geqslant NMI(a_i,a_j),\forall j\neq i$，能够有效表征标注者的一致性。

随后，使用该一致性度量结果对标注者模型 m_i 进行更新。对于样本 $d\in D_i$ 及当前该样本的监督信号 $s_d\in\mathbb{R}^l$，已经在第二步收集得到基模型集合 $\mathbf{M}$ 对当前样本的预测结果 $\{\hat{P}^d_{1\to i},\hat{P}^d_{2\to i},\ldots,\hat{P}^d_{N\to i}\}$，下一轮迭代中，当前样本的监督信号被更新为基于标准化互信息加权的标签分布，如式(1.3.10)所示。

$$s_d{}'=\frac{\sum_{j=1}^{M}NMI(a_i,a_j)\hat{P}^d_{j\to i}}{\sum_{j=1}^{M}NMI(a_i,a_j)} \tag{1.3.10}$$

第四步：使用样本集合 D_i 及其调整后的样本分布 s 对模型 m_i 进行一定

轮次的增量训练。

第五步：重复第二、三、四步，获得所有标注者模型之间的两两一致性评价结果，从而对所有的基模型进行一轮迭代更新。

此外，在标注者模型的迭代过程中，对于预测结果的一致性比率大于某一阈值的样本，将动态地提供给样本表示模型 M^* 进行二阶段的训练，以进一步强化该模型的表示能力。

1.3.3.3 信息聚合模块

不同的标注者存在不同的标注倾向，因此对于特定样本的标注能力存在差异。由于标注者的标注能力与数据并不是相对独立的，如何设计一个通用机制来建模标注者对特定样本的标注能力成为一个重要的问题。之前的工作中，往往使用矩阵分解等方式估计标注者的混淆矩阵，以达到评估标注能力的目的，然而混淆矩阵仅仅评估了标注者对于特定类别的标注能力，忽略了样本本身具有的标注难度及其他的特性。CT-MID采用了注意力机制来解决该问题。

在信息聚合模块中，使用先前收集的高一致性样本训练了多头注意力适配器(MHA-Adapter)。值得注意的是，在该适配器的训练过程中冻结了标注者模型 M 及样本表示模型 M^* 的参数，以保证在前两个模块中训练所得的模型表示结果不被改变，而仅对表示能力进行建模。

对于一个给定的满足一致性阈值的数据样本 d 及其预测频次最多的标签 $\hat{l}_d$，取得样本表示模型 M^* 最后一个隐层的逻辑输出 $logits_{M^*} \in \mathbb{R}^h$ 作为样本特征向量，取得所有标注者模型 $m_i \in M$ 最后一个隐层的逻辑输出 $logits_{m_i} \in \mathbb{R}^h$ 作为对应模型的特征向量，其中 h 为隐层的维度。在标注者模型与样本表示模型采用了相同骨架时，两者的输出维度应当相同，否则需要额外引入一个全连接矩阵对前者进行一次额外的特征变换，从而将两者的逻辑输出放缩到相同的维度。多头注意力插件随后被训练用于度量所有标注者模型在该样本上应当被赋予的注意力权重：在第 i 个注意力头(Head)中，将样本特征作为注意力机制中的查询(Query)向量 $Q^i = W_Q^i \cdot logits_{M^*}$，标注者模型特征视为键(Key)向量 $K^i = W_k^i \cdot logits_{m_i}$，标注者模型对于该样本输出的预测概率作为注意力机制的值(Value)向量 $V = prob_{m_i}$。参照Vaswani等人提出的计算方式，拼接得到整体的查询向量与键向量，如式(1.3.11)、式(1.3.12)所示。

$$Q = concat(Q^1, Q^2, \ldots, Q^H) \tag{1.3.11}$$

$$K = concat(K^1, K^2, \ldots, K^H) \tag{1.3.12}$$

其中 H 为适配器中的注意力头数量。注意力值的计算采用标准化点积 (Scaled Dot-Product) 的方式，如式(1.3.13)所示。

$$Attention(Q,K,V) = softmax\left(\frac{QK^T}{\sqrt{h}}\right)V \tag{1.3.13}$$

最后，通过计算得到的注意力值对标注者模型进行加权聚合 $prob_M = \sum_{i=1}^{N} att_i \cdot prob_{m_i}$，并与样本表示模型的输出进行加和后，得到该模块对于样本 d 的最终预测分布，如式(1.3.14)所示。

$$p_d = \alpha \cdot prob_{M^*} + (1-\alpha)prob_M \tag{1.3.14}$$

在多头注意力适配器训练时，通过梯度下降的方式对 p_d 与标签 $\hat{l}_d$ 进行拟合。在预测时，取概率分布 p_d 中具有最大值的下标作为预测结果。α 为平衡样本表示模型与标注者模型采纳权重的超参，考虑到样本表示模型 M^* 在初始化与增量学习过程中始终考察了全局数据，而标注者模型代表了每位标注者的独立偏好，通过超参 α 对两者的权重加以控制，能够提高CT-MID在不同数据特征下的适配性。直觉上，当标注者的准确度较高而冗余度较低时，降低 α 的权重有助于"集思广益"；当准确度较低，但冗余度较高时，赋予 α 一个较大的值有助于通过样本表示模型的全局视野避免标注者模型的噪声。

1.3.4 实验分析

本节中，首先介绍实验的设定，包括数据集、模拟众包标注的参数、实验环境等；随后，对于CT-MID进行比较的基线模型进行介绍。最后对CT-MID的各类超参设置与具体细节进行阐述，并展示实验结果。

1.3.4.1 实验设定

实验数据：本书在cifar-10与cifar-100两个数据集上进行了CT-MID的有效性验证实验。cifar-10与cifar-100是验证带噪学习、协同学习方法的常用数据集，分别包含了50000张用于训练与10000张用于测试的图片。其详细信息见表1.3.1。

表1.3.1　实验数据集相关信息

数据集名称	训练样本数	测试样本数	标签数	图片格式
cifar-10	50000	10000	10	3通道RGB 长32，宽32
cifar-100	50000	10000	100	

众包模拟设置：为了更为细致地分析模型对不同标注冗余度、准确度的适

用能力，本书模拟了多组冗余度与准确度配置进行实验，见表1.3.2。其中，标注噪声率表示标注结果的错误概率，标注冗余度表示每个数据样本获得的标签个数，也即有多少个标注者对该数据样本进行了标注。

在每组实验开始前，首先基于设定的噪声率与冗余度，在数据集的真实标签基础上产生模拟的带噪标签，随后使用训练集的带噪标签学习，并在测试集的真实标签上进行测试。为便于横向比较，实验中的模型骨架统一选择ResNet18，并在实验过程中开启动态的数据增强，采用一定概率的水平翻转与边缘扰动的方式来提升准确率。对于所有方法的可选参数，均采用网格搜索的方式选取了最佳参数。所有实验均通过在训练数据中留出验证集的方式选择最优的模型轮次，并重复实验5次取测试集上的平均值作为最终结果。

表1.3.2 模拟众包标注的参数设置

标注组别	标注人数	噪声率/%	冗余度
高冗余度，高准确率	10	30	10
高冗余度，低准确率		70	10
低冗余度，高准确率		30	3
低冗余度，低准确率		70	3

实验环境：实验基于Windows 10专业版64位操作系统，搭载Intel Core i5-9600K以及32G运行内存，模型采用RTX 2070训练，其可用显存为8192MB，实际运行时占用显存在6144MB左右。实验代码基于Python 3.7版本进行编写，模型的构建使用Pytorch 1.6版本。

1.3.4.2 基线模型

基于上文对相关工作的调研结果，本书选择了经典的多数投票(Majority Voting, MV)与带权多数投票(Weighted Majority Voting, Weighted-MV)作为基础比较模型，并在前沿工作中分别选择了一组基于EM的方法与带噪学习的代表解决方案用于与CT-MID进行多参数下更为细致的比较分析。

多数投票(MV)：对于每个数据样本，将当前样本上的所有标注结果进行多数投票，即选取样本出现频次最多的标签，将其视为样本的真实标签用于后续模型学习。由于MV方法在多个基线模型的原始论文中都有实现，本书在多组实验后，选取其中的最优结果用于实验比较。

带权多数投票(Weighted-MV)：对于每个数据样本，将其标注结果视为独热(One-Hot)的标签分布，并将当前样本的所有预测分布取平均，视为样本的真实标签分布，用于后续模型学习。值得注意的是，与其他基线模型不同，带权的多数投票学习目标是一个标签分布,因此选择KL散度而非交叉熵作为损失函数。此外,在冗余度较低的情况下,Weighted-MV方法可能出现效果不够稳定的问题,在第1.3.5.1节的数据敏感性分析部分会进行详细阐述。

基于EM的消噪方法(Model Bootstrapped Expectation Maximization, MBEM)[1]:首先使用标注结果构造出每个样本的带权初始分布,初始化EM的expectation过程,并使用若干次maximization过程迭代消除样本中的噪声。在MBEM中默认使用了Weighted-MV方法作为样本初始化方法。该方法在继承EM思想的基础上,克服了EM对冗余度敏感的缺点,从而较好地应用到冗余度较低的情况。

值得注意的是,MBEM论文作者仅对带权初始分布进行了一次迭代(以下简称MBEM 1-iter)。在与CT-MID方法比对实验过程中,本章作者发现若干次的重复迭代可能进一步提升MBEM效果。因此在下文中,将分别记录经过1轮与3轮迭代的MBEM方法的准确率,将具有更高精度的一组用于实验比较。MBEM决策级融合方法流程如图1.3.3所示。

Input: $\{(X_i, Z_i^{(r)}, w_i^{(r)})\}_{i \in [n]}, T$:迭代次数
Output: $\widehat{f}$:预测函数
使用带权多数类投票初始化后验概率
$$\mathbb{P}_{\widehat{\pi},\widehat{q}}[Y_i = k \mid Z_i^{(r)}; w_i^{(r)}] \leftarrow (1/r)\sum_{j=1}^{r} \mathbb{I}[Z_{ij} = k], \text{ for } k \in \mathcal{K}, i \in [n]$$
重复T次:
 学习预测函数 $\widehat{f}$
 $$\widehat{f} \leftarrow \arg\min_{f \in \mathcal{F}} \frac{1}{n}\sum_{i=1}^{n}\sum_{k \in \mathcal{K}} \mathbb{P}_{\widehat{\pi},\widehat{q}}[Y_i = k \mid Z_i^{(r)}; w_i^{(r)}] \ell(f(X_i), Y_i = k)$$
 在训练样本上学习
 $t_i \leftarrow \arg\max_{k \in \mathcal{K}} \widehat{f}(X_i)_k, \text{ for } i \in [n]$
 估计混淆矩阵$\widehat{\pi}$和先验类型分布$\widehat{q}$ **given** $\{t_i\}_{i \in [n]}$
 $\widehat{\pi}^{(a)} \leftarrow$ Equation (7), for $a \in [m]$; $\widehat{q} \leftarrow$ Equation (7)
 估计标签后验分布 **given** $\widehat{\pi}, \widehat{q}$
 $\mathbb{P}_{\widehat{\pi},\widehat{q}}[Y_i = k \mid Z_i^{(r)}; w_i^{(r)}], \leftarrow$ Equation (5), for $k \in \mathcal{K}, i \in [n]$
Return $\widehat{f}$

图1.3.3 MBEM决策级融合方法流程

注:容易发现MBEM的初始化方式就是Weighted-MV,在验证环节,该方法中的迭代次数T被固定为1。

---

[1] Khetan A, Lipton Z, et al. Learning from noisy singly labeled data[C]//Proceedings of the 6th International Conference on Learning Representations, 2018: 1-15.

基于带噪学习的消噪方法(Co-Teaching)[①]：Co-Teaching使用迭代筛选高置信度样本的方法实现数据的消噪。首先，使用MV方法生成样本的带噪标签，随后使用两个模型同时在带噪样本上进行学习，在每个mini-batch中，模型分别预测并筛选高置信度的标签，并交付给对方进行下一批次的训练。

1.3.4.3 方法实现细节

在参数设置方面，CT-MID使用ResNet18作为标注者模型与表示模型的训练骨架。在初始化模块中，用于初始化两类模型的首轮迭代阈值T_0设为25。在最终的推理阶段，局部模型与全局模型的权重比α由当前任务的噪声率决定：当噪声率较低(30%)时，控制$\alpha=0.5$，即局部与全局权重分别为50%/50%；当噪声率较高(70%)时，适当调高全局表示模型的权重，从而设置$\alpha=0.8$，即局部模型的预测结果对最终结果仅占20%的权重，而全局模型权重达到80%。

在训练过程方面，CT-MID最多用全量训练数据进行100个轮次(Epoch)的训练，每个轮次中的batch size控制为64。训练中，CT-MID采用早停的策略，避免模型在噪声数据上出现过拟合。当连续出现5个轮次的loss下降不超过1e-3时，系统停止当前模型的训练过程，转而使用当前模型进行评估与测试。

在数据增强方面，为便于直观地与其他方法比较，CT-MID与其他方法一样采用了Torchvision视觉库中的数据增强功能函数。具体地，首先使用Torchvision库中的Random Crop方法进行随机裁剪：对于原本大小为32×32像素的图片，首先在上下左右四个方向均以边缘像素值填充3个像素点，随后随机从图中重新裁剪32×32像素的图片，使用随机裁剪能够增强模型对于图像边缘扰动的鲁棒性。随后，使用Torchvision中的Random Horizontal Flip方法对图像进行50%概率的水平翻转，进一步提升模型对于不同方向图片的识别能力。CT-MID的数据增强是动态进行的，即在每一个输入批次的数据中重新应用上述变换，这样即使相同的原始图片，在不同训练轮次中输入后也会呈现有差异的形态，增加了数据本身的多样性。

1.3.4.4 实验结果分析

基线模型与CT-MID的总体实验结果见表1.3.3与表1.3.4。在不同设定下的8组实验中，CT-MID在其中的7组都领先EM方法的代表MBEM与基于带噪学习思想的Co-Teaching方法，这证明了CT-MID方法的有效性。

---

① Du Z. GPT2-Chinese: Tools for training GPT2 model in Chinese language[EB/OL]. Github, 2019. https://github.com/Morizeyao/GPT2-Chinese.

表1.3.3　cifar-10数据上的模型准确率(Accuracy/ %)结果

模型名称	cifar-10			
	准确度高 冗余度高	准确度高 冗余度低	准确度低 冗余度高	准确度低 冗余度低
MV	81.66	80.11	76.33	51.39
Weighted-MV	82.18	79.50	76.75	50.25
Co-Teaching	84.97	83.26	79.05	49.16
MBEM 1-iter	84.50	81.12	78.35	52.72
MBEM 3-iter	85.12	82.04	77.93	52.34
CT-MID	86.64	82.67	80.92	54.44

表1.3.4　cifar-100数据上的模型准确率(Accuracy/ %)结果

模型名称	cifar-100			
	准确度高 冗余度高	准确度高 冗余度低	准确度低 冗余度高	准确度低 冗余度低
MV	58.84	50.05	49.86	28.16
Weighted-MV	58.56	50.74	49.54	27.72
Co-Teaching	60.15	52.21	51.73	25.22
MBEM 1-iter	59.66	52.45	51.45	29.43
MBEM 3-iter	60.81	51.56	52.09	30.27
CT-MID	61.76	53.81	52.46	31.36

总体而言，相较于基础的MV模型相对准确度提升幅度达到了5.9%，相比较Co-Teaching与MBEM最优结果的平均相对准确率提升幅度分别达到了4.5%与1.8%。除此之外，在标注准确率低、标注冗余度低"双低"的极端情况下，数据存在较明显的噪声时，CT-MID相较于同组第二位的方法各有3.2%、3.5%的准确率提升，说明CT-MID对于不同程度的数据参数都具有较好的适应能力，尤其在噪声较大时，CT-MID通过自身的信息聚合机制，在充分利用全部信息的基础上，将预测分布的注意力更多地放于相对能力更强的标注者身上，从而效果更为显著。

1.3.5　方法分析

1.3.5.1　数据敏感性分析

通过观察表1.3.3与表1.3.4后发现，基于EM思想的MBEM与基于带噪学习的方法Co-Teaching在不同的数据特征下各有其优势，而CT-MID在所有的环境下表现均比较稳定。为了量化不同方法对于不同数据的敏感性，本节中将针对不同的数据设定进行细致的比较分析。如上文所述，本书将着重考察众包数据标注的两类数据特征：冗余度与准确度，通过控制其他变量的方式探究数据特征对于各方法效果的影响。实验在cifar-10数据集上进行。

控制标注人数与准确率不变，得到不同方法对标注冗余度的敏感性如图1.3.4所示。容易发现，由于MBEM方法是由Weighted-MV方法的投票结果来初始化了每个样本的期望标签分布，因此继承了后者的缺陷，在标注冗余度低于3时仅与基线方法MV相近；在冗余度为2时，模型准确率有显著下降，这是由于Weighted-MV方法在冗余度为2时产生了错误的标签分布导致的。在冗余度逐渐升高后，MBEM的准确度逐渐升高，最后达到了与Co-Teaching方法相近的准确度。

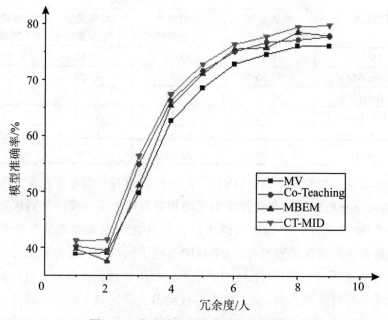

图1.3.4　各方法对标注冗余度的敏感性

注：标注人数为10，标注准确率为0.3

与之类似，控制标注冗余度不变，不同方法对标注准确度的敏感性结果如图1.3.5所示。可以看出，Co-Teaching方法在较低标注准确度时效果显著低于其他基线方法与CT-MID方法，在标注准确度超过30%后达到与其他方法相似的水平。该现象说明了Co-Teaching等带噪学习的代表方法由于无法充分利用标注者等外部信息，在准确度较低时表现欠佳。而在上述实验中，CT-MID表现出较好的稳定性，对于众包标注的不同冗余度、不同准确度均具备一定的适应能力。

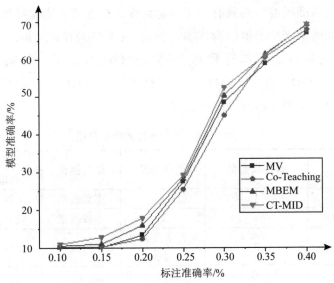

图1.3.5　各方法对标注准确度的敏感性

注：标注人数为10，标注冗余度为3

综合图1.3.4与图1.3.5的实验结果，可以得到不同方法数据敏感性的初步结论。

结论一：MV与Weighted-MV对数据冗余度与准确度均存在一定的要求。当标注冗余度过低时，投票机制将无法很好地筛选出每个样本的真实标签，致使投票后数据的准确度过低，影响模型训练；当标注准确度过低时也存在类似的问题，表1.3.3的实验结果也佐证了该结论。当标注准确度、标注冗余度中存在一个或两个指标偏低时，投票类方法结果均为最低水平。在cifar-100实验中，其结果相较于CT-MID方法准确率差值达到了3.2%。

结论二：Co-Teaching方法采用两个模型相互过滤的方式，在迭代中保留具有高置信度标签样本、筛除低置信度标签样本，从而实现消噪的目的。其过程建立在投票类方法提供的标签基础之上，因此在较低标注准确度的数据上结果普遍较低。此外，Co-Teaching仅使用了两个模型进行交互，而非CT-MID同时采用全局表示与独立标注模型聚合的方式考察，其结果普遍低于CT-MID方法。

结论三：基于EM的MBEM方法能够使用若干次迭代使标签的分布逐渐趋向于真实分布，同时估计标注者的标注质量矩阵(Confusion Matrix)。EM类的解决方案普遍包含结论一在期望步中采用投票机制或其变种进行标签聚合，以及结论二求解标注者参数的最大似然估计值的信息交互两个步骤，从而在不同的标注冗余度与准确度中均具有一定的稳定性,在上文的实验结果中,相较于每组的最优准确率平均差值仅为1.7%,但仍与CT-MID存在差距。

综合上述分析,可以得到基于EM的MBEM、基于带噪学习的Co-Teaching、CT-MID等各方法的特点,见表1.3.5。CT-MID方法的数据敏感性普遍较低,进一步说明了该方法的优越性。

表1.3.5 不同方法的特点总结

方法名称	推理模型数	信息交互	信息聚合	数据敏感性	
				冗余度	准确度
MV	1	无	多数投票	中等	中等
Weighted-MV	1	无	带权投票	较高	中等
Co-Teaching	2	高置信度样本筛选	多数投票	较低	中等
MBEM	1推理模型, n混淆矩阵	基于后验概率估计	带权投票	较低	较低
CT-MID	1推理模型, n标注者模型	基于互信息	多头注意力	较低	较低

1.3.5.2 消融实验

为了更加详细地观测CT-MID构成要件中各部分带来的拟合能力提升效果,本书对CT-MID中的模型骨架、信息交互与信息聚合机制在cifar-10数据集上进行了消融实验。具体的实验组别说明如下。

CT-MID w/o NMI + MHA:同时删除CT-MID基于标准化互信息(NMI)的交互与多头注意力机制(MHA)。在信息交互阶段不进行任何交互,在信息聚合阶段采用均值归一方式聚合。

CT-MID w/o NMI:删除CT-MID基于互信息的交互,保留信息聚合阶段的多头注意力机制。

CT-MID-MHA to Mean:将CT-MID中基于多头注意力机制的聚合方式替换为用表示模型与所有标注者模型预测分布的均值来聚合。

CT-MID-NMI to Mean:将CT-MID在信息交互阶段执行的基于互信息的交互替换为使用所有标注者输出的均值聚合。

CT-MID:完整的CT-MID方法。

CT-MID w/ ResNet34:将CT-MID方法选择的模型骨架由ResNet18替换为ResNet34。

消融实验结果见表1.3.6。

表1.3.6　CT-MID消融实验结果

模型名称	cifar-10			
	准确度高 冗余度高	准确度高 冗余度低	准确度低 冗余度高	准确度低 冗余度低
CT-MID w/o NMI + MHA	79.36	75.28	73.66	45.59
CT-MID w/o NMI	80.42	76.14	74.07	45.96
CT-MID–MHA to Mean	85.11	81.12	78.66	52.83
CT-MID–NMI to Mean	84.06	80.34	77.43	52.10
CT-MID	86.64	82.67	80.92	54.44
CT-MID w/ ResNet34	88.01	80.99	79.74	50.62

CT-MID w/o MI + MHA在同时去除互信息交互与多头注意力机制的聚合后，等价于独立地训练标注者模型，并平等地考察所有模型的预测结果，由此从数据层面将较强地依赖于数据总量及其标注冗余度；此外，该方法剔除了信息交互部分，导致其准确度同时依赖于标注者自身的标注准确度。根据表1.3.5的情况，该方法的数据敏感性较强，且在表1.3.5里相对表现最弱，相较于同组最优结果，其相对准确率之差分别为-9.8%、-8.9%、-9.0%与-16.3%。值得注意的是，在最后的冗余度与准确度均较低的组别中，CT-MID独立训练标注者模型的特点成为短板，使得每个标注者模型只能使用少量的强噪声数据进行训练，从而导致模型对训练数据欠拟合，故而效果显著降低，这也从侧面说明了聚合全局视角与局部视角的多头注意力机制的重要性。

通过将CT-MID w/o NMI、CT-MID – MI to Mean与CT-MID比较，能够观察互信息在信息交互阶段的作用。直接去除信息交互模块削减了标注者通过外部信息对自身的提升能力，而将标准化互信息替换为均值聚合后，由于无法享受一致性权重带来的增益，导致更新后的标签分布产生偏移。从表1.3.6中观察得知，在删除信息交互后，准确率有超过5%的下降，而使用均值聚合的准确率仅下降3%左右，这说明信息交互模块对于提升标注者模型的准确率有着显著作用，而基于互信息的交互方式相对于均值交互也有明显的优越性。

此外，比较CT-MID – MHA to Mean与CT-MID方法的结果容易看出，多头注意力机制能够较好地提升模型准确度。通过对每个标注者模型提供一个注意力值并经softmax层归一，基于多头注意力的CT-MID方法允许在对应数据样本上能力较强的标注者模型拥有更高的权重，同时相对降低了能力较弱的标注者模型的权重，将多头注意力机制删除后所有组别的准确率平均下降了1.74%。

最后，与直观感受有一定出入的是，使用表示能力更强的ResNet34替代ResNet18作为模型骨架后，CT-MID w/ ResNet34只在高准确度与冗余度的组别下超越了CT-MID，甚至在同时具有低准确度与冗余度的组别下低于删除了单个信息交互/信息聚合模块的CT-MID方法。该现象说明在总体噪声较多时，采用参数量更大的特征抽取模型更容易出现对噪声的过拟合，从而导致效果降低的情况发生，为后续使用CT-MID时选择合适的模型骨架提供了启发。

1.4 基于多模态适配器的特征级融合方法

1.4.1 任务描述

本节主要阐述一种基于多模态适配器的特征级融合方法，旨在通过训练多个不同组合模态的适配器，将属于不同向量空间的特征映射到可兼容的同一向量空间中，从而提升融合后的效果。与第1.3节着重于提出新颖算法的目标有所不同的是，本节介绍的特征级融合更偏向于不同融合方法间的优劣势比较及工程实现。

具体而言，对于一个有文本、图像两个模态特征的数据 d_i，其中文本特征为 $\hat{t}_i$，图像特征为 $\hat{p}_i$，特征级融合旨在学习一个融合函数 $F(\overline{vector} \mid \hat{p}_i, \hat{t}_i, d_i, \theta, *)$，将数据 d_i 的两类特征融合到新的特征 $\overline{vector}$ 中，随后再通过分类器与softmax进行目标分类。一般认为通过融合函数 F 后，相较于单独使用特征 $\hat{p}_i$ 与 $\hat{t}_i$ 进行分类效果会更好，因为相比较于后者，前者融合了更多有效的信息。

本节着重于对多模态适配器进行描述，并展示部分工程实现代码。在评估阶段，沿用了第1.3节的决策级融合方法CT-MID，图像特征的提取器同样继续使用ResNet18，文本特征使用BERT进行提取，比较在加入文本模态特征后决策准确率的提升效果。

本节内容组织如下。

在1.4.2节中，将首先对文本特征提取器BERT进行介绍，随后提出简单形式的特征加和、Max Pooling两类特征级融合方法，在此基础上进行一定的改进，提出基于多模态门控单元的模态权重控制机制。

在1.4.3节，首先介绍方法的实现细节、文本模拟数据的生成方式，以及超参数的选择等；随后对加入文本特征前后的CT-MID方法进行比较，比较分析多模态特征融合对于多源数据的决策推理的效果，以及不同特征融合方法间的差异。

多模态分类的流程如图1.4.1所示。

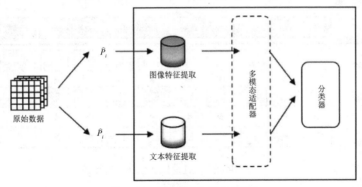

图1.4.1　多模态分类的流程

注：首先分别提取不同模态的特征，随后用多模态适配器匹配向量空间，最后通过分类器进行多标签分类。本节主要讲述实线方框内的内容。

1.4.2　多源异构数据融合方法：MLP-Adapter

1.4.2.1　文本特征提取

为了将文本信息融入图像中，首先要提取文本中的有效特征。近年来，基于Skip-Gram与CBOW的Word2Vec词向量表示学习算法为自然语言处理领域带来了一种全新的思维方式，将自然语言的理解由基于统计、基于规则的方法向基于传统机器学习的方法转变。

由于Word2Vec得到的词向量在使用过程中是静态的，无法很好地处理一词多义、歧义等比较复杂的语言情况，近年来，研究者们逐渐开始应用一些较深的框架(如Stack Bi-LSTM)以及预训练模型(ELMo/BERT)来对句子进行动态的特征提取。其中ELMo主要基于双层的Bi-LSTM，同时进行字符级与词级别的特征提取，然而由于Bi-LSTM等序列建模方法要求网络内的基本计算单元必须串行计算，在部分应用中无法满足时效需求。相较于前者，BERT采用了较新的transformer结构，由特殊的多头注意力(MHA)与掩码注意力(Masked MHA)来实现更佳的特征提取结果。由于BERT强大的动态建模能力与较优的处理速度，本书采用BERT进行文本特征的提取。

具体地，对于一张图片中附有的文字描述，首先将其转换为BERT的词向量。

BERT词向量由单词的Byte-pair Encoding向量、序列编号向量与位置向量三部分累加而成。由于相同的单词出现在不同的前后语句、语句的不同位置都可能带来不同的含义，使用三部分向量的累加作为单词的最终表示能够动态赋予词向量消歧的能力，进一步提升模型效果。如图1.4.2所示。

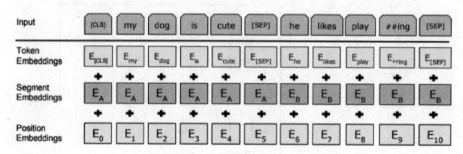

图1.4.2　BERT的词向量嵌入(Embedding)层[①]

随后,将组装好的词向量通过若干个transformer的编码器、多头注意力机制与前馈神经网络来动态建模整个句子的特征向量。如图1.4.3所示。

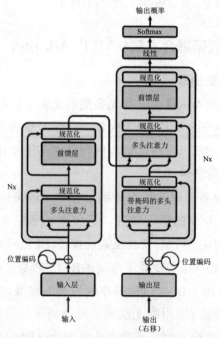

图1.4.3　BERT使用了transformer中的编码器进行预训练[②]

在对句子整体进行编码后,提取BERT的[CLS]字符位置的表示向量,作为句子的整体向量。该向量就是使用BERT编码后得到的文本向量。

---

① Devlin J, Chang M W, et al. Bert: Pre-training of deep bidirectional transformers for language understanding[EB/OL]. 2018. https://arXiv preprint arXiv:1810.04805.

② Devlin J, Chang M W, et al. Bert: Pre-training of deep bidirectional transformers for language understanding[EB/OL]. 2018. https://arXiv preprint arXiv:1810.04805.

1.4.2.2 基于简单特征融合的适配器

在获得文本表示向量后,开始对原有的图像特征与原有的文本特征进行融合。如任务定义所述,现给定数据 d_i 的文本特征 $\hat{t}_i$ 与图像特征 $\hat{p}_i$,基于简单特征融合的适配器使用了以下三种融合规则。

一是特征求和,直接求得 $\hat{t}_i$ 与 $\hat{p}_i$ 的加和结果作为新特征向量 $\hat{v}_i$,如式(1.4.1)所示。

$$\hat{v}_i = \hat{p}_i + \hat{t}_i, \text{for } i \in |D| \tag{1.4.1}$$

二是特征均值,取 $\hat{t}_i$ 与 $\hat{p}_i$ 的均值作为新特征向量 $\hat{v}_i$,如式(1.4.2)所示。

$$\hat{v}_i = \frac{1}{2}(\hat{p}_i + \hat{t}_i), \text{for } i \in |D| \tag{1.4.2}$$

特征求和与特征平均的两种使用方式并无特别的差异,本质上都在于直接地融合文本与图像信息,由于这个原因,下文评估时选择了特征均值作为这两种方法的代表。值得注意的是,特征求和与特征均值两种规则都忽略了两种模态间特征的含义,而选择直接地将两个不同含义的向量空间融合在一起,所以容易出现收敛速度慢、训练效果不稳定的情况。

三是特征拼接,将 $\hat{t}_i$ 与 $\hat{p}_i$ 拼接为新的向量 $\hat{v}_i$,如式(1.4.3)所示。

$$\hat{v}_i = concat(\hat{p}_i, \hat{t}_i), \text{for } i \in |D| \tag{1.4.3}$$

直接拼接特征向量能消除求和类规则的向量空间不一致的问题,拼接向量后保持了两类向量各自的含义,在后续添加全连接层后,能够在一定程度上保持各自所表达的倾向性;然而拼接也会导致 $\hat{v}_i$ 向量维度过高,使得模型的推理速度下降。在实际应用中,需要综合考虑不同模态间的可解释性与对模型推理速度的需求,来选择特征向量的融合方式。

在图1.4.1中展示了多模态分类的流程,上文主要阐述了基于简单特征融合的"多模态适配器"部分。在适配器设计完成后的分类器部分,本书采用了一个单隐层前馈神经网络进行特征空间的变换(在求和类型的规则下,只是对融合后的特征进行了变换,空间变换没有实质意义),如图1.4.4所示。

整体的特征级融合过程获得的标签概率可以用式(1.4.4)表示。

$$probabilities_i = softmax(NN(ReLU(NN(\hat{v}_i)))) \tag{1.4.4}$$

其中 $probabilities$ 表示要预测的样本标签概率分布,NN 代表一个全连接层,用于特征的维度变换。$ReLU(x)=max(0,x)$,是前馈网络的隐层后接的激活函数,用于在神经网络中添加非线性,增强模型的特征抽取能力。

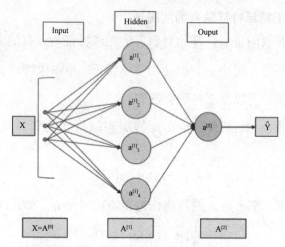

图1.4.4　基于前馈神经网络的分类器

注：输入左侧的数据特征后，通过中间的隐层进行特征变换，再由右侧的输出层变换为标签的logits，最后通过softmax输出每个标签的概率。

1.4.2.3　基于多模态门控单元的适配器

除了简单的特征融合外，本书也提出了一种基于门控单元的多模态特征融合适配器。

门控单元最初在循环神经网络中被提出，用于缓解处理时序数据时的梯度爆炸或消失的问题，后来也被应用于多个向量间权重的计算，与注意力机制相似，但更为简单易用。本书使用门控单元进行多模态特征间的控制：对于提取的图像特征及以文本特征为代表的其他特征，使用门控单元进行特征空间的对齐(Align)，随后将融合后的特征用于分类。本书提出的多模态门控单元如图1.4.5所示。

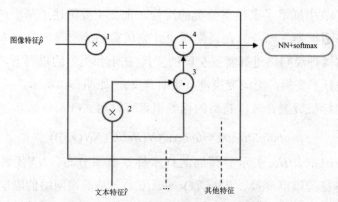

图1.4.5　基于多模态门控单元的适配器

其中，标号1与标号2分别表示将输入的图像或文本特征使用全连接层进行一次特征变换，便于后续进行特征向量带权融合，如式(1.4.5)、式(1.4.6)所示。

$$\hat{p}' = W_1 \cdot \hat{p} \tag{1.4.5}$$

$$\hat{t}' = W_2 \cdot \hat{t} \tag{1.4.6}$$

对于文本特征，在执行特征变换之后，在标号3代表的过程中使用sigmoid函数计算融合时的权重，并通过点积的方式对 $\hat{t}'$ 进行权重的调整。标号3的公式化表述如式(1.4.7)所示。

$$\hat{t}'' = \hat{t} \cdot sigmoid(W_2\hat{t}) \tag{1.4.7}$$

其中，$sigmoid(x) = 1/(1+e^{-x})$，其作用是将输入的特征向量的每一个维度都映射到 (0,1) 之间，从而得到 $\hat{t}$ 对应维度的特征值需要保留的信息量，而后以内积的方式得到了通过多模态门控单元过滤后的文本特征向量 $\hat{t}''$。在标号4代表的融合过程中，对图像特征 $\hat{p}$ 与对齐并保留了有效信息的 $\hat{t}''$ 进行特征融合 $\hat{v} = \hat{p} + \hat{t}''$。

值得注意的是，在获得融合后的特征 $\hat{v}$ 之后，多模态门控单元直接通过全连接单元映射到每个标签的logits，并使用softmax函数变换为每个标签的概率，不再添加带有隐层的前馈网络，这是由于在门控单元的内部已经进行了多次特征变换，已经具有了足够的表达能力。尽管图1.4.5中仅展示了加入文本特征，该门控单元实际支持任意多种模态的特征融合，对于每一种模态的新特征，其向量同样经由式(1.4.6)与式(1.4.7)共同组成的信息筛选过程进行融合。

1.4.3 实验结果

1.4.3.1 模拟文本生成

本书采用基于规范文本以及利用GPT-2中文生成式模型的方法获取模拟文本数据，由于对完整的60000张图片数据均产生对应的文本数据工作量较大，同时生成式文本的数据质量无法保证(图1.4.6中展示了生成文本与人工撰写文本的差距)，在这里仅对选定的一类标签的6000张图片生成辅助文本，所选标签为"cat"(猫)。

辅助文本产生方式如下。

首先，抓取百度百科"猫"词条中的所有文字，使用句号进行分句，保留其中所有包含文字"猫"的句子作为规范文本。

其次，使用基于GPT2的开源中文生成工具①(下称GPT2-Chinese)，采用广度优先搜索的方式进行句式的生成。

第一步：创建一个保存文本的队列，并将百度百科词条中的第一句话作为随机初始种子加入。

第二步：从队列中弹出首个文本，使用GPT2生成长度400以内的句子。

第三步：使用句号对句子进行分句，并保留其中所有包含文字"猫"的句子。

第四步：将筛选后的句子加入文本队列中。

第五步：持续执行第二步至第四步，维护一个全局列表保存所有出现过的合法句，直到列表中元素达到6000以上。

最后，以文本形式保存之前得到的全局列表，将文字与图像数据进行一一映射匹配，删除多余的生成句子。

通过以上方式，能够自动化地产生足量用于训练的辅助文本数据。然而，经过观察发现，基于深度生成式模型产生的文本质量参差不齐，总体显著低于在百度百科爬取的由人工撰写的文本。考虑到本书仅用模拟数据验证特征级融合方法的有效性，并非为了追求高精度，所以只选定了一个标签进行模拟与评估。图1.4.6为基于百度词条产生的部分文本。

图1.4.6 基于百度词条产生的部分文本

注：从图中可以发现人工撰写的文本(第1条)与深度模型生成的文本(后若干条)仍存在明显的差距，且差距随着迭代轮次的增加逐渐增大。

---

① Du Z. GPT2-Chinese: Tools for training GPT2 model in Chinese language[EB/OL]. Github, 2019. https://github.com/Morizeyao/GPT2-Chinese.

1.4.3.2 实验设定

在本小节中，对于评估实验中的模拟数据产生方式、结果比较方法与具体的模型参数设置进行阐述。

评估数据选择：

为了便于直观地比较提升效果，本节的特征级融合方法仍然选用cifar-10作为评估数据，由于cifar-10中只包含了图片数据，不存在辅助文本，因此首先基于1.4.3.1小节中的方法对图片样本生成对应的模拟文本数据。

模型训练与评价：

为了直观地比较加入辅助文本信息前后模型推理能力的变化，本书采用了增量学习的方式训练多模态适配器。具体地，在模型训练时，首先加载本章第1.3节中已经训练好的CT-MID决策级融合方法模型，在该模型基础上，初始化本章所提出的加和、拼接、门控单元的三类适配器，冻结决策级融合方法本身的所有参数，对适配器中的参数进行独立训练。

在评价结果时，一要评估添加适配器前后全量数据上的准确率变化，以查看适配器对模型全局推理能力的影响；二要评估添加适配器前后标签"cat"上的准确率变化，以查看使用了适配器的特征融合后，模型对该特定标签的推理能力变化情况。在添加适配器前，使用cifar-10的图片数据作为输入；在添加适配器后，对于标签为"cat"的所有图片，使用与之一一对应的文本内容作为多模态特征输入，对于其他标签的图片，仍然只是输入图片数据。

模型参数设定：

在CT-MID中使用的ResNet输出层之前的隐层维度为512，与BERT base所输出的隐层维度相同，能够直接兼容，因此在输出端不再进行额外的全连接变换。

在适配器端，统一控制隐层神经元数量为256。具体而言，第一，由于加和操作不改变输出层维度，添加的前馈神经网络所做的维度变换分别为(512,256)、(256,10)；第二，拼接操作将输出层维度扩展了一倍，因此对应的前馈神经网络维度为(1024,256)、(256,10)；第三，对于多模态门控单元，W_a与W_b均控制为(512,256)，门控单元外的输出层维度为(256,10)。所有适配器的隐层中均添加了ReLU激活函数，并设置dropout为0.3，以增加模型的非线性。

模型学习过程使用Adam优化器，设置学习率为1e-3，考虑到训练参数不多(冻结了大量已经训练好的参数)，不设置权重衰减(Weight Decay)。

比较模型：

CT-MID：本章第3节提出的多源数据决策级融合方法，采用协同学习与多头注意力机制在融合过程中剔除错误决策，融合有效信息，已经在3.4中详细论证了该方法的优越性。使用该方法作为特征级融合的比较基准模型。

CT-MID w/ sum-Adapter：CT-MID通过加和的方式融合多模态特征。

CT-MID w/ concat-Adapter：CT-MID通过拼接的方式融合多模态特征。

CT-MID w/ gated-Adapter：CT-MID采用多模态门控单元进行文本与图像的特征级融合。

1.4.3.3 实验结果分析

基于多模态适配器的特征级融合方法在cifar-10整体数据上的准确率结果见表1.4.1，根据表内结果，可以得到以下结论。

表1.4.1 不同多模态适配器在cifar-10数据上的准确率(Accuracy/ %)

模型名称	cifar-10			
	准确度高 冗余度高	准确度高 冗余度低	准确度低 冗余度高	准确度低 冗余度低
CT-MID	86.64	82.67	80.92	54.44
CT-MID w/ sum-Adapter	85.41	81.99	80.16	53.25
CT-MID w/ concat-Adapter	85.16	80.37	79.64	53.83
CT-MID w/ gated-Adapter	86.84	81.60	80.34	55.06

第一，在使用多模态适配器融合特征前后，整体准确率变化结果不大，加入文本特征后的最优结果CT-MID w/ gated-Adapter在标注准确度与冗余度均较高时显示出0.2%准确率的优越性，其他融合文本特征的方法对准确率提升不明显，甚至有一定程度的下降。

第二，比较加和、拼接与门控三种方式的融合结果发现，使用文本特征加和或拼接的结果相较于CT-MID普遍有所下降，这可能是图像与文本特征空间没有对齐，直接融合反而影响了模型的全局推理能力。使用多模态门控单元的适配器，结果与CT-MID基本保持在同一水平线上，在标注准确率与冗余度较低的时候带来0.62%的准确率提升，这说明在数据质量偏低时，加入文本特征确实能改善模型的推理能力。

此外，添加的多模态适配器在标签"cat"上带来的准确率变化见表1.4.2。通过观察可以得到以下结论。

表1.4.2　不同多模态适配器在cifar-10数据"cat"标签上的准确率(Accuracy/ %)

模型名称	cifar-10			
	准确度高 冗余度高	准确度高 冗余度低	准确度低 冗余度高	准确度低 冗余度低
CT-MID	80.80	63.20	67.40	41.40
CT-MID w/ sum-Adapter	81.30	64.40	68.70	41.80
CT-MID w/ concat-Adapter	80.60	63.30	67.10	42.00
CT-MID w/ gated-Adapter	82.10	63.90	70.30	44.40

第一，比较CT-MID与添加了多模态适配器的其他方案可以看出，添加方案后总体在"cat"标签上有比较明显的提升。加和模式、拼接模式与门控单元模式的适配器分别在4/2/4个组别中超过了CT-MID。

第二，在特定标签上，使用拼接模式的特征级融合方法仍然不够稳定，除了特征向量空间未对齐之外，可能也有输入向量维度过高，导致适配器不容易收敛的原因存在；而基于加和与门控单元模式的融合方式相对更加稳定。

第三，基于门控单元的多模态特征融合方法展示出了较好的优越性，在所有组别中均超过了基准方法CT-MID，提升幅度达到了1.3%、0.7%、2.9%与3.0%。值得注意的是，在标注准确度较低的时候，基于门控方式加入文本特征后，提升的幅度较大，这是由于辅助文本特征起到了纠正错误标注的作用。

1.5　基于协同学习的多源数据融合原型系统

1.5.1　系统组成单元

本节根据上文提出的协同学习技术，实现了一个多源数据融合的原型系统，完成了示例数据的融合与推理工作，从而为未来开发功能更加完善的多源数据融合系统提供了技术基础。

1.5.1.1　系统组成

该原型系统由存储管理层、逻辑处理层与应用交互层三个层次由下而上构成，外侧由独立的异常发现与处理单元负责各类异常的抛出、解析与处理，从而避免对用户的使用过程产生影响。具体包括的功能组件如图1.5.1所示。

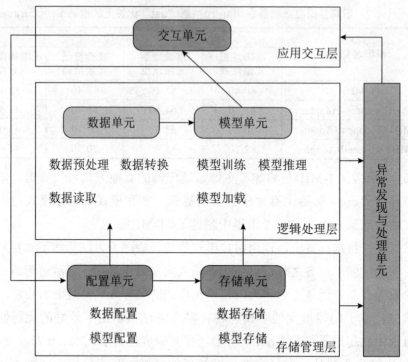

图1.5.1 多源数据融合原型系统逻辑分层

第一，存储管理层。负责数据、模型存储与各类配置的管理。

配置单元主要负责数据与模型的各项配置。其中，数据配置保存了包括数据目录、模型目录、中间结果目录在内的各项参数；模型配置保存了模型名称、训练数据集、模型训练模式、超参数等各项配置。两类配置都能在应用交互层通过配置页面进行直接修改。

存储单元负责数据与模型的存储，可以是本地磁盘或云服务器，以及HDFS等大数据分布式存储环境。

第二，逻辑处理层。承担主要的处理工作，对接底层的存储管理层，读取配置后进行任务处理，并根据应用层的需求返回结果。

数据单元：读取数据配置，进行数据的读取与预处理，并根据模型训练的要求转换处理好的数据格式，提供给模型单元进行训练或推理。

模型单元：读取模型配置，通过数据单元传递的数据进行模型的训练、加载与推理，并将推理结果与应用层进行交互。

第三，应用交互层。主要负责运行系统的主页面，接收用户的前端Request请求，传递到逻辑处理层进行处理，并将处理结果及时反馈给用户。

整个系统运行过程中出现的问题将由异常发现与处理单元进行接收，并以用户友好的方式传递到前端页面进行告知。对于没有预先设置好处理逻辑的异常，将在后台以日志的形式记录，以便对系统运行情况进行周期性复盘。

1.5.1.2 系统依赖

在开发方面，所选择的代码IDE为PyCharm 2020.3.3，主要开发语言为Python 3.7版本，同时涉及HTML、CSS与JavaScript等前后端相关的设计语言。

在逻辑处理层，模型的构建基于Pytorch 1.6版本，对应的Cuda版本为10.1，中间结果文件主要采用Pickle格式存储。在应用交互层，前端页面由BootStrap 4.0进行编写，在HTML页面引入对应的JQuery等依赖实现直接使用预先设计好的各类前端组件；对于服务器的开发与维护，使用了Flask 1.0.2版本，前后端的交互基于Flask内置的Jinja 2编程模板。

作为应用交互的核心依赖库，Flask是一个微小但具有很强的扩展性的Web框架，使用该框架能够快速实现原型系统的开发，后续维护时也可以通过添加Flask Extension的方式快速实现其他核心功能的开发，这是本书选择Flask的原因。

1.5.2 功能展示

上一节中主要阐述了原型系统的组成结构与内部运行的逻辑，本节从系统用户原型的角度出发，展示由前端交互页面控制的各类功能。

1.5.2.1 功能导航

多源数据融合系统的主页如图1.5.2所示。主页主要用于对用户呈现欢迎信息，并起到导航的作用。由主页可以导航至以下功能。

第一，模型一览、目录设置。用于查看本地模型信息，设置数据与模型的目录配置文件。

第二，模型训练。在模态框中修改数据集、超参数、启动模型训练，后台将自动检测模型存在情况并训练模型，接收后台反馈信息到前端页面。

第三，模型推理。通过选择训练模型与输入的图片，交互式查看模型的预测结果。

图1.5.2　多源数据融合原型系统的主页起到导航的作用

1.5.2.2　查询与设置

由主页面导航进入"模型一览"页面，可以查看本地模型存储情况。在页面提供的文本输入框内输入目录地址，将自动查询并显示目录下的所有文件，以让用户快速找到目录下保存的预训练模型文件，如图1.5.3所示。

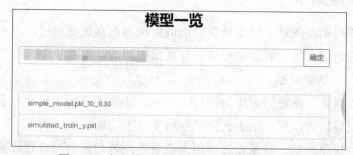

图1.5.3　在"模型一览"页面查看存储的模型

注：图中列出的第一个文件是已经经过训练的冗余度为10、噪声率为30%的多源数据融合模型。

此外，进入"目录设置"页面可以查看当前的数据与模型目录，并对其进行设置，如图1.5.4所示。

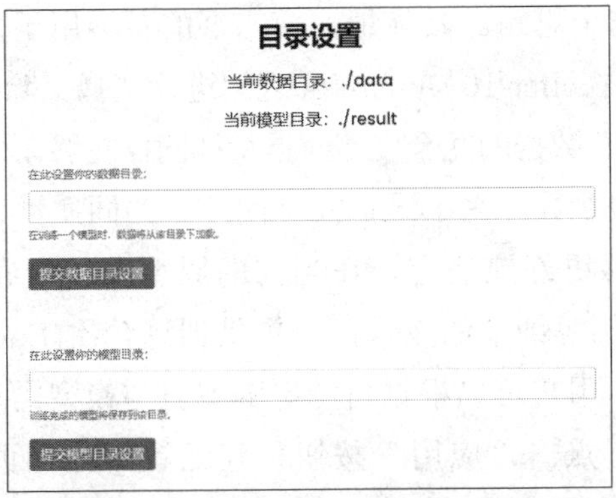

图1.5.4 "目录设置"页面可以查看并修改默认的目录地址

在上述过程中,由系统的异常发现与处理单元进行目录的合法性检查。如果在文本框内输入空白地址,页面中的对应目录将出现"未设置"的文字提示,从而让用户快速定位问题;如果文本框内输入不合法或不存在的目录地址,由于直接判断对应目录下是否存在数据或模型文件比较困难,异常处理单元会在模型训练、模型推理等功能中进行对应的读取操作,在发现错误后及时反馈错误信息到前端页面中。

1.5.2.3 模型训练

由主页导航进入"模型训练"页面,允许用户根据自己的经验设置数据与模型参数,便捷地进行多源数据融合模型的训练。在页面中点击"修改参数"按钮,将弹出数据与模型参数设置的模态框,如图1.5.5所示。

图1.5.5 "模型训练"页面用于设置数据与模型参数的模态框

本章第3节中阐述了使用众包数据模拟多源数据的思想,在原型系统的开发过程中同样采用了这个思路。具体地，模态框的首项用于众包数据源的选择，可以通过下拉选项框在cifar-10与cifar-100之间进行选择。除此之外，数据源的数量、数据源的噪声率、数据的冗余度等数据特征同样能够在模态框中进行设置。

对于模型方面的参数，为了维护模型间参数的同质性，使得模型之间对于不同的输入格式能够更好地兼容，在当前的原型系统中省略了模型隐层神经元数量、Dropout比例等细节的设置，只提供训练轮次(Epoch)与训练批次大小(Batch Size)的设置，用户可以根据自身电脑配置与模型需求进行设置。

在输入参数后，点击"应用"按钮保存配置，并在页面中点击"开始训练"按钮，由前端产生请求(Request)，并由Flask捕获后回传到后端。根据设置的参数，后台将根据参数生成配置文件，并保存到系统的存储管理层中，随后调用逻辑处理层中的模型单元，读取配置文件，并启动模型的训练。

训练结束后，所在页面将出现图1.5.6所示的"模型训练完成"文字提示，表示后台模型训练完毕，同时依据设定的模型目录进行保存。

图1.5.6　完成训练后，"模型训练"页面将出现文字提示

1.5.2.4　模型推理

在完成模型训练后，由主页面导航至"模型推理"页面，启动交互式的模型推理，如图1.5.7所示。

图1.5.7　"模型推理"页面1：输入模型路径

在输入模型路径后，系统在后台启动模型的读取与加载，并回传信息到前端，允许用户进一步输入待预测的数据路径，如图1.5.8所示。同样地，由于上

文采用图片分类作为验证任务，在该阶段将默认使用用户输入与模型训练的输入数据格式相同的数据，即长、宽均为32像素的RGB格式图像。

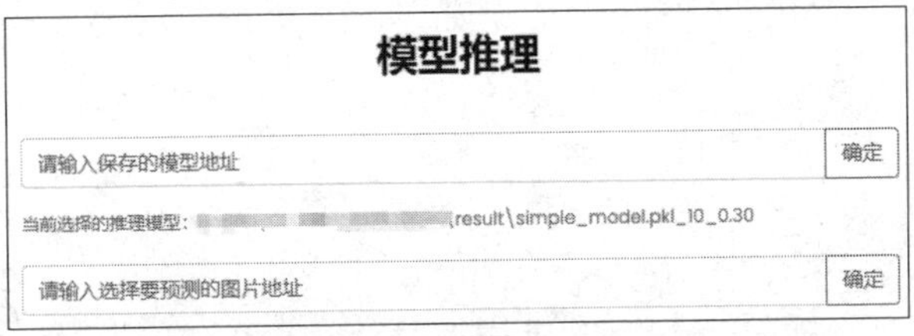

图1.5.8 "模型推理"页面2：输入预测数据路径

在用户输入合法的图像路径后，后台将执行以下程序。

第一，启动数据单元对输入图像进行解析，并转换为模型输入格式。

第二，由模型单元接收图片数据，预测后输出预测结果，其中包含图片的预测标签与当前标签的概率；同时模型也将输出对于其他若干标签的预测概率，用于后续数据清洗、模型调优过程的参考。

第三，应用交互层的交互单元将实时监听逻辑处理层的模型单元结果输出情况，在后者输出结果后立即展示到前端页面中，如图1.5.9所示。

具体地，结果页面左侧将展示输入图片的浏览图，右侧展示模型的预测标签，同时也将以表格形式列出所有标签的预测概率。通过概率分布结果，用户能更好地认识到模型的推理能力与数据源的数据质量(例如，如果当前模型对于猫、老虎两类图片容易出现混淆，说明数据源中这两类数据的质量较低)。

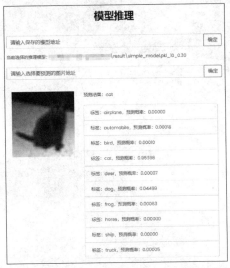

图1.5.9 "模型推理"页面3：展示预测结果

第 2 章
大数据征信归因分析及模型可解释性研究

2.1 大数据征信分析概述

2.1.1 研究背景与意义

近些年,大数据时代已经来临,数据在越来越多的行业和产业中扮演重要角色。征信业本身即是以数据为核心资产的服务业,因此大数据及其相关技术的影响已经渗透到征信业务的每一个环节。

发达国家在大数据信用体系建设方面有许多成功的经验,美国是最早将大数据应用于征信的国家,建立了由ZestFinance等企业主宰的市场化大数据征信体系,如图2.1.1所示。而法国、德国、意大利等欧洲国家则建立了由政府主导的大数据征信体系。

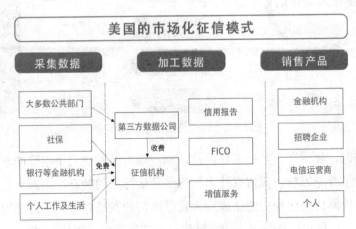

图2.1.1 市场化大数据征信体系模式

随着中国经济的发展,人们的消费水平日益提高,促进了信用消费业务的发展,涌现了各种各样的贷款模式,包括小额消费贷款、车贷、房贷等,其中以花呗、借呗、京东白条、信用卡为代表的信用消费模式的出现,使得人们的消费观念由传统的储蓄消费转向信用消费,实现了提前消费的愿望。在这种背景下,信用体系的建设变得越来越重要。传统以人民银行为中心的征信体系存在体系建设滞后、缺乏有效的市场监管机制,以及信息共享困难的状况,与经济发展和社会发展阶段不匹配;失信欺诈事件屡禁不止,会造成恶劣的社会影响；市场积极性不高，信用建设成果难以惠及大众，某些领域的人群对征信的需求得不到满足。

为了解决这些问题，我国政府高度重视社会信用体系建设和大数据发展的结合，出台了《社会信用体系建设规划纲要》《促进大数据发展行动纲要》等重大政府文件，同时成立了国家公共信用信息中心，为大数据征信的发展提供了良好的政策环境和有力的数据保障。在良好的政策、监管及市场环境下，传统信用数据供应不足或具有局限性等因素共同促使诸多学者逐渐将视野拓展到了支付、消费、社交等非金融领域的数据上，如图2.1.2所示，同时在信用数据收集方面也拓展到了行业黑白名单、公安、司法、工商、税收等多个渠道。

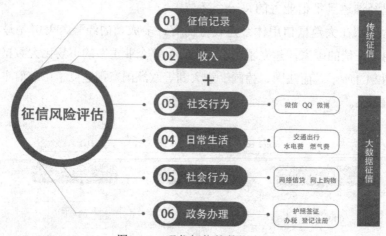

图2.1.2 现代征信的数据来源

与此同时，我国在大数据征信的技术和产业方面都建立了很好的基础。随着云计算、人工智能等新一代信息技术与传统征信行业的融合，创新大数据征信的服务模式，使得自动化和智能化成为大数据征信的发展趋势，从而涌现出一批有实力的企业，包括数联铭品、中诚信征信、爱信诺征信、国信新网等。

2.1.2 研究现状

数据的爆炸式增长对数据存储、数据处理和数据计算等能力的提升提出了更迫切的要求，而计算能力的提升和存储成本的下降使得现代计算理论得以应用到征信领域。近年来逐渐有学者将机器学习、深度学习等技术应用于征信领域并取得不错的结果[①]。新型计算技术不但善于处理更多数据，进行更多维度

---

① 何珊,刘振东,马小林. 信用评分模型比较综述：基于传统方法与数据挖掘的对比[J]. 征信, 2019(2):63-67.

的分析，还能对预测目标做出更复杂的运算。相较于传统分析方法，现代计算方法在理论上可以吸收更多的数据特征、挖掘更深层的信用信息，对主体信用评价也更全面和客观。

国外在此领域研究起步较早。1980年，Wiginton[①]将逻辑回归(Logistic regression)应用在个人信用评估研究中，对数似然比函数使得信用变量数据不需要服从正态分布，克服了线性判别分析方法的缺点。1992年，Jensen[②]在信用评估研究中使用了BP神经网络，在客户分类问题的预测上获得了接近80%的准确率。2006年，Tian-Shyug Lee[③]探索了CART和MARS算法在信用评分任务上的表现，准确性高于传统的判别分析、逻辑回归、神经网络和支持向量机(SVM)等方法。2009年，Tony Bellotti[④]在大型信用卡数据库上对比了SVM和传统方法，发现SVM在此问题上具备一定的优势。2010年，Fei-Long Chen[⑤]利用SVM分类器，结合LDA、决策树、粗糙集和F-Score这四个方法作为特征预处理步骤来进行信用评分模型构造，以删除无关冗余特征来优化特征空间，结果表明混合信用评分方法具备健壮性和有效性，是一种有前途的信用评分方法的发展方向。

我国关于个人信用评估的研究近年来显著增多。戴德宝[⑥]提出了k-means和SVM结合的个人信用评估模型，可以对个人信用状况进行二分类判别，并且能将用户划分为不同的信用等级。王黎[⑦]将GBDT引入信用评估研究中，解决了当前信用评估模型只对某种特定类型的数据集具有较好效果的问题，提升了信用评估模型的稳定性和普适性。陶超[⑧]将随机森林算法运用到个人信用评估中，证实了随机森林模型在信用评估上具有较高的精确性和泛化能力。

---

① Wiginton J C. A note on the comparison of logit and discriminant models of consumer credit behavior[J]. Journal of Financial and Quantitative Analysis, 1980, 15(3): 757-771.
② Jensen H L. Using neural networks for credit scoring[J]. Managerial finance, 1992, 18(6): 15-26.
③ Lee T S, Chiu C C, Chou Y C, et al. Mining the customer credit using classification and regression tree and multivariate adaptive regression splines[J]. Computational Statistics & Data Analysis, 2006, 50(4): 1113-1130.
④ Bellotti T, Crook J. Support vector machines for credit scoring and discovery of significant features[J]. Expert systems with applications, 2009, 36(2): 3302-3308.
⑤ Chen F L, Li F C. Combination of feature selection approaches with SVM in credit scoring[J]. Expert systems with applications, 2010, 37(7): 4902-4909.
⑥ 戴德宝, 倪立平, 薛铭. 基于 k-means 和 SVM 的银行个人信用评估应用[J]. 江苏科技大学学报 (自然科学版), 2018, 31(6): 836-842.
⑦ 王黎, 廖闻剑. 基于GBDT的个人信用评估方法[J]. 电子设计工程, 2017, 25(15): 68-72.
⑧ 陶超, 李超, 李杰, 等. 数据挖掘在个人信用评估中的研究[J]. 商丘师范学院学报, 2016, 32(12): 12-15.

叶晓枫[①]利用随机森林进行特征选择，在此基础上建立基于朴素贝叶斯的信用评估模型。白鹏飞[②]分析了互联网信贷个人信用评估数据的特点，选用SVM、XGBoost和随机森林建立了信用评估模型并进行了投票加权融合，证实了投票融合信用评估模型在互联网信贷个人信用评估问题上的有效性。

  现代征信的核心就是通过对海量数据、超信用数据进行可靠、安全的计量，以实现信用评估和信用管理等目的。数据是现代征信的原材料，而算法便是一个个工具，信用服务就是一个个菜谱，因此计算算法是数据处理分析技术的核心。总体来讲，现代征信计算算法比传统的统计、回归、量表等具有更高的复杂性和计算难度。

  首先是决策算法。现代计算技术应用于征信的目的在于数据计算和最核心的支持业务的分析建模。传统征信业务主要依据经验判断或者简单数据统计分析构建决策模型，这无非就是数学归纳法，从数据中找到信用与个人特质的依赖关系。现代计算算法也不例外，但是现代计算算法更多关注数据与数据之间的关系，而缺乏因果分析。如图2.1.3所示，应用于现代征信的算法整体可以分为事务性和决策支持两类。事务性算法主要承担数据特征挖掘、数据预处理等分析；而决策支持类算法主要负责信用服务决策，根据策略和场景分为单独决策、序贯决策和联合决策三种。单独决策的目标是通过有监督学习或无监督学习方法确定唯一解，给出决策支持；序贯决策则是在学习过程中通过不断自我评价和完善，挖掘出最优解，实际上是单独决策在时序维度的累加模型，是一种混合策略；联合决策则是根据不同算法通过单独决策和序贯决策组合出最优的决策模型，是一种混合策略。

  其次是数据清洗算法。不同的算法只是根据不同的规则和权重来对主体的各个维度信息进行综合，来评判被评主体与违约的表现主体之间的差异程度(也称为"距离")。虽然计算模型构建的方法很多，但最重要的是找到一个算法(或"算法组合")，使其对目标数据具有最优异的区分能力、更稳定的计算结构输出和更加精准的评估。这就需要我们首先对数据集的性质和特征进行分析，厘清它包含的关系类型、数据分布，去除其固有噪声、冗余等。常用的描述分析方法有主成分分析(Principal Component Analysis，PCA)、统计描述(排序、求和等)、聚类分析、图计算(Graph Processing)、基尼系数(Gini Index)等。

[①] 叶晓枫, 鲁亚会. 基于随机森林融合朴素贝叶斯的信用评估模型[J]. 数学的实践与认识, 2017, 47(2): 68-73.
[②] 白鹏飞, 安琪, Nicolaas Frans de ROOIJ, et al. 基于多模型融合的互联网信贷个人信用评估方法[J]. 华南师范大学学报(自然科学版), 2017, 49(6): 119-123.

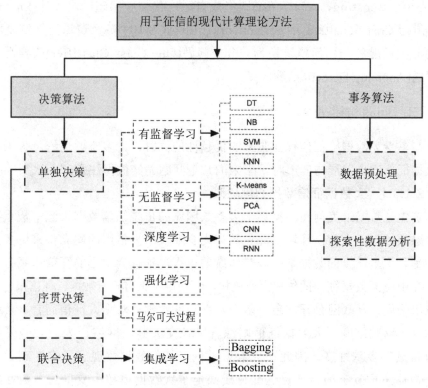

图2.1.3　不同算法及其应用价值

最后是数据预处理算法。现代计算算法一般依靠大量的训练数据集分别学习优秀用户和不良用户的行为特征,但实际社会的自然违约率远远低于正常履约的比例。据统计,目前普遍的违约比例在8%以下,信用卡逾期率约为11%[1],就连一般消费金融的逾期率也在35%以下。数据不平衡就意味着算法没有办法掌握到违约的关键信息。常见的处理方法可分为三个层次:数据层次、算法层次和逻辑层次。数据层次主要有过采样(Over-Sampling,增加欠缺的数据样本)和欠采样(Under-Sampling,减少过剩的数据样本)两种处理算法;算法层次的解决方法主要是采用代价函数(Cost)或激励函数(Incentive),适当增加少类样本的计算权重,实际是用来设置新的数据分布。常用算法有极端梯度提升算法(eXtreme Gradient Boosting,XGBoost)、自适应增强算法

---

[1] 搜狐网. 起底8家消费金融公司逾期率[EB/OL]. (2017-03-17)[2020-03-13]. https://www.sohu.com/a/129174894_119038.

(Adaptive Boosting，AdaBoost)、集成自适应代价敏感超网络算法(Ensemble Adaptive Cost Sensitive HyperNetwork，En-ACS-HN)等；逻辑层次则是将原本的分类问题和判别问题转换为一分类问题(One Class Classifier)或异常值检测问题(Anomaly Detection)等。

2.1.3 问题与挑战

在享受大数据给征信行业带来的优越性的同时，诸多难题也纷至沓来。在大数据征信逐步发展与应用时，带来的几个问题尤其值得注意。

2.1.3.1 大数据征信数据归因缺陷

首先是数据维度问题。世界上大多数国家的传统征信数据来源中最重要的是金融领域，而大数据环境下海量数据为企业及个人信用的建立带来更多元、更充足、更多维度的数据基础。与传统的以人民银行为中心的征信体系有所不同，在中美大数据征信的领先企业机构，都使用了来自政府数据、征信报告、移动应用采集、互联网公开信息等多个数据源的数据。对个人征信而言，传统征信侧重于财政维度，大数据征信则综合了社交人脉、网络行为、兴趣爱好、教育背景等多重维度。因此在大数据时代，征信数据体现出了维度高、来源广、数据结构复杂的特征，这些特质决定了大数据模型中变量的个数往往大大超过解决征信评分，或进行违约预警等问题的本征维度。对于归因分析而言，探究问题成因更注重于引发事件的主要诱因，其他相当多的因素可以进行简化或忽略。例如，探究水沸腾的原因，结论是致热源的温度升高所导致，相较而言，诸如天气温度、空气湿度、水的成分等我们数据集中可能包含的变量，都是次要诱因乃至无效变量。因此，信用事件归因分析需要从诸多维度的数据集中分辨出问题的主要原因变量。

其次是数据质量问题。随着互联网、电信业务和人工智能等的不断深化，深度伪造技术频现：电子商务平台"刷单"、主体信誉"刷钻"、芝麻信用"刷分"、信用卡"养卡"、验证码拦截、人工智能换脸、Deep Fake……这无疑为基于数据驱动的业务决策蒙上了一层阴影，让大数据价值大打折扣。现代计算技术的大数据征信解决方案需要大量的训练数据集，大多数的深度学习方法通常用于高质量数据才可以发挥其良好的性能[①]，且要求训练数据具有全面性和多样性。训练数据集是获取模型知识的基础，需要包含反映真实实例的

---

① Zhang Q, Yang L T, Chen Z, et al. A survey on deep learning for big data[J]. Information Fusion, 2018, 42: 146-157.

信息,训练数据集质量的高低会直接影响模型效果的好坏。除了训练数据之外,模型同样需要真实的物理环境测试集来分析和比较各种算法的性能,从而对训练模型进行评估与改进。因此,将机器学习和深度学习等现代计算技术应用于大数据征信的背景下,如何获取包含各种类型用户的真实且高质量的训练与测试数据集是面临的一个重要挑战。不同来源的数据,以及大数据固有的"高维、稀疏"的特点造成不同主体的数据价值并不相同,基于此所做出的大数据决策服务是否能够客观、真实、平等成为一大悬疑。

数据安全和隐私保护,是处理和存储大数据征信海量数据的关键挑战,但在归因分析困难的情况下,安全隐患与侵犯隐私的现象无法被及时发现,从而可能造成更大的风险事故。数据收集、传输过程中可能面临用户隐私泄露的危险,尽管数据通常经过匿名处理,数据加密提供了加强数据隐私的方法,但大多数用户因为系统没有提供关于用户个人信息盗窃或滥用的可靠服务水平协议(SLA)而对其安全性产生怀疑[①]。大数据征信获取的个人数据、穿戴式设备数据、社交数据包含的个人信息很容易危及用户隐私。例如医疗数据,个性化的医疗和保健应用程序依赖于根据穿戴式设备收集的人体数据来进行医疗诊断与业务推荐,这些与个人息息相关的信息非常丰富,通常包括用户位置、用户身份、用户的生理特征等,可以很容易地从中推断出个人的习惯、行为和偏好。类似领域的个人信息必须受到参与其获取、管理和使用的所有各方的谨慎保护,以保护其隐私并支持匿名性[②]。

2.1.3.2 大数据征信算法建模方式与可解释性问题

不光数据问题会对征信领域带来冲击,上文所提到的诸多现代计算方法也不是万能的,其本身存在的缺陷也继承到了征信领域。

(1) 相关性与因果性的建模方式差异

基于相关性而非因果性的建模方式会导致模型存在归因缺陷。传统金融模型强调因果,要求两个变量之间必须在逻辑上具有因果关系;与之相反,大数据风控模型应用逻辑产生变化,不再热衷寻找用户特征与信用风险之间的因果关系,而是只关注两者之间的相关性[③]。关注相关性的建模方式利用多域多维

---

① Zhang Q, Yang L T, Chen Z, et al. A survey on deep learning for big data[J]. Information Fusion, 2018, 42: 146-157.
② Zhang Q, Yang L T, Chen Z, et al. A survey on deep learning for big data[J]. Information Fusion, 2018, 42: 146-157.
③ Bertino E. Security and privacy in the IoT[C]//International Conference on Information Security and Cryptology. Springer, Cham, 2017: 3-10.

的数据，可以为征信领域带来丰富的多元化信息，但其无法进行归因分析的缺陷会导致多种潜在风险。大数据征信利用的多源数据之间、同源数据的不同变量之间，可能存在显著的线性相关性或多重共线性，会带来规律的丧失和严重失真[1]。

刘德寰、李雪莲给出了一个数据相关性研究的实际案例，表2.1.1是关于2006年网络游戏历程扩散回归分析的显著性检验。该实验对游戏扩散程度进行线性回归拟合。当样本量为5241，用一个简单的线性回归拟合这个数据，有三个变量显著即"年龄""文化程度""收入"；样本量增加到20964，"独生子女""女性"开始显著；当样本增加到335424，所有变量都具有显著性，即数据中的变量都是有联系的[2]。

表2.1.1 数据量增大之后带来的显著性检验问题

变量	样本量							回归系数
	5241	10482	20964	41928	83856	167712	335424	
独生子女	0.158	0.046	0.005	0.000	0.000	0.000	0.000	0.190
进城务工人员	0.789	0.705	0.592	0.448	0.284	0.129	0.032	0.042
女性	0.145	0.039	0.004	0.000	0.000	0.000	0.000	-0.188
年龄	0.001	0.000	0.000	0.000	0.000	0.000	0.000	-0.040
文化程度	0.000	0.000	0.000	0.000	0.000	0.000	0.000	-0.320
收入	0.000	0.000	0.000	0.000	0.000	0.000	0.000	0.237
常量	0.000	0.000	0.000	0.000	0.000	0.000	0.000	-1.682

更多的相关性也意味着存在更多的虚假关联信息。在统计学中有个著名的悖论辛普森悖论(Simpson's Paradox)：对两个变量(比如新生录取率与性别[3])进行相关性研究，在分组比较中都占优势的一方，在总体比较中可能呈现相反的趋势。表2.1.2是辛普森悖论的一个实例。

表2.1.2 某学校两学院男女录取数据

学院	女生申请/录取	女生录取率/%	男生申请/录取	男生录取率/%
商学院	100/49	49	20/15	75
法学院	20/1	5	100/10	10
总计	120/50	42	120/25	21

---

[1] 刘德寰, 李雪莲. 大数据的风险和现存问题[J]. 广告大观(理论版), 2013(3):71-77.
[2] 刘德寰, 李雪莲. 大数据的风险和现存问题[J]. 广告大观(理论版), 2013(3):71-77.
[3] Bickel P J, Hammel E A, O'Connell J W. Sex bias in graduate admissions: Data from Berkeley[J]. Science, 1975, 187(4175): 398-404.

从各学院的录取数据来看，每个学院的女生录取率都低于男生录取率，但在总计数据中，女生录取率42%远超出男生录取率21%。基于上述数据，能否判定性别差异与录取率的关系？同理，在所谓"高风险"领域如果得到类似的数据，能否根据数据间的相关性来进行关键决策制定？

发现变量之间的相关性在预测、分类、推荐等机器学习常见的应用场景中是有益的，通过发现已知变量和预测变量之间的相关性可以显著提升模型效果；但当越来越多的变量具有相关性、共线性时，模型的效果则会下降。大数据模型中的多源、同源数据间不可避免地会产生虚假关联信息，利用大数据建立信用评估模型并带入现实决策，会产生辛普森悖论等类似现象，单纯的相关性建模方式无法作出归因分析，大数据信用评估模型的合理性会遭到质疑，强大的模型预测能力仅能为决策者做出有限的贡献。

对于归因分析而言，这种影响也是灾难性的，若数据中每个变量之间都存在相关性，那可能存在的因果关系则更加难以分辨。例如在大数据征信中采集的用户行为类信息，假设购物行为数据中包含特征变量"订单量""购物金额""账户余额""购物应用访问数""收藏商家数"，类别变量为"是否违约"。从我们的日常经验来分析，若"购物金额"快速增加，意味着用户购买了大量商品，当"购物金额"大于"账户余额"时，可能产生借贷行为，因此导致借贷平台违约事件的产生。但当数据集放入回归、支持向量机等分类模型中时，其中几个变量极有可能都与"是否违约"正相关：违约用户购物金额大，同时应用访问次数、收藏数、购买商品数也多。但是，将某用户"应用访问次数""收藏商家数"增加也作为降低其信用分的依据是不符合现实逻辑的。越来越多的相关性导致模型无法像数据分析人员一样凭借经验和逻辑推理就可分析出违约的原因。

(2) 算法的可解释性和决策业务的透明度问题

随着计算技术在征信领域逐步扩展，现代计算理论的大数据信用评估方法也迎来了新的挑战——模型的可解释性。模型可解释性是金融决策支持、自动驾驶、医疗等"高风险"领域应用模型的基础[①]。传统统计机器学习模型如线性回归、逻辑回归、决策树模型等具有较高的可解释性，可以针对模型进行归因分析，确保决策的正确性。基于现代计算理论和技术的征信方法的发展趋势使得更多的决策支持工作在线、在网，通过技术协议和算法执行，若无法提供

---

① 吴飞, 廖彬兵, 韩亚洪. 深度学习的可解释性[J]. 航空兵器, 2019, 26(1):43-50.

必要的业务解释信息，则会突破传统金融业务的KYB(Know Your Business)要求，甚至将服务决策的控制权都转移出业务部门和业务单位以外。由此引发的风险正从基础的服务质量问题，上升为法律问题。

新的计算理论方法较传统统计方法相比，虽然提供了更加精准的预测结果，但算法复杂度的增长给模型可解释性带来巨大的挑战。以深层神经网络为代表的深度学习模型就像一个黑箱，我们无从得知深度学习模型是如何通过操纵参数和输入数据得出结论的。不断叠加的网络层数与逐渐变差的解释性是同时存在的两个相反趋势，当需要增加模型效果时，不可避免地会增加网络层数，从而导致模型的复杂度剧增，解释性变差。

由于模型的低透明度，我们无法得知模型是基于实际情况给出的预测结果，还是由于各种数据错误产生的虚假结果，当模型失效时很难去分析其出错的层，这对某些高风险领域是很严重的问题。例如：将卷积神经网络(CNN)用于医疗图像疾病预测和诊断，需要对其预测进行可靠的推理，以确保诊断的准确性，但可解释性的缺失导致决策者使用深度学习等黑盒模型时，因为缺乏模型解释信息而无法判别模型结果的合理性，所以导致很难将模型应用到某些实际工作场景，大大降低了模型的实际效益。同样，对于信用评估模型来说，实际应用中错误地将许多非违约事件判别成违约事件却不知模型判别的具体标准，会导致信用模型评判标准的可信度大幅下降。

此外，可解释性的缺乏也会导致一些应用风险无法得到解决。模型均是基于有限的数据训练而成，实际应用中复杂的现实数据会随着时间演变，真实输入空间与训练空间逐渐产生差异，会产生各种不可预测的问题。由于大数据征信各个数据源产生的数据量巨大、速度快、领域复杂，数据是源源不断的，因此实时进行数据质量的维护是一项具有挑战性的任务[1]。机器学习、深度学习具有不稳定性，输入的微小变化可能在输出中造成不同的影响，学习系统的输入数据稍有改变，模型的输出则可能产生巨大变化。新获取的数据应当保证与原始数据集等同的质量，否则随着新数据的加入，会逐渐破坏原有训练模型的特征空间，导致模型失效。不良用意的攻击者会针对这种特性故意更改输入数据，导致系统的稳定性变差，产生意料之外的错误结果，因此保持输入数据的完整性与稳定性是很重要的，但在产生大量高频数据的大数据征信环境下这不是一项容易的任务。

---

[1] Al-Garadi M A, Mohamed A, Al-Ali A K, et al. A survey of machine and deep learning methods for internet of things (IoT) security[J]. IEEE Communications Surveys & Tutorials, 2020, 22(3): 1646-1685.

2.1.4 研究内容

本章针对以下目标进行探索研究。

第一，面向征信业务的归因分析流程设计。

上述的数据、算法风险，会导致目前难以掌控信用事件的产生机理，无法在信用事件的演化路径早期进行预警，使得恶性信用事件不断地演化而冲击危害增大，造成更为严重的社会经济影响。本书针对此问题设计了面向征信业务的归因分析流程，能够在海量高维数据中识别出对违约行为具有显著影响的关键特征，确定各关键特征的贡献率，分层次、分阶段地揭示信用事件产生的关键原因。

第二，为大数据征信模型添加因果含义。

基于相关性而非因果性的建模方式会导致模型存在归因缺陷，现代计算方法的征信模型需要在保持其效果的同时添加因果含义，以避免与传统金融模型分析的应用逻辑产生较大差异，为此本书利用当下经典的潜在因果模型(Rubin Causal Model，RCM)和结构因果模型(Structural Causal Model，SCM)将相关性建模转变为因果性建模，为违约归因分析提供更有效的逻辑推理能力。

第三，设计统一化的整体可解释性提升和个体可解释性提升方法。

针对征信业务决策不透明、模型黑盒，无法确保决策正确性，导致信用模型评判标准的可信度大幅下降和应用场景受限等问题，设计了统一化的整体可解释性提升和个体可解释性提升方法，利用可视化的方法显示出黑盒模型决策过程的信用事件关键影响因素及其影响趋势与影响大小，分离解释方法和模型，可用于多种不同模型的解释，增加了解释方法的灵活性和可用性，确保预测结果的可信度和透明度。

第四，大数据征信归因分析原型系统的设计与构建。

基于本章提出的归因分析流程和可解释性提升方法，实现了大数据征信归因分析原型系统。该系统提供了自动化的数据读取、处理、分析模块，并可以提供征信数据的机器学习模型训练、测试，利用征信数据进行了归因分析，最后对整体可解释提升方法及个体可解释提升方法进行了利用，并设计了可视化的展示模块。

2.2 相关理论技术

2.2.1 特征选择方法

特征是指观测对象的独立且可测量的属性。通常来说，数据集会记录观测对象的多个维度信息，但对当前要解决的业务问题而言，可能并不是所有特征都有用，会存在不相关的、冗余的特征，这些无用信息的存在会对模型的准确度和效率造成影响，同样也会对归因分析造成阻碍，应在学习任务开始前进行移除。

因此，为了最大限度地从原始数据集中提取出必要的有用特征集合以供算法和模型使用，我们需要借助一些特征选择(Feature Selection)方法来对我们的原始数据集进行处理简化，获得预测目标最重要的特征子集，达到缩小原因变量范围的目的。

常见的特征选择方法可以分为三类：过滤式(Filter)、包裹式(Wrapper)、嵌入式(Embedding)，如图2.2.1所示。

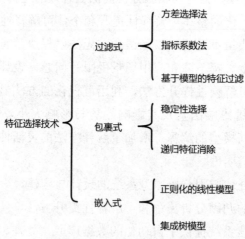

图2.2.1　特征选择技术总览

2.2.1.1 过滤式

过滤式方法利用单一性的指标或分数来对初始特征进行过滤筛选，过滤式方法一般都是每个特征单独进行分析，所采用的过滤标准只针对每个单独的特征而不对特征集操作。

方差选择法：随机变量的方差反映了该变量离散程度的大小，通常而言，特征的离散程度越小，其所包含的信息越少，因此需要去除基本不发散的特征。

指标系数法：该方法通过统计指标来判断相关性的大小。对于分类问题，通常可采用卡方检验、F检验、互信息；对于回归问题，通常可采用皮尔逊相关系数、F检验、最大信息系数。

基于模型的特征过滤：该方法使用适合数据集的机器学习算法，针对每个单独的特征和目标变量建立预测模型，将模型预测效果的好坏作为特征过滤的依据。

2.2.1.2 包裹式

与过滤式方法类似，包裹式方法也利用某些指标或分数来对初始特征进行筛选，但包裹式方法通常对特征子集而非单独特征进行处理，且包裹式方法最常用的是基于模型的方法，把学习机器的性能作为特征子集的选择标准。

包裹式方法本质上是对各特征子集的搜索与筛选方法，可以分为两类，第一类以贪心算法为主要思想，多次反复地运行基于模型的特征选择方法(如SVM、回归模型)，每次选择表现最优的特征，或删除表现最差的特征，直到选出的或剩下的特征集合满足预先设置的个数为止。其中的代表性算法是基于SVM模型的递归特征消除算法[1](SVM-Recursive Feature Elimination，SVM-RFE)。第二类则以评分为标准来对不同的特征子集进行评估，其中的代表性算法是稳定性选择[2](Stability Selection)。稳定性选择将选择概率(Selection Probabilities)作为评分标准，选择概率是指从数据中随机重采样时每个变量被选择的概率。同理，通过询问这个变量集中至少一个变量被选择的频率，或者这个变量集中所有变量被选择的频率，则可以监控一组相关变量的选择概率。稳定性选择使用二次采样(Subsampling)或自举法(Bootstrapping)，与线性回归、SVM等模型相结合，来进行特征子集的筛选，通过多次在线性回归、SVM等模型上运行特征选择算法，记录采样而得的各特征子集的选择概率，利用事先设定的阈值筛选出满足需求的特征子集。

2.2.1.3 嵌入式

与上述两种方法不同，嵌入式特征选择是利用某些模型本身具备的评分机

---

[1] Weston J, Guyon I. Support vector machine—recursive feature elimination (SVM-RFE): U.S. Patent 8095483[P]. 2012-1-10.

[2] Meinshausen N, Bühlmann P. Stability selection[J]. Journal of the Royal Statistical Society: Series B (Statistical Methodology), 2010, 72(4): 417-473.

制将特征选择过程与模型训练共同在模型训练的优化过程中完成。嵌入式特征选择方法中最常选择的模型是带有正则化的线性模型和以决策树为基础的集成树模型。

带有L1正则化的线性回归模型优化函数LASSO(Least Absolute Shrinkage and Selection Operator)和带有L2正则化的线性回归模型优化目标函数岭回归(Ridge Regression)是最常用的嵌入式特征选择方法。给定数据集 $D=\{(X_1,y_1),(X_2,y_2),\ldots,(X_n,y_n)\}$，$D$有$n$个样本和一个预测变量$y$。

LASSO的计算如式(2.2.1)所示。

$$min_w \sum_{i=1}^{n}(y_i - w^T X_i)^2 + \alpha \|w\|_1 \tag{2.2.1}$$

Ridge Regression的计算如式(2.2.2)所示。

$$min_w \sum_{i=1}^{n}(y_i - w^T X_i)^2 + \alpha \|w\|_2^2 \tag{2.2.2}$$

其中w为线性回归模型的参数，且正则化参数$\alpha > 0$。

二者训练优化后所得的结果w可作为特征选择的依据，即可得到特征选择出的特征子集结果。通常而言，LASSO所得的参数w是稀疏解，其包含的非零维度特征被保留下来，作为特征选择的结果；而岭回归则会让参数在各维度的取值变得平均，因此LASSO较岭回归而言更适合进行特征选择。

随机森林(Random Forest)是以决策树为基础的集成树模型的代表，基于随机森林有两种特征选择指标：平均下降准确率(Mean Decrease Accuracy，MDA)和平均下降基尼值(Mean Decrease Gini，MDG)[①]。MDA考虑随机森林训练完成后特征对预测效果的影响，通过将某个特征的所有值进行随机排列，测量随机森林预测精度的变化来量化特征的重要性，越重要的特征被打乱后模型精确率的降低幅度就会越大。MDG则考虑树的形成过程中特征产生的影响，对于分类问题，MDG计算给定特征用在随机森林中形成节点分裂时导致的基尼值所有减少的总和，MDG越大，说明该特征对节点的分裂影响越大，从而重要性越高。在计算出MDA和MDG后，便可进行特征选择，除去两值较小的特征。

[①] Han H, Guo X, Yu H. Variable selection using mean decrease accuracy and mean decrease gini based on random forest[C]//2016 7th IEEE International Conference on Software Engineering and Service Science (icsess). IEEE, 2016: 219-224.

2.2.2 因果模型

多年来，有诸多学者对因果关系研究进行了探索，其中最具有代表性的是 Judea Pearl 提出的因果图模型(Causal Diagram)[1]和Rubin D. B.提出的潜在因果模型(Rubin Causal Model，RCM)[2]，其中因果图模型提出后不断演化，发展为现在的结构因果模型(Structural Causal Model，SCM)[3]。

2.2.2.1 潜在结果模型

大数据信用评估模型看重相关关系，其忽略的因果关系却是归因分析中不可替代的部分，仅从数据的相关性无法得出因果关系和因果作用大小。因此，我们试图为大数据征信引入因果含义，利用Rubin D. B.提出的潜在结果模型及其在实验性研究与观察性研究中的因果作用计算方法为大数据信用评估模型的解释性提供理论基础。

苗旺、刘春辰、耿直等[4]对潜在结果模型及其因果作用的计算进行了详尽的总结，这里给出部分关键性假设及定义。

在潜在结果模型中，定义符号如下：处理变量$X=x$，接受处理变量$X=x$后的结果变量为Y_x。例如，对于二值处理变量，$X=0$代表对照组处理，Y_0是在对照条件下展现出的结果变量；$X=1$代表实验组处理，Y_1是在实验条件下展现出的结果变量。

潜在结果模型将个体i的因果作用(Individual Causal Effect，ICE)定义如式(2.2.3)所示。

$$ICE(i) = Y_1(i) - Y_0(i) \tag{2.2.3}$$

对每个个体i,不可能同时存在于对照组和实验组，因此不可能既观测到Y_0，又观测到Y_1。同一个体只有一个结果可观测，即存在个体因果作用不可识别的因果推断的根本问题(Fundamental Problem of Causal Inference)，对此可以考虑利用数据集总体样本的平均因果作用(Average Causal Effect, ACE)来对ICE进行替代。

定义：平均因果作用

当处理变量X为二值变量时，如式(2.2.4)所示。

---

[1] Christopher Hitchcock, Judea Pearl. Causality: Models, Reasoning and Inference[J]. Philosophical Review, 2001, 110(4): 639.

[2] Rosembaum P R. The central role of the propensity scores in observational studies for causal effects[J]. Biometrika, 1983, 70(1): 41-55.

[3] Pearl, J. Causality[M]. Cambridge university press, 2009.

[4] 苗旺, 刘春辰, 耿直. 因果推断的统计方法[J]. 中国科学: 数学, 2018, 48(12): 3-28.

$$ACE = E(Y_1 - Y_0) = E(Y_1) - E(Y_0) \tag{2.2.4}$$

当处理变量X为连续变量时，如式(2.2.5)所示。

$$ACE = E(Y_x - Y_{Baseline}) = E(Y_x) - E(Y_{Baseline}) \tag{2.2.5}$$

其中$Baseline$一般设置为0，$x = Baseline + 1$ 或 $x = Baseline + \delta, \delta > 0$。

2.2.2.2 结构因果模型

与潜在因果模型不同，结构因果模型致力于构造因果图，从图示的角度来展现因果关系，较潜在因果模型更为直观。结构因果模型由三部分组成：贝叶斯网、结构方程模型、Do算子。

贝叶斯网是表示条件独立性的模型。在一个有向无环图(Directed Acyclic Graph, DAG)中，给定贝叶斯网中某个节点的父亲节点，那么这个节点与其所有的非后代都独立。根据这个性质，贝叶斯网可以进行联合分布的分解，如式(2.2.6)所示。

$$P(x_1, \ldots, x_n) = \prod_{i=1}^{p} P(x_i \mid pa_i) \tag{2.2.6}$$

贝叶斯网及其DAG表示唯一地决定了一个联合分布，但贝叶斯网模型作为生成模型需要先求联合分布再求条件分布，使得其本身具有对称性，例如$P(x_1, x_2)$可以有两种分解方式：$P(x_2)P(x_1 \mid x_2)$ 和 $P(x_1)P(x_2 \mid x_1)$。因此，我们从观测变量的联合分布，很难确定"原因"和"结果"。在贝叶斯网络中，A→B未必等同于A导致B，并不能直接用于因果表示。为了解决这个问题，可以为贝叶斯网赋予数据生成的含义，加入数据生成机制SEM模型，打破贝叶斯网的对称性。

非参数结构方程模型(Structural Equation Model, SEM)用函数式的方程表示某个节点X_i，如式(2.2.7)所示。

$$X_i = f(pa(X_i), u(X_i)) \tag{2.2.7}$$

$pa(X_i)$表示X_i的父节点中的内生变量(Endogenous Variable)。内生变量依赖于其他变量，在SCM中表示为"存在父节点的节点"，即至少有一条边指向该节点；$u(X_i)$表示X_i的父节点中的外生变量(Exogenous Variable)，外生变量独立于其他变量，在SCM中表示为"不存在父节点的节点"，即没有边指向该节点。外生变量表示模型没有考虑到的环境噪声，为结构方程模型加入随机的成分。当贝叶斯网的有向边添加了SEM机制，则可以表示每个节点的数据生成过程，可以明确地体现因果关系指向。

在明确了结构因果模型的图形式和有向边的因果指向后,利用Do算子可以在有图结构的情况下进行因果效应的计算。

Do算子$do(X_i)=x_i'$指将DAG中所有指向X_i的有向边切断,并将X_i的值设定为x_i。在这种情况下因果图表示的联合分布如式(2.2.8)所示。

$$P(x_1,\ldots,x_n \mid do(X_i) = x_i') = \frac{P(x_1,\ldots,x_n)}{P(x_i \mid pa_i)} I(x_i = x_i') \tag{2.2.8}$$

则Do算子下的因果效应可以通过式(2.2.9)进行计算:

$$ACE(X_i \to Y) = E(Y \mid do(X_i) = x_i') - E(Y \mid do(X_i) = 0) \tag{2.2.9}$$

2.2.3 模型的可解释方法

针对模型的可解释问题,可从几种不同的角度来寻找解决方法,如图2.2.2所示。

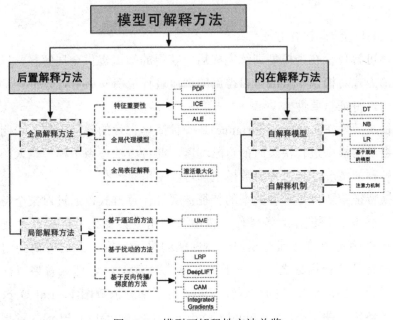

图2.2.2 模型可解释性方法总览

2.2.3.1 内在(Ante-Hoc)解释方法

内在可解释性,又称自解释性。内在解释方法通过设计自身可解释的模型来实现,将可解释性直接融入模型结构,建立本身具备可解释性的模型,利用模型本身的权重系数、规则来为解释模型提供支持。自解释模型要求模型的每个部分,包括模型结构、模型参数,模型的每一个输入、每一维特征都允许直观地解释[1]。在学习任务中采用结构简单且易于理解的模型来实现内在可解释性,如朴素贝叶斯、线性回归、决策树、基于规则的模型[2]。

此外,某些机制的设计本身也具备清晰的可解释性,这些机制直接结合到某些模型中也可以用来实现模型的内在可解释性,其中具有代表性的是注意力机制(Attention Mechanism)。神经网络模型可以与注意力机制互相结合,利用其良好的可解释性,对单个预测的注意力权重矩阵进行可视化,直接体现了神经网络模型在决策过程中感兴趣的区域,使用户能够理解模型更关注输入的那些部分。

2.2.3.2 后置(Post-Hoc)解释方法

后置可解释性,又因通常在模型训练之后再对模型进行解释,所以又被称作事后可解释性。与内在可解释性利用模型本身的性质不同,后置可解释性需要人工构造解释方法来对一个给定的训练完成的模型进行解释。根据解释目的和解释对象的不同,后置解释方法又分为整体(全局)解释方法和个体(局部)解释方法。

(1) 整体(全局)解释方法

整体可解释旨在为模型训练完成后所获得的知识提供全局解释,以直观且可视化的方式对模型参数或学习得到的规律进行说明与展示。

第一,特征重要性。

特征重要性(Feature Importance)是一种简单有效的解释方法,表明每个特征在机器学习模型进行决策时的贡献程度,此种方法适用于模型输入的特征本身是可解释的情况,且对大多数模型都可以使用。

置换特征重要性是一种典型的特征重要性计算方式,通过对某个特征值进行置换、转变、随机排列等操作,模型预测精度会变化,根据这种变化幅度的大小可以确定当前特征对模型整体性能的重要程度。上文所提到的随机森林的两种特征选择指标之一——平均下降准确率MDA,即为置换特征重要性的一种代表。特征重要性的可解释方法还包括部分依赖图(Partial Dependence Plot)、个体条件期望图(Individual Conditional Expectation Plot)、累积局部效应图(Accumulated Local Effects Plot)等。

---

[1] 纪守领,李进锋,杜天宇,等. 机器学习模型可解释性方法、应用与安全研究综述[J]. 计算机研究与发展, 2019, 56(10): 2071-2096.
[2] 纪守领,李进锋,杜天宇,等. 机器学习模型可解释性方法、应用与安全研究综述[J]. 计算机研究与发展, 2019, 56(10): 2071-2096.

第二,全局代理模型。

代理模型有许多类似的概念,如近似模型(Approximation Model)、元模型(Metamodel)、响应面模型(Response Surface Model)、仿真器(Emulator)等。代理模型的思想是使用一个自解释模型(如决策树、线性回归等)来模拟复杂的难以解释的模型,使得自解释模型的预测结果尽可能地去接近复杂模型,从而利用自解释模型的可解释性来解释复杂模型。例如,利用决策树来模拟神经网络的输入、输出结果,从而将DNN编码的知识迁移到决策树中,在保持了与原始模型相当的预测性能的同时又具有了更高的解释性和透明度。

第三,全局表征解释。

在深度学习任务中,神经网络学习特定的特征表示(Feature Representation),这些中间层获得的特征表示通常难以理解,对深度网络的解释主要集中在理解中间层神经元捕获的特征表示,其中最广泛使用的策略是激活最大化(Activation Maximization, AM)[1]。通常AM方法针对CNN网络的表征进行解释,通过在特定的层上找到神经元的首选输入将其最大化,最大限度地激活给定的隐藏单元,并通过将其可视化来进行直观的全局表征解释。

(2) 个体(局部)解释方法

整体可解释性的解释目标是数据集全局,而个体可解释性的解释目标是给定的某个特定输入样本,针对该样本进行决策过程和决策依据的解释与可视化。

第一,基于逼近的方法——局部代理。

上文所述的全局代理模型使用一个自解释模型来模拟复杂的、难以解释的模型,与之类似,基于逼近的局部可解释性方法的代表——局部代理模型也利用自解释模型来模拟复杂模型对某个特定个体的输入、输出结果。这类方法通常基于如下假设:待解释模型针对整个数据空间的决策边界可以任意复杂,但针对某一特定实例的决策边界通常是简单的,甚至是近线性的[2]。因此在给定一个输入实例的情况下,模型针对该实例及其小范围邻域内样本的决策边界可以通过简单的自解释模型来模拟。

这类方法产生的可解释模型无须保证在全局范围内都有效,保证在原始输入附近的小邻域内可以较好地对黑盒模型进行模拟即可满足问题的可解释性需

---

[1] Simonyan K, Vedaldi A, Zisserman A. Deep inside convolutional networks: Visualising image classification models and saliency maps[J]. arXiv preprint arXiv:1312.6034, 2013.

[2] 纪守领,李进锋,杜天宇,等. 机器学习模型可解释性方法、应用与安全研究综述[J]. 计算机研究与发展, 2019, 56(10): 2071-2096.

求。在获得局部代理模型后，可以通过考察代理模型的参数来得到每个特征对模型预测的贡献程度。

Ribeiro等人提出的局部可解释的模型无关解释(Local Interpretable Model-agnostic Explanation，LIME)[①]是经典的基于逼近的局部可解释性方法。

局部代理模型如公式(2.2.10)所示。

$$Explanation(x) = \mathop{Argmin}_{g} L(f,g,\pi_x) + \Omega(g) \qquad (2.2.10)$$

其中，x代表需要解释的特定个体，模型f是需要解释的模型，模型g是自解释模型，函数L表示损失函数，该函数测量了模型g与原始模型f的预测的接近程度，$\Omega(g)$表示正则项，π_x定义了考虑解释时实例x附近的邻域大小。LIME将模型g设定为易于解释的线性回归模型。

第二，基于扰动的方法。

类似于基于逼近的方法需要遵循假设，基于扰动的解释方法也需要遵循的基本逻辑为：特征对模型输出的贡献可以通过预测性能在特征改变时的变化进行衡量。

通过多次对输入特征进行扰动，测量每次扰动所带来的影响，以确定输入特征对输出的贡献，扰动可以通过删除和遮罩两种方式实现。删除是指直接将某特征从输入中删除，但这样做可能不切实际，因为很少有模型允许将特征设置为未知值。遮罩是指将该特征替换为给定参考值，例如词嵌入模型置零或将图像像素值设置为指定灰度值。

第三，基于反向传播/梯度的方法。

深度神经网络中的反向传播机制(Back Propagation)是一种建立在梯度下降法基础上的学习算法。基于反向传播/梯度的可解释方法则利用反向传播机制，计算给定输出相对于输入的梯度或其变体，将模型对局部的某个特定输入样本的决策重要性信息从DNN的输出层神经元逐层传播到DNN的输入层，理解输入对输出的神经元影响和相关性。LRP[②]、DeepLIFT[③]、Integrated

---

① Ribeiro M T, Singh S, Guestrin C. " Why should i trust you?" Explaining the predictions of any classifier[C]//Proceedings of the 22nd ACM SIGKDD International Conference on Knowledge Discovery and Data Mining. 2016: 1135-1144.
② Bach S, Binder A, Montavon G, et al. On pixel-wise explanations for non-linear classifier decisions by layer-wise relevance propagation[J]. PloS one, 2015, 10(7): 1-46.
③ Sundararajan M, Taly A, Yan Q. Axiomatic attribution for deep networks[C]//Proceedings of the 34th International Conference on Machine Learning-Volume 70. JMLR. org. 2017: 3319-3328.

Gradients[①]、类激活映射(Class Activation Mapping，CAM)等多种方法是基于反向传播/梯度的可解释方法，尝试利用网络中的梯度信息及其变体为复杂的多层网络提供解释信息。

2.3 归因分析技术研究

2.3.1 归因分析总体流程设计

基于大数据征信归因分析的问题特性和数据特质，本节利用多种不同的方法，遵循以下的思路，预计将研究分为以下三个阶段进行实施。

初始条件：征信数据集的特征集合$X\{X_1,X_2,...X_n\}$，预测变量Y，违约预测模型$f(X)$。

第一，从数据中找出与预测变量(信用分或违约概率等)具有较强相关性的特征变量，即变化会对预测变量产生较大影响的特征变量子集X_{subset}，其中$X_{subset} \in X$。

第二，对高相关特征变量子集X_{subset}进行进一步筛选，添加因果含义，找出和预测变量之间具有因果关系的变量子集，并确定因果作用的方向，去除预测变量为因，特征变量为果的因果关系，得到更小的因果特征子集X_{causal}，其中$X_{causal} \in X_{subset}$。

第三，计算作为原因的特征变量$X_i \in X_{causal}$在违约预测模型$f(X)$中，对预测变量Y的因果效应大小$effect(X_i \rightarrow Y)$。

具体的实施流程如图2.3.1所示。

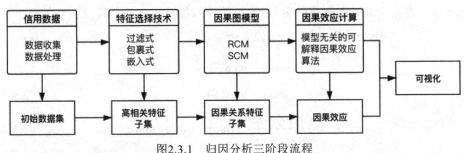

图2.3.1 归因分析三阶段流程

---

① Shrikumar A, Greenside P, Kundaje A. Learning important features through propagating activation differences[C]//Proceedings of the 34th International Conference on Machine Learning-Volume 70. JMLR. org. 2017: 3145-3153.

2.3.1.1 阶段一：高相关性特征子集筛选

集成现有的特征处理技术，利用多种特征选择方法，从多源多维征信大数据中抽取对信用事件产生主要影响的高相关性特征子集。

如上所述，特征选择方法有三类：过滤式、包裹式、嵌入式，本阶段采用多种方法集成的方式，利用每种方法所考虑的不同方面，全面考量特征的重要程度，从高维的征信数据中筛选出对违约预测最为重要的特征子集，忽略影响较小的不相关因素，从而为接下来的阶段奠定基础。

本阶段预备采用的方法见表2.3.1。

表2.3.1 特征选择方法

使用方法	方法类别	输出形式	考量方面
卡方检验	过滤式	数值	分类问题统计特征
F检验	过滤式	数值	统计特征
皮尔逊相关系数	过滤式	数值	回归问题统计特征
互信息和最大信息系数	过滤式	数值	统计特征
基于模型的单特征排序	过滤式	排名	模型效果
稳定性选择	包裹式	排名	模型效果
递归特征消除	包裹式	排名	模型效果
LASSO	嵌入式	数值	自动特征选择
Ridge	嵌入式	数值	自动特征选择

在集成各种方法时，我们注意到各方法的输出形式有所不同，有数值和排名两种方式，同时数值形式的输出结果与输出值域也有所不同，需要进行统一整合。这里将这两种结果输出形式转变为统一的分数形式。设某种方法F的输出集合为$S = \{output_1, \ldots, output_i, \ldots, output_n\}$，所有输出中最小值为$min$，最大值为$max$，则某个特征$X_i$所得的分数$score_i$的计算如式(2.3.1)至式(2.3.4)所示。

$$S = (-1)^{form} * S \tag{2.3.1}$$

$$min = min(S) \tag{2.3.2}$$

$$max = max(S) \tag{2.3.3}$$

$$score_i = \frac{output_i - min}{max - min} * (max - Cmin) + min \tag{2.3.4}$$

其中，当输出方式为数值时，$form = 0$；输出方式为排名时，$form = 1$。

通过上述的处理，每种方法的输出被转变为取值0到1之间的分数，同时排名和数值两种方式的含义得以统一，从而可以将各种方法进行集成。通过将所有方法的分数取均值，可以得到每个特征X_i在各个方面的均衡体现，如式(2.3.5)所示。

$$meanscore_i = \frac{1}{n}\sum_1^n score_i, n = 方法数 \tag{2.3.5}$$

在得到每种特征的$meanscore_i$后，通过设定阈值$threshold$，筛去不满足阈值的特征，从而得到比原始特征集$X\{X_1, X_2, \ldots X_n\}$更简略的$X_{subset}$。

2.3.1.2 阶段二：因果关系特征子集筛选

阶段二中需要对阶段一所得的结果，即高相关特征变量子集X_{subset}进行进一步筛选，试图利用因果模型为总体流程添加因果含义，找出和预测变量之间具有因果关系的变量子集，从而避免上文提出的当下基于相关性的建模方式可能造成的应用风险。

在此阶段，我们尝试利用信用数据来构造因果图模型，因果图的图示结构可以清晰地显示出和预测变量具有因果关系的变量子集及其因果关系指向，用来去除预测变量的伪相关特征，得到更小的因果特征子集X_{causal}，其中$X_{causal}\in X_{subset}$。

当前因果图的网络结构算法主要有两种思路：第一种是基于贝叶斯网络的限制约束的学习算法(Constraint-based Methods)，第二种是基于评分函数的网络结构学习方法(Score-based Methods)。Constraint-based类算法给定因果结构和必须遵守的约束，这种因果结构产生的每一种分配都必须服从约束，最常见的约束是条件独立性假设。基于约束的学习检查给定数据的约束，因此理想情况下可以反向设计数据生成机制的因果结构。Score-based类算法的思想如下：数据与可能的因果结构之间的一致性通过分数来评估，然后通过具有最佳分数的因果结构来进行估计。通过这种方法来选择图结构，评分函数的选择至关重要。此外，由于因果结构的搜索空间很大，所以经常使用启发式搜索方法。

此阶段可选的因果图的网络结构算法有PC算法、GES算法、LiNGAM(Linear Non-Gaussian Acyclic Model)模型。

PC算法，是基于限制约束的算法代表，其中的限制约束设置为条件独立性，该算法由Peter Spirtes等人于2000年提出[1]。PC算法可分三个步骤进行。

第一步，估计有向无环图DAG的骨架。一个有向无环图A的骨架(Skeleton)，指所有的边都与A相同但是没有方向的DAG。PC算法以完全无向图开始，然后对每个边测试条件独立性约束，以确定是否存在任何条件集，

---

[1] Spirtes P, Glymour C N, Scheines R, et al. Causation, prediction, and search[M]. Cambridge, MA: MIT Press, 2000: 73-123.

在给定该条件集时使得此边的两个端点条件独立。如果找到这样的集合(分离集),则删除此边,如图2.3.2所示。

第二步,将骨架扩展为部分有向无环图(PDAG)。在第一步得到的骨架基础上,为未屏蔽的三元组确定边的指向。例如,未屏蔽的三元组是三个节点a、b、c,其中a-b,b-c但a和c未连接。如果节点b不在点a和c的分离集中,则将a-b-c定向为a→b←c。

第三步,将部分PDAG扩展为完全部分有向无环图(CPDAG)。在第二步所得的PDAG基础上,使用四个规则进行检查,以查看是否可以确定更多无向边的指向,同时避免新的未屏蔽碰撞或循环边。

第二、三步如图2.3.3所示。

```
Algorithm 1 The PC_pop-algorithm
1:  INPUT: Vertex Set V, Conditional Independence Information
2:  OUTPUT: Estimated skeleton C, separation sets S (only needed when directing the skeleton
    afterwards)
3:  Form the complete undirected graph C̃ on the vertex set V.
4:  ℓ = -1;  C = C̃
5:  repeat
6:      ℓ = ℓ + 1
7:      repeat
8:          Select a (new) ordered pair of nodes i,j that are adjacent in C such that |adj(C,i)\{j}| ≥ ℓ
9:          repeat
10:             Choose (new) k ⊆ adj(C,i)\{j} with |k| = ℓ.
11:             if i and j are conditionally independent given k then
12:                 Delete edge i, j
13:                 Denote this new graph by C
14:                 Save k in S(i,j) and S(j,i)
15:             end if
16:         until edge i, j is deleted or all k ⊆ adj(C,i)\{j} with |k| = ℓ have been chosen
17:     until all ordered pairs of adjacent variables i and j such that |adj(C,i)\{j}| ≥ ℓ and k ⊆
        adj(C,i)\{j} with |k| = ℓ have been tested for conditional independence
18: until for each ordered pair of adjacent nodes i,j: |adj(C,i)\{j}| < ℓ.
```

图2.3.2　PC算法第一步

```
Algorithm 2 Extending the skeleton to a CPDAG
INPUT: Skeleton G_skel, separation sets S
OUTPUT: CPDAG G
for all pairs of nonadjacent variables i, j with common neighbour k do
    if k ∉ S(i,j) then
        Replace i - k - j in G_skel by i → k ← j
    end if
end for
In the resulting PDAG, try to orient as many undirected edges as possible by repeated application
of the following three rules:
R1 Orient j - k into j → k whenever there is an arrow i → j such that i and k are nonadjacent.
R2 Orient i - j into i → j whenever there is a chain i → k → j.
R3 Orient i - j into i → j whenever there are two chains i - k → j and i - l → j such that k and
   l are nonadjacent.
R4 Orient i - j into i → j whenever there are two chains i - k → l and k → l → j such that k and
   l are nonadjacent.
```

图2.3.3　PC算法第二、三步

GES算法[1]是基于评分函数的方法的代表，其采用的评分准则为BIC(Bayesian Information Criterion)。GES算法的思想是利用贪心法来对图的马尔可夫等价类进行搜索，以空的CPDAG开始，包含前向和后向两个搜索阶段。如图2.3.4所示。

第一步"前进阶段"(FES)中，算法以贪心的方式添加边，直到所考虑的分数不能进一步增加，即寻找使得BIC分数最大化增加的边，如图2.3.5所示。在第二步"后退阶段"(BES)中，同样贪心地移除边，直到再次达到得分的最佳值，如图2.3.6所示。

Algorithm 1. GES

```
1: procedure GES
2:     ε ← Empty network (E = ∅)
3:     ε ← FES(ε)
4:     ε ← BES(ε)
5:     return ε
6: end procedure
```

图2.3.4　GES算法

Algorithm 2. FES

```
1: procedure FES(ε)
2:     repeat
3:         (X → Y, T) = FS(ε)
4:         ε = Apply Insert(X, Y, T) to ε
5:         ε = PDAGtoCPDAG(ε)
6:     until (X → Y = null)
7:     return ε
8: end procedure
9: function FS(ε)
10:    edge = null; best = 0
11:    for all X ∈ V do
12:        for all Y ∈ V | (Y ≠ X) ∧ Y is not adjacent to X do
13:            for all T ⊆ T₀ | Test(X → Y, T) = true do
14:                Compute Δ = Insert(X, Y, T)
15:                if Δ > best then best = Δ
16:                    edge = (X → Y); subset = T
17:            end if
18:        end for
19:    end for
20:    end for
21:    return (X → Y, T) = (edge, subset)
22: end function
```

Algorithm 3. BES

```
1: procedure BES(ε)
2:     repeat
3:         (X → Y, H) = BS(ε)
4:         ε = Apply Delete(X, Y, H) to ε
5:         ε = PDAGtoCPDAG(ε)
6:     until (X → Y = null)
7:     return ε
8: end procedure
9: function BS(ε)
10:    edge = null; best = 0
11:    for all X ∈ V do
12:        for all Y ∈ V | (Y ≠ X) ∧ Y is adjacent to X do
13:            for all H ⊆ H₀ | Test(X → Y, H) = true do
14:                Compute Δ = Delete(X, Y, H)
15:                if Δ > best then best = Δ
16:                    edge = (X → Y); subset = H
17:            end if
18:        end for
19:    end for
20:    end for
21:    return (X → Y, H) = (edge, subset)
22: end function
```

图2.3.5　GES算法的FES阶段　　　图2.3.6　GES算法的BES阶段

线性连续非高斯无环模型(Linear Non-Gaussian Acyclic Model，LiNGAM)[2]是一种加性噪声模型，该模型假设其中的变量是按照因果顺序依次

---

[1] Chickering D M. Optimal structure identification with greedy search[J]. Journal of machine learning research, 2002, 3(Nov): 507-554.

[2] Shimizu S, Hoyer P O, Hyvärinen A, et al. A linear non-Gaussian acyclic model for causal discovery[J]. Journal of Machine Learning Research, 2006, 7(10): 2003-2030.

生成的，因此将变量按照因果顺序进行排列后，位于后面的变量不可能是前面变量的因变量[①]。

LiNGAM所描述的数据生成机制为线性函数，数据由式(2.3.6)所示的函数过程生成。

$$x_i = \sum_{k(j)<k(i)} b_{ij}x_j + e_i + c_i \quad i,j \in [1,n] \quad (2.3.6)$$

其中，$k(j)<k(i)$表示数据生成顺序，即图中的节点指向是i指向j；n表示X_{subset}的维度；b_{ij}不为0，表示存在x_j指向x_i的边；e表示噪声，LiNGAM中假设e为连续值且符合非高斯分布，不同的e相互独立；c为常量。上式可以表示为$x=Bx+e$，可推出$Wx=e$，其中$W=I-B$，I为单位矩阵，W称为混合矩阵。

LiNGAM算法首先利用 ICA 算法根据观察数据估计出分离矩阵W'，但是估计得到的W'矩阵存在两个问题：一是W'中对角线可能为0，这与W'的对角线全为1的约束相矛盾；二是变量是随机排列的，与因果顺序不符[②]。

为了解决这两个问题，LiNGAM算法对W'的行重新排序，使得W'对角线均不为0。然后将W'每一行除以该行对角线的值(归一化)得到W''，并计算出$B=I-W''$。再根据因果顺序对应的系数矩阵是对角线均为0的下三角矩阵这个约束，同时对B的行和列进行重新排列得到B'，使得B'为下三角矩阵，从而得到因果顺序[③]。最后根据最小二乘法得出具体矩阵系数。

2.3.1.3 阶段三：因果效应计算

在得到因果特征子集X_{causal}后，我们希望能够计算出该集合中特征的因果效应大小，计算作为原因的特征变量$X_i \in X_{causal}$在违约预测模型$f(X)$中，对预测变量Y的因果效应大小$effect(X_i \rightarrow Y)$。

此阶段可以利用Do算子(又称"干预")在有图结构的情况下进行因果效应的计算。$do(X_i=c)$指将DAG中所有指向图中变量节点X_i的有向边切断，并将变量X_i的值设定为c。在此条件下，将变量X_i对变量Y的因果效应定义为式(2.3.7)。

$$effect(X_i \rightarrow Y) = E[Y \mid do(X_i = c)] - E[Y \mid do(X_i = baseline)] \quad (2.3.7)$$

[①] 郝志峰, 吕宏伟, 蔡瑞初, 等. 基于条件独立性的LiNGAM模型剪枝算法[J]. 计算机应用与软件, 2016: 249-253.

[②] 郝志峰, 吕宏伟, 蔡瑞初, 等. 基于条件独立性的LiNGAM模型剪枝算法[J]. 计算机应用与软件, 2016: 249-253.

[③] 郝志峰, 吕宏伟, 蔡瑞初, 等. 基于条件独立性的LiNGAM模型剪枝算法[J]. 计算机应用与软件, 2016: 249-253.

P.Blöbaum于2017年提出的算法可以来解决上式的计算[①]。

算法输入以下信息：

① $\mu = [E[X_1],...,E[X_n]]^T$ 表示干预前每个变量的期望值的向量；

② B 表示因果图的结构矩阵；

③ $n = [E[N_1],...,E[N_n]]^T$ 表示每个变量的噪声值的向量；

④ ω 表示违约预测模型$f(X)$的系数向量，对这个算法而言，主要适用于线性回归和逻辑回归两种模型；

⑤ Y表示预测变量；

⑥ X_i表示进行干预计算的变量；

⑦ d表示希望干预后输出的预测结果变量。

算法通过对监控变量X_i的干预，在因果网络进行传播，从而对每个变量发生影响，影响程度由向量α的值表示，如图2.3.7所示。

```
Algorithm 1 Estimation of optimal linear intervention value.
function GETINTERVENTIONVALUE(μ, B, n, ω, y, i, d)
    S ← {1, ..., n} \ {i}
    S ← RemoveIndicesOfRootVariables(B)
    α ← VectorOfZerosForEachVariable(B)
    α_i ← 1
    μ_i, n_i ← 0
    while S is not empty do
        k ← GetNextIndex(S)
        if X_k has no parents in S then
            μ, α ← 0
            for all parents of X_k do
                q ← GetIndexOfNextParent(X_k)
                α ← α + b_{kq} · α_q
                if q is not i then
                    μ ← μ + b_{kq} · μ_q
                end if
            end for
            μ_k ← μ + n_k
            α_k ← α
            S ← RemoveIndex(k)
        end if
    end while
    ω ← [ω_1, ..., ω_{y-1}, 0, ω_y, ..., ω_{n-1}]^T
    c ← (d − ω^T·μ − ω_0) / (ω^T·α)        ▷ Eq. (3)
    return c
end function
```

图2.3.7　算法伪码

2.3.2　实验评估：归因分析

数据来源于中国移动福建公司提供的2018年某月份的样本数据，包括用户的各类通信支出、欠费情况、出行情况、消费场所、社交、个人兴趣等多维度

---

① Blöbaum P, Shimizu S. Estimation of interventional effects of features on prediction[C]//2017 IEEE 27th International Workshop on Machine Learning for Signal Processing (MLSP). IEEE, 2017: 1-6.

数据，以此来评估用户消费信用分值。数据集共50000行，共29个特征变量和1个信用分变量，见表2.3.2。

表2.3.2 数据集属性信息

符号	字段列表	字段说明
Y	信用分	数值
X0	用户编码	数值唯一性
X1	用户实名制是否通过核实	1为是，0为否
X2	用户年龄	数值
X3	是否是大学生用户	1为是，0为否
X4	是否是黑名单用户	1为是，0为否
X5	是否是4G不健康用户	1为是，0为否
X6	用户网龄(月)	数值
X7	用户最近一次缴费距今时长(月)	数值
X8	缴费用户最近一次缴费金额(元)	数值
X9	用户近6个月平均消费值(元)	数值
X10	用户账单当月总费用(元)	数值
X11	用户当月账户余额(元)	数值
X12	缴费用户当前是否欠费缴费	1为是，0为否
X13	用户话费敏感度	一级表示敏感等级最大。将敏感度用户按中间分值降序排列，前5%的用户为一级；5%~20%的用户为二级；20%~35%的用户为三级；35%~60%的用户为四级；40%的用户为五级。
X14	当月通话交往圈人数	数值
X15	是否是经常逛商场的人	1为是，0为否
X16	近三个月月均商场出现次数	数值
X17	当月是否逛过福州仓山万达	1为是，0为否
X18	当月是否到过福州山姆会员店	1为是，0为否
X19	当月是否看电影	1为是，0为否
X20	当月是否游览景点	1为是，0为否
X21	当月是否在体育场馆消费	1为是，0为否
X22	当月网购类应用使用次数	数值
X23	当月物流快递类应用使用次数	数值
X24	当月金融理财类应用使用总次数	数值
X25	当月视频播放类应用使用次数	数值
X26	当月飞机类应用使用次数	数值
X27	当月火车类应用使用次数	数值
X28	当月旅游资讯类应用使用次数	数值

2.3.2.1 数据预处理

首先通过观测可得，变量X0用户编码是用户的ID属性，并不能刻画数据样本自身的分布规律，因此对变量X0予以删除处理。

分析训练数据集中的"信用分"变量的分布情况，见表2.3.3。信用分变量是连续值变量，其中最低值是422，最高值是719，有75%的用户信用分在594~719之间，分布较密集；有25%的用户信用分在422~594之间，分布较稀疏。因此可能存在样本类别不均衡的问题。

表2.3.3 "信用分"变量分布信息

统计量	信用分
count	50000.000000
mean	618.053060
std	42.443022
min	422.000000
25%	594.000000
50%	627.000000
75%	649.000000
max	719.000000

通过对缺失值进行查询，发现本数据集无缺失值，因此无须进行缺失数据填充，见表2.3.4。

表2.3.4 缺失值查询

属性名	X1	X2	X3	X4	X5	X6	X7	X8	X9	X10	X11	X12	X13	X14	X15
缺失数量	0	0	0	0	0	0	0	0	0	0	0	0	0	0	0
数据类型	Int	Float	Int	Int	Int	Int	Int	Float	Float	Float	Int	Int	Int	Int	Int
属性名	X16	X17	X18	X19	X20	X21	X22	X23	X24	X25	X26	X27	X28	Y	
缺失数量	0	0	0	0	0	0	0	0	0	0	0	0	0	0	
数据类型	Int	Int	Int	Int	Int	Int	Int	Int	Int	Int	Int	Int	Int	Int	

2.3.2.2 高相关性特征子集筛选

根据2.3.1.1节所述方法选择如下特征选择方法：F检验、皮尔逊相关系数、互信息和最大信息系数(MIC)、基于模型的单特征排序、稳定性选择、递归特征消除、LASSO、Ridge。

皮尔逊相关系数中，排名前五的特征是："用户网龄(月)""用户近

6个月平均消费值(元)""当月通话交往圈人数""用户账单当月总费用(元)""缴费用户最近一次缴费金额(元)",如图2.3.8所示。

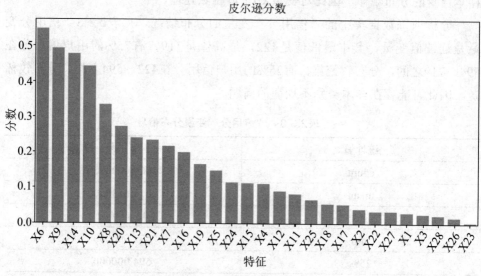

图2.3.8　皮尔逊相关系数试验结果

F检验中,排名前五的特征是:"用户网龄(月)""用户近6个月平均消费值(元)""当月通话交往圈人数""用户账单当月总费用(元)""缴费用户最近一次缴费金额(元)",如图2.3.9所示。

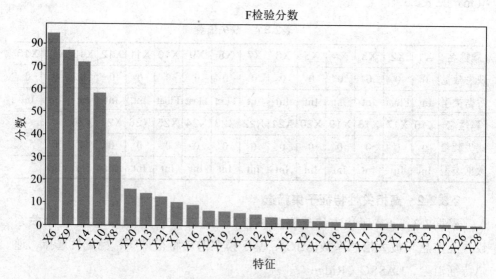

图2.3.9　F检验试验结果

MIC中，排名前五的特征是："当月通话交往圈人数""用户网龄(月)""用户近6个月平均消费值(元)""用户账单当月总费用(元)""当月金融理财类应用使用总次数"，如图2.3.10所示。

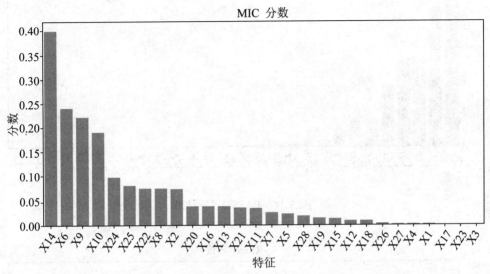

图2.3.10　MIC试验结果

递归特征消除中，排名前五的特征是："是否是4G不健康用户""当月是否游览景点""用户最近一次缴费距今时长(月)""当月是否在体育场馆消费""用户话费敏感度"，见表2.3.5。

表2.3.5　递归特征消除试验结果

排名	1	2	3	4	5	6	7	8	9	10	11
特征	X5	X20	X7	X21	X13	X19	X15	X6	X18	X17	X12
排名	12	13	14	15	16	17	18	19	20	21	22
特征	X9	X2	X14	X27	X10	X16	X8	X26	X11	X23	X28
排名	23	24	25	26	27	28					
特征	X24	X22	X25	X4	X3	X1					

LASSO中，排名前五的特征是："是否是4G不健康用户""用户最近一次缴费距今时长(月)""缴费用户当前是否欠费缴费""当月是否游览景点""用户话费敏感度"。如图2.3.11所示。

Ridge中，排名前五的特征是："是否是4G不健康用户""用户最近一次缴费距今时长(月)""缴费用户当前是否欠费缴费""当月是否游览景点""是否是大学生用户"，如图2.3.12所示。

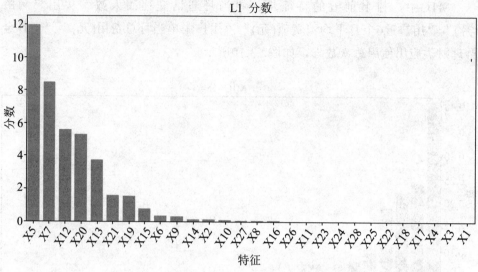

图2.3.11 LASSO试验结果

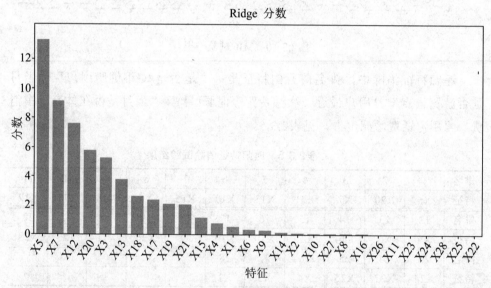

图2.3.12 Ridge试验结果

所得集成结果见表2.3.6。

表2.3.6 集成试验结果

特征	皮尔逊	F	MIC	RFE	LASSO	Ridge	meanscore
X6	1.00	1.00	0.60	0.74	0.03	0.03	0.566667
X5	0.27	0.06	0.06	1.00	1.00	1.00	0.565000

(续表)

特征	皮尔逊	F	MIC	RFE	LASSO	Ridge	meanscore
X14	0.87	0.85	1.00	0.52	0.01	0.01	0.543333
X9	0.90	0.91	0.55	0.59	0.02	0.02	0.498333
X7	0.39	0.11	0.06	0.93	0.71	0.69	0.481667
X20	0.49	0.18	0.10	0.96	0.44	0.43	0.433333
X10	0.81	0.68	0.48	0.44	0.00	0.00	0.401667
X13	0.44	0.16	0.09	0.85	0.31	0.28	0.355000
X12	0.16	0.05	0.02	0.63	0.46	0.57	0.315000
X21	0.43	0.14	0.09	0.89	0.13	0.15	0.305000
X8	0.61	0.35	0.19	0.37	0.00	0.00	0.253333
X19	0.30	0.07	0.04	0.81	0.13	0.16	0.251667
X15	0.21	0.03	0.03	0.78	0.06	0.09	0.200000
X18	0.10	0.02	0.02	0.70	0.00	0.20	0.173333
X16	0.36	0.10	0.10	0.41	0.00	0.00	0.161667
X17	0.09	0.01	0.00	0.67	0.00	0.18	0.158333
X2	0.07	0.03	0.18	0.56	0.01	0.01	0.143333
X24	0.21	0.07	0.25	0.19	0.00	0.00	0.120000
X11	0.15	0.02	0.09	0.30	0.00	0.00	0.093333
X27	0.06	0.01	0.00	0.48	0.00	0.00	0.091667
X3	0.04	0.01	0.00	0.04	0.00	0.39	0.080000
X25	0.12	0.01	0.20	0.11	0.00	0.00	0.073333
X22	0.06	0.00	0.19	0.15	0.00	0.00	0.066667
X4	0.20	0.04	0.00	0.07	0.00	0.06	0.061667
X26	0.02	0.00	0.01	0.33	0.00	0.00	0.060000
X28	0.04	0.00	0.05	0.22	0.00	0.00	0.051667
X23	0.00	0.01	0.00	0.26	0.00	0.00	0.045000
X1	0.05	0.01	0.00	0.00	0.00	0.04	0.016667

对于最后一列的每个特征的$meanscore_i$值，设定$threshold=0.25$，筛去$meansore_i<threshold$的特征，得到$X_{subset}=${用户网龄(月)，是否是4G不健康用户，当月通话交往圈人数，用户近6个月平均消费值(元)，用户最近一次缴费距今时长(月)，当月是否游览景点，用户账单当月总费用(元)，用户话费敏感度，缴费用户当前是否欠费缴费，当月是否在体育场馆消费，缴费用户最近一次缴费金额(元)，当月是否看电影}。

2.3.2.3 因果关系特征子集筛选

将2.3.2.2的产出X_{subset}，输入LiNGAM算法，来获取X_{causal}。

算法的输出矩阵及图结构如图2.3.13、图2.3.14所示。由结果可知，指向预测变量Y节点的存在因果影响的特征，共有七个："是否是4G不健康用户""用户最近一次缴费距今时长(月)""缴费用户当前是否欠费缴费""当月是否游览景点""当月是否在体育场馆消费""缴费用户最近一次缴费金额(元)""当月是否看电影"。

```
        Y         X6       X5        X14       X9         X7       X20      X10   X13       X12       X21       X8        X19
Y    0.000000  0.000000 -21.892444  0.000000  0.000000   5.716257 14.874602  0.0  0.000000 10.222025 10.585787  0.171170  6.282642
X6   0.807950  0.000000 -18.465938  0.000000  0.000000  -18.007296 -5.276594  0.0  2.920035 25.144045  0.877523  0.000000 -1.573236
X5   0.000000  0.000000   0.000000  0.000000  0.000000   0.000000  0.000000  0.0  0.000000  0.000000  0.000000  0.000000  0.000000
X14  0.492131  0.000000  -8.501904  0.000000  0.000000 -10.301046  5.587439  0.0  0.000000 11.523950  9.645285  0.158310  4.354300
X9   0.562146 -0.260077  20.457048  0.264451  0.000000 -12.395935  8.825931  0.0 -3.608573 17.532266  4.932465  0.312711  2.425585
X7   0.000000  0.000000   0.047583  0.000000  0.000000   0.000000  0.000000  0.0  0.088992  0.000000  0.000000  0.000000  0.043726
X20  0.000000  0.000000   0.016227  0.000000  0.000000  -0.011619  0.000000  0.0  0.000000  0.000000  0.289900  0.000801  0.185237
X10 -0.030325  0.000000   2.195780  0.045964  0.927548   1.028328  1.491603  0.0 -1.564312  0.000000  0.228730  0.038731  0.000000
X13 -0.006793  0.000000  -0.386725 -0.000789  0.000000  -0.759416 -0.101236  0.0  0.000000  0.000000 -0.026754  0.004477 -0.036988
X12  0.000000  0.000000   0.000000  0.000000  0.000000   0.000000  0.000000  0.0  0.000000  0.000000  0.000000  0.000000  0.000000
X21  0.000000  0.000000  -0.016004  0.000000  0.000000  -0.034516  0.000000  0.0  0.000000  0.040734  0.000000  0.000890  0.293979
X8   0.000000  0.000000  -4.273112  0.000000  0.000000  73.630042  0.000000  0.0  0.000000 19.812159  0.000000  0.000000  8.155419
X19  0.000000  0.000000  -0.021886  0.000000  0.000000   0.000000  0.000000  0.0  0.000000  0.057863  0.000000  0.000000  0.000000
```

图2.3.13　LiNGAM算法输出矩阵

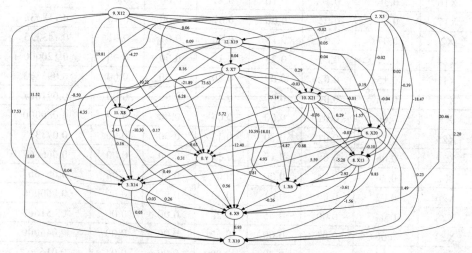

图2.3.14　LiNGAM算法输出因果关系

删去的特征有："用户网龄(月)""当月通话交往圈人数""用户近6个月平均消费值(元)""用户账单当月总费用(元)""用户话费敏感度"。

分析上述结果，可以判断出用户的信用分与用户当前的4G健康状态以及用户的缴费习惯存在因果关系，同时用户的消费习惯也在一定程度上左右着用户的信用水平；同时，用户的花费金额、使用时长(网龄)和交往人数与其信用水平没有必然的因果关系，因此在判定因果效应时可以将这些因素舍去。

2.3.2.4　因果效应计算

利用2.3.1.3节的算法，将上一阶段获得的算法输出矩阵，即因果图的结构矩阵输入；选择Linear Regression模型将阶段二输出的特征作为X输入，对特征Y信用分作为标签进行训练得到预测模型，得到结果见表2.3.7。

根据表2.3.7中结果，可以将信用分Y的影响因素的因果效应归因到上述七个特征，其中X8"缴费用户最近一次缴费金额(元)"的效应最大，达到了12.137225；X12"缴费用户当前是否欠费缴费"的效应最小，只有3.815241。

表2.3.7 效应计算结果

特征	效应
X5	6.242531
X7	8.978737
X20	7.487617
X12	3.815241
X21	7.151203
X8	12.137225
X19	6.853036

经历上述三个阶段，可以从高维的征信数据集实现精准归因。

2.4 模型可解释性提升技术研究

2.4.1 可解释性提升方法设计

对大数据征信而言，需要进行可解释性提升的对象有两种。第一种，对于征信机构而言，需要提升整体可解释性，展示特征变化引发的整体结果变化趋势；第二种，对于征信个体而言，需要理解征信模型对于每个个体所做出的决策的解释，展示特征变化引发的个体结果变化趋势。

为了不对原有征信业务造成影响，在最大限度地提升可解释性的同时，需要保证业务目标的准确性，因此不改变原有征信模型，将可解释性提升方法与征信模型分离，设计与模型无关的可解释方法非常重要。模型无关的解释方法可以解释任意机器学习模型，而不关心模型的具体实现，将征信模型视为黑盒，提供了一种无须模型内部参数即可对模型预测结果做出解释的途径。

在上述2.3.1节中，归因分析的流程设计利用了结构因果模型来引入因果含义。此节为了设计模型无关的可解释方法，利用了潜在结果模型。在潜在结果模型的理论框架下，实验性研究对因果作用的计算方法进行了扩展。实验性研究中的随机对照试验通过随机分组等人工实验处理，可以保证假设一成立。

假设一：随机化分配下的独立性。

随机实验保证结果变量Y_x与处理变量X独立，即有$Y_x \perp X$成立。

在假设一成立的前提下，可定义随机化分配下二值处理的因果作用计算方法如下。

定义：随机化分配的二值处理平均因果作用。

假设一成立的前提下，如式(2.4.1)、式(2.4.2)所示。

$$E(Y_x) = E(Y|X=x) \tag{2.4.1}$$

$$ACE = E(Y|X=1) - E(Y|X=0) \tag{2.4.2}$$

即在实验条件$X=1$与对照条件$X=0$下结果变量Y的期望之差。

上述的计算可在实验性研究的条件下进行，但在征信、金融等很难进行实验性研究的领域并不适用，为此将计算方法拓展到观察性研究，即在只有观察数据的情况下进行ACE的计算。失去了实验性研究的人工实验处理，假设一失效，需要新的假设进行替代。

假设二：强可忽略性。

令V表示数据中除处理变量$X=x$和结果变量Y_x以外的可观测协变量，如果满足式(2.4.3)和式(2.4.4)：

$$Y_x \perp X | V \tag{2.4.3}$$

$$0 < P(X=x|V) < 1 \tag{2.4.4}$$

那么处理分配机制是可忽略的。根据处理变量X所进行的分配机制，可以修正处理组和对照组之间的差异，去掉选择性偏倚。

观察性研究计算因果作用，要求假设二成立，对数据集根据协变量V做处理分配调整，调整后在分配完成的每个组内才能对观测性数据进行因果作用估计。当应用到征信、经济领域，协变量V的维度增大，Rubin D. B.等提出倾向评分匹配方法进行改进：通过对协变量V进行得分计算，用计算出的一维倾向评分代替多维协变量，从而达到协变量V降维的效果[①]。

当处理变量为连续值时，倾向评分定义为给定协变量V时处理变量X的条件概率，如式(2.4.5)所示。

$$R(V) = P(X=x|V) = f_{x|v}(x|v) \tag{2.4.5}$$

此时连续值处理变量的倾向评分又称广义倾向评分。利用一维的倾向评分

---

① Blöbaum P, Shimizu S. Estimation of interventional effects of features on prediction[C]//2017 IEEE 27th International Workshop on Machine Learning for Signal Processing (MLSP). IEEE, 2017: 1-6.

替代协变量后,假设二强可忽略性便弱化为假设三倾向评分下的可忽略性。

假设三:倾向评分下的可忽略性。

如果给定协变量 V 时强可忽略性成立,如式(2.4.6)所示。

$$Y_x \perp X | V \text{ 且 } 0 < P(X=x|V) < 1 \tag{2.4.6}$$

那么,给定倾向评分 $R(V)$ 时可忽略性也成立,如式(2.4.7)所示。

$$Y_x \perp X | R(V) \text{ 且 } 0 < P(X=x|R(V)) < 1 \tag{2.4.7}$$

类似的,可以定义在假设三成立的前提下,观察性研究中的因果作用计算方法如下。

定义:倾向评分可忽略性下的平均因果作用。

由假设三可定义倾向评分可忽略性下的平均因果作用,如式(2.4.8)、式(2.4.9)所示。

$$E(Y_x | X, V) = E(Y | X=x, R(V)=r) \tag{2.4.8}$$

$$ACE = \frac{1}{r}\sum_r \left[E(Y | X=x, R(V)=r) - E(Y | X=Baseline, R(V)=r) \right] \tag{2.4.9}$$

其中,广义倾向评分 $R(V) = P(X=x|V)$。

上式表示根据评分 $R(V)$ 进行数据分组,并在每个组内进行平均因果效应 ACE 的计算。

2.4.1.1 整体可解释性提升算法

方法输入:

① 数据集 $D = \{(X_1, y_1), (X_2, y_2), \ldots, (X_n, y_n)\}$,$D$ 有 n 个样本,m 个属性变量和一个预测变量 y。

② D 的属性集 $A = \{a_1, a_2, \ldots, a_m\}$。

③ 征信预测模型 F(预测信用分/是否违约等),模型无关类的可解释方法对需要进行解释的预测模型 F 没有特定要求,可以选择输入逻辑回归、随机森林、神经网络等多种不同的模型。

④ 倾向评分模型 R。倾向评分模型 R 一般选择逻辑回归。

方法输出:

选定的预测模型 F 中,某个属性变量 a 对预测变量 y 的平均因果作用。当解释信用评估方法时,可以将模型输出理解为数据集某个变量对信用分判定或违约概率预测的作用大小。

方法流程：

第1步：对数据集 D 进行数据清洗等预处理。

第2步：对数据集 D 进行 Min-Max 标准化，消除不同的特征之间的量纲影响，使其平均因果作用具有可比较性。

第3步：根据实际需要选择不同的预测模型 F，并将数据集 D 输入预测模型 F 进行训练。训练完成后，保存模型的预测效果最佳参数以用于后续利用。

第4步：根据需求选择要探究的属性 a。

第5～7步：根据选定的倾向评分模型 R 和属性 a，利用数据集 D 的 n 个样本训练，得到给定协变量 $D_{A\setminus\{a\}}$ 时 D_a 的条件概率作为每个样本的倾向评分分数。

第8步：根据第5～7步得到的倾向评分分数对数据集 D 进行等距或等频分组分为 r 组，得到分配完成的每组数据 $D_{i\in\{1,2,\ldots,r\}}$。

第9步：分配完成后，需要对分组进行平衡性检验，确保第8步的处理分配结果 $D_{i\in\{1,2,\ldots,r\}}$ 满足假设三成立。P.C. Austin 提出的标准化差异(Standardized Differences)可作为平衡性检验的标准[①]，其计算如式(2.4.10)所示。

$$d = \frac{\bar{x}_{treatment} - \bar{x}_{control}}{\sqrt{\frac{s^2_{treatment} + s^2_{control}}{2}}} \quad (2.4.10)$$

当处理变量为连续值时，可设置适当的处理变量划分点，将数据集分为处理组和对照组进行计算。$\bar{x}_{treatment}$ 和 $\bar{x}_{control}$ 表示处理组和对照组中某个协变量的均值，$s^2_{treatment}$ 和 $s^2_{control}$ 表示该协变量在组内对应的方差。当标准化差异小于等于10%时，可认定分组处理高度平衡。

第10～15步：对于每组数据 $D_{i\in\{1,2,\ldots,r\}}$，在组内根据公式2.4.9进行计算得到每个组的 ACE_{D_i}。$Baseline$ 可根据实际情况进行确定，本书设定为 $Baseline = 0$。

第16步：对 ACE_{D_i} 求得组间均值作为总体的 ACE，最终结果是属性 a 关于 ACE 的函数。由于第2步标准化，属性 a 的取值 x 定义域为[0,1]。

第17步：模型输出属性 a 的 ACE 函数。

算法的整体伪代码如图2.4.1所示。

[①] Austin P C. Propensity-score matching in the cardiovascular surgery literature from 2004 to 2006: A systematic review and suggestions for improvement[J]. Journal of Thoracic & Cardiovascular Surgery, 2007, 134(5): 1128-1135.

```
算法 1 模型无关的整体可解释性提升算法
输入：数据集 $D\{(X_1,y_1),(X_2,y_2),...,(X_n,y_n)\}$；属性集 $A\{a_1,a_2,...,a_m\}$；预测模型 $F$；倾向评分模型 $R$
输出：在预测模型 $F$ 中，特征 $a$ 对 $y$ 的平均因果作用 $ACE$
1:  function PROPENSITYSCOREATTRIBUTION
2:      $D \leftarrow MinMax$ 标准化 $D$
3:      $F \leftarrow$ 训练 $D$ 并选择效果最优参数
4:      $a \leftarrow$ 根据需要选择要探究的属性
5:      for $s = 1 \rightarrow n$ do
6:          $R_s(D_{A\setminus\{a\}}(X_s), D_a(X_s)) \leftarrow$ 训练 $D_{A\setminus\{a\}}$ 拟合 $D_a$
7:      end for
8:      $D_{i\in\{1,2,...,r\}} \leftarrow$ 根据 $R_{s\in\{1,2,...,n\}}$ 将 $D$ 分为 $r$ 组
9:      分组平衡性检验 $D_{i\in\{1,2,...,r\}}$
10:     for $i = 1 \rightarrow r$ do
11:         $S \leftarrow X_s \in D_i$
12:         $P(x) \leftarrow S_a$ 多项式拟合预测模型的输出 $F(S)$
13:         $Baseline \leftarrow 0$
14:         $ACE_{D_i}(x) \leftarrow P(X=x) - P(X=Baseline)$
15:     end for
```

图2.4.1　算法伪代码

2.4.1.2　个体可解释性提升算法

征信问题的个体可解释性提升方法旨在帮助人们理解征信模型针对每一个特定征信主体的决策过程和决策依据，通过分析输入样本的每一维特征对模型最终决策结果的贡献来实现。

方法输入：

① 数据集 $D = \{(X_1,y_1),(X_2,y_2),...,(X_n,y_n)\}$，$D$ 有 n 个样本，m 个属性变量和 1 个预测变量 y。

② D 的属性集 $A = \{a_1,a_2,...,a_m\}$。

③ 征信预测模型 F(预测信用分/是否违约等)，模型无关类的可解释方法对需要进行解释的预测模型 F 没有特定要求，可以选择输入逻辑回归、随机森林、神经网络等多种不同的模型；

④ 要解释的个体数据 $X = (x_1,x_2,...,x_i)$。

⑤ 倾向评分模型 R。倾向评分模型 R 一般选择逻辑回归。

方法输出：

选定的预测模型 F 中，某个属性变量 a 对个体数据 $X = (x_1,x_2,...,x_i)$ 的预测结果 y 的平均因果作用；并输出属性 a 在取值定义域 $[0,1]$ 变化时，平均因果作用的变化曲线。当解释信用评估方法时，可以将模型输出理解为数据某个变量对该个体信用分判定或违约概率预测的作用大小。

方法流程：

第1步：对数据集 D 进行数据清洗等预处理。

第2步：对数据集 D 进行 Min-Max 标准化，消除不同的特征之间的量纲影

响，使其平均因果作用具有可比较性。

第3步：根据实际需要选择不同的预测模型 F，并将数据集 D 输入预测模型 F 进行训练。训练完成后，保存模型的预测效果最佳参数以用于后续利用。

第4步：根据需求选择要探究的属性 a。

第5～7步：根据选定的倾向评分模型 R 和属性 a，利用数据集 D 的 n 个样本训练，得到给定协变量 $D_{A\setminus\{a\}}$ 时 D_a 的条件概率作为每个样本的倾向评分分数 $R_{s\in\{1,\dots,n\}}$。

第8步：利用倾向评分模型 R 来计算需解释的样本 $X=(x_1,x_2,\dots,x_i)$ 的倾向评分分数 R_x。

第9步：对 $R_{s\in\{1,\dots,n\}}$ 进行排序。

第10步：查找 $R_{s\in\{1,\dots,n\}}$ 中与样本 X 倾向评分分数 R_x 距离最近的样本，以此样本为中心，选择前后各 $n/200$ 个样本，构建局部样本集 D，该局部样本集的数目为样本总数的1/100。对于局部样本集 D 的大小可以根据实际业务需求选择，需要设定为与要解释的征信个体的信用模式相似的样本数，一般设定为总样本数的1/100到1/50。

第11～13步：对于局部样本集 D，用多项式模型 P 拟合属性值 D_a 和预测模型 $F(D)$ 的输出，根据公式2.4.9进行计算得到每个组的 ACE_{D_i}。Baseline 可根据实际情况进行确定，本书设定为 $Baseline=0$。

第14步：最终结果是属性 a 关于 ACE 的函数，由于第2步标准化，属性 a 的取值 x 定义域为[0,1]，模型输出属性 a 的 ACE 函数。

算法的整体伪代码如图2.4.2所示。

```
算法 1 模型无关的个体可解释性提升算法
输入：数据集 D{(X₁,y₁),(X₂,y₂),…,(Xₙ,yₙ)}；属性集 A{a₁,a₂,…,aₘ}；预测模型 F；倾向评分模
       型 R；要解释的个体数据 X = (x₁,x₂,…,xₘ)
输出：在预测模型 F 中，特征 a 对个体数据 X 的预测结果的平均因果作用 ACE
 1: function PROPENSITYSCOREATTRIBUTION
 2:    D ← MinMax 标准化 D
 3:    F ← 训练 D 并选择效果最优参数
 4:    a ← 根据需要选择要探究的属性
 5:    for s = 1 → n do
 6:        Rₛ(D_{A\{a}}(Xₛ), Dₐ(Xₛ)) ← 训练 D_{A\{a}} 拟合 Dₐ
 7:    end for
 8:    利用倾向评分模型 R 计算需解释的样本 X 的倾向评分分数 Rₓ
 9:    对 R_{s∈{1,…,n}} 进行排序
10:    查找 R_{s∈{1,…,n}} 中与分数 Rₓ 距离最近的样本，以此样本为中心选择前后各 n/200 个样本，构建局部
       样本集 D
11:    P(x) ← Dₐ 多项式拟合预测模型的输出 F(D)
12:    Baseline ← 0
13:    ACE(x) ← P(X = x) − P(X = Baseline)
14:    return ACE(x)
15: end function
```

图2.4.2 算法伪代码

2.4.2 实验一：整体可解释性提升

此实验进行实证分析的数据集来源于Kaggle信用评分竞赛Give Me Some Credit，该竞赛给出用户的个人消费类贷款数据以预测用户在未来两年内将经历财务困境的可能性。数据集共150000行数据，其中包含139974个好用户和10026个坏用户，每行数据包含10个特征变量和1个类别变量。

数据集从以下方面刻画了某个用户的财务情况。

基本属性：借款人年龄、家属数量。

偿债能力：借款人月收入、负债率。

历史信用：两年内逾期30～59天次数、两年内逾期60～89天次数、两年内逾期90天或高于90天次数。

财产状况：开放式信贷和贷款数量、固定贷款数量。

具体的属性描述和属性类型见表2.4.1。

表2.4.1 数据集属性信息

属性名称	属性描述	属性类型
好坏用户	在两年内经历财务困难的是坏用户，标记为1；反之为好用户，标记为0	0/1
年龄	借款人借款时的年龄	整数
家属数量	不包括本人在内的家属数量	整数
负债率	每月偿还债务、赡养费、生活费的总额除以月总收入	浮点数
月收入	借款人月总收入	整数
可用额度	信用卡和个人信用额度的总余额除以信贷限额之和	浮点数
开放式信贷量	开放式信贷和贷款数量	整数
固定贷款量	抵押贷款和房地产贷款数量	整数
逾期30～59天笔数	两年内借款者逾期时间在30～59天的次数	整数
逾期60～89天笔数	两年内借款者逾期时间在60～89天的次数	整数
逾期90天笔数	两年内借款者逾期时间在90天或90天以上的次数	整数

2.4.2.1 数据预处理

首先分析训练数据集中的数据类别分布情况，观察数据是否存在样本类别不均衡问题。

从图2.4.3中可以看出，训练集中"好坏用户"为0的样本数量占比为93.3%，为1的样本数量占比为6.7%，所以在后续建模的过程中，可以考虑使用欠采样或过采样算法来减少样本类别不均衡带来的影响。

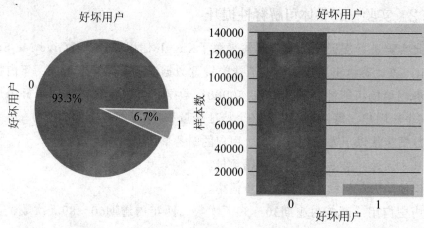

图2.4.3　正负样本比例及数量

随后需要对异常值进行处理。Heatmap是数据分析中常用的可视化手段,原理是计算特征之间的协方差,从而展示不同特征之间的相关性。如果协方差为正,说明两个变量正相关;如果协方差为负,说明两个变量负相关;如果两个变量相互独立,那么协方差为0。

对数据集绘制Heatmap图,如图2.4.4所示。

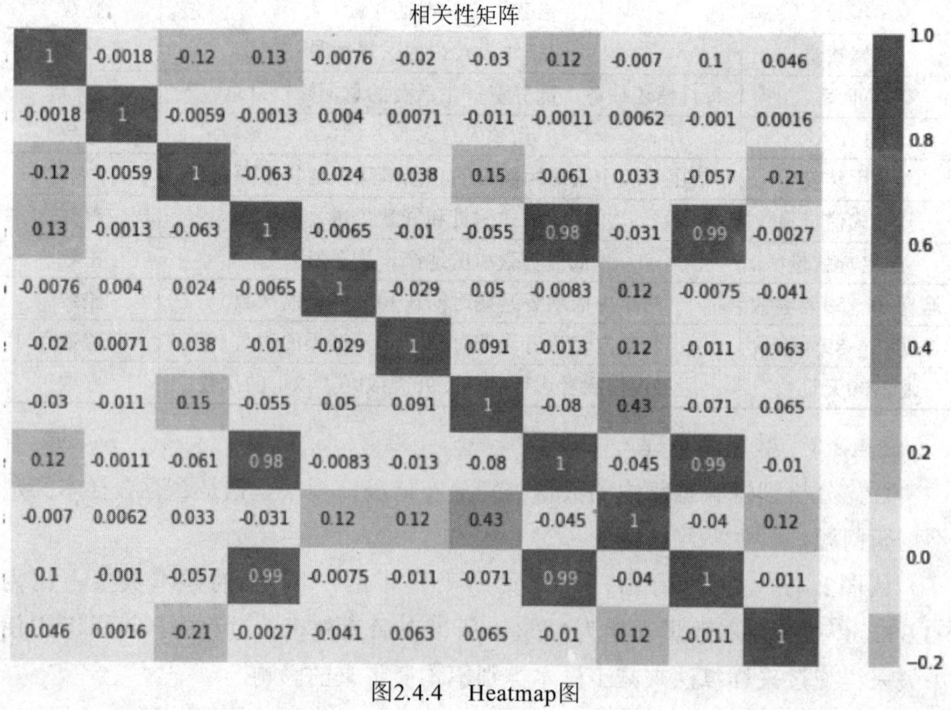

图2.4.4　Heatmap图

通过上图可以发现，"逾期30～59天笔数""逾期60～89天笔数""逾期90天笔数"这三个特征的相关性较高，相关性数值达到0.99，首先分析其可能共同存在的异常值。

分别分析三个特征的属性分布情况，见表2.4.2。

表2.4.2　逾期属性信息

属性名	逾期30～59天笔数	逾期60～89天笔数	逾期90天笔数
Count	150000	150000	150000
Min	0	0	0
25%	0	0	0
50%	0	0	0
75%	0	0	0
Max	98	98	98

可以看出三个特征整体分布大致相同，最小值都为0，最大值都为98；但是从特征意义上看，预期98次明显不太合理。下面使用箱图检测异常点的存在。

从图2.4.5中，可以分析得到98、96是该三个特征较为明显的异常值，采用替换的策略，使用三个特征中除去98、96后的最大值对异常值进行替换。处理过后再看三个特征的相关性如下，对比图2.4.4，三个特征之间的相关性降低了很多，证明了异常值删除的有效性。

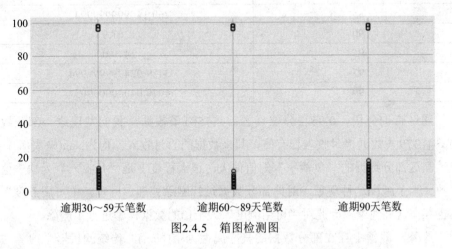

图2.4.5　箱图检测图

在"年龄"这个特征中，我们发现最小值为0，并发现除去0之后最小值大于18，所以可以确定0为一个异常值，使用年龄的中位数填充。

图2.4.6为数据处理后的Heatmap图。

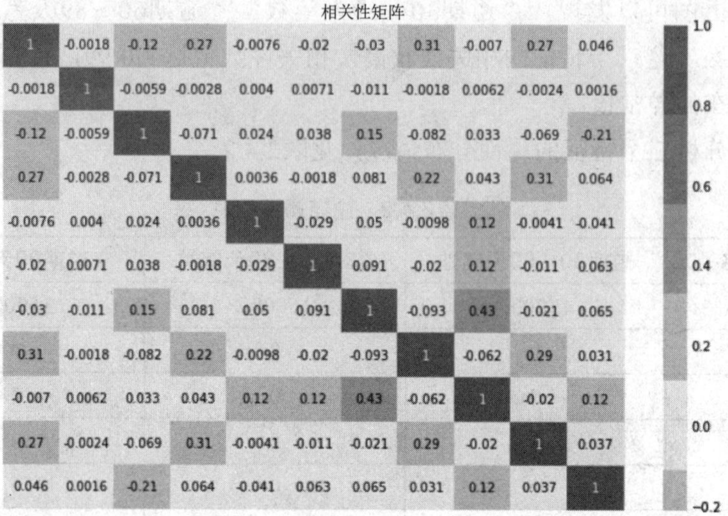

相关性矩阵

图2.4.6　数据处理后的Heatmap图

分析"负债率"这个特征的分布，发现在80%到85%百分位点的时候有跳跃式的增加，见表2.4.3。

表2.4.3　"负债率"百分位分布

百分位点	数值
75	0.86825377325
80	4.0
85	269.1499999999942
90	1267.0
95	2449.0
97	3489.024999999994
99	4979.040000000037

通过查询分析，0.95百分位点之后共7501条数据，我们发现这一部分数据中只有379条数据"月收入"有值，其余数据的"月收入"均为Nan(缺失值)，可以猜测这部分数据的"负债率"的值偏大，很大程度上是"月收入"为缺失值所导致。为了减少这种现象，对此部分数据进行删除处理。同理，"可用额度"特征也存在这种现象，因此对"可用额度"大于13的数据样本进行了删除。

此外，数据中存在部分数据的某些属性为空(Nan)，传统的机器学习算法是不能够处理缺失值的，比如逻辑回归、决策树等。为了处理缺失值，通常有几种方法：直接删除含有缺失值的数据，使用平均值、中位数、众数进行填充。

缺失值比例及数量见表2.4.4。

表2.4.4　缺失值比例及数量

属性名	好坏用户	可用额度	年龄	逾期30~59天笔数	负债率	月收入	开放式信贷数	逾期90天笔数	固定贷款量	逾期60~89天笔数	家属数量
缺失值数量	0	0	0	0	0	29731	0	0	0	0	3924
缺失值百分比/%	0	0	0	0	0	19.8207	0	0	0	0	2.616
数据类型	Int	Float	Int	Int	Float	Float	Int	Int	Int	Int	Float

计算每一个特征的缺失值比例，发现"月收入"缺失比例为19.8207%，"家属数量"缺失比例为2.616%，其余均没有缺失值。因为数据有限，含有缺失值的数据占比较多，直接删除含有缺失值的数据会损失一部分信息，因此适合采用填充法来处理缺失值问题。

不同的数据类型需要采用不同的填充方式，如果数据类型是Int类型，则使用中位数填充；如果数据类型是Float类型，则使用平均数填充；其他类型采用众数来填充。经过处理之后，训练集和测试集中都不再含有缺失值。

随后，为了筛选出对模型预测效果提升更强的属性，分别对每个属性进行WOE编码并计算其对应的IV(Information Value)值，计算结果如图2.4.7所示。一般认为IV值小于0.1时，该属性预测能力较弱，因此将需要探究的属性限定于IV值大于0.1的变量即"可用额度""年龄""逾期30~59天笔数""逾期60~89天笔数""逾期90天笔数"。

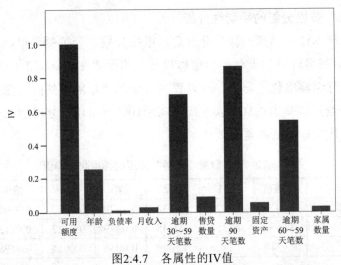

图2.4.7　各属性的IV值

2.4.2.2 不同模型的预测效果对比分析

对数据集利用选定的四种预测模型:逻辑回归、决策树、随机森林、BP神经网络进行预测建模,利用模型预测每个用户可能成为坏用户的概率,得出的四种模型预测效果对比,如图2.4.8所示。

可以看到,可解释性较强的两个模型预测效果较差:逻辑回归AUC=0.8126,预测效果最差;决策树模型AUC=0.8416,较之有所提升。

可解释性较差的黑盒模型预测效果更好:随机森林模型AUC=0.8587;BP神经网络模型AUC=0.8620,预测效果最佳。随着模型效果的提升,可解释性在下降。

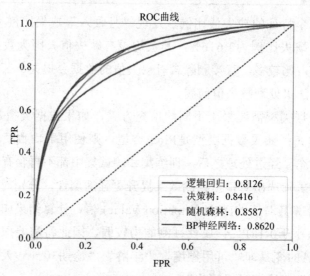

图2.4.8　四种模型的ROC曲线及AUC值

2.4.2.3 数据分组的平衡性分析

对每个样本计算出倾向评分分数后,根据分数进行等频分组,将样本分为5组。随后对每组计算标准化差异值以检验分组是否平衡。表2.4.5给出了针对"年龄"的分组标准化差异值,可以看到对于除"年龄"外的协变量,组平均栏的标准化差异值基本在10%以下或略高于10%,相较于分组前的平衡性有较大改善,可认定分组处理是有效的。

表2.4.5　针对"年龄"分组的标准化差异值

属性名称	分组前	组1	组2	组3	组4	组5	组平均
家属数量	0.5410	0.0900	0.0232	0.1879	0.0652	0.0705	0.0874
负债率	0.0596	0.1352	0.0445	0.0079	0.0422	0.0112	0.0482
月收入	0.0318	0.2176	0.1649	0.0036	0.0014	0.0198	0.0814

(续表)

属性名称	分组前	组1	组2	组3	组4	组5	组平均
可用额度	0.4508	0.1202	0.0906	0.0877	0.0900	0.2379	0.1253
开放式信贷量	0.2920	0.2474	0.0241	0.1625	0.0446	0.0536	0.1064
固定贷款量	0.0688	0.3018	0.0816	0.1130	0.1125	0.0969	0.1412
逾期30~59天笔数	0.1278	0.0057	0.0180	0.0494	0.0164	0.0052	0.0190
逾期60~89天笔数	0.1218	0.0398	0.0144	0.0258	0.0040	0.0104	0.0189
逾期90天笔数	0.1385	0.0726	0.0139	0.0139	0.0258	0.0027	0.0258

2.4.2.4 不同数据分组的解释稳定性分析

对于上面得到的分组数据，在每组内根据2.4.1.1节中的算法进行计算得到每个组的 ACE_{D_i}。图2.4.9给出了"年龄"在逻辑回归模型的五个组中计算得到的 ACE 图像，可以看到当"年龄"从0到1逐渐增大(标准化后)时，它在各组内对一个人是坏用户的预测呈现负影响效应，即"年龄"增长会降低被判别为坏用户的可能性。

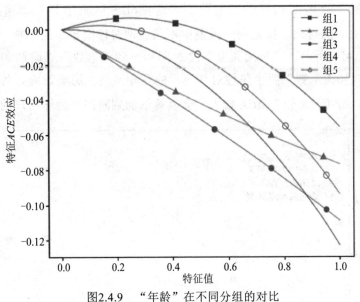

图2.4.9 "年龄"在不同分组的对比

图2.4.10给出了"逾期30~59天笔数"在逻辑回归模型的五个组中计算得到的 ACE 图像，"逾期30~59天笔数"与"年龄"相反，ACE 逐渐增大，它在各组内对一个人是坏用户的预测呈现正影响效应，显而易见，逾期笔数增加会提升模型判断该用户是坏用户的可能性。对于同一属性，其在五个组内的作用大小趋势大致相同，具有稳定性。

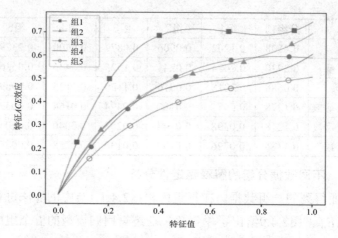

图2.4.10 "逾期30~59天笔数"在不同分组的对比

2.4.2.5 同一模型中不同属性的解释性分析

在黑盒模型BP神经网络中,针对前文筛选出的五个属性:"可用额度""年龄""逾期30~59天笔数""逾期60~89天笔数""逾期90天笔数"进行ACE的对比,探究同一模型中不同属性对模型预测的影响。

如图2.4.11所示,"可用额度""逾期30~59天笔数""逾期60~89天笔数""逾期90天笔数"四个属性对坏用户的预测呈现正影响效应。其中"可用额度""逾期90天笔数"ACE较大,会显著增加判断用户为坏用户的可能性,

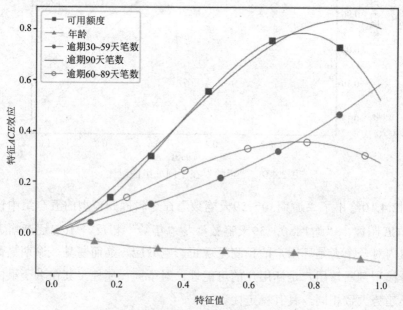

图2.4.11 BP神经网络中不同属性的对比

ACE 峰值在0.8左右;"逾期30~59天笔数""逾期60~89天笔数" ACE 较小,峰值在0.4~0.5。"年龄"属性对坏用户的预测呈现负影响效应,ACE 较小。根据算法的输出结果,可以较为清晰地分析不同属性对神经网络模型的影响趋势及影响大小,增加了模型的可解释性。

2.4.2.6 同一属性在不同模型中的解释性分析

针对同一个属性,探究该属性对四种模型影响的异同。

图2.4.12给出"可用额度"在四种模型的 ACE 曲线,可以看到,"可用额度"四种模型中的 ACE 曲线均呈现"倒U形",对坏用户的预测基本呈现正影响效应,且在"可用额度"取值(标准化后)为0.7~0.8时,ACE 到达峰值,随后对模型的影响逐渐减弱。对于以树模型为基础的决策树和随机森林,"可用额度"的 ACE 较小,且在到达峰值后回落迅速,最小值有负效应的存在;对于同为广义线性模型的逻辑回归和BP神经网络,"可用额度"的 ACE 较大且不存在负效应。

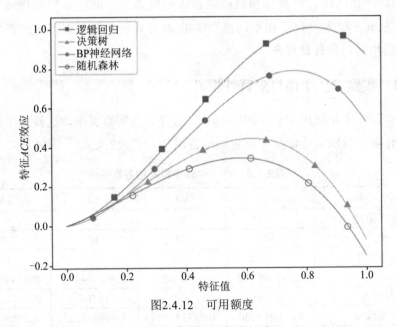

图2.4.12 可用额度

图2.4.13给出"逾期30~59天笔数"在四种模型的 ACE 曲线,可以看到,"逾期30~59天笔数"在四种模型中对坏用户的预测都呈现正影响效应。对于决策树和随机森林,"逾期30~59天笔数"的 ACE 较小且增长速度缓慢;对于逻辑回归和BP神经网络,ACE 较大且随着"逾期30~59天笔数"的取值增加而逐渐增大。

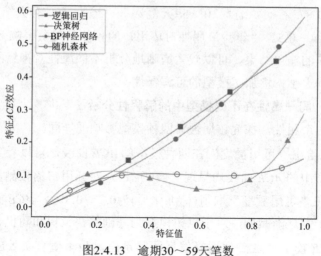

图2.4.13 逾期30～59天笔数

由图2.4.12、图2.4.13可以看出，对于底层理论基础相似的模型，如逻辑回归和BP神经网络、决策树和随机森林等模型而言，同一属性在相似的模型中得出的 ACE 较为一致，在不同模型中的 ACE 有所差别，但得出的影响效应趋势大致相同，具有稳定性。

2.4.3 实验二：个体可解释性提升

在实验二中，使用实验一的Kaggle信用评分竞赛数据集，选择其中四个个体来进行可解释性实验，其中正负样本各两个，见表2.4.6。

表2.4.6 x1～x4四个样本的各属性值

属性名称	x1	x2	x3	x4
好坏用户	1	0	1	0
年龄	44	40	40	30
家属数量	1	1	2	0
负债率	0.291709578	0.121876201	0.382964747	0.036049682
月收入	3883	2600	13700	3300
可用额度	0.786485406	0.957151019	0.964672555	0.233809776
开放式信贷量	7	4	9	5
固定贷款量	0	0	1	0
逾期30～59天笔数	0	0	3	0
逾期60～89天笔数	2	0	1	0
逾期90天笔数	2	0	3	0

2.4.3.1 不同模型的预测效果对比分析

实验选择四种模型：逻辑回归、决策树、随机森林、BP神经网络，四种模型对上述四个征信个体的预测输出结果如下所示。

逻辑回归：

[[0.51642939 0.48357061]

[0.90252356 0.09747644]

[0.13806577 0.86193423]

[0.96227166 0.03772834]]

决策树：

[[0.44123314 0.55876686]

[0.90817476 0.09182524]

[0.31563845 0.68436155]

[0.98175489 0.01824511]]

BP神经网络：

[[0.47300875 0.52699125]

[0.91226567 0.08773433]

[0.34204373 0.65795627]

[0.97596969 0.02403031]]

随机森林：

[[0.44824956 0.55175044]

[0.91497248 0.08502752]

[0.35526497 0.64473503]

[0.97907116 0.02092884]]

经整理对比得出表2.4.7。

表2.4.7 预测征信个体违约的概率

模型	x1	x2	x3	x4
逻辑回归	0.48357061	0.09747644	0.86193423	0.03772834
决策树	0.55876686	0.09182524	0.68436155	0.01824511
BP神经网络	0.52699125	0.08773433	0.65795627	0.02403031
随机森林	0.55175044	0.08502752	0.64473503	0.02092884
实际Label	1	0	1	0

可以看出，对实际label=1的两个个体x1和x3，其预测概率均大于实际

label=0的两个个体x2和x4，证明了四种所选的预测模型对于这四个征信个体的违约概率预测具备有效性。

2.4.3.2 单一个体的解释性分析

根据实验一中的处理，分别对每个属性进行WOE编码并计算其对应的IV值，将需要探究的属性限定于IV值大于0.1的变量："可用额度""年龄""逾期30～59天笔数""逾期60～89天笔数""逾期90天笔数"。

(1) 单一个体、单一属性、不同模型的分析

选取单一个体和单一的某个属性，对比不同模型中该属性的解释性曲线，如图2.4.14所示。

对于个体x1和属性"可用额度"，由图2.4.14结果分析可得，四种模型显示的结果可以分为两种模式。

同为以树模型为基础的决策树和随机森林，其得出的 ACE 曲线呈现"倒U形"，其峰值最高仅有0.4，即属性"可用额度"对树模型的决策判断的影响较小，且在"可用额度"取值(标准化后)为0.6左右效应达到最大，其余阶段均较小。

对于同为广义线性模型的逻辑回归和BP神经网络，属性"可用额度"的 ACE 影响趋势随着其值的增大而增加，其中逻辑回归所受影响最大，而BP神经网络所受影响较小。对于这四种模型而言，"可用额度"的影响效应为正，即"可用额度"的增加会增大该个体x1被模型判定为违约的可能性。

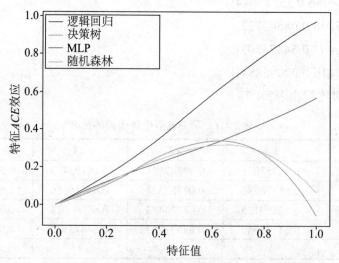

图2.4.14 个体x1的属性"可用额度"可解释性曲线

对于个体x1和属性"年龄",由图2.4.15结果分析可得,与"可用额度"类似,四种模型显示的结果也可以分为两种模式,但差别并不明显:同为以树模型为基础的决策树和随机森林的结果类似,其曲线位于另一组之上,随着"年龄"的逐渐增大,其对树模型的影响效应也逐步增大(负效应愈发明显),在"年龄"取值(标准化后)在0.2~0.8之间,"年龄"的变化对模型判别影响保持稳定,在0~0.2和0.8~1之间则有着明显的加快趋势。而逻辑回归和BP神经网络这组则趋势较为平滑,且"年龄"对线性模型的影响较树模型更大。对于这四种模型而言,"年龄"的影响效应为负,即"年龄"的增加会降低该个体x1被模型判定为违约的可能性,但总体来说该属性的负效应较小,在0~0.2之间。

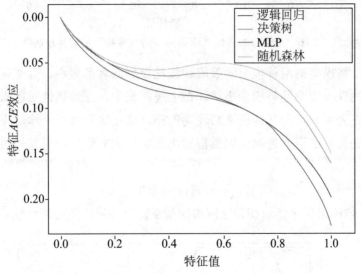

图2.4.15 个体x1的属性"年龄"可解释性曲线

对于个体x1和属性"逾期30~59天笔数",由图2.4.16结果分析可得,属性"逾期30~59天笔数"四种模型显示的结果同样可以分为两种模式:决策树和随机森林的结果类似,其曲线位于另一组之下,随着"逾期30~59天笔数"的逐渐增大,其对树模型的影响效应也逐步增大。而逻辑回归和BP神经网络这组则趋势较为平滑,且"逾期30~59天笔数"对线性模型的影响较树模型更大。对于这四种模型而言,"逾期30~59天笔数"的影响效应为正,即该属性的增加会增大该个体x1被模型判定为违约的可能性。

总体而言,对于底层理论基础相似的模型,如逻辑回归和BP神经网络、决策树和随机森林等模型,同一属性在相似的模型中得出的ACE较为一致,在不同模型中的ACE有所差别,但得出的影响效应趋势大致相同,具有稳定性。

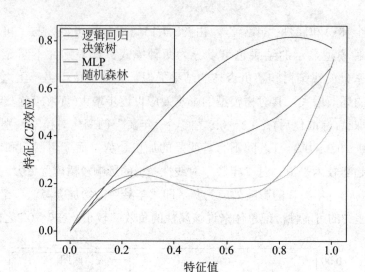

图2.4.16 个体x1的属性"逾期30~59天笔数"可解释性曲线

此外,树模型的两种模型的效应较线性模型而言都更小,且变化趋势波动明显,而线性模型则趋势较为平滑。在上述探究中,三种属性对逻辑回归模型的效应都更为明显,而其他模型则较为鲁棒,这意味着对于个体x1来说,其单一属性的变化可能引发逻辑回归模型输出结果更大的变化,而其他模型则没有那么明显。

(2) 单一个体、单一模型、不同属性的分析

图2.4.17给出了个体x1在神经网络模型下,五种属性的可解释性分析结果。

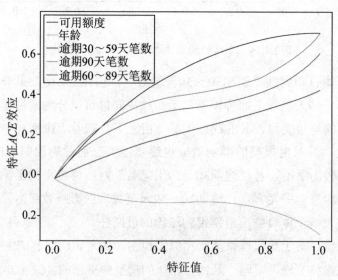

图2.4.17 x1的神经网络可解释性曲线

可以得出,"可用额度""逾期30~59天笔数""逾期60~89天笔数""逾期90天笔数"四种属性的影响效应为正,这些属性的增大会显著增加神经网络判定个体x1为坏用户的可能性。"年龄"属性对坏用户的预测呈现负影响效应,但作用较小。

其中"逾期30~59天笔数""逾期60~89天笔数""逾期90天笔数"三种属性类似,都属于逾期笔数,在图中可以看到这三种属性的曲线具有类似模式的变化,且有"逾期90天笔数">"逾期60~89天笔数">"逾期30~59天笔数",可以得出天数更大的逾期记录会在模型的判别机制里展示出更大的效用。

图2.4.18给出了个体x1在随机森林模型下,五种属性的可解释性分析结果。与神经网络模型的结果具有一致性,"可用额度""逾期30~59天笔数""逾期60~89天笔数""逾期90天笔数"四种属性的影响效应为正,"年龄"属性对坏用户的预测呈现负影响效应。其中"逾期30~59天笔数""逾期60~89天笔数""逾期90天笔数"三种属性的曲线同样具有相似的模式,且有"逾期90天笔数">"逾期60~89天笔数">"逾期30~59天笔数",可以得出在逾期笔数属性上这两种黑盒模型的判别机制具有相似之处。与神经网络模型不同的点在于,"可用额度"的影响效应略有不同,随机森林模型中"可用额度"的效应最高只有0.4,且在"可用额度"取值0.4~0.6时达到最高点;而神经网络模型的效应可达0.7,且无下降趋势。

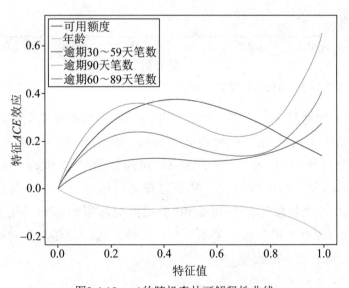

图2.4.18　x1的随机森林可解释性曲线

2.4.3.3 不同个体的对比解释性分析

(1) 随机森林下的不同个体

由图2.4.19结果分析可得,属性"可用额度"在随机森林模型中,对四个个体显示的结果可以分为两种模式:label为1的坏用户x1和x3,其图像在上部,影响效应大于label为0的好用户x2和x4。对坏用户而言,"可用额度"的影响较大,其效应最大可达0.35上下,而好用户则只有0.25。当"可用额度"较小时,即0.4~0.6对坏用户影响更大;而与之相对的,"可用额度"较大时,即0.6~0.8对好用户影响更大。

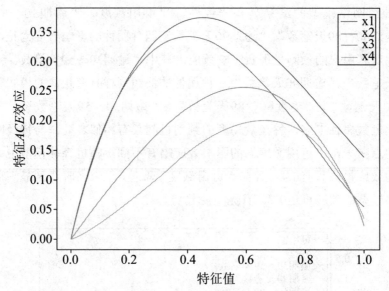

图2.4.19 随机森林模型"可用额度"下的四个个体可解释性曲线

由图2.4.20结果分析可得,属性"年龄"在随机森林模型中,对四个个体显示的结果也可以分为两种模式:label为1的坏用户x1和x3,其图像在下部,影响效应(负效应)大于label为0的好用户x2和x4。对坏用户而言,"可用额度"的影响较大,其效应最大可达-0.2上下,而好用户则只有-0.05,且当"年龄"在0~0.2和0.8~1时对坏用户影响变化大,在"年龄"0.2~0.8时对坏用户影响基本不变;总体而言,"年龄"对好用户的影响都保持在一个较小的程度。

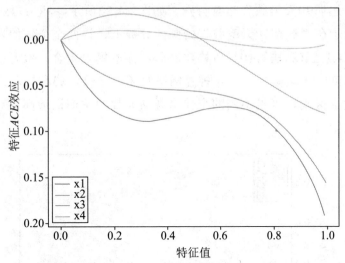

图2.4.20 随机森林模型"年龄"下的四个个体可解释性曲线

(2) 神经网络下的不同个体

类似地,属性"逾期60～89天笔数"在神经网络模型中,对四个个体显示的结果可以分为两种模式:label为1的坏用户x1和x3,其图像在上部,影响效应大于label为0的好用户x2和x4。对x1和x3而言,逾期60～89天笔数越大,其被判定为坏用户的可能性越高;对x2和x4而言,影响效应较x1和x3的群体在全阶段普遍小了0.2左右,如图2.4.21所示。

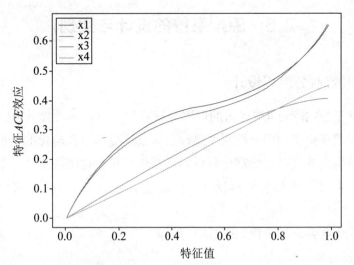

图2.4.21 神经网络"逾期60～89天笔数"下的四个个体可解释性曲线

属性"逾期90天笔数"略有特殊,如图2.4.22所示。坏用户x1和x3的曲线重合,表示在"逾期90天笔数"的倾向分数上,该两个个体的评分较为接近,根据2.4.1.2节算法第10步所构建的局部样本集 D 重合,两者在同一个分组。对"逾期90天笔数"而言,神经网络对坏用户x1、x3和好用户x2、x4的判别没有太大区别,可见不同的个体出现高天数的逾期记录都会对模型的判别造成较大影响。

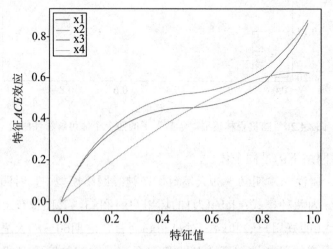

图2.4.22 神经网络"逾期90天笔数"下的四个个体可解释性曲线

2.5 原型系统的设计与实现

2.5.1 系统业务流程设计

本节基于2.3节和2.4节提出的归因分析流程与可解释性提升方法设计并实现了征信大数据模型归因分析原型系统。该系统提供了自动化的数据读取、处理、分析模块,并可以提供征信数据的机器学习模型训练、测试,最后对整体可解释提升方法及个体可解释提升方法进行了利用,并设计了可视化的展示模块。

系统整体业务执行流程如图2.5.1所示。

(1) 数据读取

读取信用数据的CSV文件,作为数据来源。利用Pandas库的数据读取功能,将CSV文件所包含的表格结构化数据加载成DataFrame格式,供后续步骤使用。

(2) 数据处理及分析

对上一步中所得的数据进行预分析与预处理，包括更换特征名称，删除无效特征等。其次进行缺失值查询，利用合适的方法对缺失值进行填充或删除。随后进行离群点查询，删除不合适的离群点。最后进行数据归一化，统一不同属性的量纲，便于后续操作。

(3) 特征选择

对2.4.1.1节进行实现，集成现有的特征处理技术，从多维征信大数据中抽取对信用事件产生主要影响的高相关性特征子集，对原始数据集进行简化，达到缩小归因变量范围的目的。

(4) 信用评估模型应用

对处理完全的数据，需要投进合适的信用评估模型进行违约检测。此阶段可选的模型有传统的逻辑回归、决策树等模型和新型的神经网络、随机森林等模型。模型训练完成后，对所有数据进行预测输出，输出结果保存为相应模型的参数文件。

(5) 归因分析

在获取模型的预测结果后，利用2.4节的整体可解释性算法来进行整体预测结果解释的可视化展示，用户可选择不同的模型和不同的属性进行画图；随后，可以利用2.4节的个体可解释性算法来进行个体预测结果解释的可视化展示，用户可选择不同的模型和不同的属性，以及选定的部分个体样本进行画图。

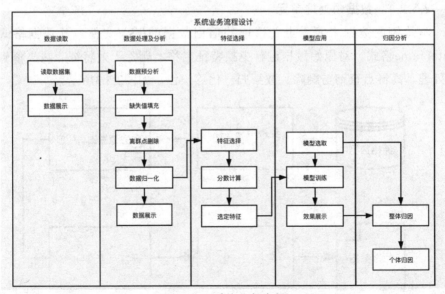

图2.5.1　系统业务流程

2.5.2 系统功能架构设计

本节所设计的系统主要包含三大模块。第一部分为数据处理及分析模块，第二部分为信用评估模型应用模块，第三部分为归因分析模块。

具体框架结构如图2.5.2所示。

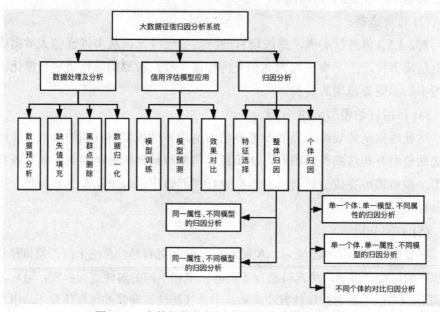

图2.5.2　大数据征信归因分析原型系统功能结构

2.5.2.1　数据预处理单元

本系统的数据来源于上传读取的信用数据的CSV文件，其数据格式为DataFrame格式。对原始数据进行更换特征名称、删除无效特征、缺失值查询与处理、离群点查询与删除、数据归一化等操作，如图2.5.3所示。

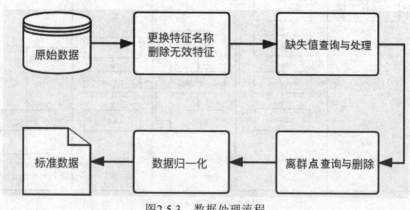

图2.5.3　数据处理流程

2.5.2.2 数据分析单元

数据预处理单元所获取的标准数据，可用于数据分析单元的输入。数据分析单元首先进行类别变量的正负比例比较，判别数据集中违约用户和非违约用户的平衡性；随后对各特征进行分析，显示特征自身包含的信息量对比；随后显示各特征与类别变量的相关性大小以及特征之间相关性的大小。

2.5.2.3 模型应用单元

数据分析单元帮助我们获得了大量的数据集信用数据信息，据此可以选择合适的信用评估模型来进行违约检测。

模型应用单元首先是模型选择功能，给出可选的信用评估模型选项，此阶段可选的模型有传统的逻辑回归、决策树模型和新型的神经网络、随机森林模型；其次是模型训练功能，可以对数据预处理单元所获取的标准数据进行模型训练，并保存模型效果最佳参数。最后模型应用单元具有样本预测功能，可对当前数据集所有样本进行预测输出，输出结果保存为相应模型的参数文件。

2.5.2.4 特征选择单元

本单元采用多种方法集成的方式，利用每种方法所考虑的不同方面来考量特征的重要程度，从高维的征信数据中筛选出对违约预测最为重要的特征子集，忽略影响较小的不相关因素。每种特征选择方法会对各特征计算出一个分数，最后汇总成一个平均分输出，用户可根据分数自主选择合适的特征。

2.5.2.5 整体可解释性单元

整体可解释性单元旨在为模型训练完成后所获得的知识提供全局解释，以直观且可视化的方式对模型参数或学习得到的表示进行说明与展示。整体可解释性单元又分为两个子功能，分别是同一模型中不同属性的解释性分析，以及同一属性在不同模型中的解释性分析。

同一模型中不同属性的解释性分析，探究的是在模型应用单元给定信用评估模型后，选择其中某个模型，整体可解释性单元给出该模型中数据的每个特征根据2.4.1算法所得出的因果效应曲线图。

同一属性在不同模型中的解释性分析，探究的是固定数据集的某个特征，模型应用单元选定各个信用评估模型，整体可解释性单元给出该特征在不同模型中根据2.4.1算法所得出的因果效应对比曲线图。

2.5.2.6 个体可解释性单元

与整体可解释性不同，整体可解释性的解释目标是数据集全局，而个体可解释性的解释目标是给定的某个特定输入样本，针对该样本进行决策过程和决策依据的解释与可视化。个体可解释性单元又分为三个子功能,分别是单一个体、单一属性、不同模型的解释性分析,单一个体、单一模型、不同属性的解释性分析,以及不同个体的对比解释性分析。

单一个体、单一模型、不同属性的解释性分析,探究的是对用户随机选择的某个个体样本,在模型应用单元给定信用评估模型后,选择其中某个模型,个体可解释性单元会给出该模型中该个体数据的每个特征属性根据2.4.1算法所得出的因果效应曲线图。

单一个体、单一属性、不同模型的解释性分析,探究的是对用户随机选择的某个个体样本,固定数据集的某个特征,个体可解释性单元给出模型应用单元选定的各个信用评估模型,该个体的该特征在不同模型中根据2.4.1算法所得出的因果效应对比曲线图。

不同个体的对比解释性分析,探究的是用户随机选择的多个个体样本,固定数据集的某个特征及信用评估模型,个体可解释性单元给出这几个不同个体在当前信用评估模型中某个特征的因果效应对比曲线图。

2.5.3 效果展示

2.5.3.1 上传文件

首先是数据集上传界面。点击左侧"上传文件"按钮,出现"上传文件"界面,右方出现方框。点击方框会出现文件选择界面,选择CSV数据集文件,点击"确定"进行上传。或通过拖拽文件,将CSV数据集文件拖拽到方框中间进行上传。文件上传完毕,出现对号提示,说明上传成功,如图2.5.4所示。

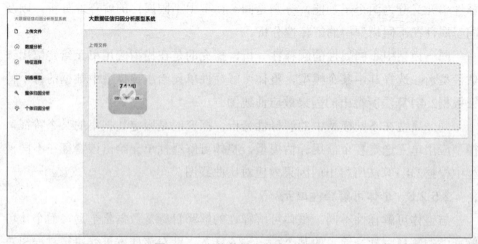

图2.5.4　上传数据文件成功界面

2.5.3.2 数据分析

"数据分析"界面显示了对数据集的一些数据分析结果。前两种是正负样本比例图——饼状图、柱状图,如图2.5.5所示。

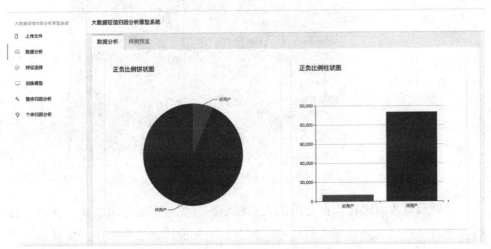

图2.5.5 正负样本图界面

其次是特征自身信息量图、标签与特征相关性图。特征自身信息量图对每个属性进行WOE编码并计算其对应的IV值进行画图。标签与特征相关性图计算了每个属性与标签变量"好坏用户"的相关性,并进行画图,如图2.5.6所示。

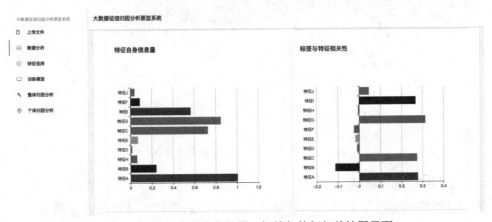

图2.5.6 特征自身信息量图、标签与特征相关性图界面

最后一张图是两两特征相关性图,该图计算了每个属性之间的相关性,并进行画图,如图2.5.7所示。

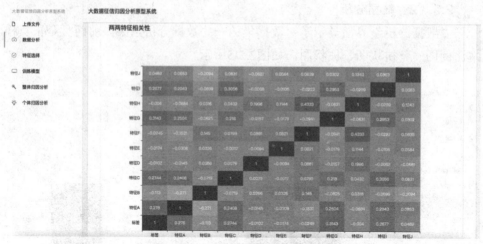

图2.5.7　两两特征相关性图界面

样例预览界面进行数据分析的表格展示。首先是特征对照表格，展示了数据预处理阶段完成后各属性的代称。其次是缺失值比例表格，该表格展示了各属性缺失值的数值与比例，以及每个属性的数据格式类型，如图2.5.8所示。

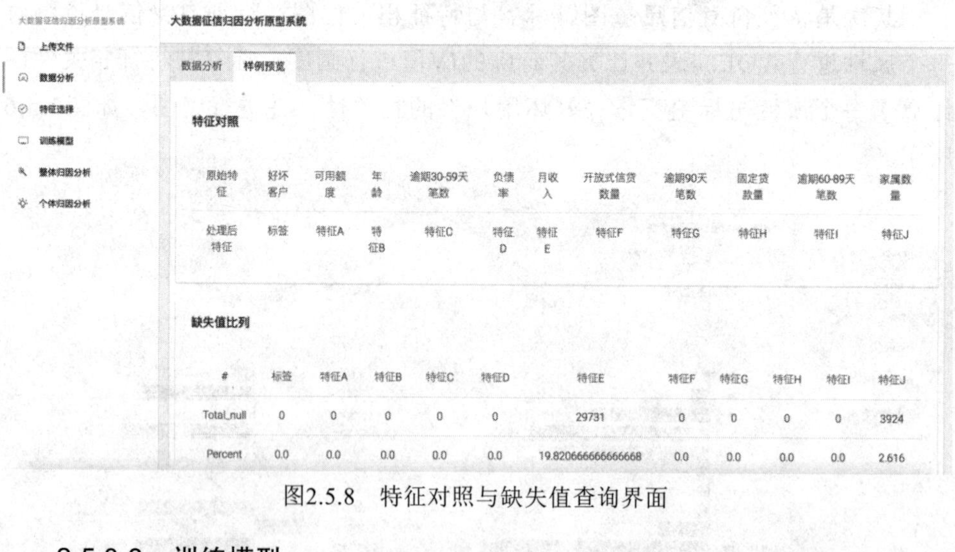

图2.5.8　特征对照与缺失值查询界面

2.5.3.3　训练模型

"训练模型"界面给出四种可用的信用评估模型来对数据进行训练，分别是逻辑回归、决策树、神经网络、随机森林。点击各模型的"提交训练"按钮，便可进行当前选择的模型的训练过程，系统后台会保存模型效果最佳参数作为pkl格式的文件。同时系统后台会自动进行样本预测功能，可对当前数据集所有样本进行预测输出，输出结果保存为相应模型的pkl文件，如图2.5.9所示。

图2.5.9 训练模型界面

2.5.3.4 特征选择

"特征选择"界面，自动利用多种特征选择方法对每个特征计算分数，本系统计算了六种分数：Pearsonr、f_classif、MIC、RFE_lr、L1、L2。在自动计算得到六种分数后，系统会自动对六种分数进行平均，得到每个特征的平均特征重要性的图及表格，如图2.5.10所示。显示结果后，用户可根据计算出的分数，自行选择想要进行归因分析的特征，选中后点击提交，可用于后面步骤的使用。在选择完成后，点击"提交"按钮，会显示提交成功界面，如图2.5.11所示。

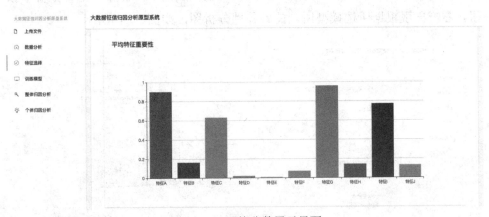

图2.5.10 平均分数展示界面

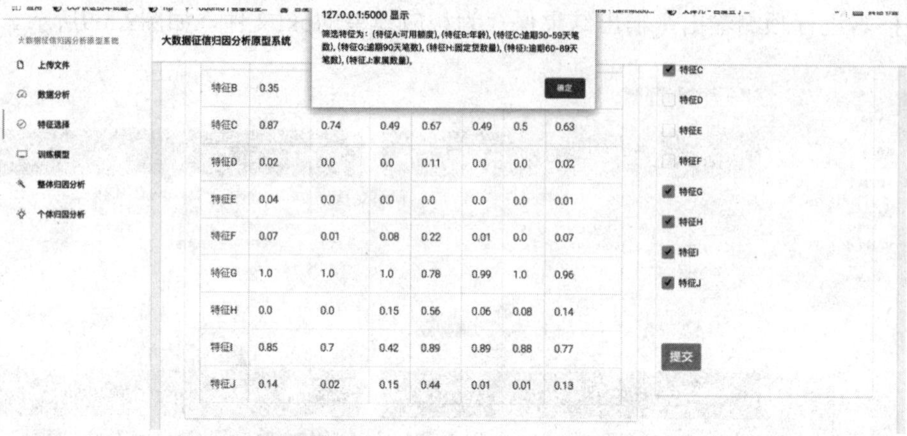

图2.5.11 特征选择成功界面

2.5.3.5 整体可解释性分析

对数据集整体进行倾向分计算，计算完成的分数在系统后台被保存为文件，计算完成并保存后，弹出"完成计算"提示框，如图2.5.12所示。

图2.5.12 整体倾向分计算完成界面

同一模型中不同属性的解释性分析，选择模型后，点击"提交分析"按钮，右方出现根据所选模型所画的解释性分析图，如图2.5.13所示。

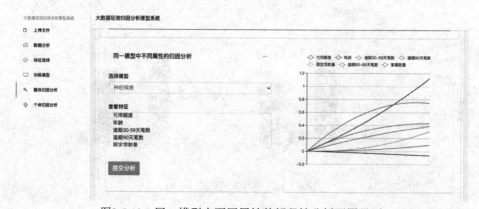

图2.5.13 同一模型中不同属性的解释性分析画图界面

同一属性在不同模型中的解释性分析,选择特征后,点击"提交分析"按钮,右方出现根据所选特征所画的解释性分析图,如图2.5.14所示。

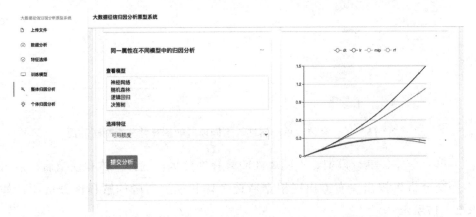

图2.5.14　同一属性在不同模型中的解释性分析画图界面

2.5.3.6　个体可解释性分析

随机选择四个样本进行展示,该四个样本会作为下面功能运行的基础,点击右上角"刷新"按钮可以再次随机四个样本。随后对随机选择的四个样本进行个体倾向分计算,计算完成的分数在系统后台被保存为文件,计算完成并保存后,弹出"完成计算"提示框,如图2.5.15所示。

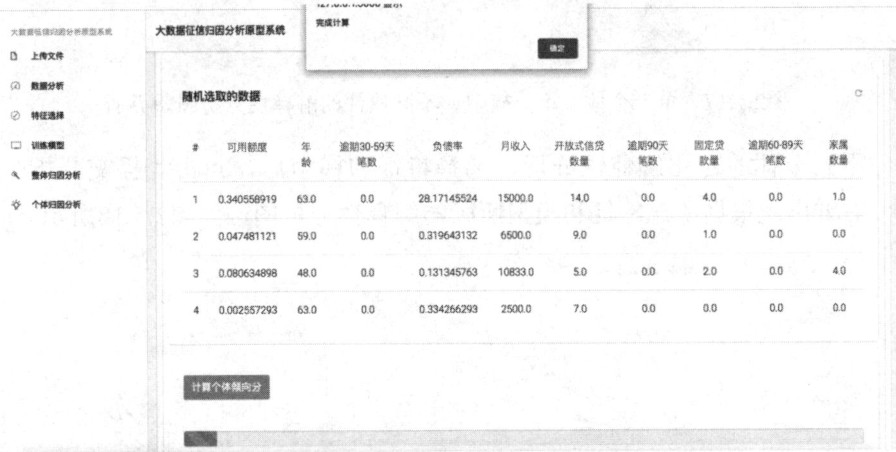

图2.5.15　个体倾向分计算界面

单一个体、单一属性、不同模型的解释性分析,选择个体和特征后,点击"提交分析"按钮,右方出现根据所选个体和特征所画的解释性分析图,如图2.5.16所示。

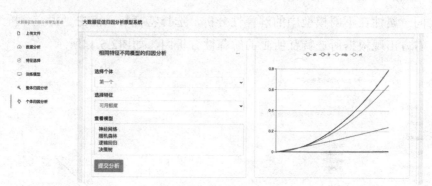

图2.5.16　单一个体、单一属性、不同模型的解释性分析画图界面

单一个体、单一模型、不同属性的解释性分析，选择个体和模型后，点击"提交分析"按钮，右方出现根据所选个体和模型所画的解释性分析图，如图2.5.17所示。

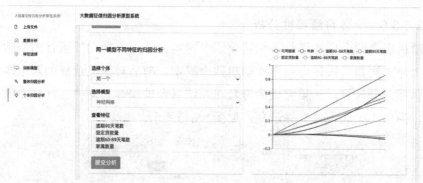

图2.5.17　单一个体、单一模型、不同属性的解释性分析画图界面

不同个体的对比解释性分析，选择特征和模型后，点击"提交分析"按钮，右方出现根据所选特征和模型所画的解释性分析图，如图2.5.18所示。

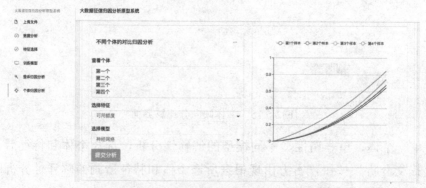

图2.5.18　不同个体的对比解释性分析画图界面

2.5.4 系统测试

测试所用到的软硬件环境，见表2.5.1。

表2.5.1　系统测试环境说明

操作系统	Ubuntu 18.04 64位
CPU	2核 4 GiB
软件环境	Python 3.7 Flask 1.1.2 Numpy 1.20.1 Pandas 1.2.2 Scikit-learn 0.22 Scipy 1.1.0

(1) 性能测试

性能测试使用Google Chrome开发者工具中的网站性能测评工具Lighthouse，见表2.5.2。

表2.5.2　Lighthouse性能测试结果

测试指标	测试数值	指标含义
First Contentful Paint	1.2s	渲染出首个文本或首张图片的时间
Speed Index	2.0s	网页内容的可见填充速度
Largest Contentful Paint	1.2s	渲染出最大文本或图片的时间
Time to Interactive	2.5s	提供完整交互功能的时间
Total Blocking Time	20ms	首次内容渲染和可交互时间段总和
Cumulative Layout Shift	0	衡量可见元素在视口内的移动情况

(2) 易访问性测试

测试平台用户界面设计是否符合主流的用户操作习惯，功能操作设计是否简洁明了。对于一些重要的用户操作行为，可以及时提供操作反馈，引导用户使用，见表2.5.3。

表2.5.3　Lighthouse易访问性测试结果

测试指标	测试结果
按钮有可供访问的名称	通过
所有可聚焦的元素都必须具有独一无二的id	通过
标题元素按照降序排序	通过

(续表)

测试指标	测试结果
链接具备可识别的名称	通过
平均分数	78

(3) 兼容性测试

兼容性测试主要针对各浏览器及对应版本对于本平台前端的兼容结果，其详细测试结果见表2.5.4。

表2.5.4　平台兼容性测试结果

浏览器名称	浏览器版本	测试结果
Chrome	89.0.4389.128	测试通过
QQ浏览器	10.5.3	测试通过
火狐浏览器	74.0.1	测试通过
IE浏览器	10	测试通过
Safari	13.1.2	测试通过

(4) 压力测试

利用阿里云PTS性能测试平台来进行压力测试。详细测试结果见表2.5.5，如图2.5.19、图2.5.20、图2.5.21所示。

表2.5.5　压力测试结果

测试配置/指标	配置/指标结果
压力来源	国内公网
压测模式	并发模式
成功率(请求/业务)	88.77%
平均RT(ms)	2166

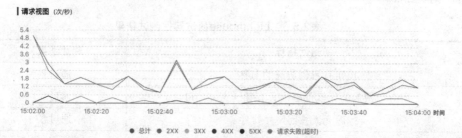

图2.5.19　压力测试请求视图

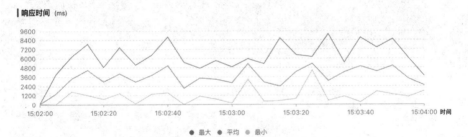

图2.5.20 压力测试响应时间

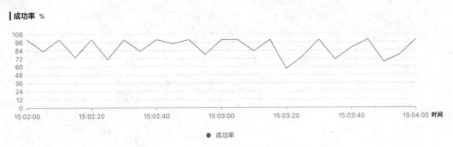

图2.5.21 压力测试请求成功率

第二部分
信用评估技术研究

第 3 章
基于时序行为分析的信用评估技术

3.1 时序行为信用评估概述

3.1.1 研究背景与意义

信用风险评估，是指相关的互联网金融机构对用户信息进行采集、清洗、加工和评估，以便在放贷和授权之前，区分判别用户是"好用户"还是"坏用户"。"坏用户"是指存在违约风险的逾期还款或恶意欺诈的用户，"好用户"是指会如期还款的优质用户。在互联网金融机构平台内部，对每个用户是否按时偿还贷款是有详细记录的，这些信息不仅能直接作为黑白名单使用，而且通过关联用户基本属性信息和各类行为数据后还可以对用户特征进行建模分析，进而对其他用户的信用情况进行风险预测。

在传统的风险控制领域，对用户的信用评估预测主要依赖于用户在申请书中自行填报的基本信息数据。但随着社交网络、电子商务和搜索引擎等业务的不断发展，用户在每个时刻都会产生大量的非结构化行为数据，并通过数据仓库收集存储了海量多源异构的用户行为信息。然而用户非结构化的行为数据具有的稀疏性会使得统计模型非常不稳定，但机器学习对数据分析建模有着强大的稳定性和鲁棒性，同时可以显示出变量风险判别能力的非线性结构关系，通过拟合训练历史数据得到有预测能力和泛化能力的算法模型，故过去常用于构建信用风险评估模型。随着用户的消费行为以及活动方式都变得多种多样，数据维度不断增加，来源越发宽泛，数据结构变得冗余复杂，也会使得一些传统的信用风险评估模型中的特征更加难以提取和表示。

近年来，得益于机器学习和深度学习算法不断优化完善，在风控识别、信息建设等领域得到了广泛应用，大量的研究结果也论证了这些算法模型具有良好的泛化性和准确度。因为神经网络模型拥有可以不断重新组织自身结构以改善自身性能的特点，解决了传统风控技术的短板。加上云计算和数据仓库等技术的支持下对海量数据进行收集、存储和分析变得更容易，再经过统计学习、深度神经网络学习和机器学习模型等算法的研究，可以对海量异构数据进行深层次的挖掘，从历史信息数据中量化抽取风险特征因子。还能基于网络关联分析技术从用户历史违约信息中挖掘到实时欺诈行为风险特征因素，提供丰富的深度学习风险模型的业务特征，构建一个完善智能的用户信用风险控制系统，进一步识别出恶意欺诈用户隐藏的蛛丝马迹，分析其行为的可疑点和矛盾之处，再与传统经验规则结合，能大幅度提升信用风险的防控能力，使得通过这些海量异构行为数据来分析评估用户信用水平成为可能。

3.1.2 研究现状

我国对个人征信评估体系的研究起步较晚，发展尚未完善，个人信用数据和体制都不健全，理论模型较为匮乏，没有建立科学的评估标准和方法。但受到全球经济一体化和大数据技术的影响，我国的互联网金融行业发展迅速，促使了各大银行机构等金融企业逐步研究并探索出一系列有效的信用评估体系和算法模型。并且越来越多的信用评估研究成果投入实际应用中，构建完善的用户信用风险评估系统，从海量异构数据中挖掘出潜在的规律信息，在一定程度上颠覆了传统的用户信用评估方法，为后续的研究发展拓展了新思路和新方法。

传统的信用风险评估手段主要是根据贷款申请人的自填信息，利用黑白名单、风控规则策略和基于统计的简单评估模型进行风险控制。黑白名单通常用于贷款机构对用户的第一道过滤，直接筛选出一些高风险的用户，但名单的覆盖面较小，需要长时间的累积，也不能事先预防风险。在数据量积累不足，技术水平不成熟时，信用评估分析往往是运用统计的方法结合专家凭借经验制定的一些风险控制策略，对个人已有的信用进行简单分析，初步评估用户信用风险。其中常用到的统计方法包括均值、频率、方差、概率分布、因子分析以及相关性分析等。这些方法十分简单直观，具备可解释性，只能进行定性的简单分析，还具有一定的滞后性，所以容易发生评估错误，造成不必要的损失。经过信用评估理论方法的不断完善，信用风险评估体系已经从最初需要依赖行业专家凭借理论知识和实践经验做出主观判断，逐步发展为利用数学领域统计知识对数据进行定量评估并分析信用评估等级，再到近阶段通过数据挖掘、机器学习、深度学习等算法模型进一步对信用风险评估体系推出新的研究方法。业务场景变化如图3.1.1所示。

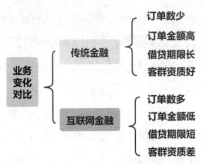

图3.1.1　业务场景变化

最初应用在信贷领域做风险评估的是Durand等人提出的线性判别分析法[1]，这一方法表现出了良好的效果，但由于该方法对数据分布的假设性较强，并且对样本的分类主要依据方差，存在较大的局限性。Wiginton等人1980年将逻辑回归模型引入信用评估的研究中，并对比线性判别分析法发现逻辑回归效果表现更好，更具有优势[2]。逻辑回归模型可解释性较好，能反映各变量的作用，是金融机构比较常用的方法。Makowski等人在1985年利用决策树模型对信贷模式下的信用风险评估进行了研究[3]。王春峰等人在1999年在信用评估分类问题上，通过研究对比了多种评估方法后，发现神经网络在处理数据结构不太统一的情况下，其预测精准性、可靠性和稳定性更具有优势，但模型训练过程中容易出现局部收敛和极小值的问题[4]。之后其他很多研究学者把方向主要集中于利用基于树的分类方法进行信用风险评估，从简单的决策树到各种集成模型，比如随机森林、GBDT、XGBoost等。此外，贝叶斯分类法、支持向量机和K近邻分类等很多常见的机器学习分类方法都被应用于该问题的研究。

近几年，随着对深度学习研究的不断深入，发现深度神经网络结构具有良好的特征信息挖掘和优化特征等优势，比如循环神经网络、长短期记忆模型和卷积神经网络等也开始被应用于信用评估任务之中，并取得了很好的实验效果。Jurgovsky等人在2018年的信用卡交易反欺诈模型研究中，实现了基于原始行为序列的LSTM分类器和基于特征矩阵的随机森林分类器，并对比了两者

---

[1] Durand D. Risk elements in consumer installment financing[M]. New York: National Bureau of Economic Research, 1941: 60-129.

[2] Wiginton J C. A note on the comparison of logit and discriminant models of consumer credit behavior[J]. Journal of Financial and Quantitative Analysis, 1980, 15(3): 757-770.

[3] Makowski, P. Credit Scoring Branches Out[J]. JCredit World, 1985(75):30-37.

[4] 王春峰，万海军，张维. 基于神经网络技术的商业银行信用风险评估[J]. 系统工程理论与实践，1999(9):24-32.

的性能指标。实验结果表明,两种分类模型都具有一定的辨别欺诈能力,且两者判别出的欺诈重合度较低,是因为它们挖掘出的特征信息不同,故将二者挖掘出的特征相结合后可以达到更好的效果[1]。

3.1.3 研究内容

精准的用户信用风险评估模型是风险控制的一道重要防线,不仅可以有效帮助金融机构辨别出有较高违约风险的用户,对这些客户谨慎放贷,预防其违约带来无法挽回的损失;而且对于过去常常忽略掉的用户各种类型的行为序列特征,在经过适当的建模提取再融入分类模型中,可以对模型的区分能力有一定的提升。

基于用户时序行为分析的征信评估技术是依据用户的基本属性特征、历史信用情况、资产和工资情况,以及用户各类行为信息,来对用户的信用风险等级做评价,判别用户违约的概率,再考虑是否应该对其放贷。金融机构常用传统机器学习算法进行建模,将获取的用户相关基本属性特征数据与其信用风险紧密关联起来,对用户特征进行建模,再训练用户历史数据,得到有预测能力和泛化能力的模型,从而对其他用户的信用风险进行评估预测。近年来,互联网金融机构收集用户数据的来源越发多元化,加上深度神经网络算法研究的不断优化,征信评估可以做到较为精准地预测[2]。但为了能够更好地提升模型风险判别的准确性,本章在设计模型时不再是单纯基于用户的基本属性特征,还会引入用户的历史交易时间序列数据和用户App使用行为序列数据来对用户行为特征进行更深层次的分析建模[3]。

3.2 相关理论技术

3.2.1 基于神经网络的模型

人工神经网络(Artifical Neural Networks,ANN),是通过模仿大脑神经网络的结构和功能而建立的模型,以一系列简单的神经元相互连接而构成,模仿人脑利用神经元处理信息的方式,用连接节点来传递信息。神经网络结构主要

---

[1] Jurgovsky J, Granitzer M, Ziegler K, et al. Sequence classification for credit-card fraud detection[J]. Expert Systems with Applications, 2018(100): 234-245.
[2] 顾笑凤. 基于神经网络的个人信用风险评估模型研究[D]. 上海:上海交通大学, 2019.
[3] 顾笑凤. 基于神经网络的个人信用风险评估模型研究[D]. 上海:上海交通大学, 2019.

由输入层(Input Layer)、隐藏层(Hidden Layer)、输出层(Output Layer)三部分构成[①]。样本数据集通过输入层将信息传入隐藏层，再经过神经网络内部多层隐藏层的计算输出，把信息传入输出层，最后输出层会将结果状态传递给外部。神经网络结构如图3.2.1所示。

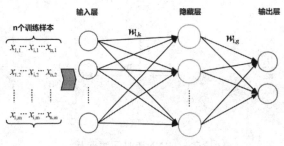

图3.2.1　神经网络结构

3.2.1.1　递归神经网络

递归神经网络(Recurrent Neural Network，RNN)通过网络中的循环结构来记录时序数据的历史信息，是一种对序列数据建模的神经网络，特别适用于处理和预测各种时序数据[②]。与传统神经网络模型相比，RNN的隐藏层之间是相互连接的，即一个时间序列当前时刻的输出不仅与当前时刻的输入有关，还依赖于上一时刻隐藏层的输出，因此RNN会记住历史的信息并以此影响后面节点的输出。RNN网络结构如图3.2.2所示。

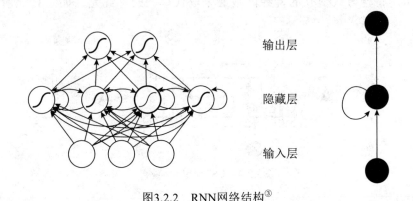

图3.2.2　RNN网络结构[③]

---

① 陈荣荣. 基于GAN-XGBoost的信用卡交易欺诈检测模型研究[D]. 杭州：杭州师范大学，2019.
② Zaremba W，Sutskever I，Vinyals O. Recurrent Neural Network Regularization[J]. Eprint Arxiv，2014,1409:2329.
③ 佚名. CNN(卷积神经网络)、RNN(循环神经网络)、DNN(深度神经网络)的内部网络结构的区别[EB/OL]. (2017-02-23). https://blog.csdn.net/weixin_30587025/article/details/99277553.

将RNN神经元按时间线展开后得到逻辑结构,如图3.2.3所示,其中x表示输入数据,U表示输入层到隐藏层的权重矩阵,s表示隐藏层的值,W则表示上一时刻隐藏层值作为当前时刻输入的权重矩阵,V表示隐藏层到输出层的权重,o表示输出数据[1]。

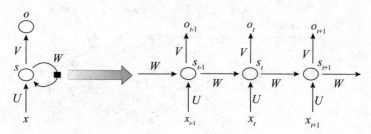

图3.2.3　RNN按时间线展开[2]

理论上,RNN能够处理任何长度的序列数据,但在实际中,如果序列过长易造成梯度爆炸或消失的现象,因此较长的时间序列建模效果不佳。

3.2.1.2　长短期记忆网络

长短期记忆网络(Long-Short Term Memory,LSTM)[3]是对递归神经网络的改进,解决了传统RNN对长距离依赖的学习问题,缓解了序列过长带来的梯度爆炸或消失的现象。RNN的结构由链状的重复神经单元连接而成,LSTM与RNN之前的区别在于其每个单元的设计不再是简单的神经元,而是由四个用特殊方式交互的神经网络层来取代单一的神经元,如图3.2.4所示。

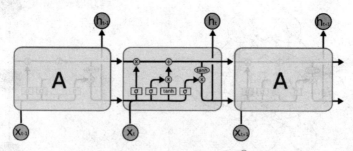

图3.2.4　LSTM单元结构[4]

---

[1]　刘礼文, 俞弦. 循环神经网络(RNN)及应用研究[J]. 科技视界, 2019(32): 54-55.
[2]　佚名. CNN(卷积神经网络)、RNN(循环神经网络)、DNN(深度神经网络)的内部网络结构的区别[EB/OL]. (2017-02-23). https://blog.csdn.net/weixin_30587025/article/details/99277553.
[3]　Hochreiter S, Schmidhuber J. Long Short-Term Memory[J]. Neural Computation, 1997, 9(8):1735-1780.
[4]　Understanding LSTM Networks[EB/OL]. (2015-08-27). LSTM, http://colah.github.io/posts/2015-08-Understanding-LSTMs/.

LSTM的关键在神经元的状态,一条水平线贯穿了图的顶部,神经元状态仅在直链上运行,只有一些初级的线性转换,沿着它传递的信息是不变的。因此LSTM需要通过门结构来调节神经元状态,对信息进行增加或遗忘的操作。LSTM单元包含了输入门、遗忘门和输出门。输入门控制着新信息的加入,遗忘门控制历史信息的保留程度,而输出门将经过处理的信息传递到外部系统[1]。LSTM通过神经元信息的传递和三个门结构很好地解决了RNN中长期依赖的问题,被广泛应用到各个领域。

(1) 输入门(Input Gate)

输入门用于确定在单元状态下存储哪些信息,有选择性地传递到记忆单元中,先通过 sigmoid 函数计算来选择是否保留新信息,再利用 $tanh$ 激活函数来激活新的信息 $\tilde{C}_t$,如式(3.2.1)、式(3.2.2)所示。输入门结构如图3.2.5所示。

$$i_t = \sigma(W^i x_t + U^i h_{t-1}) \tag{3.2.1}$$

$$\tilde{C}_t = tanh(W^c x_t + U^c h_{t-1}) \tag{3.2.2}$$

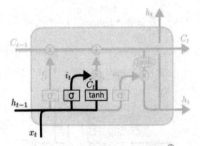

图3.2.5 LSTM输入门结构[2]

(2) 遗忘门(Forget Gate)

遗忘门用来接收上一时刻的记忆单元 C_{t-1} 传递到当前状态并决定要保留和遗忘哪个部分的信号,将上一时刻隐藏层的输出 h_{t-1} 和当前时刻的输入 x_t 与参数矩阵 W^f 和 U^f 分别相乘后再通过sigmoid函数得到一个[0,1]区间内的值 f_t,如式(3.2.3)所示。f_t 代表遗忘因子,表示对信息的遗忘程度。遗忘门的结构如图3.2.6所示。

$$f_t = \delta(W^f x_t + U^f h_{t-1}) \tag{3.2.3}$$

---

[1] Understanding LSTM Networks[EB/OL]. (2015-08-27). LSTM, https://colah.github.io/posts/2015-08-Understanding-LSTMs/.

[2] Understanding LSTM Networks[EB/OL]. (2015-08-27). LSTM, http://colah.github.io/posts/2015-08-Understanding-LSTMs/.

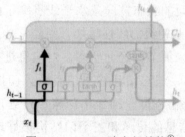

图3.2.6 LSTM遗忘门结构[1]

(3) 输出门(Output Gate)

将新旧信息进行融合后更新记忆单元的状态，计算方法如式(3.2.4)所示。

$$C_t = f_t * C_{t-1} + i_t * \tilde{C}_t \tag{3.2.4}$$

然后通过输出门传递出经过处理的C_t信息，计算sigmoid判断记忆单元遗忘的程度。再通过$tanh$将C_t缩小在[-1,1]区间，将计算结果与$tanh(C_t)$相乘得到当前时刻的输出结果h_t。如式(3.2.5)、式(3.2.6)所示。输出门结构如图3.2.7所示。

$$o_t = \sigma(W^o x_t + U^o h_{t-1}) \tag{3.2.5}$$

$$h_t = o_t * tanh(C_t) \tag{3.2.6}$$

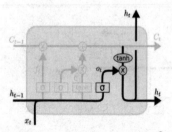

图3.2.7 LSTM输出门结构[2]

3.2.1.3 受限波尔兹曼机

受限波尔兹曼机(Restricted Boltzmann Machine，RBM)具有层间全连接、层内无连接的特点，其保证了网络层内神经元无互连的条件独立性。使用一层隐藏的二元变量来建模一个可见变量层的分布，其中v和h分别表示可见层和隐藏层，W为这两层之间的连接权重，每个单元都由n个可见层神经元和m个隐

---

[1] Understanding LSTM Networks[EB/OL]. (2015-08-27). LSTM, http://colah.github.io/posts/2015-08-Understanding-LSTMs/.

[2] Understanding LSTM Networks[EB/OL]. (2015-08-27). LSTM, http://colah.github.io/posts/2015-08-Understanding-LSTMs/.

藏层神经元连接而成。用 $v_1, v_2, \ldots, v_n$，$h_1, h_2, \ldots, h_m$ 分别表示可见层 v 和隐藏层 h 的状态向量。RBM结构如图3.2.8所示。

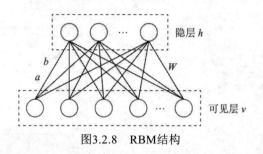

图3.2.8　RBM结构

RBM是基于能量的概率分布模型，先是设定一个合适的能量函数，然后通过能量函数得到一个概率分布，并利用概率分布来计算出目标函数。能量函数的计算如式(3.2.7)所示。

$$E_\theta(v, h) = -\sum_{i=1}^{n_v} a_i v_i - \sum_{i=1}^{n_h} b_j h_j - \sum_{i=1}^{n_v} \sum_{j=1}^{n_h} h_j w_{ji} v_i \tag{3.2.7}$$

其中 $\theta = (W, a, b)$ 是RBM的参数，其中 W 表示可见层神经元和隐藏层神经元之间的权重参数矩阵，a 表示可见层神经元网络中的偏置向量，b 表示隐藏层神经元网络中的偏置向量[①]。根据这些网络参数，可以推导 (v, h) 的联合概率分布，Z_θ 为归一化因子，也称为配分函数。如式(3.2.8)、式(3.2.9)所示。

$$P_\theta(v, h) = \frac{1}{Z_\theta} e^{-E_\theta(v, h)} \tag{3.2.8}$$

$$Z_\theta = \sum_{v, h} e^{-E_\theta(v, h)} \tag{3.2.9}$$

3.2.2　图嵌入模型

图嵌入(Graph Embedding)是将图数据(常用高维稠密的矩阵表示)映射为低维稠密向量的算法，对图节点进行嵌入后也能使得距离相近的向量对应的节点有相似的含义。在NLP中常用词距来表示词义间的相似程度，从而可用词向量的形式来表征词的语义信息，也就是通过一个嵌入空间让语义相近的词语在该空间内的距离更近。因此，图嵌入需要捕捉图的拓扑结构、边与边的关系、顶点与顶点的关系，以及其他信息等。如果有更多有价值的信息被表示出来，

---

① Wang MF, Lu Y. Classroom Abnormal Behavior Recognition Based on Sequential Correlation[J]. Computer Systems and Applications, 2020, 29(3): 173-179(in Chinese).

那下游任务将能够表现得更好。所以在嵌入时各节点都有一个共识：保持连接的节点在向量空间中会彼此靠近。如图3.2.9所示。

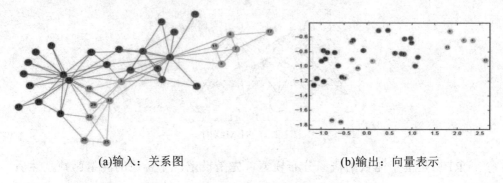

(a)输入：关系图　　　　　　　　(b)输出：向量表示

图3.2.9　图嵌入结构[①]

3.2.2.1　Word2Vec

Word2Vec是一种常用于自然语言处理将单词转变成嵌入向量的一种嵌入算法，通过使用海量的文本序列，根据上下文信息预测中心词出现的概率，使构造的网络进行最大化优化后得到的参数矩阵即是单词的向量[②]。为了保证相似的单词有相似的Embedding向量，Word2Vec采用的是N-Gram语法模型，即假设一个单词只跟周围的n个单词有关，其中CBOW和Skip-Gram是Word2Vec的两种训练模式，CBOW是通过已知中心词的上下文信息来预测中心词，而Skip-Gram则相反，是在已知中心词的情况下预测其上下文，二者模型结构如图3.2.10所示。

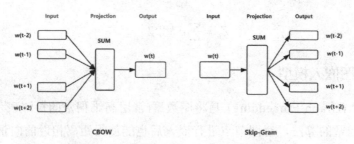

图3.2.10　CBOW和Skip-Gram模型结构

3.2.2.2　DeepWalk

DeepWalk是通过随机游走(Random Walk) 学习网络的表示，在图网络的顶

---

① Perozzi B, Al-Rfou R, Skiena S. DeepWalk: Online Learning of Social Representations[J]. ACM, 2014.

② Mikolov T, Sutskever I, Kai C, et al. Distributed Representations of Words and Phrases and their Compositionality[J]. Advances in neural information processing systems, 2013(26):3111-3119.

点较少时也能表现出较好的效果。随机游走从选定的节点开始随机选择移动到邻居节点，且需要游走固定的步数，可分成三个步骤，如图3.2.11所示。

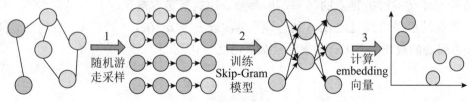

图3.2.11 DeepWalk流程

(1) 采样

通过随机游走对图网络的节点进行随机采样，在给定步数内基于图的深度优先遍历游走得到由多个节点构成的序列，同时允许重复变量已经遍历过的节点。有研究表明，每个节点一般执行32到64次随机遍历就能有效地表示节点之间的结构关系[1]。

(2) 训练Skip-Gram

经过随机采样得到的节点序列和Word2Vec算法中的句子类似。Word2Vec在Skip-Gram的输入为文本中的一个句子，在这里输入的是随机游走采样得到的节点序列，通过进一步最大化预测相邻节点的概率来预测周围节点进行学习和训练。

(3) 计算Embedding向量

模型通过Random Walk和Skip-Gram来获取到图网络中节点的局部上下文信息，并通过训练学习到能反映节点在图网络中局部结构的向量表示，即网络隐藏层的输出。两个点在图网络中共同的邻接点越多，则对应两个向量之间的距离就越短。

3.2.2.3 Node2Vec

Node2Vec是基于DeepWalk进行改进拓展的，定义了一个有偏的随机游走(Bias Random Walk) 算法生成节点序列，综合考虑了深度优先遍历和广度优先遍历的游走方式，模型仍采用Skip-Gram进行训练[2]。给定当前顶点v，访问下一个顶点x的概率，如式(3.2.10)所示。

$$P(c_i = x | c_{i-1} = v) = \begin{cases} \dfrac{\pi_{vx}}{Z} & if(v,x) \in E \\ 0 & otherwise \end{cases} \quad (3.2.10)$$

---

[1] Perozzi B, Al-Rfou R, Skiena S. DeepWalk: Online Learning of Social Representations[J]. ACM, 2014.
[2] Grover A, Leskovec J. node2vec: Scalable Feature Learning for Networks[J]. In Proceedings of the 22nd ACM SIGKDD International Conference on Knowledge Discovery and Data Mining ACM, 2016: 855-864.

其中 π_{vx} 是顶点 v 和顶点 x 的未归一化的转移概率，Z 是归一化常数。

Node2Vec引入了两个超参数 p 和 q 控制着随机游走策略，参数 p 控制重复访问刚才访问过的顶点的概率，而参数 q 控制游走方向是向外还是向内[1]。假设当前随机游走经过边 (t,v) 到达顶点 v，设 $\pi_{vx} = \alpha_{pq}(t,x) * w_{vx}$，$w_{vx}$ 是顶点 v 和 x 之间边的权重，$\alpha_{pq}(t,x)$ 的表达式如式(3.2.11)所示。

$$\alpha_{pq}(t,x) = \begin{cases} \dfrac{1}{p} & if\ d_{tx} = 0 \\ 1 & if\ d_{tx} = 1 \\ \dfrac{1}{q} & if\ d_{tx} = 2 \end{cases} \tag{3.2.11}$$

d_{tx} 为顶点 t 和顶点 x 之间的最短路径距离，如图3.2.12所示。

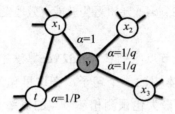

图3.2.12 有偏随机游走[2]

3.3 数据准备与特征工程

3.3.1 数据准备

本书实验数据源自某金融科技银行的用户脱敏信息，整体数据分为3个表：用户基本信息表(Tag)，过去60天交易行为信息数据表(Trd)，过去30天App使用行为数据表(Beh)。用户基本信息表中有来自39923个用户的基本属性特征信息；交易行为信息数据集中有1367211条交易数据，但所有用户中仅31993名用户的交易行为是超过1条的，有小部分用户基本没有交易行为信息；App使用

---

[1] 周林娥，游进国. 一种结合聚集图嵌入的社会化推荐算法[J]. 小型微型计算机系统, 2021, 42(1): 78-84.

[2] Grover A, Leskovec J. node2vec: Scalable Feature Learning for Networks[C]. In Proceedings of the 22nd ACM SIGKDD International Conference on Knowledge Discovery and Data Mining ACM, 2016: 855-864.

行为信息数据集有934282条，其中只有30813名用户的行为数据大于等于1条。三张用户信息表的字段详细情况见表3.3.1、表3.3.2、表3.3.3。

表3.3.1 用户基本信息表

字段名	字段含义
id	用户标志
flag	目标变量(用户类别，分为好用户和坏用户)
age	年龄
gdr_cd	性别
mrg_situ_cd	婚姻
edu_deg_cd	教育程度
acdm_deg_cd	学历
deg_cd	学位
job_year	工作年限
hav_car_grp_ind	有车一族标志
hav_hou_grp_ind	有房一族标志
l6mon_agn_ind	近6个月代发工资标志
frs_agn_dt_cnt	首次代发工资距今天数
vld_rsk_ases_ind	有效投资风险评估标志
fln_rsk_ases_grd_cd	用户理财风险承受能力等级代码
cur_debit_cnt	持有银行借记卡张数
cur_credit_cnt	持有银行信用卡张数
cur_debit_min_opn_dt_cnt	持有银行借记卡天数
cur_credit_min_opn_dt_cnt	持有银行信用卡天数
cur_debit_crd_lvl	银行借记卡持卡最高等级代码
hld_crd_card_grd_cd	银行信用卡持卡最高等级代码
crd_card_act_ind	信用卡活跃标志
l1y_crd_card_csm_amt_dlm_cd	最近一年信用卡消费金额分层
atdd_type	信用卡还款方式
perm_crd_lmt-_cd	信用卡永久信用额度分层
loan_act_ind	贷款用户标志
pl_crd_lmt_cd	个贷授信总额度分层
ovd_30d_loan_tot_cnt	30天以上逾期贷款的总笔数
his_lng_ovd_day	历史贷款最长逾期天数
l12mon_buy_fin_mng_whl_tms	近12个月理财产品购买次数
l12_mon_fnd_buy_whl_tms	近12个月基金购买次数
l12_mon_insu_buy_whl_tms	近12个月保险购买次数

表3.3.2 用户交易信息表

字段名	字段含义	变量类型
id	用户标志	类别变量
flag	目标变量	类别变量
Dat_Flg1_Cd	交易方向	类别变量
Dat_Flg3_Cd	支付方式	类别变量
Trx_Cod1_Cd	收支一级分类代码	类别变量
Trx_Cod2_Cd	收支二级分类代码	类别变量
trx_tm	交易时间	时间变量
cny_trx_amt	交易金额	数值变量

表3.3.3 用户App使用行为信息表

字段名	字段含义	变量类型
id	用户标志	类别变量
flag	目标变量	类别变量
page_no	页面编码	类别变量
page_tm	访问时间	时间变量

3.3.2 数据观察

由3.3.1节用户基本信息表中可以看出，各个字段变量包括离散型和连续型。其中flag(目标变量) 是因变量，是需要分类和预测的变量，其他字段都是自变量。接下来对数据做一些基本的观察与探索，了解数据的大致分布情况。

(1) 用户类型

本数据集中有39923名用户的信息，其中好用户30970个，坏用户有8953个，正负样本比为3.5:1，用户分布图如3.3.1所示。

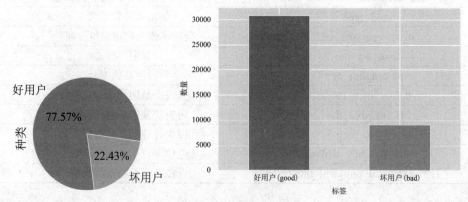

图3.3.1 用户类型分布

(2) 性别情况

由图3.3.2可以看出，数据中男性用户的数量远多于女性用户的数量，但坏用户在男用户中占比较女性用户多8%左右，所以男性用户信用违约的可能性更高。

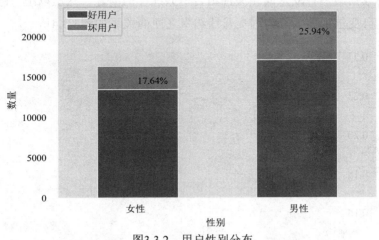

图3.3.2 用户性别分布

(3) 年龄分布

年龄是一个连续型的变量，需要先进行分箱操作，再观察其数值特征和分布情况。如图3.3.3所示，90%的用户都在51岁以下，并且绝大多数用户的年龄集中在25～45岁之间，且大部分年龄段的违约率都在20%左右，可初步判断年龄对是否违约具有比较小的区分能力。

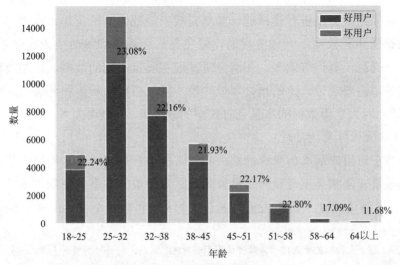

图3.3.3 用户年龄分布情况

(4) 变量分析

单变量分析是一种比较直观的数据分析形式,被分析的对象是一个单一的自变量,目的是描述出数据中自变量与因变量的关系,以较简洁的概况形式反映出大量数据所包含的关键信息。多变量分析主要是观察变量之间的相关程度,判断数据集中各变量间相关性是否是共线性的问题。这里以用户的工作年限为例,自变量工作年限与因变量违约率之间的关系如图3.3.4所示。

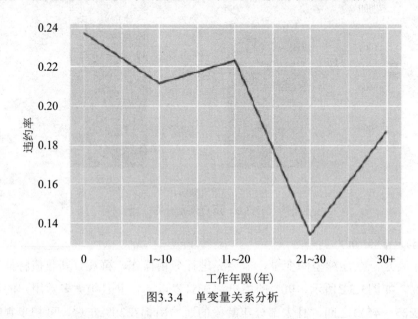

图3.3.4　单变量关系分析

3.3.3　数据清洗

在对原始数据集进行建模前,需要完成一些数据清洗工作,解决数据不完整、数据噪声和数据不一致等问题,避免在后续模型训练时引入大量的"脏数据",提高模型训练效率。在清洗时发现有质量问题的数据,比如数据缺失和异常等,需要进行一定的预处理或转换,保证数据的质量和分布能达到建模的要求[①]。因为建模数据的质量会对模型的效果有一定影响。

(1) 缺失或异常值处理

本节在对用户基本信息表的缺失和异常值进行处理时,是将用户基本信息表中的数值变量和类别变量分别单独处理。对于数值类型的变量,本节采取了K近邻方法插值填充了该缺失值,通过计算K个和它相距最近的样本的欧式距

---

① 张万军. 基于大数据的个人信用风险评估模型研究[D]. 北京:对外经济贸易大学, 2016.

离后再加权求和。而对于类别变量，如学历、性别、标签等，将空值单独作为一个类别，使用了Label Encoder将变量统一进行独热编码。对于特征取值如果出现异常值，比如年龄取值大于100等不符合常规情况的，则需进行一定的处理，在本节使用了盖帽法处理异常值，将处在均值加减3倍标准差之外的数据视为异常值，即对于大于$u+3\sigma$的数值，用$u+3\sigma$替换；小于$u-3\sigma$的数值，用$u-3\sigma$替换。去掉数据中的噪声，将数值变量控制在一个比较合理的区间内，有助于提高模型效率。

对于用户交易行为信息表和用户App使用行为信息表都是跟用户行为相关的离散型时间序列数据，这类序列数据没有固定的采集间隔时期，只是按照发生时间顺序来对行为进行排列，所以通常会利用数据点的间隔时间作为时间序列的特征来分析。2017年Inci M. Baytas设计了一种专门针对间隔信息进行加权聚合的门结构TLSTM[1]，能将时间点X_{t-1}与X_t的间隔Δt作为特征信息进行输入。

(2) 标准化处理

为了提高神经网络在训练过程中的效率，各个特征数值范围尽量压缩在一个小的特定区间，否则可能出现损失函数发生振荡的问题，因此需要对特征值进行预处理工作，以消除数据量纲的不同，常用的方法有归一化、标准化和定量特征二值化[2]。归一化是将数据统一压缩到区间[0,1]上。定量特征二值化只需要对定量的特征进行"好或坏"的区分，不在乎特征的具体取值。而本实验数据采用的是标准化处理的方法，其各属性都符合正态分布。比如某特征x或特征时间序列$\{x_1,x_2,...,x_t,...,x_T\}$，根据其平均值$\bar{x}$和标准差$\sigma$，$\hat{x_t}$计算如式(3.3.1)所示，其中$x_i$表示用户$i$在某属性的取值。

$$\hat{x_t} = \frac{x_i - \bar{x}}{\sigma} \tag{3.3.1}$$

3.3.4 特征工程

特征工程常用于数据清洗后进行特征变量的选择，构建出好的特征对后续数据的挖掘和模型的训练效果都至关重要。

---

[1] Baytas I M, Xiao C, Zhang X, et al. Patient Subtyping via Time-Aware LSTM Networks[C]// the 23rd ACM SIGKDD International Conference. ACM, 2017.

[2] 王春峰, 万海军, 张维. 基于神经网络技术的商业银行信用风险评估[J]. 系统工程理论与实践,1999(9): 24-32.

3.3.4.1 用户基本信息特征工程

(1) 变量分箱

分箱是对连续变量的离散化处理，在特征工程中常用的分箱操作有等频分箱、等距分箱、最优分箱、等距分箱等，本书优先选择最优分箱来对连续变量进行处理，如果特征无法选择最优分箱，则选择等距分箱。

(2) WOE值

WOE(Weight Of Evidence)是对原始特征的一种编码形式，描述了某类特征的当前这个分组对判别类别的影响力大小。对连续变量进行分箱离散之后即可计算出WOE值，针对不同特征的不同分箱会分别对应一个WOE值。在特征离散化后，模型训练过程会比较稳定。WOE的计算如式(3.3.2)所示。

$$\mathrm{WOE}_i = ln\left(\frac{p_{good}}{p_{bad}}\right) \tag{3.3.2}$$

(3) IV值

IV(Information Value)用于衡量某变量的信息价值或信息量，反映了某特征对模型的重要程度，即预测能力。一般取值分布在[0,0.5]区间内，且特征预测能力的大小和IV值成正比关系。对于IV值较低，预测能力差的特征进行删除。表3.3.4表示IV值与预测能力的关系。IV值的计算如式(3.3.3)所示。

$$\mathrm{IV} = \sum_{i=1}^{n}\left[(p_{good} - p_{bad}) * \ln\left(\frac{p_{good}}{p_{bad}}\right)\right]$$

$$= \sum_{i=1}^{n}\left[(p_{good} - p_{bad}) * \mathrm{WOE}_i\right] \tag{3.3.3}$$

表3.3.4 IV值与预测能力的关系[①]

IV	预测能力
< 0.03	无预测能力
0.03 ~ 0.09	低
0.1 ~ 0.29	中
0.3 ~ 0.49	高
≥ 0.5	极高

(4) 变量相关性分析

观察经过数据预处理后各个变量之间的相关程度，来进一步验证IV值，是

---

① 张万军. 基于大数据的个人信用风险评估模型研究[D]. 北京：对外经济贸易大学, 2016.

特征变量筛选的重要依据。可以通过调用Python封装库Seaborn包里的Heatmap函数绘制特征的相关性图。多变量之间的相关性分析如图3.3.5所示。

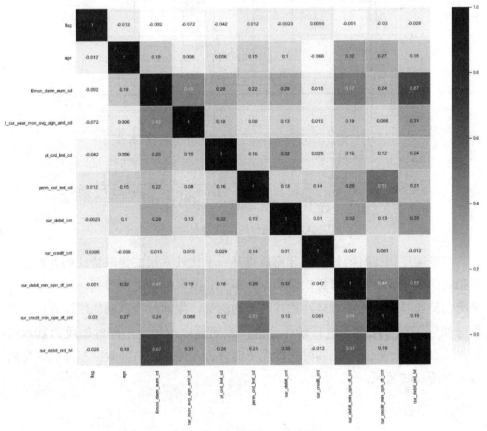

图3.3.5　多变量相关性分析

3.3.4.2　用户时序行为特征工程

用户交易行为信息表和App使用行为信息表都是随着时间推进而产生行为数据，与用户基本信息表的结构化数据的处理方式是不同的，需要单独打造一种时序特征提取的方法。为了更充分地对时序行为数据进行进一步的分析挖掘，可对时间序列的基础特征、转换特征和分类特征进行特征工程处理。

(1) 时间序列基础特征

对时间序列不仅可以提取出一些简单的统计特征，比如：均值、标准差、极大或极小值、峰值个数和分位数等，还能挖掘到一些高级特征，如周期性、频率、自相关性和序列趋势等，如图3.3.6所示。

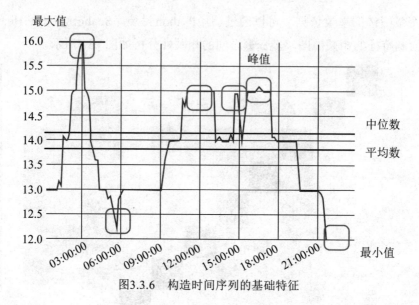

图3.3.6 构造时间序列的基础特征

将时间序列在时间轴上划分窗口也是一个比较常用的提取特征的方法。根据指定的单位长度的窗口每次滑动一个单位长度来提取时间序列。窗口分析对平滑粗糙和噪声数据很有效，如移动平均法等，能够结合基础的统计方法，根据时间顺序对每段时间进行统计分析，进而提取出每个不同时间段的基本特征，通过对同一特征在连续时间维度下的分析，便可了解到数据整体的变化趋势。如图3.3.7所示。

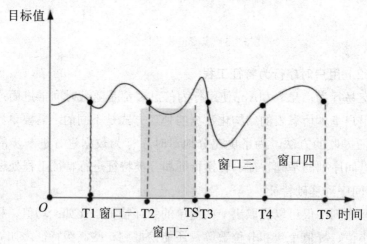

图3.3.7 时间序列滑动窗口

对于时间序列维度上的信息，本书借鉴了RFM(Recency Frequency Monetary)模型思想来构造特征，RFM模型被广泛应用于衡量客户价值和客户的创利能力[①]，通过一个用户的近期交易行为(Recency)、交易频率(Frequency)和交易金额(Monetary)三个指标来描述用户的价值状况。

一是粗粒度刻画。每个用户最后一次交易行为发生时间、交易总次数、每隔多少天有一次交易行为、平均每天交易次数、交易的总金额、平均每次交易金额、平均每天交易金额。

二是细粒度刻画。按照不同交易方向和不同支付方式，以及不同的收支一级和二级交易分类分别进行聚合分组，计算每个用户的最后一次交易行为的发生时间、交易总次数、每隔多少天有一次交易行为、平均每天交易次数、交易的总金额、平均每次交易金额、平均每天交易金额。

(2) 时间序列转换特征

在对时间序列数据进行分析的过程中，通常数据会存在一些不能满足分析方法的问题，如时序平稳性和数据正态分布等。还有就是人工的特征分析手段受制于人的观察经验，一些隐秘且高维的特征很难单纯靠人为发掘，因此需要利用一些转换方法来对时序数据进行变换，进而能捕捉挖掘到更多特征。

对于用户的时序行为，如果仅用统计学习来提取特征，就不能很好地保留原有的序列行为的时间关系，为了能进一步挖掘到序列特征，本书按照时间顺序对用户行为排序成一个行为时间序列作为其特征向量表示。对于用户i的交易行为和App使用行为，均按照时间顺序排序后用 $X_i = \{a_1, a_2, a_3, ..., a_n\}$ 来表示成序列信息，其中 a_j 代表该用户i在时间轴上的第j次行为。但每个用户在过去一段时间内产生行为的次数不同，要想让时间序列输入神经网络中，应使得X_i的长度保持在一个固定值，因此在这里设定一个固定长度n。如果用户发生行为总次数为m次时($m<n$)，可在X向量的前部用$n-m$个零进行填充，可得到序列表示为 $X_i = \{0, 0, ..., a_1, a_2, a_3, ..., a_m\}$；但如果$m>n$时，向量$X$选择最后$n$次发生的用户行为，序列可表示为 $X_i = \{a_{m-n+1}, a_{m-n+2}, a_{m-n+3}, ..., a_m\}$。从用户的行为信息表3.3.2和3.3.3可以看出，字段信息不仅包含了行为的发生时间，还使用了一些离散的类型字段，比如交易方式、收支类别、交易金额和访问页面等。如果要将这些行为的离散信息融入特征向量，就需要对这些不同类型的字段做不同方式的处理。

第一，数值变量的特征。交易金额，可直接对数值变量进行标准化处理后放入特征向量。

[①] 徐文瑞. 基于RFM模型的顾客消费行为与顾客价值预测研究[J]. 商业经济研究, 2017(19):44-46.

第二，类别变量的特征。交易方向、支付方式、收支级别、页面编码等，对于这类特征，本书采取的表示方式是独热编码，因为在用户的交易和使用行为信息中的类别特征都是无高低次序关系的。针对某些取值范围小且稠密的类别特征，如交易方向、交易级别等，一般使用独热编码方式；相反有一些取值比较广泛且稀疏的类别特征，如交易类型、支付方式、页面编码等，可先通过独热编码，再结合额外的上下文信息对该特征进行嵌入处理，将稀疏向量压缩成稠密向量特征表示。

第三，时间变量的特征。该字段相对于前两种类型比较特殊，不仅可用于对用户行为进行排序组合成序列向量，还能提取出一些额外的特征变量，比如行为发生时距离申请日的时间、是否是节假日、相邻行为间的时间间隔等都可作为新增的特征值，使行为时间序列上能包含更多的时间信息。

将时序行为转换成序列表示后，再通过神经网络学习方式抽取特征表达来转换特征，虽然这类方法的特征可解释性较差，但提取效果较好。将训练好的模型网络中间层输出便可作为时序特征，比如自编码模型(Encoder-Decoder)[①]。从图3.3.8的网络结构可以看出，如果输入输出层都是时间序列，那么编码器的输出可当作输入层的压缩向量，当网络效果达到最优时，便可认为该向量具备了该时序的特征。

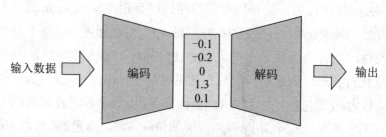

图3.3.8　自编码模型结构

(3) 时间序列分类特征

提取时序数据的分类特征常常需要结合具体的任务，例如：时序分类、时序预测和异常检测等伴有标签信息的任务，分析提取的特征也是为具体任务服务，常用的特征分析方法是通过机器学习中的监督方式学习抽取的。时间序列分类任务学习的主要方式是根据形态特征来捕捉时序中具有代表性的子序列形

---

① Cho K, Merrienboer B V, Gulcehre C, et al. Learning Phrase Representations using RNN Encoder-Decoder for Statistical Machine Translation[J]. Computer Science, 2014, 1406: 1078.

状作为分类的依据。Cheng Z等人在2020年提出了Shapelet时序分析方法[①]，即搜索一些候选的子序列形状作为分类依据，因为时间序列的走势一般都存在比较明显的特征形状。

3.4 基于时序行为的征信评估模型设计

3.4.1 模型总体设计

本章构建的用户征信评估模型融合了从原始行为序列提取的序列特征、从用户行为统计特征矩阵提取的特征，以及用户基本的属性特征，模型结构如图3.4.1所示，前两部分的用户行为特征的表示分别由基于Auto-Encoder的自编码模型和基于Node2Vec的交互网络图模型进行学习，再将其他的统计特征和用户基本属性特征的提取结果同序列特征进行融合，特征融合既采用简单地拼接合并各部分提取得到的特征向量，也可以使用注意力机制进行权重分配方式合并，最后将特征输入分类模型中进行分类学习。

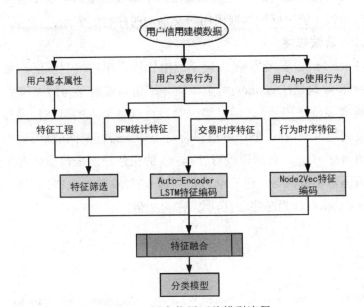

图3.4.1　用户信用评估模型流程

[①] Cheng Z, Yang Y, Wang W, et al. Time2Graph: Revisiting Time Series Modeling with Dynamic Shapelets[C]. Proceedings of the AAAI Conference on Artificial Intelligence, 2020, 34(4): 3617-3624.

3.4.2 基于Auto-Encoder LSTM模型的交易序列特征编码

3.4.2.1 问题描述

传统的信用评估方法在处理用户的交易流水数据时，大都采用统计学习的方法在全局或某段时间窗口(一个月或一天)内对交易数据进行聚合操作得到一些时序特征，并且大多数评估方法都依赖于经典的机器学习模型。比如2010年Amir等人在每月的交易事务数据统计上使用了广义分类和回归树模型进行信用评估[1]。还有一些作者使用神经网络模型对聚合的交易数据进行信用评估，比如2018年Nikolai等人将浅层的卷积神经网络应用到日常交易事务统计特征上[2]。这些模型虽然应用广泛，但以聚合方式对时序特征的提取会受制于人的观察经验，一些隐秘且高维特征很难单纯靠人为发掘，也无法很好地表示出交易行为之间的时间顺序关系。特别是在处理海量行为数据时也具有一定的局限性。

因此，接下来本书将提出一种新的交易行为特征提取方法，是基于用户交易序列数据并利用LSTM模型自编码输出中间空间向量作为该序列的特征编码。该方法直接利用用户的交易流水数据，不需要大量的特征工程工作和丰富的行业领域知识，能更好地提取出用户交易的时序特征表示。

3.4.2.2 算法描述

Auto-Encoder(自编码器)是深度学习中比较常用的模型框架，包含了编码器(Encoder)和解码器(Decoder)两个模块，采用自监督学习对高维数据进行有效的特征提取和特征表示[3]。通过编码阶段可以将输入的可变信号序列x编码为固定长度的特征空间h；解码阶段再将这个抽象特征空间h解码重构为可变长度的目标信号序列x_{rec}。最后通过对比x与x_{rec}的相似程度来最小化重构误差，进一步优化编码器和解码器，进而学习得到输入样本x的抽象特征空间h，因此编码器的输出向量h可作为时序特征，如图3.4.2所示。

---

[1] Amir E Khandani, Adlar J Kim, and Andrew W Lo. 2010. Consumer credit-risk models via machine-learning algorithms[J]. Journal of Banking & Finance 34, 11 (2010), 2767-2787.

[2] HÃěvard Kvamme, Nikolai Sellereite, Kjersti Aas, and Steffen Sjursen. 2018. Predicting mortgage default using convolutional neural networks[J]. Expert Systems with Applications 102 (2018), 207-217.

[3] Wang Y, Yao H, Zhao S. Auto-Encoder based dimensionality reduction[J]. Neurocomputing, 2016, 184(apr.5): 232-242.

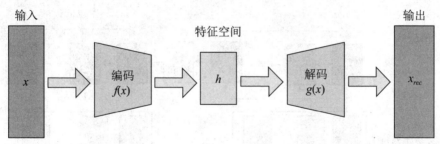

图3.4.2 Auto-Encoder框架结构

一般的神经网络模型能够很好地构建出输入和输出之间的非线性关系,但对于一些根据时间顺序排列的交易行为序列,是很难对时间序列进行建模的。对于相关的序列分析问题,循环神经网络(RNN)和长短期记忆网络(LSTM)常用作提取时序特征。RNN的隐藏层内存在自我递归的关系,为同一层的网络输入输出建立了连接,隐藏层的输入不仅包括了当前时间片输入层的输出,而且包括上一个时间片隐藏层的输出,具有记忆功能,利于提取序列的时序特征。所以RNN能够充分利用用户行为序列中相邻行为的语义关联信息。但随着用户行为序列变长,RNN会存在梯度不稳定的问题,导致记忆信息在传输过程中会逐渐衰减,上下文信息无法充分使用。而LSTM是在RNN的基础上增加了对历史信息遗忘和强化记忆的一种序列建模算法。在2.4.2节中介绍过LSTM是通过三个门结构,控制着记忆单元的状态,得益于LSTM具有较强的编码能力和状态存储设计,使得LSTM单元在序列数据上有较强的优势,并且健壮性强,可以实现更长的序列特征提取和表示。

3.4.2.3 算法框架

由于本书的交易数据集的用户交易行为序列较长,为了避免梯度消失或爆炸影响到实验效果,故将LSTM的网络结构融入Auto-Encoder中来对用户的交易行为序列进行建模分析,利用用户的交易行为流水的时序特征进行了自监督的表示学习。把交易数据看作一个多维的时间序列数据,每一维序列都由交易类型、支付方式、交易时间和卡类型等属性的用户交易信息构成,但这些描述行为向量的元素的刻度是不同的,通常无法直接输入LSTM单元,因此需要将不同属性的元素取值映射到同一值域空间,再输入LSTM单元进行特征抽取,抽取结果进行平均池化操作得到Encoder输出的中间语义向量,该向量作为时间序列特征的编码表示。模型主要由四部分组成,分别是Embedding层、Encoder层、中间语义向量、Decoder层,Auto-Encoder LSTM整体框架结构如图3.4.3所示。

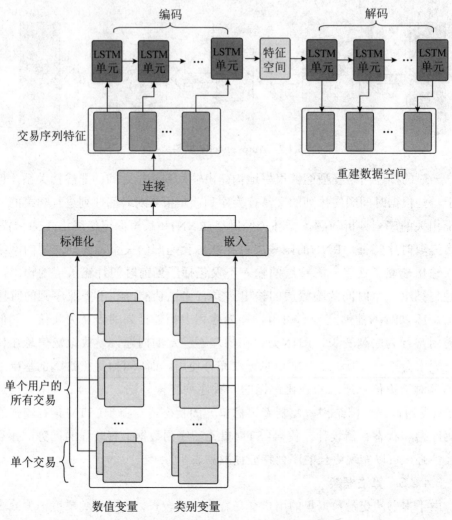

图3.4.3 Auto-Encoder LSTM模型整体框架

(1) Embedding层

用户交易数据中的类别变量,如交易类型、卡类型等,都经过独热编码转换成一个低维度的向量,而数值变量经过标准化处理后跟类别变量向量进行联立。交易记录经过上述特征工程工作的预处理后,在Embedding层映射到一个低维空间向量中,再接入循环编码层。

(2) Encoder层

选取了LSTM作为编码器,其最大优势就是在处理时序数据时可以记住较多的历史信息。LSTM单元最后一个时间步的隐藏向量输出作为中间语义向量。

(3) 中间语义向量

中间语义向量是高维原始数据的低维向量表示，通过学习保留住了原始序列的隐含特征，也能通过解码器很好地恢复成原始数据，因此可作为本书交易序列的特征编码向量。

(4) Decoder层

同样选取LSTM作为解码器，便于将中间语义向量恢复重构成新的向量。

3.4.2.4 模型优化

训练Auto-Encoder模型每轮迭代都包含编码和解码两个阶段，如图3.4.2所示，编码将数据的x映射到特征空间h，解码将特征表示h映射到重建数据空间x_{rec}，其训练目标是将x_{rec}无限逼近x，这里采用交叉熵$L(x, x_{rec})$去度量x与x_{rec}的差异，如式(3.4.1)所示。

$$L(x, x_{rec}) = -\sum_{i=1}^{d_x}(x_{(i)}\log(x_{rec(i)}) + (1-(x_{(i)}))\log(1-x_{rec(i)})) \quad (3.4.1)$$

损失函数$Loss(\theta)$由交叉熵和惩罚项组成。经过Adam优化器进行迭代训练求解模型参数集合θ，使得$\theta = argmin(Loss(\theta))$。训练过程中不断调整学习率，使其收敛至最优位置。但随着网络层数的增加会出现过拟合的问题，经过多层非线性变换可以将训练数据和测试数据的差异变大，在神经网络中常采用权重衰减的办法来减少过拟合，比如L2正则化的思想，控制神经元连接权重的大小。这里采用在损失函数中加入惩罚项的方法来抑制过拟合，通过雅克比矩阵的F范数进行约束，可反映特征空间对数据空间扰动的敏感性。特征本是对数据的抽象，相对于数据而言应具有局部不变性，因此需要对其敏感性进行惩罚。相对于L2正则化，它不但可以控制神经元连接权重的大小，而且可以对模型隐藏层输出的取值范围起到压缩作用。引入脱敏惩罚正则化后的损失函数如式(3.4.2)、式(3.4.3)所示。

$$Loss(\theta) = \sum_{x \in D_n}(L(x, x_{rec}) + \alpha Penalty)$$

$$= \sum_{x \in D_n}(L(x, x_{rec}) + \alpha \left\|J_f(x)\right\|_F^2) \quad (3.4.2)$$

$$\left\|J_f(x)\right\|_F^2 = \sum_{ij}(\frac{\partial h_j(x)}{\partial x_j})^2 = \sum_j(h_j(1-h_j))^2\sum_{ij}w_{ij}^2 \quad (3.4.3)$$

3.4.3 基于Node2Vec模型的行为序列特征编码

3.4.3.1 问题描述

随着移动互联网技术的发展，用户在移动端(手机或平板)上对某金融App的使用情况也可以用作预测信用违约风险的重要参考信息，这些行为数据实际上有着很大的商业价值，很多机构都没有很好地利用起来，忽视了用户行为信息的交互性。比如一恶意欺诈违约群体会在使用App时频繁进行类似的页面违规操作等。同时，为了挖掘提取用户行为之间隐藏的交互关系，可以通过对页面浏览序列行为信息的采集和分析构建出一个交互关系图，便于找到欺诈者留下的一些蛛丝马迹，从而预防违约行为的发生。

因此，接下来本书将提出一种新的用户浏览App页面行为特征提取方法，该方法是基于Node2Vec算法来对用户点击浏览App页面的序列集合进行编码，其结果作为用户在App使用行为上的特征表示。

3.4.3.2 算法描述

Node2Vec是一种有效的、可拓展的表示学习算法，常用于学习网络中节点的丰富特征表示，能体现出网络特征和节点邻居特征，将网络中的节点变成一个特征向量[1]。Node2Vec是受到了自然语言处理方向的Word2Vec算法的启发，将网络看作多个节点序列交错组合而成。将用户的点击或浏览行为都看作单词，用户在一个周期内的所有行为组合成了句子和文章，再利用Word2Vec算法将用户的浏览点击行为隐含表达为一定维度的特征向量。所以关键问题是如何将这些用户按时间排序的页面浏览行为的节点序列变成带有交互网络关系的行为序列。

如果仅仅将用户的每个行为都看作一个节点，按照节点在时间上的相邻连接关系生成用户的行为节点序列，再以Skip-Gram(利用中心词预测周围词)的方式生成样本对来训练Word2Vec网络，最终从隐藏层权重中抽取Embedding向量，这种方式虽然也能很好地表示节点之间的相似性，但就会损失掉用户与用户之间的交互关系。因此本书采用了Node2Vec来对用户的行为节点序列进行交互重组，利用有偏随机游走在网络中不断重复地随机选择游走的路径，从某个节点开始以深度优先搜索或广度优先搜索的方式选定移动到下一个节点，直到到达指定长度时暂停搜索，然后再不断重复这个过程，

---

[1] Zhou H, Sun G, Fu S, et al. Internet Financial Fraud Detection based on a Distributed Big Data Approach with Node2Vec[J]. IEEE Access, 2021, PP(99):1-1.

最终会形成多条网络中的游走路径序列。再以Skip-Gram的方式生成样本对来训练Word2Vec网络，最终从隐藏层权重中抽取Embedding向量。其模型构造过程如图3.4.4所示。通过这种改进学习方式，算法变得更加灵活，既能有效探索到所有顶点的邻居分布，还能提供可调参数对搜索空间进行控制，更好地学习到各个行为之间的交互关系。

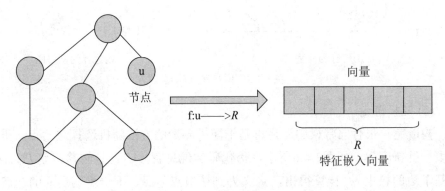

图3.4.4　Node2Vec模型构造过程

3.4.3.3　算法架构

由于本书的用户App使用行为数据集给的信息过于单一，只包含了用户浏览页面的编号，利用Auto-Encoder无法有效地提取到用户的行为编码。所以采取了Node2Vec算法以用户的行为序列构建出交互行为图的方式来提取出每个行为的特征编码，再通过加权求和的方式计算出用户所有行为的特征向量作为用户的行为编码表示。模型主要分为5个部分，分别是构造图网络、随机游走、Skip-Gram、Embedding计算、用户序列加权平均。

(1) 构造图网络

首先要从用户的行为中按时间顺序抽取出序列表示，如果使用用户的所有历史行为序列，计算和空间存储资源的消耗较大，所以需要对用户的历史行为序列进行切割。本书以一小时为间距，若两个行为的间隔时间超过一小时，就进行切分，如图3.4.5所示，图中用户U2的A和E行为时间间隔较长，超过阈值，所以将序列切割为CA和EBC两段，然后将所有相邻的节点都表示为有向带权图，图中A->B出现了一次，那么就形成一条从A到B的边，同时边的权重值为1。最后将所有用户的序列经过上述方式进行汇总，得到一个有向带权图，并非每个用户会对应一张图。

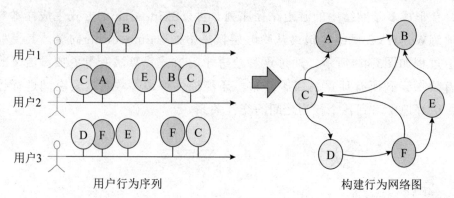

图3.4.5 用户序列构建

(2) 随机游走

构造完一张有向带权图后,再基于随机游走的方法随机选择起始点,重新产生一批新序列,如图3.4.6所示,伪代码实现见表3.4.1。且转移概率 $P(v_j|v_i)$ 是基于边的权重 M_{ij} 计算得出,定义为到达节点 v_i 后,下一步遍历 v_i 的邻居节点 v_j 的跳转概率,如式(3.4.4)所示。

$$P(v_j|v_i) = \begin{cases} \dfrac{M_{ij}}{\sum_{j \in N_+(v_i)} M_{ij}} & v_j \in N_+(v_j) \\ 0, & e_{ij} \notin \epsilon \end{cases} \quad (3.4.4)$$

表3.4.1 随机游走伪代码

$AlgorithmRandomWalk(GraphG = (V, E), Startnode v_i, Length t)$
1: $\pi = PreprocessModifiedWeights(G, p, q) construct\ G = (V, E, \pi)$
2: $initialize\ walk\ to\ [v_i]$
3: $for\ walk\_iter = 1\ to\ t\ do$
4: $\quad curr = walk[-1]$
5: $\quad V_{curr} = GetNeighbors(curr, G)$
6: $\quad s = AliasSample(V_{curr}, \pi)$
7: $\quad Append\ s\ to\ walk$
8: $return\ walk$

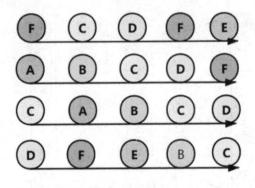

图3.4.6 随机游走产生的新序列

(3) Skip-Gram

Skip-Gram是一种语言模型,能让出现在窗口中的单词在句子中共同出现的概率最大化。所以将图3.4.6中的行为序列看作句子中的单词序列,遍历所有可能出现在窗口W中的随机游走。对于每个节点v_j映射成向量$\varnothing(v_j)$表示,并最大化v_j邻居在窗口W中共现的概率,伪代码见表3.4.2。计算如式(3.4.5)所示。

表3.4.2 Skip-Gram伪代码

$AlgorithmSkipGram(\varnothing, W_{v_i}, w)$
1: $foreach v_j \in W_{v_i} do$
2: $\quad foreach u_k \in W_{v_i}[j-w:j+w] do$
3: $\quad\quad J(\varnothing) = -\log Pr(u_k \mid \varnothing(v_j))$
4: $\quad\quad \varnothing = \varnothing - \alpha * \frac{\partial J}{\partial \varnothing}$
5: $\quad endfor$
6: $endfor$

$$Pr(u_k \mid \varnothing(v_j)) = \prod_{j=i-w \& j \neq i}^{i+w} Pr(v_j \mid \varnothing(v_j)) \quad (3.4.5)$$

(4) Embedding计算

Node2Vec通过随机游走和Skip-Gram来获取到图网络中节点的局部上下文信息,并通过训练学习到能反映节点在图网络中局部结构的向量表示,即网络隐藏层的输出。获取Embedding向量过程如图3.4.7所示,伪代码见表3.4.3。

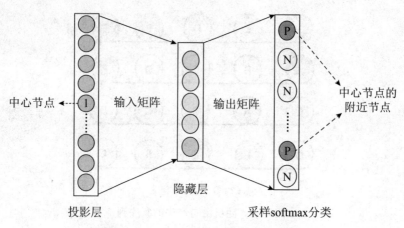

图3.4.7 Embedding向量的提取过程

表3.4.3 Embedding计算伪代码

$Algorithm\ Node2Vec(G,w,d,\gamma,t)$
Input: graph $G(V, E)$
Window size w
Embedding size d
Walks per vertex γ
Walk length t
Output: matrix of vertex representation $\varnothing \in R^{|V|*d}$
1: $Initialization: Sample\varnothing from u^{|V|*d}$
2: $Build\ a\ binary\ Tree\ T\ from\ V$
3: $for\ i = 0\ to\ \gamma\ do$
4:    $O = shuffle(V)$
5:    $for\ each\ v_i \in O\ do$
6:      $W_{v_i} = RandomWalk(G, v_i, t)$
7:      $SkipGram(\varnothing, W_{v_i}, w)$
8:    $endfor$
9: $endfor$

(5) 用户序列加权平均

经过上述Embedding的计算，可获取图中每一个节点的特征向量，即对应用户行为序列中的一个行为节点，所以本书针对每个用户的一系列行为做加权平均得到的特性向量可作为用户的时序行为编码H_u。H_u公式如式3.4.6所示。

$$H_u = \frac{1}{n+1}\sum_{s=0}^{n} W_u^s \qquad (3.4.6)$$

其中 W_u^s 表示用户 u 的第 s 个行为Embedding特征向量。

3.4.3.4 模型优化

Node2Vec模型训练过程的优化目标就是在给定每个顶点的条件下，使得其近邻点出现概率最大，其目标函数如式(3.4.7)所示。

$$loss = max_f \sum_{u \in V} \log Pr(N_s(u)|f(u)) \qquad (3.4.7)$$

其中，f 表示将节点 u 映射成Embedding向量的映射函数，$N(u)$ 表示通过采样策略 s 采样出的顶点 u 邻近节点的集合，类似于词向量训练中的上下文信息。为了使得目标函数成立且可解，需要满足两个假设条件：

(1) 假设条件具有独立性

假设对于给定的顶点 u，其邻近节点出现的概率与邻居集合中其他的邻近点无关，得到公式(3.4.8)。

$$Pr(N_s(u)|f(u)) = \prod_{n_i \in N_s(u)} Pr(n_i|f(u)) \qquad (3.4.8)$$

(2) 假设特征空间具有对称性

对于每个节点不管是作为源顶点还是近邻顶点，Embedding表达方式是一致的，得到公式(3.4.9)。

$$Pr(n_i|f(u)) = \frac{expf(n_i)*f(u)}{\sum_{v \in V} expf(v)*f(u)} \qquad (3.4.9)$$

基于上述两个假设条件，最终的目标函数可表示为式(3.4.10)。

$$loss = max_f \sum_{u \in V}[-\log \sum_{n_i \in N_s(u)} expf(n_i)*f(u) \sum_{n_i \in N_s(u)} f(n_i)*f(u)] \qquad (3.4.10)$$

3.4.4 基于特征融合的用户信用评估模型

本书3.4.2节和3.4.3节介绍了对用户时序行为数据进行特征表示的算法，分别基于Auto-Encoder LSTM和Node2Vec对用户的交易序列和App使用行为序列进行特征表示和学习，最后通过Stack-RBM对这两部分行为特征编码进行融合，并加入3.3.4.2节中对时间序列提取的RFM统计特征和用户基本属性信息，生成组合特征，并基于组合特征表示建立用户信用评估模型。

RBM是一种很有效的特征提取方法，能初始化前馈神经网络，提高泛化能力，且相对于其他深度学习模型，RBM具有一定的局部可解释性。深度学习模型对比结果见表3.4.4。

表3.4.4 深度学习模型对比

模型	建模对象	可解释性
CNN	$P(y|x)$	无
LSTM	$P(y_t|y_{t-1},y_{t-2},\ldots,x_t)$	无
RBM	$P(x,y)$	有(利用$P(x|y)$来解释)

由表3.4.4可以看出，CNN和LSTM是对后验概率进行建模，不具有可解释性。而RBM是对联合概率建模，通过计算可得到$P(x|y)$的概率值，因此本书可以利用RBM思想改进后的栈式RBM来进行征信评估，帮助解释说明，具有可解释性。

为了能让RBM做回归计算，要对这个模型结构做一些改进，便于应用到征信模型。在隐藏层H后挂接一个回归分类器，设为Y，用于计算用户的违约概率。在训练样本中，可以得知用户违约的label，这时需将联合概率$P(X, H)$改为$P(X, H, Y)$，可将其视为生成模型，同时还可将$P(Y|X)$视为判别模型，本书将两个模型组合起来变成一个混合模型，便于计算$P(X|Y)$，用于可解释性分析。RBM结构如图3.4.8所示。

一个独立的RBM模型仅仅是一个单层的网络结构，对数据的特征学习只能学到比较浅层的特征，无法学习到数据的深层特征，因此多层的受限玻尔兹曼机更能帮助提升模型的效果。通过Stack堆叠方式将多个RBM组合而成的Stack-RBM具有多层非线性结构，使其具备强大的特征表达能力和复杂任务的建模能力，能够提取到更抽象的特征[1]。Stack-RBM结构图如3.4.9所示。

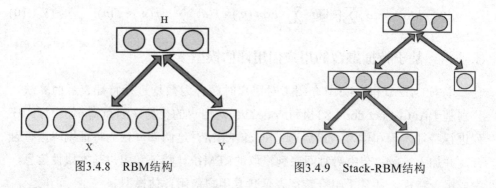

图3.4.8　RBM结构　　　　　图3.4.9　Stack-RBM结构

---

[1] Dewi C, Chen R C, Hendry, et al. Experiment Improvement of Restricted Boltzmann Machine Methods for Image Classification[J]. Vietnam Journal of Computer Science, 2021.

特征融合模型的训练过程由预训练(Pre-training)和微调(Fine-Tuning)两个阶段组成，如图3.4.10所示。首先要初始化由多层RBM以Stack方式堆叠而成的预训练网络，其中每一层都是独立的RBM，上一层RBM的输出作为下一层RBM的输入，以逐层方式对RBM进行预训练。预训练阶段网络的深度和微调阶段多层感知网络(MLP)的深度是一致的，各层RBM训练得到的权重矩阵和偏置向量是与多层感知网络(MLP)共享的。预训练阶段完成后，Pre-training网络生成的参数矩阵初始化MLP网络，然后是微调阶段，这个阶段是通过有监督的训练过程，其目标变量就是用户信用状态的标签数据，并通过反向传播算法，利用梯度下降信号逐层微调每层的权重矩阵。如果没有预训练阶段，随着网络层数的递增，会产生梯度不稳定的问题，造成底层的网络结构不能得到充分训练，从而导致顶层的网络结构学习不到有用的信息。并且预训练过程中各层的权值矩阵都是通过RBM训练学习到的，而不是随机产生的，所以在一定程度上抑制了梯度不稳定问题带来的影响。

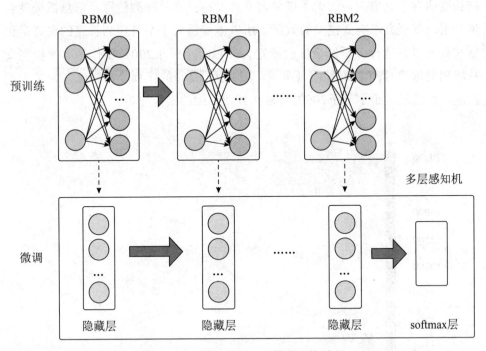

图3.4.10　信用评估RBM模型训练过程

3.5 模型验证与原型系统

3.5.1 模型验证

本节在开展模型实验效果验证时，要先对用户行为的两种不同类型的时序行为分别进行特征抽取，再将这两者的特征表示与用户的基本属性特征和RFM统计特征进行组合衍生后融入分类模型中，最后验证模型实验效果。

3.5.1.1 基于Auto-Encoder LSTM模型的交易序列特征编码

本节是对用户交易时序行为进行单独的特征提取实验，其输入只使用了用户的交易序列，并不包含App使用行为信息和用户基本特征信息等。不过每个用户对应的行为序列长度是不一致的，因此要选择一个合适的长度。通常，行为序列越长，其覆盖的信息量就会越大，也可能淡化掉接近申请日期的交易行为信息，并增大模型的复杂度，模型训练耗时也会增加，并且不同用户交易序列长度的方差会增大，加大了模型训练难度；但交易序列越短，信息损失就会越严重，甚至会影响到模型的效果。所以本实验对于交易序列长度的选择是根据对数据进行统计分析结合实验确定，并以小于等于200长度作为本次模型交易序列的固定区间，如图3.5.1所示，因为大于200的序列非常稀疏，为了模型性能，故选取了小于等于200的交易次数做后续的实验分析。

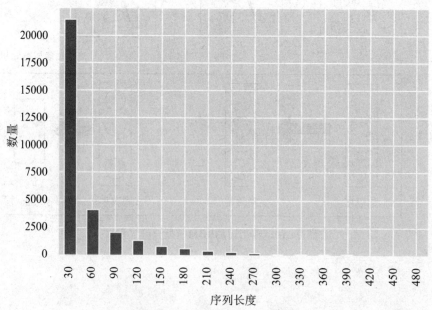

图3.5.1 交易序列长度频数分布

选定交易序列的长度后，利用Auto-Encoder中的编码器来对序列的每个时间步特征进行逐一提取，并编码压缩到固定特征空间后再通过解码器恢复成输入状态，通过最小化输入输出的差异来训练学习输入序列特征，最后抽取出特征中间编码作为输入样本的特征向量表示，其网络层的搭建流程如图3.5.2所示。

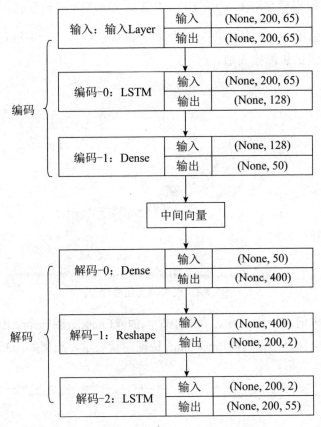

图3.5.2　Auto-Encoder模型网络层搭建

本次实验的Auto-Encoder模型是使用以Tensorflow为后端的Keras框架构建的，通过对高层的神经网络高度模块化的封装，使得操作简单，更容易上手。本模型主要包括两个部分——LSTM自动编码器和LSTM自动解码器。编码器主要由多对一的LSTM模型构成，输入行为序列样本X的形状(训练样本数、序列长度、输入维数为None,200,65)，通过设置LSTM单元中隐藏节点units=128,return_sequences=False来返回最后一个隐藏单元的状态，并输出一个128维的向量，再通过一层Dense层线性变换成50维的固定长度的特征向量作为编码器的输出和解码器的输入；解码器主要由一对多的LSTM模型构成，先通过Dense层将中间向量线性转换成400维的向量，再通过Reshape层将输入向量重塑shape为(200,2)后传入LSTM层，并设置LSTM单元中隐藏节点units=65,return_sequences=True来返回每个time-step隐藏单元的状态进行重建原序列X^R，其shape=(None, 200, 65)与输入样本保持一致。最后通过Adam优化器最小化还原误差$MSE = \frac{1}{n}\sum_{i=1}^{n}(X_i - X_i^R)^2$。经过90000轮迭代后，损失值逐渐平稳，损失值的变化曲线如图3.5.3所示，深灰色折线表示训练集的损失值，黑色实线表示测试集的损失值。

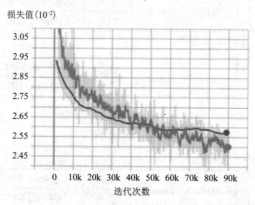

图3.5.3 损失值变化曲线

最后在损失值逐步稳定并达到最小时，抽取Encoder编码器输出的中间向量输出作为用户交易时序行为的Embedding特征向量表示，结果如图3.5.4所示。

```
1  UFDC88A
   -0.7227068, 1.3249643, 1.892648, -2.0352929, -1.2657201, 1.2451522, 1.203298, 1.1318585, -1.1305809, 0.44826573, 1.3245482, 1.3366742,
   -0.7571994, -0.72864836, 0.30899188, 0.2524382, 0.11358605, 0.9166993, -0.22221729, -1.5733715, 0.77465206, -0.7207837, 0.73668486, 1.
   269363, -1.2195802, -0.79288805, -0.73987925, -0.46219066, -0.29467782, 1.2134275, 0.926487, -0.8395965, 0.54063886, 0.05037842, 1.936
   5928, 0.5793971, -1.276494, -1.5315549, -0.58999306, -1.5705928, -0.76760936, -1.5798287, 0.05025672, 0.72539204, -1.9088242, -0.65729
   225, 0.08538419, 0.085558675, -0.8944206, 1.6274215
2  UD12259
   0.11424241, 1.0831016, 0.17067802, -0.7677724, -0.86311126, 0.184959, 0.20157935, 0.95364654, -0.876439, 0.47585192, 1.4718642, 0.3297
   9172, -0.606176, -0.33849147, 0.34239596, -1.6464416, 1.0696242, 0.9269323, -0.020050323, -0.205209, 0.0373107, 0.73322916, 0.07588156
   , -0.197272, -0.5339609, -0.11628091, 0.37723923, -1.1953713, 0.13509132, 0.48390645, -0.88107467, 0.41042376, 0.6203626, 0.3195914, 0.
   13241196, -0.9432674, -0.71700054, -0.55179894, -0.6294093, -1.7272297, -1.0495495, -0.13960338, -0.14264812, 0.83900297, -0.6481174,
   1.0218056, -0.18586458, -0.09116316, -0.23810408, 0.22569424
3  UE909CB
   -0.29682547, 1.7717841, 0.61896634, -1.4965646, -0.61735356, 0.92740864, 0.5782034, -0.38170442, -0.80885434, 0.7500373, 0.92700624, 1
   .1913041, -1.3881211, -0.4290752, -1.3774792, -1.2799717, 0.7961829, 2.0851555, -0.8522409, -0.9102792, 0.21970642, -0.53574973, 0.795
   9858, 1.0152832, -0.5214073, -0.4874, 0.017325345, -1.0264486, 0.4271911, 1.3115377, -0.7319242, -0.6070975, 0.4693958, -0.12794384, 1.
   5686964, -0.4490702, -0.96127695, -0.9239253, -0.7579656, -0.8940137, -1.6858886, -0.51174545, -0.5046268, 0.46547422, -2.1366708, -0.
   8106242, -0.92057025, 0.38794672, -1.1763055, 1.7243876
```

图3.5.4 交易行为的特征向量

将训练好的模型在测试集上进行用户序列编码后的结果进行可视化验证可以看出，用户行为序列特征编码后对数据集的正样本和负样本有着较好的区分能力，如图3.5.5所示。

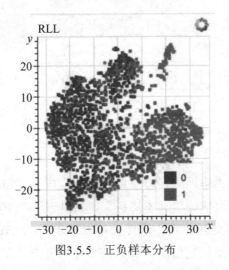

图3.5.5 正负样本分布

3.5.1.2 基于Node2Vec模型的行为序列特征编码

本节基于Node2Vec模型对用户的App使用行为序列也进行了单独的行为特征编码实验,本次实验仅使用了用户的点击行为序列来构建出一个有向带权图,提取出每个图节点的特征向量。

首先是将用户的点击行为按时间顺序排列成行为序列表示,再按照3.4.3节给出的采样方法构建出关系网络,如图3.5.6所示。

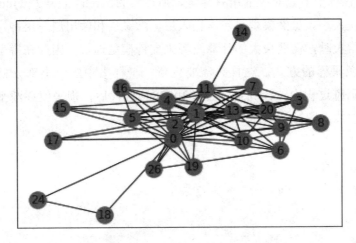

图3.5.6 行为关系网络

接下来通过Random Walk算法在网络上释放大量随机游走粒子,这些随机粒子将在给定时间内游走出多个由节点构造的序列,如图3.5.7所示。

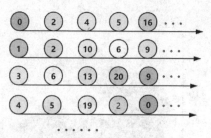

图3.5.7 新序列

然后将节点看作"单词",新生成的序列构成了"句子",由此可得到一批由节点和序列构造而成的"文本语料",这种嵌入节点的算法可以较好地反映出节点之间的连接交互关系,这样就可以基于Node2Vec算法根据每个节点在交互网络图中的局部位置信息计算出每个行为节点的向量表示,因此那些连接结构相似的节点也会在空间中彼此靠近。

本次实验的Node2Vec模型是通过Tensorflow框架构建的,先将用户重采样的新行为序列中的每个节点都生成一个独热向量,且保持每个节点的位置不变,即可保留序列的上下文相关信息。以滑动窗口大小window=5对序列进行采样,对每个节点会生成2*window个训练样本:$(i,i-window),(i,i-window+1),\ldots,(i,i+window-1),(i,i+window)$。为确保每一个batch能包含一个节点对应的所有样本,所以设置batch_size=2*window作为每一轮的批次大小。虽然模型只包含输入层、隐藏层和输出层三层神经网络,但数据量非常大时,需要极大的计算资源来支持模型训练。因此在模型训练过程中采用了负采样的方式,这样只需要更新一个样本中的一小部分权重参数矩阵,减少训练过程中的计算量。经过20000轮迭代后,损失值逐渐平稳,损失值的变化曲线如图3.5.8所示。

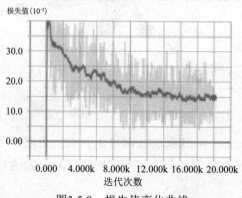

图3.5.8 损失值变化曲线

然后在损失值逐步稳定并达到最小时，抽取出网络隐藏层的参数矩阵，即对应行为节点的Embedding向量表示，结果如图3.5.9所示。

```
1  5  0.22102125 -1.2354207 -1.2580669  0.33751595 -1.101993  0.13809046 -0.32734072  0.114471905 -0.48803818  0.84393936
2  7  0.23919307 -1.2627355 -1.3219465  0.33802024 -1.0194252  0.22137307 -0.35928166  0.1389714 -0.43941802  0.8035039
3  9  0.2424533 -1.2103887 -1.2633425  0.42578438 -1.139528  0.1333352 -0.2998519  0.09201891 -0.46175313  0.8564363
4  3  0.27508312 -1.2262183 -1.2329507  0.3831829 -1.0983912  0.18686011 -0.37401327  0.07215607 -0.5344874  0.8437468
5  8  0.27504045 -1.1366208 -1.3025552  0.42802566 -1.1386528  0.25952464 -0.39591983  0.043673307 -0.5509935  0.73539567
6  4  0.25777853 -1.2587216 -1.2888623  0.36676812 -1.1167936  0.18809046 -0.26266494  0.060006574 -0.5028747  0.78131974
7  11 0.19892828 -1.2891657 -1.1822493  0.45320353 -1.1273112  0.20401496 -0.3627919  0.031948265 -0.52172273  0.77523464
8  23 0.1223422 -1.2588335 -1.2571993  0.3829704 -1.1049672  0.28628165 -0.4811364  0.06916106 -0.48592556  0.7482276
9  2  0.29327905 -1.1880097 -1.2277813  0.40917748 -1.042214  0.2732686 -0.4498385  0.1333614 -0.649243  0.80719346
10 10 0.20173486 -1.2489352 -1.2523456  0.4663198 -1.0239005  0.22740099 -0.42262974  0.045593876 -0.58487725  0.76289064
11 18 0.22533494 -1.2408456 -1.1732463  0.4944319 -1.1807183  0.16625632 -0.31147456  0.05015634 -0.463331  0.8348216
12 6  0.30695617 -1.1706839 -1.2612147  0.4134239 -1.0655919  0.15658456 -0.38702673 -0.024033004 -0.6228132  0.82627267
13 12 0.14904155 -1.2479748 -1.2542688  0.4241073 -1.0465513  0.24457394 -0.40701607  0.11438808 -0.42809847  0.87434405
14 22 0.21816325 -1.2597669 -1.2723612  0.4219617 -1.056139  0.22475891 -0.40036687  0.098844334 -0.5327328  0.7630457
15 13 0.21789174 -1.1851379 -1.2900138  0.38092524 -1.1505582  0.16745442 -0.37046215  0.12972322 -0.4589494  0.8002149
16 16 0.22101475 -1.2022552 -1.2778535  0.34317324 -1.4708243  0.27489102 -0.38346636  0.19990009 -0.525666  0.8444114
17 0  0.16036431 -1.1846249 -1.2834511  0.33807105 -1.0920081  0.18062505 -0.4948006  0.023121983 -0.4701873  0.83627206
```

图3.5.9　行为节点Embedding向量

经过上述Embedding的计算，可获取到图中每一个节点的特征向量，对应用户行为序列中的一个行为节点，最后针对每个用户的一系列行为做加权平均后的特征向量可作为用户序列行为的特征表示，结果如图3.5.10所示。

```
1  U64F0C9
   0.2330400757894737, -1.2363399315789474, -1.2361691631578946, 0.382537865263158, -1.0849423263157896, 0.20644015789473685, -0.407
   2153952631579, 0.10290705431578948, -0.4943862231578947, 0.8268599794736845
2  UA262F2 0.16036431, -1.1846249, -1.2834511, 0.33807105, -1.0920081, 0.18062505, -0.4948006, 0.023121983, -0.4701873, 0.83627206
3  U7ED034
   0.22636368500000006, -1.241650555, -1.2627106499999996, 0.3947125935, -1.1005739950000002, 0.19450861449999995, -0.35713634399999
   994, 0.06037484424999999, -0.4968460399999999, 0.7940227790000002
4  UFF6271
   0.180810903461358HT, 1.2789359067698993, 1.2789999007609883, 0.3105160197894614, -1.0959317984615388, 0.17369862115384616, -0.4
   4035590384615317, 0.05485482311538462, -0.4791092342307691, 0.8363017915384615
5  U29A12A
   0.21467113918032799, -1.2255581770491808, -1.2509192213111475, 0.3802673370491803, -1.0983010557377053, 0.1945413309836065, -0.393
   870776885246, 0.08062822973770493, -0.4864935873770488, 0.8249804259016391
6  U32AD45
   0.21775171757499994, -1.2211364289999975, -1.2461706499999906, 0.37265540684500006, -1.0996982149999988, 0.17811975240000003, -0.4165
   541158000003, 0.057251490684999978, -0.48340297400000054, 0.8372439768000003
7  U589066
   0.20720386576460637, -1.2221125233395314, -1.24506421829899742, 0.3734576786168363, -1.0983250915807483, 0.19565518286082462, -0.4
   21367045350537, 0.07779826231443257, -0.4901997804123754, 0.8283400388402139
8  U3FF6F2
   0.16036431, -1.1846249, -1.2834511, 0.33807105, -1.0920081, 0.18062505, -0.4948005999999999, 0.023121983, -0.4701873, 0.83627206
9  UA2E9F9
   0.2044037557397974, -1.1931684886747962, -1.2596145040816173, 0.3593880136096933, -1.0822933139928598, 0.19759627233418461, -0.45
   903438062500007, 0.054596100790118362, 0.515918134577086654, 0.220112179785602
```

图3.5.10　用户行为序列特征编码

3.5.1.3　基于特征融合衍生的用户信用评估模型实验

经过3.5.1.1节和3.5.1.2节对用户两种不同类型时序行为的特征编码实验，将用户的行为序列分别用两个不同的特征向量表示，便于后续特征的融合训练。现在依据IV值来对训练学习后的序列特征和人工方式处理行为序列数据构造特征进行预测能力的对比，如图3.5.11所示，经过自编码模型的特征预测能力整体优于基于人工观测构造的基础特征。IV值(Information Value)是衡量特征变量预测力的重要指标，反映了特征对模型的贡献程度，通常取值分布在0到0.5区间内，特征的预测能力的强调和IV值成正比，计算公式如式(3.5.1)所示。

$$IV = \sum_{i-1}^{n}\left[(Goods_i - Bads_i)*ln\left(\frac{Goods}{Bads}\right)\right] \qquad (3.5.1)$$

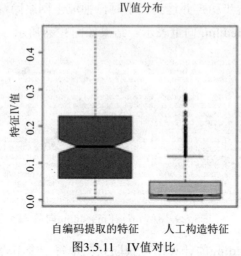

图3.5.11　IV值对比

在对用户两种不同类型的时序行为序列编码提取特征后,再将用户的基本属性信息以及行为序列中的RFM统计特征与其融合。针对行为序列的RFM统计特征,是为了引入在时序交易行为数据的特征编码中无法表达的信息。在融合之前要先将用户基本特征和RFM序列统计特征进行拼接,组合后特征维度增加,也会混入一些噪声特征,因此这里会先用随机森林建模分析特征的重要性和过拟合的风险,并按照重要程度降序排序,剔除一定比例重要性较低的特征,筛选出一个新的特征集,再与用户的行为特征编码进行融合,避免了模型出现过拟合现象。

完成所有特征的融合后输入Stack-RBM模型进行训练,选取了三层RBM网络,每层分别有200、50、10个感知器,使用ReLU作为激活函数,最终在后续的测试集的验证中得到了较好的表现。如图3.5.12所示。

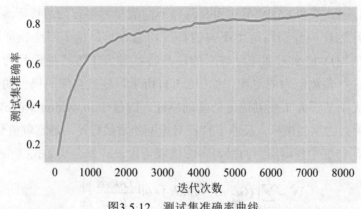

图3.5.12　测试集准确率曲线

KS值一般用作评估模型风险区分能力,指标值表示的是好坏样本累计分布之间的差异。好坏样本累计差值越大,KS指标值越大,模型的风险区分能力越强[①]。KS值曲线如图3.5.13所示。

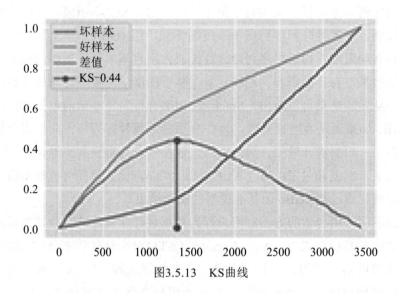

图3.5.13　KS曲线

为了验证本实验的效果优势,选取了多种分类模型作为对比算法,并使用相同的训练集和测试集评估其性能,最后的结果见表3.5.1。

表3.5.1　模型性能评价指标对比

分类器	F1	AUC
XGBoost(全局基本属性+序列RFM统计特征)	0.6123	0.8211
Stack-RBM(全局基本属性+序列RFM统计特征)	0.6014	0.8098
GRU(交易序列)+Stack-RBM(特征融合)	0.6672	0.8376
LSTM(交易序列)+Stack-RBM(特征融合)	0.6780	0.8513
DeepWalk(点击行为序列)+Stack-RBM(特征融合)	0.6502	0.8303
Node2Vec(点击行为序列)+Stack-RBM(特征融合)	0.6719	0.8434
LSTM(交易序列)+Node2Vec(点击行为)+Stack-RBM(特征融合)	0.7002	0.8610

在上述指标对比表3.5.1中,由用户基本信息特征和时间序列RFM统计特征训练的Stack-RBM模型在融入了用户行为序列的特征编码表示后,模型性能

---

① 刘志惠, 黄志刚, 谢合亮. 大数据风控有效吗?——基于统计评分卡与机器学习模型的对比分析[J]. 统计与信息论坛, 2019, 34(9): 18-26.

均有了显著提高,并且将这四种特征进行融合衍生后的训练模型取得了最优的预测效果。本实验是将XGBoost分类模型作为baseline,但XGBoost模型却无法对用户的时序行为序列进行建模,因此只选取了用户的序列RFM统计特征及基本属性两部分特征。从实验结果表可以看出,XGBoost模型对序列特征挖掘能力较弱,是因为时间序列属于非线性特征,而XGBoost模型对非线性特征的拟合具有局限性,如果将序列特征直接放入用户基本特征训练的模型中,反而对模型效果没有正面影响。相较之下,基于深度学习模型对非线性数据的拟合较好。从实验结果可以看出,Stack-RBM融合行为特征后的模型预测能力相对于XGBoost来说是有所提升的,且在分别融入两种行为特征向量组合训练之后都取得了一定的提升效果。因此本书选取多种行为特征共同融合得到了最好的实验效果,F1值超过了0.70,AUC值高达0.86,比其他任何模型实验效果都好,各项指标均远超XGBoost基准模型的实验结果。

实验表明,用合适的方法对用户行为数据进行建模能够有效帮助用户信用评估模型提升其预测能力。Auto-Encoder LSTM对交易时间序列行为的特征提取有着显著的实验效果,并且不需要大量的特征工程;Node2Vec对用户的时序行为构建网络图,能够有效提取出各个用户之间的交互特征。尽管行为序列的编码表示基本提取了所有的行为特征信息,但也会有一些隐藏较深的信息无法直接在时间序列中挖掘获取到,所以对用户时序行为还根据时间窗口来聚合提取出RFM特征,有利于体现用户在各类行为上不同时间段的差异,这是对时序数据建模的常用统计学方式。将从用户交易行为序列和App使用行为序列提取出不同表示的特征向量,经过融合训练后使模型效果得到了显著提升。

3.5.2 原型系统设计与实现

本节是对3.4节所提出的基于用户时序行为分析的征信评估模型而设计的原型系统。该系统主要包括数据准备、数据预处理、特征工程和模型集成四个功能模块,对用户的基本属性信息和不同类型的行为信息实现自动化的数据分析、特征提取和模型训练等,并对结果进行可视化的展示。系统功能模型如图3.5.14所示。

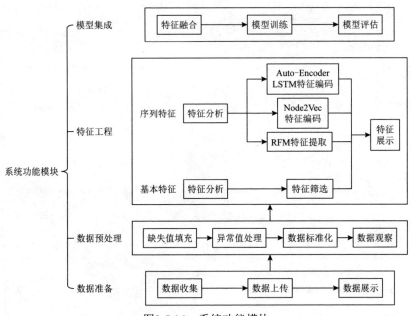

图3.5.14　系统功能模块

3.5.2.1　数据准备模块

(1) 数据上传

利用原型系统中的上传文件单元页面,将本地文件系统中的数据集传入系统后台中。上传页面如图3.5.15所示。

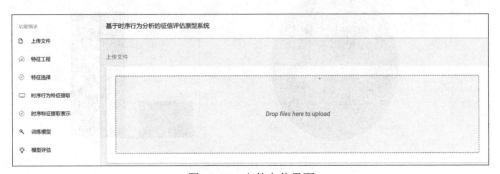

图3.5.15　文件上传界面

(2) 数据展示

上传好的数据会自动展示前5条数据样例,并分析数据集中的正负样本,分别进行饼状图和柱状图的展示,如图3.5.16所示。

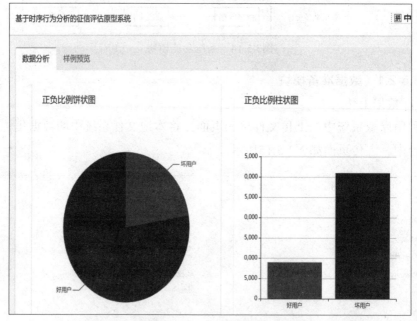

序号	用户ID	标签	特征1	特征2	特征3	特征4	特征5	特征6	特征7
1	U7A4BAD	0	1.0	0.7814427708748766	1	1	6	6.0	0.037337603478607234
2	U557810	0	1.0	0.07894578843558586	0	12	5	6.0	0.23696088553440234
3	U1E9240	0	1.0	2.1864367357534578	1	0	2	2.0	1.2350772958133778
4	U6DED00	0	0.0	0.7814427708748766	1	12	6	6.0	-0.561532242688778
5	UDA8E28	0	0.0	0.8985256012814251	1	1	6	1.0	0.037337603478607234

图3.5.16　数据展示界面

3.5.2.2　数据预处理模块

对数据进行缺失值填充、异常值处理以及数据类型的转换后，进行数据标准化操作，并对每个属性进行WOE编码，计算出该属性对应的IV值分析属性特征的信息量，并分析用户标签变量跟所有属性特征之间的相关性，分析结果展示如图3.5.17所示。

基于时序行为分析的征信评估原型系统

缺失值比列

#	用户ID	标签	特征1	特征2	特征3	特征4	特征5	特征6	特征7	特征8
空值总数	0	0	0	0	0	0	0	0	0	0
百分比	0.0	0.0	0.0	0.0	0.0	0.0	0.0	0.0	0.0	0.0
类型	object	int64	float64	float64	int64	int64	int64	float64	float64	float64

基于时序行为分析的征信评估原型系统

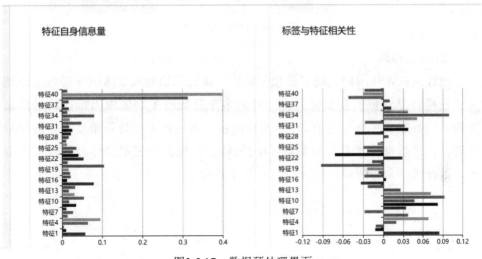

图3.5.17 数据预处理界面

3.5.2.3 特征工程模块

(1) 特征分析

分析经过数据预处理后各个特征变量之间的相关程度，来进一步验证IV值，是特征变量筛选的重要依据，如图3.5.18所示，该图计算出特征之间的相关性，并进行可视化展示。特征相关性分析结果界面如图3.5.18所示。

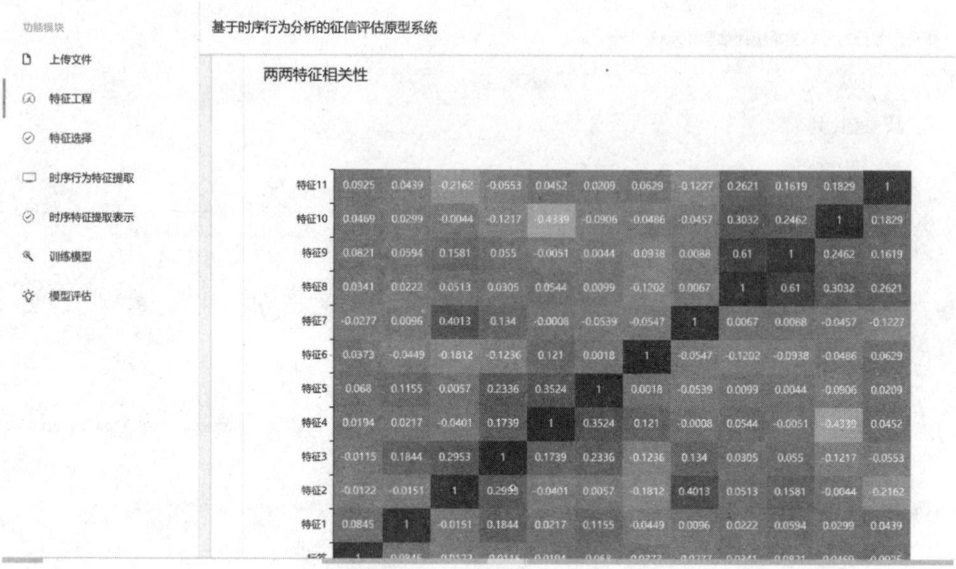

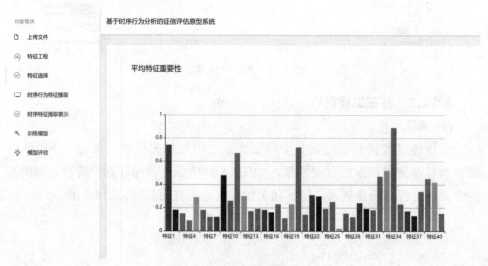

图3.5.18　特征分析界面

(2) 特征筛选

通过随机森林(RF)、皮尔逊相关系数、最大互信息系数(MIC)等特征选择方法建模计算特征的重要性得分,并对多个分数取平均值作为特征的平均重要性。特征重要性展示界面如图3.5.19所示。再按照平均特征重要程度进行特征选择,去除部分重要性分数低于0.2的特征,保留特征重要性分数较高的特征,组合成一个新的特征集合。特征选择展示界面如图3.5.20所示。

图3.5.19　特征重要性界面

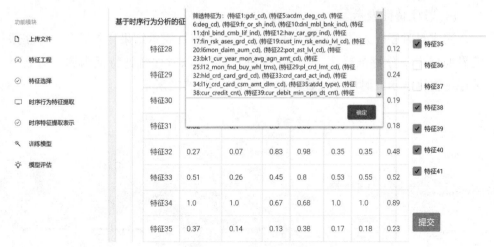

图3.5.20　特征选择界面

(3) 时序特征提取

时序特征提取界面如图3.5.21所示，可以根据任务需求选择不同模型进行特征提取，对于本书的用户交易行为数据，可以选择基于Auto-Encoder序列特征的编码模型；对于用户App使用行为数据，可以选择基于Node2Vec序列特征的编码模型；对于一些在时序行为数据的特征编码中无法表达的信息，可以选择RFM模型对时序统计特征进行提取。

图3.5.21　时序特征提取界面

(4) 时序特征表示

完成对时序行为的特征提取后，系统会把特征表示结果存入后台，并在系统界面展示部分特征样例。这里以RFM模型提取时序统计特征为例，对结果进行可视化展示。时序特征提取表示界面如图3.5.22所示。

图3.5.22　时序特征提取表示界面

3.5.2.4　模型集成模块

(1) 模型训练

完成用户多种行为数据的特征提取以及基本属性特征的筛选后，在模型训练界面选择Stack-RBM分类器或MLP分类器进行多种特征的融合训练，如图3.5.23所示。

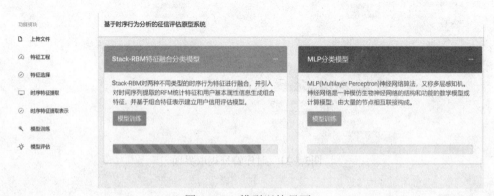

图3.5.23　模型训练界面

(2) 模型评估

模型训练加载完成后,进入模型评估界面,系统会自动利用测试集来对模型效果进行验证,并画出ROC曲线,模型评估界面如图3.5.24所示。

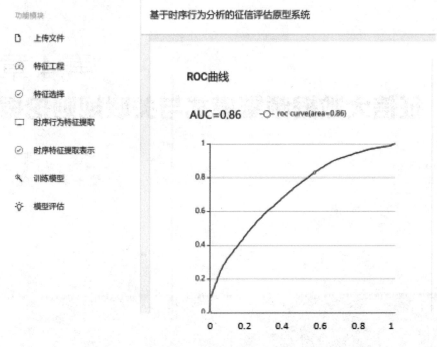

图3.5.24　模型评估界面

第4章
征信大数据频繁模式与关联规则挖掘

4.1 征信大数据挖掘概述

4.1.1 研究现状

4.1.1.1 多源异构数据融合的研究现状

随着各征信机构业务系统的不断建设和发展，因业务系统的开发时间不同、开发技术不同、侧重点不同以及研发单位不同，导致各个系统基本处于自我封闭的状态，形成各数据信息孤岛，有着诸如因数据格式等原因导致的难以直接交换处理的问题；更严重的是，许多数据信息系统中属于交易系统的一部分，每天能够产生大量的交易业务数据，信息孤岛的形成和数据量暴增的矛盾严重阻碍了征信大数据的发展。因此，如何迅速有效地从各数据信息孤岛的多源多维异构数据中进行信息集成、加工处理并进行数据融合(Data Fusion)，进而挖掘出准确有效的业务指导信息，比如动态关联规则、归因分析等，是目前信息处理领域一个重要并且新型的研究课题，即系统之系统(System of Systems)，如图4.1.1所示。

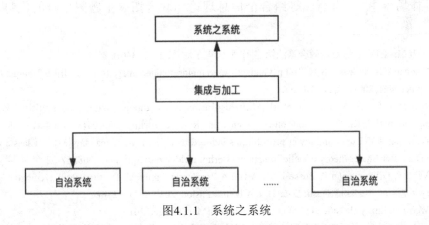

图4.1.1　系统之系统

目前数据融合的初始模型有目标提炼、态势分析、威胁估计和过程精炼共四级，更为熟知的是《多源数据融合方法研究》中总结的三级融合模型：像素级融合、特征级融合和决策级融合。如何融合数据是数据融合领域的重要研究内容之一。目前常见的融合算法[①]主要有加权平均法、卡尔曼滤波法[②③]、Dempster-Sharer证据推理法(简称D-S理论)[④⑤]、模糊集理论[⑥]、贝叶斯概率推理法,以及近年来发展迅速的神经网络法,等等。

在征信大数据中,这些融合算法的运用都面临着处理各种不确定数据信息的问题。征信大数据来源广泛、种类多样、动态增量,具有信息不确定、异构型和多态性等特点,这对于多源征信大数据的特征提取、融合和规则的挖掘提出了新的挑战。

以决策级融合算法为例,在多源同构的场景下,针对某一个具体的数据源,无论是结构性数据还是非结构性数据,局部的(单源)决策信息都可以通过从原始数据中提取所需的特征然后结合具体算法的评估或推理得到,在此基础上,可以通过整合多个单源的决策信息进行进一步的决策融合提取。

如何融合决策是决策融合的核心内容。

韩立岩等研究了一种基于D-S理论的融合算法[⑦],在将待解决问题形式化的基础上进行融合,最后对这一结果进行了决策推理。但是这种方法的弊端在于一旦某一限制出现问题,所得决策的效果会大打折扣。为了避免这一限制,康剑山等将形式化描述引入DSmT中,并给出了新的决策级融合算法[⑧]。刘玉战等基于Petd网提出了决策融合的一般模型,这一模型利用了模糊集理论来解决决策的融合问题,并给出了模型中每一步的具体操作,将决策级融合算法落实到了具体场景中[⑨]。鲁慧民等结合全信息理论和联合拓展主题图自身的优势,提

---

① 祁友杰,王琦. 多源数据融合算法综述[J]. 航天电子对抗,2017, 33(6): 37-41.
② Petrovic V S, Xydeas C S J I T o I p. Gradient-based multiresolution image fusion[J]. IEEE Transactions on Image processing, 2004, 13(2): 228-237.
③ Nunez J, Otazu X, Fors O, et al. Multiresolution-based image fusion with additive wavelet decomposition[J]. IEEE Transactions on Geoscience and Remote sensing, 1999, 37(3): 1204-1211.
④ Dempster A P. Upper and lower probabilities induced by a multivalued mapping[M] // Classic works of the Dempster-Shafer theory of belief functions. Berlin, Heidelberg: Springer, 2008: 57-72.
⑤ Valin P, Djiknavorian P, Bosse E J J A I F. A Pragmatic Approach for the use of Dempster-Shafer Theory in Fusing Realistic Sensor Data[J]. J. Adv. Inf. Fusion, 2010, 5(1): 32-40.
⑥ Werro N. Fuzzy classification of online customers[M]. Springer, 2015.
⑦ 韩立岩,周芳. 基于DS证据理论的知识融合及其应用[J]. 北京航空航天大学学报,2006, 32(1): 65-68.
⑧ 姚路,康剑山,曾斌. 结合DSmT理论和系统建模的知识融合算法[J]. 火力与指挥控制,2014, 39(12): 88-91.
⑨ 周芳,刘玉战. 北京理工大学学报社科版. 基于模糊集理论的知识融合方法研究[J]. 北京理工大学学报(社会科学版),2013 (3): 67-73.

出了一种基于拓展主题图的相似性算法(ETMSC)[①]。该算法是基于决策级融合的，其中提出的层次对应、阈值选取和实验定论是这一算法的基本原则。

4.1.1.2 结构化数据动态关联规则挖掘的研究现状

静态挖掘是目前常见的关联规则(Association Rules)或频繁项集(Frequent Item)挖掘方式，它们的前提假设为数据的集中性和数据的近似性，也就是说数据的重要程度是相同或相近的。而对于具有演化性质的征信事件来说，不同的特征数据其价值和重要程度是不一样的，而且其频繁程度随着时间的变化也在不断变化。因此，仅依靠统一的最小支持度难以完备地挖掘到征信大数据不同时段的关联规则。

在一般情况下，关联规则是静态的、持续有效的，规则的基本特性通过支持度S和置信度C来表述。但正如在征信大数据中所发生的，数据的有效性会随着时间的推移而不断发生改变。若关联规则是永恒有效的，这明显是不可能的。在这种背景下，动态关联规则应时而生，Agrawal R等人第一次在频繁模式(Frequent Mode)挖掘中将时间因素考虑进去，并提出了序列模式的挖掘，通过支持度S、置信度C、支持度向量SV和置信度向量CV来共同描述关联规则随时间变化的性质[②]。

但动态关联规则(Dynamic Association Rules)也有其受限制的一面，比如如何选取支持度，近年来出现了对动态关联规则进行深层次的挖掘即元规则挖掘(Meta Rules Mining)的算法，就是为了发现随着时间发展关联规则变化的趋势。未来时间段的支持度和置信度便可以通过分析这一趋势来得到，能够更好地验证并利用上述通过挖掘所得到的决策。

动态关联规则以及动态关联规则元规则的挖掘，是数据挖掘领域的一个重要研究课题。

Agrawal R等人在频繁模式挖掘中将时间因素考虑进去，提出了序列模式的挖掘，但挖掘到的序列模式是持续有效的，未考虑到模式自身会出现变化。Liu等人针对数据库数据的挖掘初步提出了一种能够更好地反映出规则随时间变化的动态信息的数据库关联规则挖掘算法[③]。Zhang提出了一种新的挖掘动态规则

[①] 鲁慧民, 冯博琴. 面向多源知识融合的扩展主题图相似性算法[J]. 西安交通大学学报, 2010, 44(2): 20-24.

[②] Agrawal R, Srikant R. Mining sequential patterns[C]//Proceedings of the eleventh International Conference on Data Engineering. IEEE,1995: 3-14.

[③] Liu J, Rong G. Mining dynamic association rules in databases[C]//International Conference on Computational and Information Science. Berlin, Heidelberg: Springer, 2005: 688-695.

元规则的算法，它基于自回归Markov模型，并形式化地详细阐述了动态关联规则元规则[1]。Li等人进一步提出了EFP-growth.2动态关联规则挖掘算法[2]。

动态关联规则能够提供与时间相关的信息，这契合了征信事件的特性，因此在一定程度上弥补了静态挖掘征信大数据的不足之处。

4.1.1.3　半结构化流式数据频繁模式挖掘的研究现状

半结构化数据的挖掘有着广泛的实际应用场景，尤其是树结构数据的挖掘，目前已有大量针对性的研究。其中具有代表性的有以下三种。一是FreQ[3]算法，它是一个使用模式增长计数来挖掘子树模式的经典算法。二是Hido等人提出的AMIOT算法[4]，它是基于经典的Apriori的诱导有序树挖掘算法，其将相似的节点连接起来，大幅减少了生成的候选子树，比普通的挖掘诱导子树的算法时间复杂度更低。三是uFreqT算法[5]，它对无序树的标准形式采用了深度序列来描述，生成候选子树模式时采用了最右拓展方式。

以上的研究都是针对静态的树结构数据集上的挖掘。随着互联网的发展，流式数据开始出现井喷式的增长。流式数据的特点是持续性地生成，数据集整体会变得越来越大。传统的挖掘算法针对静态的大小确定的数据集，这些挖掘方法将难以适用于流式数据的模式挖掘。Hidber等人建立了一个面向于无限流中能够不断挖掘频繁模式的模型，同时给出了一个与这一模型相匹配的频繁模式在线挖掘算法[6]。Asai等人提出的StreamT[7]是一种基于有序树挖掘的算法，这一算法假设不必挖掘到所有的频繁模式，而是设定一个频数阈值，只在流中

---

[1] 张忠林,刘俊,谢彦峰. AR-Markov模型在动态关联规则挖掘中的应用[J]. 计算机工程与应用, 2010, 46(14): 135-137.

[2] Rajarajeswari P, Sindhuja T, Sanjana B, et al. A scalable frequent itemset mining strategy using EFP-growth algorithm[J]. International journal of pure and applied mathematics : IJPAM, 2017, 115(8): 329-334.

[3] Chi Y, Yang Y, Muntz R R J K, et al. Mining frequent rooted trees and free trees using canonical forms[J]. 2004.

[4] Hido S, Kawano H. AMIOT: induced ordered tree mining in tree-structured databases[C]// AMIOT: induced ordered tree mining in tree-structured databases. Fifth IEEE International Conference on Data Mining (ICDM'05). IEEE: 8 pp.

[5] Nijssen S, Kok J N. Efficient discovery of frequent unordered trees[C]// Efficient discovery of frequent unordered trees. First international workshop on mining graphs, trees and sequences. Citeseer,2003.

[6] Asai T, Abe K, Kawasoe S, et al. Efficient substructure discovery from large semi-structured data[J]. 2004, 87(12): 2754-2763.

[7] Asai T, Arimura H, Abe K, et al. Online algorithms for mining semi-structured data stream[C]// Online algorithms for mining semi-structured data stream. 2002 IEEE International Conference on Data Mining, 2002 Proceedings. IEEE: 27-34.

挖掘暂存那些频数达到阈值的频繁模式，在满足这一假设并且计算资源有限的场景下，这一算法能够很好地处理持续到来的数据。StreamT有很多改进算法，其中Hsieh等人提出的STMer[①]，它的一大改进就是，在挖掘过程中的生成候选模式阶段改用效率更高的尾部拓展方法。

4.1.2 问题描述

我国在大数据征信的技术和产业方面都已经建立了良好的基础，随着人工智能、云计算、大数据等创新信息技术的发展，如何将这些技术融合进传统征信行业，创新大数据征信的服务模式，使得征信大数据的评估自动化和智能化是目前征信业发展的趋势。其中涌现出一批有实力的企业，包括数联铭品、中诚信征信、国信新网等。通过发展征信大数据技术，汇聚包括金融、市场监管、税务、司法等诸多领域数据，研究相关模型、理论和方法，建立科学有效的智能评估和监控预警体系，构建征信大数据智能评估和开放平台，推动大数据征信在多个垂直领域的应用，能优化社会信用环境，促进社会信用体系建设。

但征信大数据(Credit Big Data)的挖掘面临着诸多挑战。

(1) 多源异构数据融合和表征

征信大数据来源多、模态多、噪声多、可信度低且信息价值密度低，征信大数据多维度表征方法的研究突破是重大挑战，尤其是针对于多源异构的复杂数据，如何将其融合以供进一步地使用更是一个重要的课题。

(2) 动态关联规则的挖掘

互联网每天产生大量的征信数据，这些数据有着两方面的特点，一方面，这些数据有类似数据库可存储的结构化形式，也有类似于JSON这种树形结构的半结构化形式；另一方面，较早的数据随着时间推移，其包含的有效信息量在快速减少，实时的数据却带来了大量有价值的信息，而从数据中挖掘到好的规则能够指导违约时间的归因分析。因此，如何从征信大数据中快速高效地挖掘到较好的动态关联规则(频繁模式)也是一个很重要的课题。

(3) 服务模式创新

分散运营的方式形成数据孤岛，如何创新服务模型，有效汇聚广泛数据资源，实现开放共享是重大挑战。

---

① Hido S, Kawano H. AMIOT: induced ordered tree mining in tree-structured databases[C]//Fifth IEEE International Conference on Data Mining (ICDM'05). IEEE, 2005: 8 pp.

4.1.3 研究内容

本章将从数据挖掘的整体流程入手，先是对多源异构数据在单源中做了频繁模式的挖掘，得到不同源的决策后在决策级进行了融合，产生了用户所需的决策；对于如何在不同源中挖掘到相应的决策或知识，其重点在于挖掘相应的频繁项集，文中通过基于滑动窗口和尾部拓展等一系列机制对基于前缀树合并的挖掘算法做了改进并在不同的数据集上实验了频繁项集的挖掘，主要是针对类似于征信大数据的流式数据做挖掘，挖掘的时间复杂度上有了一定的进步。文中设计的改进算法以及多源异构数据融合系统对建立多源征信大数据的动态关联规则分析系统提供了一种可行的方案。

4.2 相关理论技术

4.2.1 数据融合的相关技术

数据融合的过程一般为数据提取、预处理、特征提取以及数据融合四个步骤，其中根据融合层次的不同，每个阶段都有不同的信息提取需求。本节对不同层次的融合和文中融合算法所涉及的模糊数做介绍。

4.2.1.1 不同层次的数据融合

数据融合方法的分类[①]有很多种，比较常见的分为三类：像素级融合、特征级融合和决策级融合，它们分别面向不同的层次和粒度。

(1) 像素级融合

像素级融合面向的层次最低，因此也常被称为数据级融合，像素级融合主要是针对未经过分析处理的原始数据，特征提取在像素级融合之后才进行，因此这一层级的融合操作之后原始数据的特征未丢失太多，能够为后续处理提供更多的细节。融合流程如图4.2.1所示。但正因如此，像素级融合会被原始数据的不确定性、不完全性和不稳定性强烈影响，所以这一层次的融合需要不同源的数据其格式尽可能保持一致，同时像素级融合也具有诸如融合开销高、时效性差以及抗干扰能力弱等缺点。

---

① 姜延吉. 多传感器数据融合关键技术研究[D]. 哈尔滨: 哈尔滨工程大学, 2010.

像素级融合常用的算法有加权平均法、卡尔曼滤波法[1][2]等，常应用于多传感器信息融合[3]、多源图像复合、图像融合分析等场景。

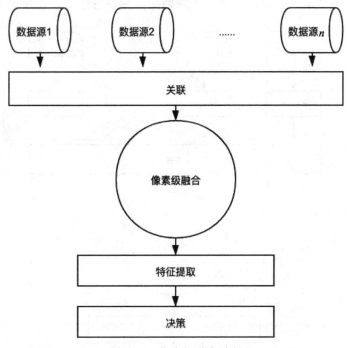

图4.2.1　像素级融合过程

(2) 特征级融合

特征级融合较像素级融合高一层次，首先从原始数据或像素级融合之后的数据中提取所需特征，然后融合这些已被提取的特征。融合流程如图4.2.2所示。在征信大数据中，特征往往是数量、年份、时间跨度等信息。特征级融合之后的数据相比于原始数据，在数据的大小上更为精简，这是因为特征在融合时具有一定的顺序，后处理的特征有可能被前处理的特征替代掉；特征级融合比像素级融合能更加清晰地实时地给出所需的特征信息；同时由于已提取的待融合特征与决策的挖掘计算密切相关，因此在保证了实时性的前提下，

---

① Petrovic V S, Xydeas C S J I T o I p. Gradient-based multiresolution image fusion[J]. IEEE Transactions on Image processing, 2004, 13(2): 228-237.

② Nunez J, Otazu X, Fors O, et al. Multiresolution-based image fusion with additive wavelet decomposition[J]. IEEE Transactions on Geoscience and Remote sensing, 1999, 37(3): 1204-1211.

③ 封博卿, 赵静, 常慧辉, 等. 轨道交通应急指挥多源异构数据的融合方法[J]. 铁路计算机应用, 2012, 21(5): 61-63.

可以尽可能地给出决策挖掘计算所需的相关特质信息。但是特征级融合较像素级融合粒度较大,有可能损失一些数据,导致融合结果不够精确。

特征级融合常用的算法有产生式规则法、神经网络法、模糊推理法等。

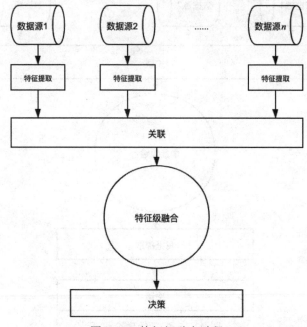

图4.2.2　特征级融合过程

(3) 决策级融合

由于决策级融合针对局部或单源的个体决策,所以可以说决策级融合是在高层次上进行的融合方式。融合过程如图4.2.3所示。通过局部或单源的数据,在决策融合之前挖掘出自己的关联规则并做出相应的决策,然后对其进行融合,能够得到整体一致性强的高层决策。在决策级融合这一层面,需要传输的数据少,稳定性好,对单源的依赖小,且具有较高的容错率,其缺点是获取所需局部或单源的决策这一操作的开销较大,本章提出了一种挖掘单源频繁项集的改进算法,能够有效减少单源挖掘所需的时间。

决策级融合常用的算法有贝叶斯概率推理法、模糊集理论[1]、D-S理论[2][3]等。

---

[1]　Luo R C, Kay M G. Multisensor integration and fusion for intelligent machines and systems[M]. Ablex Publishing Corp. 1995.

[2]　Daher J.B, Brun A, Boyer A. A Review on Heterogeneous, Multi-source and Multidimensional data mining[R]. LORIA - Université de Lorraine, 2018.

[3]　祁友杰, 王琦. 多源数据融合算法综述[J]. 航天电子对抗, 2017, 33(6): 37-41.

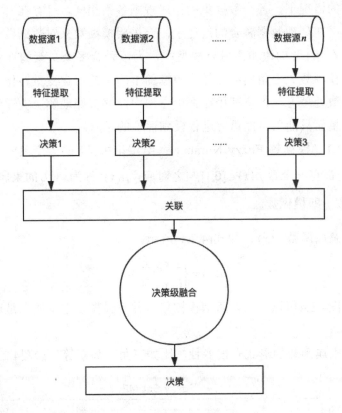

图4.2.3 决策级融合过程

(4) 三种融合层次的对比

像素级融合是最基础的融合,因此能够在保持原数据较多信息的情况下进行数据融合,但是对数据格式的统一性要求较高,如果是远程通信进行的数据融合,则需要很高的通信代价,数据量大导致处理代价要求较高;相反地,决策层融合多源异构数据并不需要统一的数据格式,而且仅需较小的通信代价和处理代价,但融合精度低。特征级数据融合各项性能适中,相较于像素级融合和决策级融合,在实际应用中是一个比较折中的选择。

4.2.1.2 三角模糊数

模糊性大量存在于生活中以及数据的描述中,这是因为数据中常存在模糊性,比如大与小、高与低,等等,需要一种精确的数学手段对数据中大量存在的模糊概念和模糊现象进行描述、建模,以达到对其进行恰当处理的目的,模糊数就是研究具有不确定性,但又具有模糊性量的变化规律的常用数学方法,目前在聚类分析、模式识别、模糊综合评判、模糊决策等方面被广泛使用。

在多源的情况下，各个数据集的描述规则各不相同，且存在着一定的模糊性，因此本书在处理数据融合的过程中，会采用模糊数来对数据做一定的准确描述；而且在第1章的决策级融合模型中，为了融合多个决策的评价指标，采用的是三角模糊数。三角模糊数是将模糊的不确定的语言变量转化为确定数值的一种模糊数处理方法，将其用在评价方法中能够很好地解决被评价对象性能无法准确度量而只能用自然语言进行模糊评价的矛盾。

定义4.2.1 模糊数(Fuzzy Number)：给定论域U上的一个模糊集，是指对任何$x \in U$，都有一个数$\mu(x) \in [0,1]$与之对应，$\mu(x)$称为x对U的隶属度，μ称为x的隶属函数，即模糊数。

设存在隶属函数$\mu(x)$，如式(4.2.1)所示。

$$\mu(x) = \begin{cases} 1, x \in A \\ 0, x \notin A \end{cases} \quad (4.2.1)$$

则通过图4.2.4可以看出，所谓模糊集合并不模糊，它本质上是连续隶属度函数的集合。

常用的隶属函数的形式有很多种，比如三角、高斯等，如图4.2.5所示。

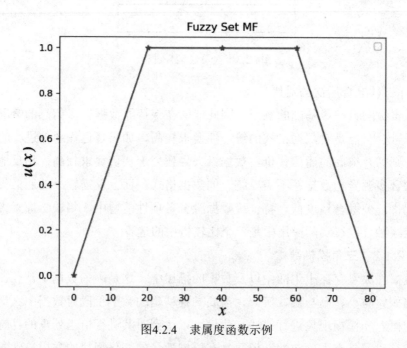

图4.2.4 隶属度函数示例

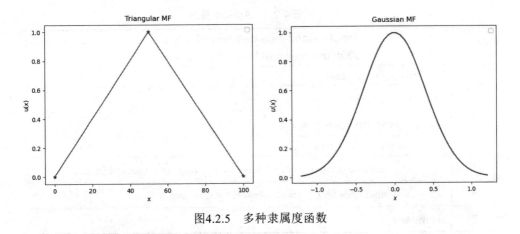

图4.2.5　多种隶属度函数

定义4.2.2　三角模糊数(Triangular Fuzzy Number)：$A=(a,b,c)$是模糊三角数，当且仅当$A=(a,b,c)$的隶属函数能够被式(4.2.2)表达时，$A=(a,b,c)$即为模糊三角数。

$$\mu_A(x)=\begin{cases}0, x<a\ or\ x\geqslant c\\ \dfrac{x-a}{b-a}, a\leqslant x\leqslant b\\ \dfrac{c-x}{c-b}, b\leqslant x\leqslant c\end{cases} \quad (4.2.2)$$

4.2.2　动态关联规则挖掘的相关技术

关联规则的挖掘算法有针对传统关系数据库的静态关联规则挖掘算法，也有针对随时间发生变化的数据的动态关联规则挖掘算法。本节首先介绍文中需要改进的Apriori算法，然后对半结构化数据挖掘所涉及的频繁模式树和前缀树做一介绍。

4.2.2.1　Apriori算法

数据挖掘中最关键的一步就是挖掘到符合要求(支持度)的频繁项集，而且通常我们需要的是包含项最多的频繁项集。Apriori算法采用了迭代的方法来挖掘k-项频繁集：首先搜索出候选1-项集及对应的支持度，去掉低于支持度的1-项集，得到频繁1-项集。然后对剩下的频繁1-项集进行连接，得到候选的频繁2-项集，筛选去掉低于支持度的候选频繁2-项集，得到真正的频繁2-项集，以此类推，直到无法找到频繁$k+1$-项集为止，对应的频繁k-项集的集合即为算法的输出结果。这一算法的形式化描述见表4.2.1。

表4.2.1 Apriori 算法

	Input：Candidate itemsets of size k
	Output：frequent itemsets of size k
1	L_1 = {frequent 1-itemsets};
2	for (k=1; $L_k \neq \emptyset$;k++){
3	C_{k+1} = GenerateCandidates(L_k) ;
4	for transaction t in database {
5	increment count of candidates in C_{k+1} that are contained in t ;}
6	L_k=candidates in C_{k+1} with support >= min_sup;}
7	return $U_k L_k$

Apriori算法简单易应用，是生成频繁项集经典的算法。虽然如此，在实践与研究过程中，Apriori算法的一些缺点也慢慢浮现。

第一，当候选集规模较大的时候，Apriori算法的时间开销会变得很大。例如，对于10000个频繁1-项集而言，候选频繁2-项集对应个数将会超过10M，这样巨大的计算量对于主存空间的占据以及时间的消耗都是无法估计的。

第二，对候选项集模式匹配之前，必须对事物数据库做很多次重复的扫描工作。假如D中含有一个频繁项集，它的长度为20，那么至少需要进行20次的数据库扫描工作，才能对频繁性做出判断，这会导致I/O负载增大。

第三，算法的适应面比较窄。Apriori算法处理的是单维、单层和布尔类型的数据，然而，现实生活中的数据具有数量多、维数高等特点，对于这类数据，该算法就不适用了，此时就需要对算法做相应的改进工作。本章针对于征信大数据的特点有具体的改进方法。

4.2.2.2 频繁模式树

频繁模式树(FP Tree)是FP-grouwth算法中设计的一种数据结构，它通常用来存储数据挖掘时查找频繁项集所需要的全部信息，主要是为了解决Apriori算法在挖掘过程中多次扫描数据造成的性能问题。这一数据结构使得FP-grouwth算法在挖掘过程中只需要扫描两次数据集，相比于Apriori算法在性能上有很大的提升。

FP Tree的一般构造过程：

第一，创建树根nil；

第二，扫描候选集D，然后将每个项集按定义的规则排序，通常为频率的降序；

第三，使用相应的支持度为每个事务创建一个新分支；

第四，如果在另一个事务中遇到同一个节点，须增加一个支持度计数；

第五，每个项目节点使用树中的节点链指向维护头表。

FP Tree是为了解决Apriori算法的不足而提出的数据结构，其优点主要有以下两种。

第一，FP Tree保证了候选集信息的完整性，没有造成任何的信息丢失，如图4.2.6所示，所有的项都会嵌入FP Tree的各条路径中，其相应的信息由每个节点的支持度所保存。

第二，FP Tree还具有高度的压缩性，在没有任何共享的情况下，每个项最多在树中贡献一条路径，因此，FP Tree的规模最大也不会超过原候选集的规模。

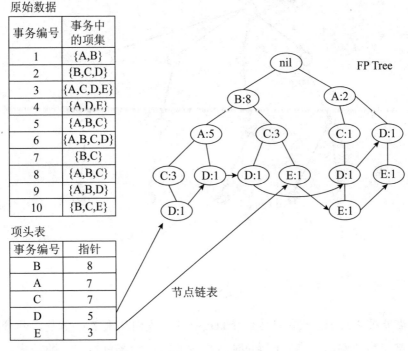

图4.2.6　FP Tree

4.2.2.3　前缀树

挖掘树结构的数据时，经常需要对整棵树做插入和查询，为了减少插入的内存消耗以及查询的时间复杂度，可以利用前缀树(Trie)做辅助的数据结构。前缀树存储了到叶节点的公共前缀，亦即一个节点的所有子孙都有相同的前缀，这样一来查找节点的耗时较少。并且前缀树中的节点都是有序的，通常每个节点在树中的前缀拼接可以形成这一节点的Key，这样使得只需要在节点中存储Value即可，相比于节点中存储Key-Value对的方式内存占用较少。它是哈希树的一个变种，核心思想也是空间换时间。

前缀树有三个基本性质(以字符串的前缀树为例)：

一是根节点不包含字符，除根节点外每一个节点都只包含一个字符。

二是从根节点到某一节点，路径上经过的字符连接起来，为该节点对应的字符串。

三是每个节点的所有子节点包含的字符都不相同。

设有b，abc，abd，bcd，abcd，efg，hii这6个单词，可以建立如图4.2.7所示的前缀树，其中，灰色的节点代表路径可以终止于此。

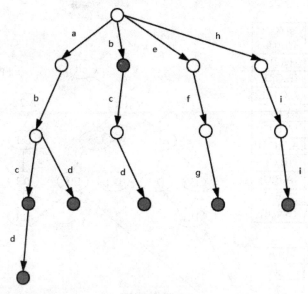

图4.2.7　Trie

当需要搜索abc这一单词是否在Trie中时，我们从根节点出发，顺着匹配每个字符的路径遍历，当匹配到c时，相应的节点为灰色标注，即搜索可以终止，这说明我们在Trie中可以查找到abc这个单词。

前缀树主要应用于串的快速搜索、串的排序，以及公共前缀的查找。本书为了提高半结构化数据的频繁项集挖掘速度，采用了这一数据结构。

4.3 多源征信大数据融合方法

4.3.1 数据融合

4.3.1.1 数据融合的定义

计算机中存储的数据,是信息在介质上用二进制形式存储的一种表示。数据融合以及信息融合,是生物体所固有的一种特征,通过数据信息的融合,生物体能够感知环境并产生相应的行为,正是由于这一基本能力,生物体才能够生存、进化和发展,而且不仅限于人类,在其他生物系统中也存在。人类可以不用刻意地利用这一能力把自身器官感知到的信息融合起来,结合先验知识来预估、认识周围环境和正进行的事件。目前许多领域,都在发展着类似的系统,这一系统将所得到的多源数据融合并产生诸如决策知识等信息,进一步指导领域中某些方面的发展。

数据融合技术被广泛认为是一种多层次的和多角度的数据处理技术,在融合处理操作过程中,为了保证能够得到精准的身份信息、操作信息或历史的与实时的风险信息等,将多源异构数据进行一系列处理,包括数据清理、数据结合、特征提取等多个方面的操作,而不同的数据融合技术则分别有着与其相应的融合处理操作流程。总体来说,数据融合的主要内容是,针对某个特定场景的局部数据信息,经过一系列具体针对性的数据综合处理与分析,产出此场景下较为完善、准确、可靠的数据描述,有效地支持更高层的判断和决策。

4.3.1.2 数据融合的过程

征信大数据的处理按照通常数据融合的做法,首先是来自多个不同信息源的异构数据需要依照一定的规则和方法来整合冗余、互补信息,并且处理冲突数据,这类似于人类通过不同的器官从周围环境中收集到多种信息,通过大脑的分析处理后才能根据前人的经验或自身的阅历做出准确的判断,比如征信数据同源不同收集方式得到的数据中,年龄等信息经常会重复,必须将这些冗余的数据剔除;紧接着需要从数据中提取特征,从上一步处理过的数据中找到需要进行融合的数据,其包含着需要融合的特征信息,再通过剔除多余特征、融合不同特征等步骤得出最终的融合结果。

典型详细的多源融合过程如图4.3.1所示。

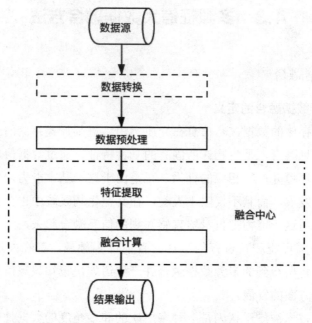

图4.3.1 多源异构数据融合过程

(1) 数据的获取

各个数据源获取数据的方式以及存储的格式不尽相同,得到这些数据后需要按照一定的规则进行数据的转换,把数据信息尽可能地转换成统一的结构化或半结构化数据。后文会提到用树这种半结构化数据进行频繁项集的挖掘,所以在这一步也可以直接转换成我们所需要的半结构化格式数据。

(2) 数据的预处理

在实际应用中,数据源中难免会出现噪声、冗余和缺失,所以通常首先要对数据进行预处理,减少数据中的冗余、消除数据中的噪声,从而获取更完善的数据。

(3) 数据特征的提取

经过上一步操作的数据其特征对于融合来说更为有效,这一步可以通过一些预设的方法,例如主成分提取方法,来提取数据中所需的特征,从而获取精简有效的数据。

(4) 数据融合

这一步主要对经过上一步操纵的数据进行挖掘融合,得到准确有效的决策,常见的方法有粗糙集、神经网络、D-S理论等,根据实际应用场景、具体的用户需求,以及技术条件限制等来选取合适的方法。

4.3.2 数据融合方法

可以看到，数据融合这一过程在不同的层面均有其复杂的部分，不仅要依赖局部还要统筹整体，数据融合技术从传统的概率方法到近些年出现的深度学习网络等新技术，一直在不断地发展进步。图4.3.2中给出了常见的数据融合方法。

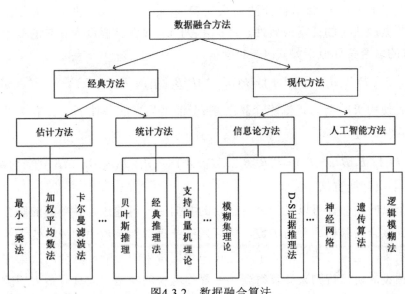

图4.3.2　数据融合算法

4.3.2.1　估计方法

(1) 加权平均数法

加权平均数法直观易行，因此广泛应用于数据融合中，其核心思想是将数据源中的数据乘以加权系数后进行加权平均，如果是原始数据则数据中往往是带冗余信息的。若在决策级使用这一方法，设 w_i 为数据源 i 的权重，t_{ij} 为数据源 i 对决策 j 的支持度，那么 $\sum w_i t_{ij}$ 即整体的证据或属性对各个决策的支持程度，其结果就是决策融合的结果，这种方法虽然直观易行但不够精确，而且主观因素对如何确定数据源的权重影响较大。

(2) 卡尔曼滤波法

卡尔曼滤波法(Kalman Filter)通常适用于动态环境系统中多传感器数据的实时融合，其算法类似于加权平均数法，其主要内容是计算多传感器数据的加权平均值。与有可能被主观因素影响的加权平均数法不同的是，卡尔曼滤波法所需的权值是可以定量计算的，其与测量方差成反比。在实际场景下，可以通过调节各传感器的方差值来改变权值，以获得更准确的结果。本书主要讨论的是关于征信大数据的数据融合，卡尔曼滤波法在此不予赘述。

4.3.2.2 统计方法

(1) 贝叶斯估计法

贝叶斯估计法常用于在决策级这一层面融合多源数据，通过概率组合多个源的信息，用概率来描述不确定性，然后计算在多源数据的条件下，某个假设为真的后验概率。贝叶斯估计法要求决策 $A_1, A_2, ..., A_m$ 相互独立，$B_1, B_2, ..., B_n$ 为各个数据源认定的证据或属性，$P(B_i|A_j)$ 为证据 B_i 在其假设为真时的概率，则 n 个证据的联合条件概率如式(4.3.1)所示。

$$P(B_1, B_2, ..., B_n | A_j) = P(B_1 | A_j)P(B_2 | A_j)...P(B_n | A_j) \quad (4.3.1)$$

最后使用贝叶斯公式就能计算出在 n 个证据为真的条件下，决策 A_j 的后验概率如式(4.3.2)所示。

$$P(A_j | B_1, B_2, ..., B_n) = P(B_1, B_2, ..., B_n | A_j) * P(A_j) / P(B_1, B_2, ..., B_n) \quad (4.3.2)$$

(2) 多贝叶斯方法

一个贝叶斯估计可以是一个待融合的数据源，可通过合并单源的联合概率分布得到联合后验概率分布函数，然后通过计算似然函数中的最小值为整体提供融合结果，这种方式也降低了部分噪声数据带来的影响。融合的决策需要结合场景预设的决策规则来计算得到——最终融合的决策常取具有最大后验概率的那个，这一步与前文提到的贝叶斯估计法相似。

4.3.2.3 信息论方法

(1) 模糊集理论

在数据融合领域，利用模糊集理论(Fuzzy Theory)建立一个映射，将数据源信息通过这一映射输出到某一空间，通常直接将最终结果的空间作为输出空间。其核心是将用0和1这种非连续集合表达的隶属关系映射到0到1的连续范围，此连续范围内的每个取值表示相应的元素对某个模糊集的隶属程度，这一方式对分析不确定事件的效果较好。

如图4.3.3所示，输入空间为原始数据，输出空间为期望结果。一开始将输入空间和输出空间模糊化，模糊化成对应的用模糊语言描述的变量值，在输入变量的定义区间内找出输出变量与各证据的兼容度来计算得到各位置的总兼容度，再结合模糊理论中的区间合并等运算来完成所有兼容度的合并。最后再解模糊化处理该合并结果作为最后的结果。

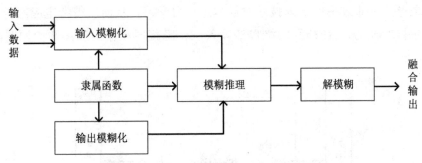

图4.3.3 模糊推理在数据融合中的应用

传统概率论方法通常将事件的可能性用概率来阐述，而模糊集理论一定程度上克服了这一"缺陷"，能够以更加类似于人类思考的方式来分析可能性。

(2) D-S证据推理法

将可能的非0即1的结果构成的空间定义为D，则其子集为2^D，$\forall A \subseteq D$，定义$m: 2^D \to [0,1]$，其中$m(\emptyset)=0$，$\sum_{A \subseteq 2^D} m(A)=1$，$\emptyset$代表空集，则$m$为$2^D$上的概率指派函数(Basic Probability Assignment Function)，从根本上说，它是证据利用概率对D的子集实施了信任度的划分指派。

在真实的应用场景下对于同一个问题，通过不同的证据计算得到的m_i不一定相同，考虑全部证据之后的m计算如式(4.3.3)所示。

$$m(A) = K^{-1} \times \sum_{\cap A_i = A} \prod m_i(A_i) \tag{4.3.3}$$

其中，$1 \leq i \leq n$，$K = \sum_{\cap A_i \neq \emptyset} \prod m_i(A_i)$。

建立在概率指派函数基础上的D-S证据推理法，可以处理类似"不清楚""不明白""确信"等引起的不确定性，其缺陷在于D中的各数据必须互斥，而且当基本概率分配函数过多时计算会变得异常复杂，效率变低。

4.3.2.4 神经网络方法

近年来AI领域蓬勃发展，其中提出的很多思想和算法也促进了数据融合领域的发展。神经网络(Artificial Neural Networks)能够通过互联非常简单的计算处理单元即神经元来构成非线性的网络系统，运算快、推理能力强，能够自学习来适应不同的应用场景[①]，而且神经网络近乎完美地契合了多源多维数据的融合需求。BP(Back Propagation)神经网络作为当前使用最为广泛的神经网络

---

① 徐学良. 人工神经网络的发展及现状[J]. 微电子学, 2017, 47(2): 239-242.

结构之一，它通过梯度下降技术对样本进行自学习，从而获得特定应用场景下的联想推断能力。BP神经网络包括输入层、隐藏层和输出层，结构如图4.3.4所示。

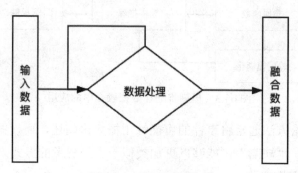

图4.3.4　神经网络模型

神经网络的灵活性在于，既可以通过分析样本间的相似性来获得一定的先验知识作为其自学习的辅助输入，也可以在训练中设置某些层来自学习到一定的推理能力作为其自学习的辅助。由于神经网络强大的自学习能力，其逐渐被引入数据融合领域并取得了一定的成果[1][2]。但正如没有一把钥匙可以解开所有种类的锁一样，任何融合算法都有其局限性，没有任何一个算法能够在所有的场景下都比其他算法更加有效，要根据实际需求和限制条件选取合适的融合方法。

4.3.3　多源异构数据的融合模型

4.3.3.1　融合结构

文献[3]中提出了一种多源的融合模型，如图4.3.5所示。这一融合模型结合了用户的需求和数据源的可信度、近似知识库和应用场景知识的合理性，并通过投票法来去除冗余信息、噪声数据。

---

[1] 王海燕, 周陆怡, 鲁思博, 等. 基于人工神经网络数据挖掘在群体药代动力学中的知识发现[J]. 中国临床药理学杂志, 2018, 34(20): 2449-2451.
[2] 王春梅. 基于神经网络的数据挖掘算法研究[J]. 现代电子技术, 2017, 40(11): 111-114.
[3] Wang G, Li W, Hua W, et al. A method for heterogeneous uncertain information fusion and its application[C]// Proceedings 7th International Conference on Signal Processing. ICSP'04. IEEE, 2004, 3: 2253-2256.

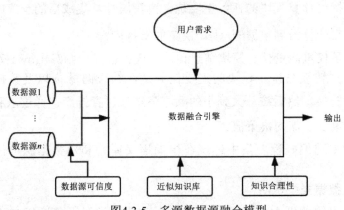

图4.3.5　多源数据源融合模型

结合以上结构模型并基于决策级融合方法,我们可以设计一种征信大数据领域适用的多源多维异构数据融合模型,它能够支持多源决策。如图4.3.6所示。

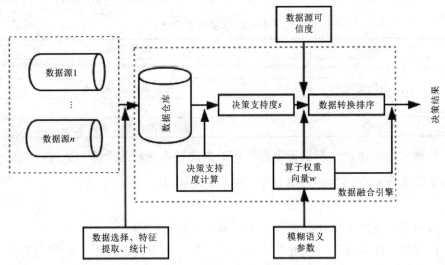

图4.3.6　多源异构数据融合模型

融合引擎的详细说明如下。

第一,数据的集成、消除数据的异构差异是数据仓库通过数据选择、特征提取和统计等操作来完成的,这一步处理后的数据可作为后续处理的数据源;这一步中并不需要将数据完全融合,可以将不同源但有类似结构的数据进行融合缩减,比如将数据源1和数据源2的数据融合成为新的数据源x存储于数据仓库中。

第二，支持度计算模块的任务主要是，决策属性从集成后的仓库中找到所需维度的数据来计算得到数据源i对第j决策的支持度s_{ij}。

第三，算子权重向量计算模块基于预设的模糊语义原则算出owa权重w_i。

第四，数据转换与排序模块的主要任务是，结合向量w_i以及数据源的可信度对s_{ij}进行转换，然后按从大到小的顺序将结果进行排序，通过求和这一结果得出特定决策者所需的决策值。

决策者的主观偏好程度集中体现在模糊语义原则和对数据源可信度的确定上。

4.3.3.2 数据类型说明

征信大数据的数据大体可划分为两种，一种是类似于"逾期90天违约次数"这类描述数量的数据，另一种是类似于"健康状况良好"这类描述质量的数据。本书采用数值来描述数量，通过语言变量来描述质量。且由于征信大数据中的数据大多可以采用以下四类方式来描述：布尔型、随机变量、程度和词汇，因此本书重点研究也是着眼于这四类数据描述方式，见表4.3.1。

表4.3.1 数据的描述

类型	取值空间
布尔型	0或1
随机变量	变量取值服从分布
程度	7个等级
词汇	描述标准取决于词汇空间

依据大数定律，一般情况下当征信数据的样本量趋近于无穷大时，随机变量服从正态分布，记为$X \sim (\mu, \sigma^2)$，并且满足式(4.3.4)。

$$P(\mu - 3\sigma < X < \mu + 3\sigma) = 0.9974 \tag{4.3.4}$$

布尔型数据用于描述非是即否的判断，取值非0即1。

程度数据经常使用"很好""非常差"等词语来表达，通常采用7个等级。

词汇数据通常按照场景设置规定的词汇，这些词汇代表着对某一事件的定性描述，词汇空间大小要根据实际的应用场景而定。

4.3.3.3 支持度计算

由于多源数据中经常存在模糊性，为了得到数据源对决策的支持度，需要选择一种计算方式来尽量将这种模糊性量化，此处选择三角模糊数。

(1) 通过随机变量计算

不妨设$x_0 = \mu - 3\sigma$，则$x' = x - x_0 / 6\sigma$。

如果随机变量对决策的支持度与随机变量本身是正比关系，这种情况下 n 等分区间 $[\mu-3\sigma, \mu+3\sigma]$，则随机变量到支持度的映射关系为式(4.3.5)。

$$s(x) = \begin{cases} (0,0,0), x \leqslant \mu-3\sigma \\ \left(\dfrac{i}{n}, x', \dfrac{i+1}{n}\right), \dfrac{3\sigma i}{n}+x_0 < x \leqslant \dfrac{6\sigma(i+1)}{n}+x_0 \\ (1,1,1), x > \mu-3\sigma \end{cases} \quad (4.3.5)$$

如果随机变量对决策的支持度与随机变量本身是反比关系，其对决策方案的支持度却增大，则结合式(4.3.5)，随机变量到支持度的映射关系为式(4.3.6)。

$$s'(x) = (1,1,1) - s(x) \quad (4.3.6)$$

(2) 通过布尔型数据计算

此类数据常采用1或0进行描述，如果用类似True和False等其他二值的表示也同样转化为1或0描述。设数据源中的数据取1的个数为 n，取0的个数为 m，而且以取值1作为支持度的标准，则布尔型数据到支持度的映射关系为式(4.3.7)。

$$s(x) = \left(\dfrac{n}{n+m}, \dfrac{n}{n+m}, \dfrac{n}{n+m}\right) \quad (4.3.7)$$

(3) 通过程度型数据计算

数据表征的事务的各程度可使用7等级标准来描述。通常有递增型和递减型这两种程度词语，则程度型数据到支持度的映射，见表4.3.2。

表4.3.2 支持度计算

反比型	正比型	$s(x)$
非常高	非常低	(0.00,0.00,0.17)
高	低	(0.00,0.17,0.34)
较高	较低	(0.17,0.34,0.50)
一般	一般	(0.34,0.50,0.67)
较低	较高	(0.50,0.67,0.84)
低	高	(0.67,0.84,1.00)
非常低	非常高	(0.84,1.00,1.00)

(4) 通过词汇型数据计算

按照词汇对决策的支持度，对所有预定义的 n 个词汇进行从低到高的排序，表示为 $w=\{w_0, w_1, \ldots, w_{n-1}\}$，则词汇型数据到支持度的映射为式(4.3.8)。

$$s(w_i) = \left(\dfrac{i}{n-1}, \dfrac{i}{n-1}, \dfrac{i}{n-1}\right) \quad (4.3.8)$$

4.3.3.4 权重向量计算

定义 $F: R^n \to R$,相应的加权向量 $w = (w_1, w_2, \ldots, w_n)$,$w_i \in [0,1], 1 \leq i \leq n$,$\sum_{i=1}^{n} w_i = 1$,得出式(4.3.9)。

$$F(a_1, a_2, \ldots, a_n) = \sum_{i=1}^{n} w_i b_i \tag{4.3.9}$$

其中,b_i是a_i中第i大的元素,则称F为n维有序权重平均(owa)算子。

加权向量$w = (w_1, w_2, \ldots, w_n)$可由式(4.3.10)计算:

$$w_i = f(i/n) - f((i-1)/n) \tag{4.3.10}$$

其中,$1 \leq i \leq n$,f是模糊语义量化算子,定义为式(4.3.11)。

$$f(x) = \begin{cases} 0, x < a \\ \dfrac{x-a}{b-a}, a \leq x \leq b \\ 1, x > b \end{cases} \tag{4.3.11}$$

其中,$x, a, b \in [0,1]$。

另外,使用度量c量化决策者的乐观态度,如式(4.3.12)所示。

$$c = orness(w) = \frac{1}{n} \sum_{i=1}^{n} (n-i) w_i \tag{4.3.12}$$

4.3.3.5 融合算法

为了分析算法的流程,我们做以下设定:设有n个决策$A = (A_1, A_2, \ldots, A_n)$,$m$个数据源$S = (S_1, S_2, \ldots, S_m)$,各源数据的可信度为$p_i$,算法流程如下。

第一,计算支持度。

在已集成、消除冗余的仓库中获取需要计算的数据,根据4.3.3.3中的方法对数据进行映射,得到第i数据源对第j决策的支持度s_{ij},如式(4.3.13)所示。

$$s_{ij} = (a_{ij}, b_{ij}, c_{ij}) \tag{4.3.13}$$

其中,(a_{ij}, b_{ij}, c_{ij})为支持度的三角模糊表示,且满足$0 \leq a_{ij} \leq b_{ij} \leq c_{ij} \leq 1$。

第二,确定有序权重平均算子的权重向量。

根据决策者的主观偏好程度确定出模糊语义量化准则,以及相应的式(4.3.11)中的a和b。模糊语义准则通常为"最少二分之一"以及"越多越好"等,相应的a和b分别为(0,0.5)和(0.5,1),根据a和b便得到了式(4.3.11)中的算子$f(x)$。

通过式(4.3.10)并结合$f(x)$可求得owa权重向量$w = (w_1, w_2, \ldots, w_n)$,$n$为数据源的个数,然后通过式(4.3.12)求出$c$的值。

第三，根据各数据源可信度 p_i 和支持度值 s_{ij} 对 s_{ij} 进行转换。

根据 p_i 与 s_{ij}，通过模糊判决法转换各个支持度，然后按照从大到小的顺序排序。

设 $s_{ij\_min} = s_{ij} * p_i, s_{ij\_max} = p_i + (1-p_i) * s_{ij}, s_{ij\_ave} = \dfrac{np_i s_{ij}}{\sum_{i=1}^{n} p_i}$。

定义当 $c \leq 0.5$ 时，$h_{(c)} = 0$，$m_{(c)} = 2c$，$l_{(c)} = 1-2c$；当 $c \geq 0.5$ 时，$h_{(c)} = 2c-1$，$m_{(c)} = 2-2c$，$l_{(c)} = 0$。则经过转换后的决策支持度表示为式(4.3.14)。

$$s_{ij} = h_{(c)} s_{ij\_max} + m_{(c)} s_{ij\_ave} + l_{(c)} s_{ij\_min} \tag{4.3.14}$$

第四，通过加权向量 w 和支持度 s 对数据融合，算出每一个决策的最终值，如式(4.3.15)所示。

$$s_i = \sum_{i=1}^{m} w_i b_{ij}, j = 1, 2, .., n \tag{4.3.15}$$

其中，b_{ij} 是 $(s_{1j}, s_{2j}, ..., s_{nj})$ 中第 i 大元素。

第五，根据实际问题按决策值大小做出决策。

4.3.4 实验结果与分析

4.3.4.1 实验数据

ContractTrans 数据集主要包含五种不同类型的借贷产品 LowFreqLendingProd、FreqLendingProd、TrustFreqLendingProd、FreqLendingProdPro，以及 FreqLendingProdPrem，为了便于记录，分别记为 A_1、A_2、A_3、A_4 和 A_5，其中每款产品均有市场需求 a_1、平均被违约次数 a_2、平均最长借贷期 a_3、金额相对年利率 a_4、用户反馈 a_5、专家建议 a_6 共6个方面的属性。为了便于说明融合过程，提取部分数据并进行整理，得到的数据见表4.3.3。

表4.3.3 产品支持度和数据源可信度

a_i	p_i	A_1	A_2	A_3	A_4	A_5
a_1	0.5	大	一般	非常大	有点小	小
a_2	0.9	5.25	8.64	3.28	1.81	4.76
a_3	0.9	8.36	13.28	15.14	7.08	17.31
a_4	0.3	一般	非常好	有点差	有点好	好
a_5	0.6	0.65	0.73	9.48	0.54	0.67
a_6	0.4	改进	主推	保持	淘汰	改进

4.3.4.2 实验结果

对表4.3.3中各数据描述类型分析知a_1和a_4是程度型,按表4.3.2进行变换;a_2和a_3为随机变量型,按式(4.3.5)进行变换;且n取15;a_5为布尔型数据(表中数据为用户评价为"好"的比例),按式(4.3.7)进行变换;a_6为词汇描述型,按式(4.3.8)进行变换。则量化处理结果见表4.3.4。

表4.3.4 支持度量化结果

a_i	p_i	A_1	A_2	A_3	A_4	A_5
a_1	0.5	(0.67,0.84,1.00)	(0.34,0.5,0.67)	(0.84,1.00,1.00)	(0.17,0.34,0.50)	(0.00,0.17,0.34)
a_2	0.9	(0.13,0.14,0.20)	(0.00,0.00,0.00)	(0.53,0.55,0.60)	(0.80,0.85,0.86)	(0.02,0.23,0.27)
a_3	0.9	(0.20,0.24,0.26)	(0.53,0.56,0.6)	(0.66,0.68,0.73)	(0.13,0.16,0.20)	(0.80,0.83,0.86)
a_4	0.3	(0.34,0.50,0.67)	(0.84,1.00,1.00)	(0.17,0.34,0.50)	(0.50,0.67,0.84)	(0.67,0.84,1.00)
a_5	0.6	(0.65,0.65,0.65)	(0.73,0.73,0.73)	(0.48,0.48,0.48)	(0.54,0.54,0.54)	(0.67,0.67,0.67)
a_6	0.4	(0.33,0.33,0.33)	(1.00,1.00,1.00)	(0.66,0.66,0.66)	(0.00,0.00,0.00)	(0.33,0.33,0.33)

选择"大多数"作为模糊语义的原则,式(4.3.11)中的a和b分别为0.3和0.8,根据式(4.3.10)和式(4.3.11)计算出权重向量w=(0.00,0.067,0.33,0.33,0.27,0.00),则根据(4.3.12)得到c = 0.37。

根据p_i和s_{ij}并结合式(4.3.14)对表4.3.4中的数据进行转换,结果见表4.3.5。

表4.3.5 变换结果

a_i	A_1	A_2	A_3	A_4	A_5
a_1	(0.50,0.62,0.75)	(0.25,0.37,0.50)	(0.63,0.75,0.75)	(0.13,0.25,0.37)	(0.00,0.13,0.25)
a_2	(0.18,0.19,0.27)	(0.00,0.00,0.00)	(0.71,0.74,0.81)	(1.07,1.14,1.16)	(0.27,0.31,0.36)
a_3	(0.27,0.32,0.35)	(0.71,0.75,0.81)	(0.89,0.92,0.98)	(0.18,0.22,0.27)	(1.07,1.12,1.16)
a_4	(0.15,0.22,0.30)	(0.38,0.45,0.45)	(0.07,0.15,0.22)	(0.22,0.30,0.38)	(0.30,0.38,0.45)
a_5	(0.58,0.58,0.58)	(0.65,0.65,0.65)	(0.43,0.43,0.44)	(0.48,0.48,0.48)	(0.60,0.60,0.60)
a_6	(0.20,0.20,0.20)	(0.60,0.60,0.60)	(0.39,0.39,0.39)	(0.00,0.00,0.00)	(0.20,0.20,0.20)

对表4.3.5中的每列按照第二个数据值从大到小排序,并根据式(4.3.15)进行计算得到表4.3.6。

表4.3.6 决策结果

a	A_1	A_2	A_3	A_4	A_5
决策值	(0.23,0.27,0.31)	(0.43,0.49,0.53)	(0.52,0.54,0.56)	(0.20,0.27,0.35)	(0.28,0.32,0.36)

从表 4.3.6中可以看出,A_3即TrustFreqLendingProd产品的支持度最高,有借贷需求则应重点考虑此产品。

4.4 结构化征信大数据动态关联规则挖掘算法

4.4.1 动态关联规则的形式化定义

动态关联规则相较于普通关联规则,其包含了规则本身的特性也随着时间发展而改变,其形式化的描述如下。

设项集合 $I = \{i_1, i_2, \cdots, i_n\}$,在时间跨度 t 内获取的事务 T 的集合为 D,T 是项的集合,也被称为项集。将 t 等分成 n 个时间段,即有 $t = \{t_1, t_2, \cdots, t_n\}$。再按照 t 里的每一项划分事务集 D,即有 $D = \{D_1, D_2, \cdots, D_n\}$,其中在 t_i 时间段内收集的数据子集为 D_i。项集 $T \in I$;将项集 T 标记为 TID。项集 A 和 B 对应的动态关联规则可表示为 $A \Rightarrow B$,其中 $A \subseteq I, B \subseteq I$,且 $A \cap B = \varnothing$。在集合 D 中成立的规则的支持度 s:$P_D(A \cup B)$,亦即项集 A 在集合 D 中的频数除以集合 D 包含的总项集数;而置信度 c,是在集合 D 中包含 $A \cup B$ 的项集数除以包含 A 的项集数,即条件概率 $P_D(A|B)$。

定义4.4.1 定义动态关联规则 $A \Rightarrow B$ 支持度向量 $SV = [s_1, s_2, \cdots, s_n] = [s_{(A \cup B)1}, s_{(A \cup B)2}, \cdots, s_{(A \cup B)n}]$ 是项集 $(A \cup B)$ 在数据子集 D_i 中出现的频数 $f_i (i \in \{1, 2, \cdots, n\})$ 与 D 中的记录数 M 之比。如式(4.4.1)所示。

$$s_i = f_i / M (i \in \{1, 2, \cdots, n\}) \tag{4.4.1}$$

设项集 $(A \cup B)$ 的支持度为 s,则有式(4.4.2)。

$$s = \sum_{i=1}^{n} s_i = \sum_{i=1}^{n} f_i / M \tag{4.4.2}$$

定义4.4.2 定义动态关联规则 $A \Rightarrow B$ 置信度向量为 $CV = [c_1, c_2, \cdots, c_n] = [c_{(A \cup B)1}, c_{(A \cup B)2}, \cdots, c_{(A \cup B)n}]$,其中 c_i 为一个百分比。设 $s_A = [s_{A1}, s_{A2}, \cdots, s_{An}]$ 为 A 的支持度向量;$s_B = [s_{B1}, s_{B2}, \cdots, s_{Bn}]$ 为 B 的支持度向量,并且 A 的支持度为 s_A,则有式(4.4.3)。

$$c_i = s(A \cup B)i / \sum_{i=1}^{n} c_{Ai} = s(A \cup B)i / s_A \tag{4.4.3}$$

用 c 代表 $A \Rightarrow B$ 的置信度,$s(A \cup B)$ 代表 $A \cup B$ 的支持度,可得式(4.4.4)。

$$c = \sum_{i=1}^{n} c_i = s(A \cup B) / s_A \tag{4.4.4}$$

定义4.4.3 综上可得到一条完整的动态关联规则,具有支持度向量 SV、

置信度向量 CV、支持度 s 和置信度 c 四个参数，如式(4.4.5)所示。

$$A \Rightarrow B(s,c,SV=[s_1,s_2,\cdots,s_n], CV=[c_1,c_2,\cdots,c_n]) \quad (4.4.5)$$

其中 (s,c,SV,CV)，描述了动态关联规则的特性。

设动态关联规则 $A \Rightarrow B(s,c,SV=[s_1,s_2,\cdots,s_n], CV=[c_1,c_2,\cdots,c_n])$，当 s 和 c 均不小于其对应的最小阈值时，称 $A \Rightarrow B$ 为强动态关联规则。

4.4.2 与静态关联规则的比较

前者会基于实际场景划分数据集，并且在划分时生成 s、SV、c 和 CV 这四个描述动态关联规则的参数。然后根据 s 和 c 均不小于其对应的最小阈值时的 $A \Rightarrow B$ 为强动态关联规则，从候选规则中选出所需的关联规则。

可以看到，无论是哪种关联规则，支持度 s 和置信度 c 都是描述规则必不可少的评价参数。而动态关联规则的参数中还包括了 SV 和 CV，正是因为这两个参数，动态关联规则的时间特性才被阐述出来。这个差异使得动态关联规则克服了普通关联规则在时效性上的缺点，能够更好地应用于具有时间变化性质的信贷数据分析中。在已经过清理并提取所需特征的精简数据集上挖掘规则，这一场景下能够挖掘到"近期频繁网贷 $\Rightarrow$ 违约"的动态关联规则。通过简单的分析推理能够看到，其工作日的支持度较小，而节假日的支持度则更高一些。

取近期频繁网贷 $\Rightarrow$ 违约 $[s=2.5\%, c=75.0\%]$。

表4.4.1中所描述的规则"近期频繁网贷 $\Rightarrow$ 违约"可以十分清楚地说明，该规则在不同时间跨度内的效果是不同的：虽然其在全体数据集中 s 和 c 分别只有2.5%和75.0%，但显然在节假日以及每天08：00—10：00的时间跨度内的效果是很好的。因此整体的情况不代表这一规则没有使用价值；相反，如果要求细粒度的与时间相关的规则，该规则则更为可靠。可以说，相比于普通的关联规则，这种动态关联规则在某些实际应用场景下其使用价值更高。

表4.4.1 规则"近期频繁网贷 $\Rightarrow$ 违约"信息表

时间段	s/%	c/%
春节	39.1	91.8
国庆	42.8	92.9
08:00—09:00	9.1	86.3
09:00—10:00	11.2	84.2

4.4.3 动态关联规则的评价

s、c、SV、CV共同完整地描述了一条动态关联规则,其中支持度s和置信度c是最广泛也最关键的参数。SV的可视化表示可以是柱状图,它直观可靠被广泛使用。通常挖掘到的规则会有多个,每条规则都可以通过其相应的SV来画出所需的柱状图。

如果划分后的子数据集数量并不多,也可通过泊松分布进一步转化成相应的概率描述,这种情况下还需要计算规则在实际应用时的数据集(而不是挖掘所用的数据集)中可能的频数和相应的概率。在利用泊松分布描述后,再利用柱状图来表示规则随时间发展而变化的趋势,而且取值概率也需利用泊松分布进一步转化来描述。为了评价规则预测的好坏程度,即是否准确有效,需要在实际应用的测试数据中计算规则出现的频度,然后与实际的预测值进行对比。

4.4.4 动态关联规则挖掘算法

4.4.4.1 挖掘算法的关键

目前部分研究中为了方便有效地挖掘到动态关联规则,引入了频数向量(Frequency Vector)的概念[1][2],这一概念使得挖掘过程可以分为定义4.4.4中提到的两个步骤。挖掘算法的关键在于挖掘到频繁项集,且通常情况下可直接利用规则函数Rule-Generation计算得到SV和CV,此种情况下我们可以免去挖掘频数向量这一步骤。

定义4.4.4 动态关联规则$A \Rightarrow B$的频数向量用式(4.4.6)表示。

$$FV = [f_{(A \cup B)1}, f_{(A \cup B)2}, \cdots, f_{(A \cup B)n}] \tag{4.4.6}$$

其中,$f_{(A \cup B)i}$为项集$A \cup B$在数据子集$D_i (i \in \{1, 2, \cdots, n\})$中出现的频数。

通过频数的引入,我们便可以将挖掘的整个过程分为两个步骤。

首先,寻找生成频繁项集L及其频数向量FV。

其次,由L产生关联规则,并由FV产生SV和CV。

4.4.4.2 结构化数据挖掘算法

对于结构化数据,比如存储于数据库中的数据集,我们可以通过传统静态的数据挖掘算法(及其改进算法)结合时间序列分析(Time Series Analysis)或者

---

[1] 沈斌, 姚敏, 李生琦. 一种新的动态关联规则及其挖掘算法[J]. 中国科技论文在线, 2009, 24(9): 1310-1315.
[2] 田苗凤. 大数据背景下并行动态关联规则挖掘研究[D]. 兰州: 兰州交通大学, 2015.

柱状图分析(Histogram Analysis)得到更详尽的关联规则。

首先，基于广泛使用的关联规则方法并进行简单改进，可以得到如下算法，该算法时间复杂度较高，但比较简单。将完整的数据集 D 切分成 $D_1, D_2 \ldots D_n$ 这 n 个子集；设 l_i 为频繁项集集合 L 中的项集，即 $l_i \in L$；l_i 在子集 D_j 中的频数用 f_{ij} 来表示。见表4.4.2。

算法步骤如下。

第一，通过如Apriori或FP-growth[①]等广泛使用的关联规则挖掘算法在数据集 D 中找到频繁项集集合 L。

第二，扫描数据集找出 l_i 在不同数据子集 $D_1, D_2 \ldots D_n$ 上的 f_{ij}，利用式(4.4.2)和式(4.4.3)计算出支持度 s 和支持度向量 SV。

表4.4.2　高级数据挖掘算法1

Input：数据集 D 与子集 $D_1 \ldots D_n$, minsup
Output：频繁项集 L, SV, s

1	L =Frequency-Mining-Algo
2	for j = 1 to n{
3	for $l_i \in L$ {
4	scan D_j for frequency f_{ij};
5	$s_{ij} = f_{ij} / M$;} }
6	for $l_i \in L$ {
7	$SV_i = \{ s_{i1}, \cdots, s_{in} \}$;
8	$s_i = \sum_{j=1}^{n} s_{ij}$;}
9	return L, SV, s;

Frequency-Mining-Algo通过Apriori或FP-growth等关联规则算法寻找到数据集 D 中的所有频繁项集 L。其中数据集 D 中的记录数为 M。

其次，通过改进Apriori算法得到规则的支持度向量。此处用出现的频数作为支持度向量的元素(频数向量)。

算法改进如下。

第一，挖掘候选1-项集，通过逐个扫描子集来记录每个项在每个子集中出

---

① 崔妍, 包志强. 关联规则挖掘综述[J]. 计算机应用研究, 2016, 33(2): 330-334.

现的频数，这样每个候选1-项集便得到了一个相应的支持度向量。每个1-项集的支持度可以通过这些 SV 得到，因此就得到了频繁1-项集。

第二，通过循环过程来寻找频繁 k-项集，同样逐个扫描所有的子集，进而可得到通过频繁 $(k-1)$-项集生成的相应候选 k-项集在每个子集中出现的频数，这样就得到了候选 k-项集的 SV。通过这些 SV 便能够进一步求得候选集的支持度 s，最终求得频繁 k-项集和它的 SV。

算法的细节描述见表4.4.3。函数Apriori-Gen[1]的作用是从频繁 $(k-1)$-项集产生候选 k-项集。其中Find-Support-1-Itemset扫描所有的子集来计算在每个子集中每个1-项集的频数。而MergeSV通过融合Find-Support-1-Itemset的结果来得到 SV。

表4.4.3 高级数据挖掘算法 2

Input：数据集 D 与子集 $D_1 \ldots D_n$，$minsup$
Output：频繁项集 L，SV

1	for each D_i {
2	D_{1i} =Find-Support-1-Itemset(D_i);}
3	C_1 =MergeSV($D_1 D_n$);
4	$L_1 = \{c \in C_1 \mid \sum c * freq_i \geq minsup\}$;
5	for ($k=2$; $L_{k-1} \neq \varnothing$;k++){
6	C_k =Apriori-Gen(L_{k-1}, $minsup$);
7	for each D_i {
8	for $t \in D_i$ {
9	C_t = SubSet(C_k, t);
10	for $c \in C_t$
11	$c * freq_i$ +=1; }}
12	$L_k = \{c \in C_k \mid \sum c * freq_i \geq minsup\}$; }
13	$L = \bigcup_k L_k$;
14	return L, SV ;

两阶段的第一种算法简单易实现，第二种算法能够在挖掘频繁项集的过程

---

[1] Han J, Kamber M, Pei J. Data mining: concepts and techniques[M]. Elsevier, 2011.

中直接计算出支持度向量,如果是挖掘格式化结构的数据,其扫描次数仅约等于第一种算法中第1步挖掘频繁项集集合的扫描次数,因此第二种算法的时间复杂度更低。

4.4.5 实验结果与分析

s、c、SV、CV 共同完整地描述了一条动态关联规则,结合时间序列分析或者柱状图分析可以得到更详尽的关联规则。

(1) 柱状图分析

规则的 s 和 c 的分布情况和随时间变化的情况能够通过 SV 和 CV 的柱状图反映出来;由前文的定义可以推断出 s 和 c 的变化趋势是大体一致的,因此,仅需绘制支持度向量或置信度向量的柱状图便足够。

假设某动态关联规则其 CA=[3.7%,4.744%,7.4%,22.2%,21.46%,22.94%],则可以绘制出如图4.4.1的柱状图。

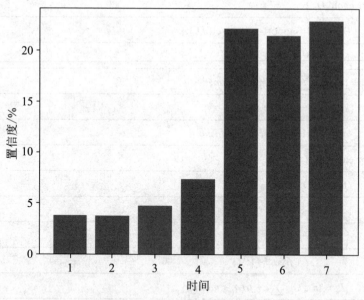

图4.4.1 置信度 CV 的柱状图

可以看出图4.4.1中时间4处规则置信度跃升,而且在之后的时间段内保持在一个稳定偏高的水平。这个稳定升高的趋势说明了挖掘到的规则在实际应用中有着良好的效果。

在 SV 或 CV 的柱状图中,除了可能的上升趋势,还有可能存在下降的趋势、周期性的趋势等。从下降的趋势可以推测规则的实际应用效果比较差；从周期性的趋势可以推测挖掘到的规则可能不太稳定，只有那些符合相应变化周期的应用才能得到良好的效果。

(2) 时间序列分析

时间序列分析方法经常被用来分析数据的变化、预测数据的发展方向。时间序列分析通常需要足够多的元素，如果一个以规则频数为元素的 SV 拥有足够多的元素，它就很有可能适合这一方法。例如：从Home Credit数据集中获得某人12个月的信用贷款消费规则的SV=[568,574,581,582,584,586,594,600,606,612,613]，那么，利用自回归模型描述规则频数的变化过程如式(4.4.7)所示。

$$f_i - 1.4 f_{i-1} = 8\varepsilon_t > 0, \varepsilon_t \in N(0,1) \tag{4.4.7}$$

分析式(4.4.7)所示的单调递增函数可以推测规则的支持度 SV 存在着上升的趋势(柱状图同样)，并且式(4.4.7)能够推断在未来时间段的规则频数。比如对 s 进行预测，接下来的一个月 $s=617$。通过时间序列分析挖掘到规则的 SV 和 CV 的定量模型，它相较于柱状图能够带来定量化准确性更高的代数模型，而且能够用来推断未来一段时间里规则会如何发展。

4.4.5.1 实验数据

存储于SQL关系数据库的一个信贷数据集，共有86841条记录，并且在数据库将这些记录按照月份划分成D_1至D_{12}共12个子数据库。每条记录的属性见表4.4.4，为了方便处理将36种借贷类型分别记作L_1至L_{36}。

表4.4.4 数据属性

属性	描述
Time	交易时间
Class	借贷类型
Lender	借贷人ID
Month	交易月份

数据库中存在Time和Lender两者均相同的情况，此处将此种借贷交易看作Time时刻的一次交易，因为是从借贷类型上进行的动态关联规则挖掘，这样能够避免出现借贷类型过多导致支持度小的问题。

4.4.5.2 实验结果

实验的步骤是，在子数据库D_1至D_{11}上进行分析，找到动态关联规则，然后利用时间序列分析的方法，预测D_{12}中规则出现的频数。其中D_1至D_{11}这11个子数据库具有78126条记录，对于动态频繁1-项集和频繁2-项集的最小支持度 $minsup$ 分别设定为2%和1%，总体的最小置信度 $min\_conf=25\%$。在这种情况下利用表4.4.2的算法可以找到一批动态关联规则，其中的两条与其对应的CV见表4.4.5。

表4.4.5 关联规则

规则	CV	c
$L_{19} => L_{21}$	(3.18%,3.86%,3.18%,2.5%, 3.18%,3.41%,3.41%,3.18%, 2.73%,2.5%,3.41%)	34.3%
$L_8 => L_{21}$	(3.0%,3.67%,3.33%,2.67%, 2.33%,3.33%,3.33%,3.0%, 2.67%,2.67%,3.67%)	33.7%

结合表4.4.5，我们能够绘制出两条规则的置信度向量CV的柱状图，分别如图4.4.2和图4.4.3所示。

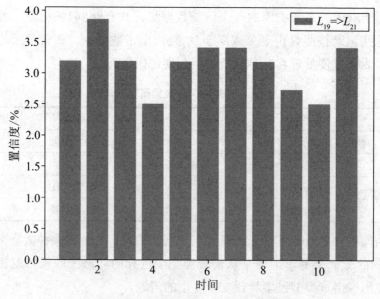

图4.4.2 规则$L_{19} => L_{21}$的CV柱状图

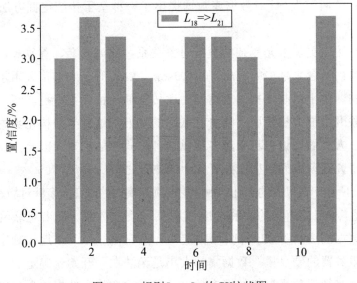

图4.4.3 规则L_8=>L_{21}的CV柱状图

对规则L_8=>L_{21}在12月出现的频数进行预测,规则支持度中各个元素转换成相应的频数后为$s=\{73,82,79,61,54,76,79,69,61,64,89\}$,利用时间序列的分析方法建立序列的模型如式(4.4.8)所示。

$$(1-0.4z^{-1}+0.99z^{-2})s_N=112.8+e_N \tag{4.4.8}$$

其中,z是移位算子,e_N为白噪声。

对12月频数的预测为$s_{12}=0.4s_{11}-0.99s_{10}+112.8=85$,在$D_{12}$子数据库中12月对应的真实频数为80,预测误差$\delta=6.25\%$,有很好的预测效果,说明利用前文提到的算法进行挖掘,并利用支持度向量的柱状图或时间序列分析来进行预测是可行的。

4.5 流式半结构化征信大数据频繁项集挖掘算法

4.5.1 数据流与半结构化数据

在很多传统的系统中,数据通常是以结构化的方式存储的,例如关系数据库数据,其整体结构类似于二维的矩阵或$M*N$的表格,针对此类存储结构的挖掘一般不会再次转换成非结构化的数据,而是直接在这些结构规整的数据上进行操作，荣冈等人[①]针对数据库数据提出了一种基于传统挖掘方法Apriori的改进算法。

为了表达出更加多元复杂的数据对象关系，比如嵌套、重复等，半结构化的数据也得到了越来越多的应用，比如Json、XML等，它们都采用了半结构化的树型结构。由于这些结构的表达能力比传统的结构化数据更灵活、更方便，因此在互联网中被大量使用。随着互联网的发展，这种半结构化数据的数量爆炸式增长，人类的知识也越来越多地以这种形式存储起来。因此，挖掘半结构化数据的研究逐渐成为数据挖掘研究中的热门之一。

如前文所述，在过去的十几年中，挖掘频繁模式的研究大多针对静态的结构化数据集，尤其是针对静态的关系数据库以及事务数据库等。随着互联网金融的发展，征信数据的增长形成一个井喷的趋势，通常是一个一个地按顺序到达，然后存储到服务器的硬盘里。数据集的大小是无法在一开始就确定的，随着时间的推移，这些征信数据集变得越来越大。因此，在静态数据集上效果良好的挖掘方法难以适用于这些互联网征信数据集。

除互联网征信外，其他许多互联网应用也存在这一现象。比如新浪微博的数据流，它携带的实时文本信息大多用Json格式来存储，而且只要有用户使用微博，数据便源源不断地产生。某些提供开放数据接口的互联网公司，为用户提供了满足Restful设计规范的API，使用这些API时网络传送的数据也都是Json格式的，比如Yahoo天气、猫眼电影等。每天有数以亿计的用户不知不觉中通过这些API传送、获取信息。目前有很多互联网金融公司和金融用户通过互联网这一媒介使用着信用服务，而其中的信用数据通常也是用Json这种半结构化树型结构形式存储的；此外，某些点对点的金融系统之间交换数据也是通过上述的方式。

通过以上的描述，可以总结出这种数据的几个相同点：数据持续不断地到来，且旧数据的时效性很差，新数据往往携带更有价值的信息。这种被称为流式数据的数据，在如今"数据爆炸"的背景下生成得更加迅速。不仅仅是互联网企业，还有很多传统企业，每天都能产生成千上万的流数据。流数据的生产迅速、动态增长，如何快速有效地从流中挖掘到具有时效性的信息，能够更好地为分析数据、做出决策提供服务。

[①] 荣冈, 刘进峰, 顾海杰. 数据库中动态关联规则的挖掘[J]. 控制理论与应用, 2007, 24(1): 127-131.

4.5.2 树结构模型挖掘的相关定义

定义4.5.1 有序树。定义在 $\mathcal{L}$ 上的有根树$T=(V,E,B,L,v_0)$，其上的每个节点均附有标志符，其中V是树中节点的集合，E是边的集合[1][2]。定义一个映射L，将节点集合V中的每个节点v映射到其相应的标记$L(v)$。除树根节点v_0外的其他节点均只有一个父节点，所有的节点其子节点均有序且在定义上小于父节点，由集合B维护兄弟节点的关系。

定义4.5.2 树的label-depth(ld)对法表示。为了使有序树能够序列化传输与存储，在序列化和反序列化过程中利用ld对法来描述。每个节点的深度$depth$是根节点到这一节点的边数，标志符为$L(v)$，因此可以称$(L(v),depth)$为节点的ld法描述。可以看到，每一个ld表示能够唯一代表一个有序树中的节点，结合集合B中的兄弟关系即可通过ld对完整地表述一棵有序树，从而支持有序树的序列化和反序列化。图4.5.1是ld对表述有序树的示例。

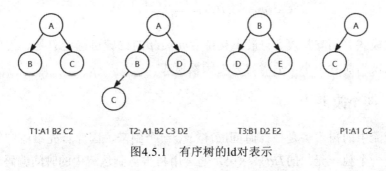

图4.5.1 有序树的ld对表示

定义4.5.3 诱导映射。设存在一个从模式树P到有序树T的映射f，$\forall (v_0,v_1,v_2)\in P$。当 $(f(v_1),f(v_2))\in E_T$ 时有 $(v_1,v_2)\in E_P$，则称f维护了父子关系；当 $(f(v_1),f(v_2))\in B_T$ 时有 $(v_1,v_2)\in B_P$，则称f维护了兄弟关系；当 $L(v)=L(f(v))$ 时，称f维护了标签关系。维护了父子关系、兄弟关系和标签关系的映射f即诱导映射，满足f的模式即诱导模式。显然，图4.5.1中的P_1是T_1的诱导模式，然而对于T_2来说无法找出一个映射来满足上述三种关系，因此P_1无法成为T_2的诱导模式。

---

[1] Bille P. A survey on tree edit distance and related problems[J]. Theoretical computer science, 2005, 337(1): 217-239.

[2] Asai T, Arimura H, Abe K, et al. Online algorithms for mining semi-structured data stream[C]//2002 IEEE International Conference on Data Mining. IEEE, 2002: 27-34.

定义4.5.4 树事务数据流。由于有序树能够使用1d对序列化表示，因此可以通过1d对将数据流中有序树形式的所有树序列化表示，这样会产生一个类似流式的1d对序列。定义 $\Gamma=(t_0,t_1,\ldots,t_k,\ldots)$ 为由有序树形式的数据组成的数据流，将Γ中的有序树t_i序列化成1d对序列，可得到1d对序列 $\pi=((v_1,d_1),(v_2,d_2),\ldots,(v_k,d_k),\ldots)$。

定义4.5.5 频繁计数。若存在从模式树P到有序树T的映射f，则记作 $Match(P,T)$。P在流Γ里的频繁计数记为$count(P,\Gamma)$，如式(4.5.1)所示。

$$count(P,\Gamma)=\sum hit(P,t_i) \tag{4.5.1}$$

其中$hit(P,t_i)$如式(4.5.2)所示。

$$hit(P,t_i)=\begin{cases}1, Match(P,t_i)\\0, otherwise\end{cases} \tag{4.5.2}$$

定义4.5.6 支持度。i时刻模式树P在流Γ中的支持度如式(4.5.3)所示。

$$s=support(P)=\frac{count(P,\Gamma_i)}{|\Gamma_i|} \tag{4.5.3}$$

通过模式P的支持度s与最小支持度$minsup$的比较可确定P是否为频繁模式，当且仅当前者不小于后者时P为频繁模式。

4.5.3 两个改进

由于流中的树事务是按照时间顺序一个一个到来，因此首先给流中的每个事务赋予一个独一无二的Tid来标记，通常用树事务到达流中的时间编码而来。此处引入滑动窗口思想，这样一来，主要研究的问题便转化为在窗口包含的带有标志的一个事务集合中挖掘频繁模式。窗口大小设为4的示例如图4.5.2所示。

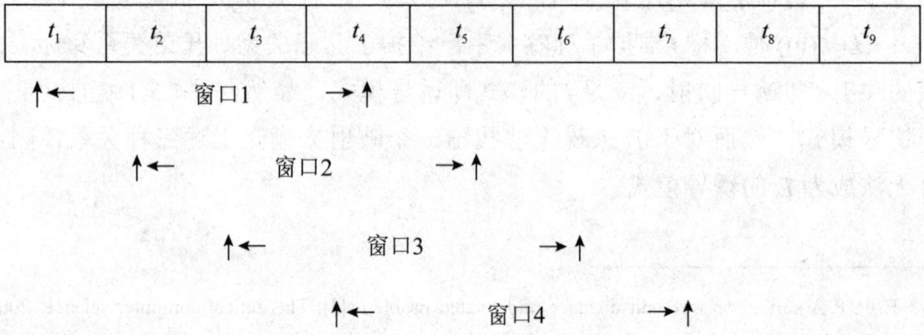

| t_1 | t_2 | t_3 | t_4 | t_5 | t_6 | t_7 | t_8 | t_9 |

↑← 窗口1 →↑

↑← 窗口2 →↑

↑← 窗口3 →↑

↑← 窗口4 →↑

图4.5.2 滑动窗口模型

在窗口大小确定后，一旦有最新Tid的事务进入就会被保留，而最旧Tid的事务将被移除。模式P在计算$count(P,\Gamma)$的时候，只以窗口内存在的事务为依据，设$W \geq 1$，模式P在第i窗口$W_i = (t_{i-w+1}, t_{i-w+2}, \ldots, t_i)$的频繁计数如式(4.5.4)所示。

$$count(P,\Gamma) = \sum_{j=i-w+1}^{i} hit(P, t_j) \qquad (4.5.4)$$

4.5.3.1 有损计数

记子树模式最大可能计数误差为ε。

在不引入滑动窗口思想的前提下，要挖掘的对象是流中的全体事务，一旦在维持模式的前缀树D中插入一个新的子树模式，ε的值会被初始化为生成这一模式时不被扫描的树事务数量。此后如果得到了新的子树模式，前缀树D中的每个子树模式其ε值不会发生变动。

当引入了滑动窗口思想时，要挖掘的对象是以窗口的大小W为基准的最近的事务。如果在这种情况下采用有损计数，那么新生成的子树模式其误差ε应修正为$W*\varepsilon$。除此之外，滑动窗口会由于新事务的进入而删除原本存在于其中的旧事务，因而需要降低旧事务生成的子树模式的ε值[①]。不仅如此，要利用有损计数，在维持模式的前缀树D中插入一个新的子树模式时，还需要将这一模式所在的事务的Tid保存下来。也就是说，为了正确记录子树模式频繁计数的最大值，前缀树D的节点需要保存两方面的信息，一个是子树模式的频繁计数值，一个是相应事务的Tid。

4.5.3.2 尾部拓展

目前有两种使用最广泛的维护子树模式的数据结构：增强前缀树(APT)和全局前缀树(GPT)，它们主要是用来缓存已发现的子树模式以及全体事务的子树模式的计数。

这两种前缀树的任一节点都记录着一个子树模式，前文提到的ld对可以描述一个具体的子树模式，而在前缀树中某个具体子树模式的ld对，可以通过组合到根节点的路径上的序列化数据得到。如图4.5.3所示，左边那棵树$T(1A,2B,2C)$的全部子树模式被囊括在右边的GPT中，即$\{(1A),(1A,2B),(1A,2B,2C),(1A,2C),(1B),(1C)\}$。

[①] Chang J H, Lee W S. A Sliding Window Method for Finding Recently Frequent Itemsets over Online Data Streams[J]. Journal of information science and engineering, 2004, 20(4): 753-762.

生成全部子树模式的方法有很多种，尾部拓展是目前比较常用的方法之一。这一方法能够在节点 v 插入树事务 T_d 的时候产生必要的子树，v 是这些子树中的某一节点。尾部拓展中所说的尾部，便是引发生成这一操作的节点 v，它插入树事务 T_d 中后相应的父节点就是分支点。可拓展子树就是在未插入 v 时已存在分支点的子树。

拓展的核心思想是，当要生成新的子树模式的时候，在每个可拓展子树上附加尾部节点 v。如图4.5.3所示，当节点 $(2,C)$ 要插入树事务 T_d 中时，首先在 T_d 中搜寻到分支点 $(1,A)$，紧接着在每个可拓展子树上附加尾部节点 $(2,C)$，然后将单节点树 $(1,C)$ 插入APT，这样便完成了拓展。

为了能够在APT中高效地搜索到分支点，可以将APT中带有一样标记的节点串连起来。

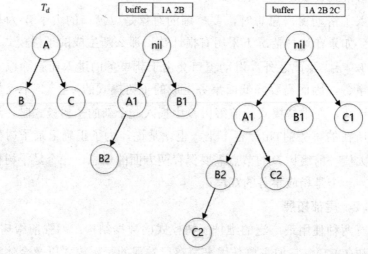

图4.5.3　子树生成

图4.5.4是 $W=3$ 时的例子。

图4.5.4(c)是按照时间顺序传送的事务流；图4.5.4(a)显示的是窗口1中包含的模式的变化情况，每棵树都是在当前时刻通过拓展而成的APT，其中囊括了全部生成的子树模式；图4.5.4(b)为窗口随时间变化的下一状态的APT，此时由于 $Tid=4$ 的新事务进入，要把 $Tid=1$ 的旧事务移到外面去。图4.5.4中APT所记录的模式计数变化见表4.5.1。假设 $s=0.5$ 且 $W=3$，当子树模式的计数不小于1.5时便为频繁模式。窗口1所对应的时刻下频繁模式包括 {A1, A1B2, A1B2C2, A1C2, B1, C1, E1}。在窗口2所对应的时刻下频繁模式包括 {B1, C1, E1}。

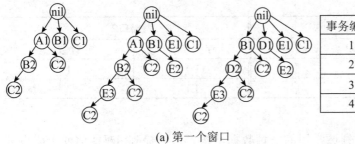

(a) 第一个窗口

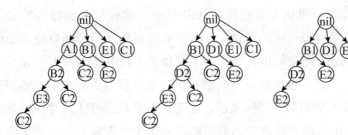

(b) 第二个窗口

图4.5.4　模式计数

表4.5.1　不同阶段的计数

窗口1		窗口2	
序列表示	计数	序列表示	计数
A1	2	A1	1
A1 B2	2	A1 B2	1
A1 B2 C2	2	A1 B2 C2	1
A1 B2 E3	1	A1 B2 E3	1
A1 B2 E3 C2	1	A1 B2 E3 C2	1
A1 C2	2	A1 C2	1
B1	3	B1	3
B1 C2	1	B1 C2	1
B1 C2 C2	1	B1 C2 C2	1
B1 C2 E3	1	B1 C2 E3	1
B1 C2 E3 C2	1	B1 C2 E3 C2	1
B1 E3	1	B1 D2	
C1	3	B1 D2 E2	1
C1 E3	1	B1 E2	
E1	2	B1 E3	
		C1	2
		C1 E3	1

窗口1		窗口2	
序列表示	计数	序列表示	计数
		D1	1
		E1	3

4.5.3.3 FP树

FP树是数据挖掘领域常用的一种数据结构。之前提到ld对能够便于树事务的序列化,因此可以考虑把ld对保存到FP树中。这样一来能够压缩数据的大小,减少挖掘过程中所占用的内存,并且序列化后的字符序列也便于处理。

如何将ld对存储到FP树中?节点在不断地插入FP树的过程时均是插入成为某一叶节点的子节点,也就是说,必然存在一条从根节点到此节点的路径,因此在插入时,插入节点对应的ld表示,在遍历时获取路径上每个节点的ld对,然后以ld对序列化后的字符串作为遍历结果。这个结果就是一个树事务相应的序列化之后的结果。为了进一步节省存储占用,当序列化得到的字符序列有相同的前缀时,仅保存一次相同的部分。为了维护这一信息,可以采用一个FP树计数器来记录。如图4.5.5所示,Tid-table中的每一项都有FP树某条路径的引用,遍历这条路径即可得到事务的ld对。

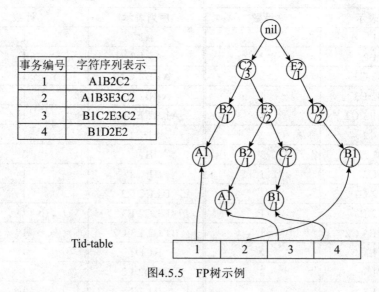

图4.5.5　FP树示例

4.5.4 改进的挖掘算法

4.5.4.1 新树事务插入

FP树时刻注意着是否有新事务T_k到达，一旦有新的到达，便将其序列化成ld对插入FP树中去。不仅如此，为了使用尾部拓展方法，还需要为这一新ld对生成相应的Tid表项。紧接着需要让Tid表中的每一项都保留一份指向新ld对的引用。

然后利用上述提出的尾部拓展生成全部子树模式并且存储到APT中去。紧接着基于前缀树合并的Better-Trie-Merge算法快速更新GPT中子模式的计数。Better-Trie-Merge算法描述见表4.5.2。

表4.5.2 子树插入算法

Input：GPT t_1，APT t_2
Output：GPT

1	if t_1 is Nil && t_2 is Nil || t_1 is not Nil { return t_1 ;}
2	for *node* in t_2 {
3	if exists node in t_1 equals to *node* {
4	t_1 -> *node.count* ++;
5	return Better-Trie-Merge(t_1 -> *node* , t_2 -> *node*); }
6	else if not exists node in t_1 equals to *node* {
7	t_1 add new child with *count* = 0 and value equals to *node* ;
8	t_1 -> *node.count* ++;
9	return Better-Trie-Merge(t_1 -> *node* , t_2 -> *node*); }
10	}

更新时，若模式在GPT中，则仅仅增加它相应的计数。若模式不在GPT中，则初始化为(e, f, t)，以便维护其最大计数误差。

Better-Trie-Merge在Trie结构上做插入运算，算法一开始，在APT和GPT的根节点上初始化两个指针，一种情况是APT节点的子元素于GPT中未曾出现，则在GPT中拷贝一个元素的副本，同时还要更新这一副本的计数信息；另一种情况是在GPT中找到了，那么需要递归调用此算法。此算法时间复杂度较低，设GPT的大小为m，APT的大小为n，则为$O(max(m,n))$。在一般情况下，APT是GPT数据的子集，因此在实践中这一算法很高效。

如图4.5.6所示,最左边APT结构的树是由子树生成算法所生成的;中间的树则用来维护此刻所有的子树模式。算法一开始GPT为空时或者GPT没有子树模式时用nil表示;算法结束时,我们更新GPT中的计数,从而得到了最右边的新的GPT结构的树。

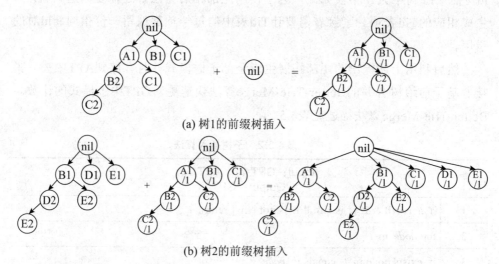

图4.5.6　Better-Trie-Merge 算法示例

4.5.4.2　旧树事务删除

当发生删除的时候,说明窗口开始移动了。由于Tid表中的每一项都存有FP树尾部的引用,因此可以很方便地将Tid表中最早的那一项提取出去,然后通过这一项中的引用定位到将要删除的事务的尾部。紧接着在搜寻尾部到根节点路径的同时,不断更新FP树的计数器,并且利用Better-Trie-Delete来更新GPT中对应的所有子树模式的计数。Better-Trie-Delete算法见表4.5.3。

表4.5.3　Trie 删除算法

	Input: GPT t_1 , APT t_2 Output: GPT
1	if t_2 is nil { return t_1 ;}
2	for *node* in t_2 {
3	if exists node in t_1 equals to *node* {
4	Better-Trie-Delete(t_1 -> *node* , t_2 -> *node*);
5	t_1 -> *node.count* --;

(续表)

	Input: GPT t_1, APT t_2 Output: GPT
6	if t_1 -> *node.count* equals 0 {
7	delete *node* from t_1 ;}
8	}

图4.5.7给出了一个算法示例。

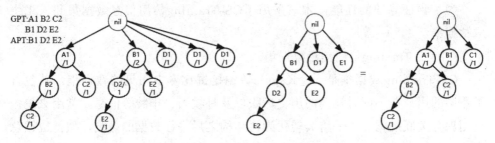

图4.5.7　Better-Trie-Delete 算法示例

4.5.4.3　子树模式维护

设GPT结构中有节点记录 (e,f,t)，ε为用户指定参数误差，w为滑动窗口事务数量，如果其对应的最大计数小于$\varepsilon|T^w|$，此节点所对应的模式便不重要，这一模式在未来的一段时间里几乎不可能成为频繁模式，为了减少维护开销可以直接从GPT中删除。

4.5.4.4　子树模式筛选

这一阶段只有在查询滑动窗口当前的窗口的挖掘结果时才进行。我们可以通过搜寻GPT来获取任意的频繁模式。窗口初始化和滑动时的最小值分别为$S_{min}*T^w$和$S_{min}*W$，由于$T^w=W$，因此当支持度计数不小于最小值时筛选出的模式即为频繁模式。

由于新事务的插入和删除是独立的过程，要保证这两个独立过程的正确性不会因为放大或者缩小窗口的大小而改变。也就是说，这一挖掘算法保证了在需要不断调整窗口大小的应用场景下不会出错。

需要指出的是，这一挖掘算法对于删除操作并未提出太大的限制，甚至在基于概率方案中也能得到正确的应用，这种情况下，新事务更难以在旧事务之前被删除了。

4.6 实验结果与分析

实验在Ubuntu20.04操作系统下使用Python语言实现,系统配置为Intel Core I7 10700F v8CPU和32GB 3200Mhz内存。

对比组算法为STMer和StreamT。

4.6.1 实验数据

为了验证算法的性能,本书采用了CS-Training信用信息数据集和人工生成数据集。

(1) CS-Training信用信息数据集

CS-Training数据集是一个Kaggle数据挖掘比赛中常见的数据集,其包含了不同的用户在不同时期内的历史坏账以及月收入、年龄等信息,常用来挖掘信用评分关联规则。本书将其转化为树结构之后进行数据的复制,使得数据总量增加到一百万条。在此数据集上对比不同挖掘算法的效率。

(2) 人工生成数据集

Zaki等人在研究树结构频繁模式挖掘的时候编写了一个用来生成数据并验证算法性能的程序[①]。此处使用这一程序来创建包含大量树结构的数据集。要使用这一程序,需要设置需要生成树的总数T、树的最大深度D、节点最大分支数F、节点总数M和节点标签数N。此处设置$D=10$、$F=10$、$M=100$、$N=10$、$T=1000000$,我们生成了一个最大分支数为10的数据集F10D1M100N100。

两种数据集的详细数据见表4.6.1。

表4.6.1 Zaki参数设置

	树事务数量	标签数量	数据集大小/兆
CS-Training	1000000	15000	70.1
F10D1M100N100	1000000	100	20.4

4.6.2 实验结果

4.6.2.1 时间开销

实验中参数设置最小支持度S_{min}为0.05,窗口大小W为100000,将$0.001*S_{min}$、$0.002*S_{min}$两组有损误差参数使用于改进算法中。从图4.6.1中很清楚地看到,

---

① Zaki M J. Efficiently mining frequent trees in a forest: Algorithms and applications[J]. IEEE Transactions on Knowledge and Date Engineering, 2005, 17(8): 1021-1035.

两组有损误差参数下，改进算法都显著地比StreamT和SMTer算法更高效。

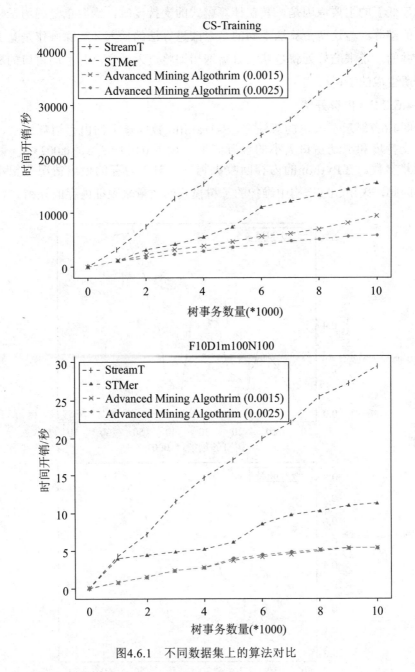

图4.6.1 不同数据集上的算法对比

造成StreamT算法效率低下的主要原因是，为了在滑动窗口中维护所有树事务的出现记录，算法需要不断移除不在此窗口内的树事务节点，而该操作在每次滑动窗口移动时,就需要遍历一次子树模式中的全部模式。造成STMer算法效率低下的主要原因是,其在计算模式的支持度时,需要重复遍历子树模式共享的部分。与这两个算法不同的是,改进算法的插入和删除操作是基于前缀树合并的,带来的好处就是算法只需遍历即将进入或者离开滑动窗口的那个树事务所生成的子树模式。

4.6.2.2 内存开销

图4.6.2展示了改进的算法在CS-Training数据集上的内存消耗记录,其中最小支持度和滑动窗口大小的设置同上,设置$0.001*S_{min}$、$0.002*S_{min}$两组有损误差参数。在Python的内存回收机制下,对于内存的使用情况是很难控制的。因此,采用GPT结构中维护的子树模式的数量来表征内存的开销。

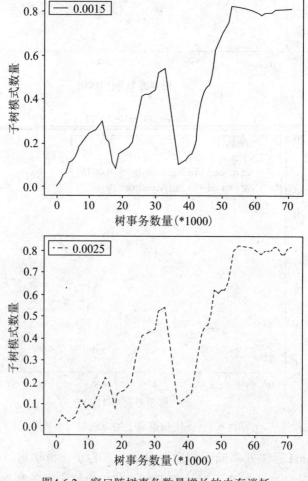

图4.6.2 窗口随树事务数量增长的内存消耗

图4.6.2展示了算法初始化阶段的内存开销。此处取 $0.001*S_{min}$ 的有损误差来测试内存使用情况。从图4.6.2中可以看到，在初始化阶段，算法的内存使用量是单调增加的，直到第 $1/\varepsilon$ 个树事务处理完毕，此时发生了有损计数的删除操作，删除了不重要的模式。当执行后续的修剪操作时，内存使用会快速下降，这是因为当新插入的树模式没有出现在任何后续的第 $1/\epsilon$ 个事务中时，它会从GPT中移除。图4.6.3则显示了窗口滑动阶段的内存使用情况。由于输出不重要的模式和处理新到树事务是一个连续的操作，因此该阶段的内存使用几乎保持不变。

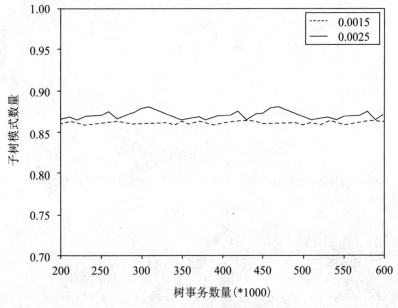

图4.6.3　窗口滑动阶段的内存开销

第 5 章
信用风险违约识别与预警技术

5.1　信用风险违约概述

5.1.1　研究背景与意义

　　截至2019年年末，中国银行卡产业在发表的相关报告中指出，银行卡新增发卡量持续增加。从图5.1.1可以分析出发卡增长率已连续五年处于上升态势，银行卡交易总额持续增长，从侧面反映出我国的电子商务的繁荣发展景象，电子支付及银行卡交易流水整体不断攀升。在2019年银行卡欺诈率为0.87BP，尽管已经连续两年处于下降趋势，但在总体交易量扩大、信用卡授信总额增加(见图5.1.2)的背景下，国家相关管理机构仍然十分重视对该领域的引导和管理。在新一轮的金融监管中明确了要在增强金融服务、扩大公共服务的同时，也要做好用户信息管理、信用评级和风险预警等服务的综合配套，防范金融服中各种违规现象、避免因欺诈导致经济出现系统性风险。近年来，互联网企业通过自身创新，极大地促进了经济发展，也为金融活动提供了一个可高速流动的便捷平台，但由于互联网交易的虚拟性和远程终端化使得原本以信用为基础的信贷场景出现了许多新的不可控风险，因此信用贷款机构一直将防范信贷客户过度负债以及恶意信用欺诈作为其开展业务的核心。

　　然而，如何依据客户的申请资料以及在合法可收集的数据基础上，分析客户的还款能力以及还款意愿，辅助甚至决定是否继续发放信贷，以及针对已有信贷额度进行调整，对已有借贷进行催收，降低违约损失，目前也并没有一套统一标准。信贷机构对于风险的管理不断吸纳改进措施，并在实践过程中获得一定的改进效果。

　　随着社会经济发展，信贷机构对于个人信用贷的审核机制也逐渐发展，由传统的调查取证，到个人填表审核，再到如今个人填表与央行征信报告相结合。然而，在2015年市场上的P2P金融机构如雨后春笋般冒出。在行业初期确实帮助到了许多原本不符合贷款条件以及被银行忽视的借贷用户，加之P2P金融借助互联网平台，提供线上实时放贷，提交资料简单等因素，促使P2P一时之间野蛮扩张。然而由于立法监管滞后，许多借贷人不履行还款义务，导致平台无法稳定运行，在2018年左右P2P金融机构相继爆雷。此后，为防止国内金融因P2P借贷产生系统性风险,各地政府采取措施引导 P2P 信贷机构良性退出。从 P2P 金融发展过程中可分析出,其之所以造成衰败退场的结局,非常重要的一个因素是个人信用风险的违约预警出现了问题。对于高风险客户发放了较高的额度,以及缺乏行业借贷透明共享,形成多头债,推高了借贷机构的结构性风险。

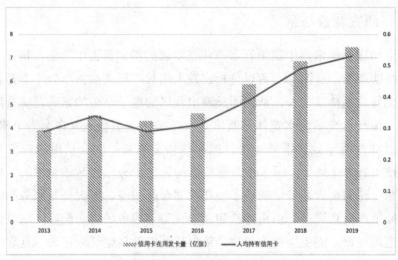

图5.1.1　2013—2019年全国信用卡发量卡及人均持有量

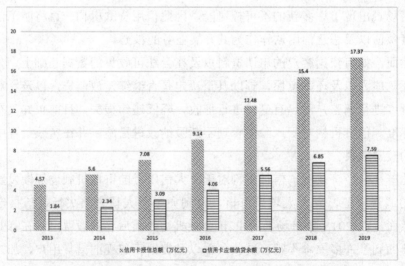

图5.1.2　2013—2019年全国信用卡授信总额及应偿信贷余额

5.1.2 研究现状

世界上各国的征信模式主要有三种，分别是市场化征信模式、公共征信模式以及会员制征信模式[①]。

5.1.2.1 市场化征信模式

市场化征信模式以美国、英国为代表。其征信业务均由民间资本组成，政府并不参与征信业务，也不设立准入许可证。其征信业务发展并成型完全是市场化需求演变的结果。美、英等国家形成以私营征信机构为主的模式有其历史背景的因素。如前面所述，美、英等国资本化较早，整个社会重视资本自身的发展，而征信业务也源于这些国家。对个人征信的考量是交易双方在商品贸易量持续扩大的基础上非常现实的需求，一旦市场有征信的需求，便会有相应的资本投入这一行，故而逐渐形成了私营的征信机构。这些征信机构在经历了兼并与重组后，暴露出的问题得到了化解，在征信相关立法的约束下进行合规化演进。目前，美国的个人征信市场占据主要地位的是益博睿，其本国本土市场占有率约为40%，而另外两家艾可菲和全联则各占三成左右，这三家公司牢牢占据了整个美国征信市场绝大部分[②]，并且三家公司在世界范围内布局，开拓了多国家的市场，也在一定程度上将美国的征信标准传播到不同地区。在资本与企业征信方面，资本市场信用机构有人们耳熟能详的标准普尔、穆迪等企业，美国征信体系如图5.1.3所示。并且随着社会的发展，征信中对于用户的信息也会进行交换，但各家又有其专攻的细分市场。在美国，个人征信的报告不仅限于借贷机构向个人发放消费信贷，更成为美国政府针对个人提供公共服务时不可缺少的参考，甚至个人找工作也会受征信情况影响[③]。

5.1.2.2 公共征信模式

以欧盟成员国为代表，如德国、法国、比利时、奥地利等国。其中法国的公共征信系统最为典型。法国没有私营的征信机构，所有征信机构全为国家化机构。其信贷机构和金融企业在法律约束下，必须每月报告个人的分期付款信息、贷款记录、租借、还款及逾期信息等，以便能够协助金融监管，制定货币政策，防范系统性信用风险发生。欧盟方面对于个人隐私保护有比较突出的表现。1995年12月欧洲议会通过《个人数据保护指令》规定了数据控制者的义务

[①] 王博,何丽君.国外个人征信体系比较及启示[J].征信,2011,29(2):63-65.
[②] 廖理.美国个人征信业的发展阶段和制度建设[J].中国信用,2020(2):117-119.
[③] 孙文娜,苏跃辉,刘晓燕.美国征信机构发展模式对中国的启示[J].西南金融,2019(10):73-80.

及资料当事人权利,而这仅是隐私保护的最低标准,各成员国应该以此为基础设立更高标准。丹麦、法国、荷兰等国就制定了更严格的隐私保护法。欧盟成员国的一个基本认同是除非被征信者明确书面授权给个人征信机构,否则个人征信机构无权提供给授信机构[1][2]。

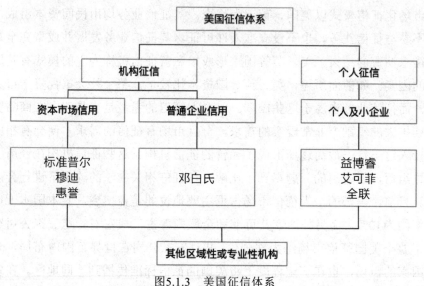

图5.1.3　美国征信体系

5.1.2.3　会员制征信模式

在日本形成了行业协会主导的信用征信。各协会会员之间进行个人和企业的信用信息互换。会员制模式中,会员向协会信息中心提供查询并收集整理后的信息,此协会信用信息中心仅收取成本费,以维持协会运作。而另外一个跨行业的信用信息共享发生改变的信息,例如逾期时间、逾期金额及偿还记录、债务违约情况等,此信息需要付费查询。日本目前的三大信用信息中心分别是全国银行协会(JBA)主管的个人信用信息中心、贷金业协会(JFSA)主管的日本信用信息中心(JICC)和消费者信用协会(JCA)主管的信用信息中心(CIC)。信息中心的信息与非银行信息系统进行个人信息交换。

以上三种征信模式,各有其优点和缺点。首先,市场化征信模式由于是纯市场主导,信息收集比较全面,直接服务于现实需求,能够紧跟市场变化。但

---

[1] Anissa Nour Moudarres. Fraud Detection in Financial Businesses Using Data Mining Approaches[D]. Trent University 2020: 38-39.
[2] 董宝茹. 欧盟与美国对征信领域中金融消费者保护的比较研究[J]. 上海金融, 2013(10): 98-119.

由于市场化竞争，征信机构的规模比较小，存在重复征信、资源浪费的现象。其次，公共征信模式由政府、中央银行等金融监督机构进行统一规划，因此整体的资源调度更高效，防范系统性信用风险更加完备。然后对于会员制征信模式，能够协调会员之间的征信信息流动，减少资源浪费，同时提供不同的业务信息，另一方面单独的会员无法掌握更丰富的个人信用信息，也不向社会机构提供服务。很难说以上三种主要的征信模式哪种更好，各种模式为适应不同的征信社会环境而表现出差异。了解世界各国的征信模式，能够在一定程度上帮助了解和分析我国的征信模式应该如何发展。

我国近现代征信业发展，可以追溯到1932年的第一家征信机构——"中华征信所"。"中华征信所"的建立距今已有八十多年的历史，但由于早期资本的发展受到当时战乱的影响，导致其发展进程受到相当大的阻碍。而我国征信业得到恢复和发展，则是在改革开发以后。改革开放以来，随着国内信用交易需求的激增，金融体制深化改革等举措，特别是加入世界贸易组织后进出口贸易量突飞猛进，国家对于社会信用体系建设同步深入推进，使得我国征信行业得到迅速发展。

在2013年3月15日，我国开始实施第一部国内征信行业的法律，即《征信业管理条例》，其中明确了中国人民银行为征信业监督管理部门，并对征信机构门槛及准入标准有了明确的规定，同时加强了对于个人信息的收集处理时应当得到授权并做相关防泄露措施的规定指导。

人民银行征信中心在2006年经中央机构编制委员会办公室批准成立，为央行直属部门，专门负责企业和个人征信系统的建设、运行和维护。其负责开发的个人征信系统于2005年8月进入部分银行试运行，并于2006年正式在全国范围内上线使用，标志着国家金融与信用行业发展所需的基础设施得到了极大的改善，是信用电子化、联网化最为关键的一步[1]。此后，许多涉及个人信用的事项都将由央行出具的个人信用报告纳入必备项中，可见人民银行征信中心负责的个人征信系统的影响是深远的。征信系统采用分级模式汇总归纳整理上报信息，如图5.1.4所示。随着实践的加深，第一代征信系统也被发现存在相应的问题，例如信息更新的时效性差，征集的数据特征不能充分反映信用状态。因此，在2011年人民银行征信中心开始规划第二代征信系统。

---

[1] 中国人民银行征信中心. 征信系统建设运行报告(2004-2014)[R/OL]. (2015-08-15). www.pbccrc.org.cn/zxzx/zxzs/201508/f4e2403544c942cf99d3c71d3b559236.shtml

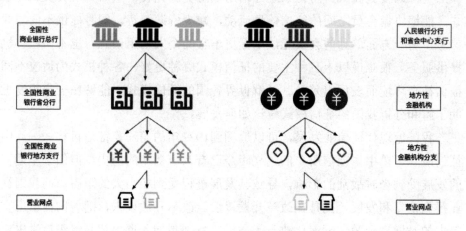

图5.1.4　人民银行个人征信系统分级

截至2020年12月底，人民银行征信系统共收录11亿自然人信息，并在2020年1月19日正式上线第二代征信系统。第二代征信系统改进了信息采集、产品加工、技术架构等方面，增加了近两年的逾期记录，增加了"循环贷款""信用卡大额专项分期"等新的数据项，并在"公共信息明细"基础上记录"欠税记录""民事判决记录""强制执行记录"等。更为丰富的信用相关特征将会体现在第二代征信报告中[①]，而越来越多的信息加入征信报告中，也有待在实践中明确收集边界，不能认为征信是一个筐，任何个人信息都能往里面装。特别是目前大数据技术的发展，未经授权爬取个人信息，已经触犯了个人隐私保护法律，这种情况下我国应当加强对于个人信息的立法[②]。

在《征信业管理条例》中允许第三方机构从事征信，为民营征信机构的发展带来了新的可能。2015年1月，八家公司被中国人民银行允许开展个人征信业务试点。这八家征信机构包括互联网公司、社交领域企业、老牌征信机构等。其中，比较大的机构包括芝麻信用、腾讯信用、前海征信。芝麻信用背靠阿里巴巴、资金雄厚，同时具有支付宝和淘宝系统的应用内身份信息和交易支付数据；腾讯信用则聚焦了QQ和微信用户的社交数据，以及财付通用户的交易数据；前海征信则拥有平安集团的保险、信托、证券等领域所积累的数据。

---

① 边漫远. 关于二代个人信用报告应用的思考[J]. 华北金融, 2019(9): 58-64.
② 李晓丹. 征信服务模式探索与思考[J]. 华北金融, 2020(3): 81-85.

因此，所选择的这八家机构具有相当的代表性，各自的数据具有其行业特点。

然而，由于互联网金融的P2P发展一度使得某些地方经济出现了系统性金融风险，再加之参与试点的企业之间数据不互通，各自行业特征的数据不能完整表征个人信用信息，加之各家对于个人信息数据保护标准不同，存在泄露的风险。在充分考虑各家试点的基础上，为了满足个人征信的风险可控要求，中国人民银行批准了百行征信的个人征信牌照[1]，并引入参加试点的八家企业作为股东，以期望不同的机构能够共享个人信用数据。同时相关的学者也提出未来中国征信行业发展应该多元化，面向专业细分垂直领域机构协同构建新时代的征信行业[2]。

中国许多大型互联网企业，如淘宝、腾讯等，他们在开展业务过程中积累了大量个人用户的行为信息和个人信息，因此成为数据业务发展的重要支撑。与此同时，互联网与金融的融合发展中，出现了许多正面的效应，也同样存在许多需要解决的新问题。从P2P金融一度火爆的增长局面到整顿P2P金融，非常有必要强化相关的法律法规并采取积极措施来建立合理的秩序。当前，中国互联网市场的下半场正在来临，针对平台经济和金融监管将会更加细化和周全，在征信方面也需要优化更新相关的法律法规。一方面，征信能够收集到的数据越多就越能够精确判断个人信用水平；另一方面，个人隐私相关立法也在推进，进一步明确哪些数据能够被用于征信过程，然而征信使用数据需要获得用户授权也可能会制约信用机构的信用业务开展。但总体而言，在符合法律法规的前提下，立足于当前已经互联网化的社会，结合互联网技术在已有的各个企业以及社会机构中的各类数据，运用大数据技术对海量数据进行处理，是征信业一个重要的发展方向。因此，个人信用对于整体的风险有着非常重要的影响，研究如何准确并尽早地发现信用风险变化，进一步针对风险变化做出预警处置措施，是一个非常重要且极为必要的环节。信贷机构传统的信用违约分析，无法应付当前的互联网金融行为。随着互联网快速发展，资金流动高速，业务放贷量激增，传统人工审核效率低下，回归模型无法处理更多维有效的特征信息，预测效果与实际出入较大。面对这种情况，许多人引入机器学习、深度学习等理论研究，更好地对个人信用风险进行预测。

另外，许多新的与信用相关的服务与产品诞生，如蚂蚁金服推出了高信用

---

[1] 张晶, 李育冬. 从百行征信看我国个人征信的市场化发展[J]. 征信, 2019, 37(12): 54-60.
[2] 刘新海. 专业征信机构: 未来中国征信业的方向[J]. 征信, 2019, 37(7): 12-18.

客户可享受先消费后付款的服务，微信信用分则提供了免押金使用充电宝等服务。这说明信用不再仅限于辅助借贷决策与管理，而且还能够随着互联网的发展衍生出许多新的产品与服务。所以如果能够相对传统方式获得更精准的客户个人信用信息，更加及时地针对信用风险变化进行预警，那么对整个社会将产生深远影响。

5.1.3 研究内容

本章主要研究运用大数据技术与数据挖掘和机器学习相关技术，探索针对异构多源的用户信用数据进行分析并整理，探讨征信业务现状，以及发展过程中存在的问题，并就如何通过改进征信过程来提升个人信用风险评估水平进行分析。

首先，对国内外相关研究进行文献综述，包含以下几个方面。

第一，征信的基本含义。讨论征信的基本定义，能够更好地帮助我们理解征信业务的发展起源，为什么会产生征信，以及征信能够给社会经济发展带来哪些帮助。

第二，国内外征信发展历程。通过追溯征信行业的发展历史，可以帮助我们更好地把握征信业的发展方向。

第三，个人信用评估系统研究。主要分析传统的信用评估缺陷以及FICO、ZestAI 和芝麻评分等比较典型的个人信用评估系统。从理论基础以及运行系统进行分析，归纳其优缺点。

第四，信用估计技术发展。介绍信用发展过程中产生的不同信用评估技术，以及相应信用评估技术的特点、优先适用的范围等。通过不同信用评估技术的共性和个性特点，分析它们在个人信用评估中所发挥的作用。

其次，尽管不少企业和机构已经存储了海量的个人信用特征数据，但也面临着巨大的挑战，如数据稀疏性强、特征变量单位不一、数据质量无法保证等。这些因素都阻碍了高效地利用数据进行分析，是信用评估发展过程中必须解决的问题。因此，在评估个人信用方面首先需要非常清楚地了解所分析人群的基本情况，针对实际人群的信用积累数据进行探索，了解数据基本特征；其次，还需要有与之相匹配的特征处理方法，研究如何对特征通过缩放、归一化以及聚合等综合措施来提升个人信用风险评估的准确性和稳定性；然后，讨论集成学习模式的基本含义，以及如何针对异质的基模型进行集成；最后，基于已处理的输入特征数据集，采用集成学习的方式来进行评估并分析。

5.2 相关理论技术

5.2.1 个人信用评估指标体系

筛选出合适的个人信用评估指标，是信用评估的第一步。这些指标影响着评估的决策，如何充分挖掘出各个指标所构成的影响以及相互之间的约束是能否提取出有效信息的关键。目前，国内外相关研究使用个人信用评估的指标主要包括借贷个人的识别信息、经济情况、借贷信息以及历史信用四类指标。

5.2.1.1 识别信息指标

识别信息指标主要包含借贷者的年龄、教育经历、就业信息、配偶信息、人际关系、住房环境情况等。Herzog(1970)通过收集的数据研究房贷信息，分析出违约的贷款者职业前景稳定性较差时，收入受外部因素影响较大，表现出更高的违约概率，得出信用状况受职业发展影响较大的结论[1]。Williams(1974)则认为在年龄方面，个人申请者超过50岁时，随着年龄增大，个人信用呈现下降趋势；在职位方面的影响表现为，一般在岗越长，其信用状况越好，和一般的直觉认知相符；另外还分析了个人申请者的家庭构成、孩子数量和保险情况，但对于信用的影响没有明显的指向性[2]。Canner(1991)在研究大龄人群信用状况时指出，大龄人群在贷款期间没有明显可持续的收入，其还款能力导致其信用状况较差[3]。Burrows(1998)分析研究个体从业者和离异人士，整体上这类人的信用水平较低，违约率偏高；年龄位于18~24岁阶段的申请者还款能力弱，违约率较高[4]。Archer(2002)分析得出职业状况是反映个人信用状况的重要因素[5]。石庆焱(2004)通过实证指出是否具有本银行账户以及银行卡对于违约判断有较大的影响[6]。王富全(2008)构建的个人指标体系中个人身份特征纳

---

[1] John P. Herzog and James S. Earley. Front Matter, Home Mortgage Delinquency and Foreclosure[M]. Home Mortgage Delinquency and Foreclosure. NBER, 1970: 232-245.

[2] Alex O. Williams, William Beranek and James Kenkel. Default Risk in Urban Mortgages: A Pittsburgh Prototype Analysis[J]. Real Estate Economics, 1974, 2(2): 101-112.

[3] Glenn B. Canner, Stuart A. Gabriel and J. Michael Woolley. Race, Default Risk and Mortgage Lending: A Study of the FHA and Conventional Loan Markets[J]. Southern Economic Journal, 1991 vol, 58, No.1(Jul. 1991): 249-262.

[4] Roger Burrows. Mortgage Indebtedness in England: An epidemiology[J]. Housing Studies, 1998, 13(1): 5-21.

[5] Wayne R. Archer, Peter J. Elmer, David M. Harrison et al. Determinants of Multifamily Mortgage Default[J]. Real estate economics, 2002, 30(3): 445-473.

[6] 石庆焱, 靳云汇. 多种个人信用评分模型在中国应用的比较研究[J]. 统计研究, 2004, 06(6): 43-47.

入是否为领导、婚姻状况、居住房屋类型、工作时长等，显示出较好的预测性。Chowdhury(2014)分析了男性和女性在个人信用方面表现的差异①。

5.2.1.2 经济情况指标

经济情况的指标主要包括个人申请者的工资收入、不动产价值、其他非固定性资产增值、总外债等。Williams(1974)指出，申请者个人所拥有的财富越多，违约率越低②。Morton(1975)指出，家庭总负债与家庭总收入的比例是影响个人信用状况的重要因素，特别是对于家庭主要收入贡献者的信用影响更大③。Lawrence(1995)指出，负债收入比表征出还款主观意愿和还款能力大小④。Archer(2002)认为，家庭的财务情况、总收入及人均可支配收入是个人信用评估的重要指标⑤。王富全(2008)指出，个人收入和职业类型是个人信用评估的重要因素⑥。Rauterkus(2010)分析得出同等收入下，家庭中汽车数量与个人信用呈现负相关⑦。何晓群(2015)实证得出，个人银行账户存款是评估个人还款能力的重要保障⑧。吕德宏(2017)指出，农户的个人信用与对信贷的认识、农户类型和文化程度及信贷利率具有层次性联系⑨。李林芳(2020)通过模型结果指出，按期还款的用户具有高收入、高学历特征⑩。

5.2.1.3 借贷信息指标

借贷信息指借贷相关的特征，包括借贷额、贷款时长、分期还款约定，以及贷款用途等。Williams(1974)经过实证得出个人信贷还款额超过收入的30%时，还款违约的可能性开始逐渐增大；而贷款的时间跨度对于还款违约率没有

---

① Tamgid Ahmed Chowdhury. Service Delivery Effectiveness of Microcredit-Driven Non-Government Organizations in Alleviating Poverty: A Study on Bangladesh[J]. International Review of Economics, 2014, 61(4): 347-377.

② Alex O. Williams, William Beranek and James Kenkel. Default Risk in Urban Mortgages: A Pittsburgh Prototype Analysis[J]. Real Estate Economics, 1974, 2(2): 101-112.

③ T. Gregory Morton. A Discriminant Function Analysis of Residential Mortgage Delinquency and Foreclosure[J]. Real Estate Economics, 1975, 3(1): 73-88.

④ Edward C. Lawrence and Nasser Arshadi. A Multinomial Logit Analysis of Problem Loan Resolution Choices in Banking[J]. Journal of Money, Credit and Banking, 1995, 27(1): 202-216.

⑤ Zheng Y. Methodologies for Cross-Domain Data Fusion: An Overview[J]. IEEE Transactions on Big Data, 2015, 1(1): 16-34.

⑥ 王富全. 影响个人信用因素的实证分析[J]. 金融与经济, 2008, 10(10): 9-13.

⑦ Stephanie Rauterkus, Grant Thrall and Eric Hangen. Location Effciency and Mortgage Default[J]. Journal of Sustainable Real Estate, 2010, 2(1): 117-141.

⑧ 何晓群, 胡小宁. 个人信用评价影响因素决策分析[J]. 征信, 2015, 2(2): 11-14.

⑨ 吕德宏, 朱莹. 农户小额信贷风险影响因素层次差异性研究[J]. 管理评论, 2017, 29(1): 33-41.

⑩ 李林芳. 个人信用影响因素分析[J]. 中国总会计师, 2020, 06(6): 78-80.

显著影响①。Vandell(1985)提出，抵押物的估值同月收入比值对于个人信用评估有显著影响②。Archer(2002)在分析信托和保险公司的相关案例后，认为贷款价值比对于个人信用评估并没有明显的影响。杨星(2003)研究个人住房贷款信用风险，实证得出贷款与住房价值比例与信用风险呈正相关结论③。唐璐云(2020)分析认为，资产经营能力及风险管理能力较强的机构的贷款违约风险较低，贷款利率较高、初始贷款价值较大、抵押住房面积较大的贷款人违约风险较大④。

5.2.1.4 历史信用指标

历史信用是指借贷者之前的信用贷记录、履约次数、是否按期还款等历史记录。纪淑娴(2008)在《在线拍卖买方信用度评估》中将历史好评率、历史违约纳入信用评价指标⑤。陈霄(2013)研究民间借贷逾期行为时，实证得到历史贷款次数和按时还款次数对贷款人违约逾期有显著负向影响，历史逾期还款次数、提前还款次数对逾期率具有显著正向影响⑥。Serrano(2016)在研究P2P借贷时，将个人信用评估指标纳入了借贷人的个人信用历史⑦。蒋先玲(2020)分析得出借贷人历史还款信息对P2P网络借贷市场的信用风险有较重要的影响⑧。

5.2.2 个人信用评估模型技术

个人信用评估模型是个人信用评估中最关键的环节，也是个人信用评估中研究的重点，国内外学者对此开展相关研究。研究目标主要集中在如何提升评估模型的精确度、评估结果真实反映实际结果。1950年之前，个人信用评估的主要方式是依靠专家经验来判断，具有主观性。随着信贷业务的进一步发展，传统

---

① Alex O. Williams, William Beranek and James Kenkel. Default Risk in Urban Mortgages: A Pittsburgh Prototype Analysis[J]. Real Estate Economics, 1974, 2(2): 101-112.
② Kerry D. Vandell and Thomas Thibodeau. Estimation of Mortgage Defaults Using Disaggregate Loan History Data[J]. Real Estate Economics, 1985, 13(3): 292-316.
③ 杨星, 麦元勋. 个人住房贷款信用风险管理实证研究——Merton 模型在信用评估中的应用[J]. 南方金融, 2003, 1(3): 20-23.
④ 唐璐云, 于潇, 徐睿阳, 等. 个人住房抵押贷款违约风险影响因素分析[J]. 债券, 2020, 7(7): 65-69.
⑤ 纪淑娴, 赵向莉, 胡培. 在线拍卖买方信用度评估[J]. 统计与决策, 2008, 3(6): 63-65.
⑥ 陈霄, 丁晓裕, 王贝芬. 民间借贷逾期行为研究——基于 P2P 网络借贷的实证分析[J]. 金融论坛, 2013, 18(11): 65-72.
⑦ Carlos Serrano-Cinca and Begoña Gutiérrez-Nieto. The Use of Profit Scoring as an Alternative to Credit Scoring Systems in Peer-to-Peer (P2P) Lending[J]. Decision Support Systems, 2016,89: 113-122.
⑧ 蒋先玲, 张庆波, 程健. P2P 网络借贷市场信用风险识别[J]. 中国流通经济, 2020, 34(4): 67-75.

的专家模式已不能有效预测个人信用水平,随后个人信用评估模型引入了数据挖掘和数学模型,在实践中获得了更高的精确度。随着计算力提升和大数据技术发展,深度学习成熟地拓展应用边界,个人信用评估开始引入人工智能的方法,同时在单一的模型预测精确度提升已经相当困难的情况下,人们开始转向组合多个模型的结果来综合预测,模型的精确度和稳定性得到进一步提升。

目前,个人信用评估模型主要可以分为四种:数理统计模型、非参数模型、人工智能模型、融合模型。

5.2.2.1 数理统计模型

判别分析(Discriminant Analysis)是Fisher(1936)提出的,此后,David(1942)首次在个人信用评估模型中运用了Fisher判别法,通过提取个人信用样本集中的信息建立判别函数,遇到新的贷款者输入其个人特征得到判别结果[1][2]。Hardy(1985)在个人信用评估分析中应用线性判别法进行分析,实证结果显示可运用于实际案例中。Hand(1997)认为当信用样本近似服从正态分布时,使用判别分析的结果更为准确[3]。姜明辉(2003)针对常用的线性判别分析方法分析出实际结果符合我国国情和实际情况[4]。Mvula(2011)指出差别分析对信用卡准客户还款行为预测结果较差[5]。Liberati(2015)在判别规则方面增加了学习空间转换,优化了高维特征的处理规则[6]。Katarzyna(2016)结合特征选择与判别分析,对于模型的精确度有一定提升[7]。

回归分析(Regression Analysis)中的逻辑回归(Logistic Regression)是距今为止回归模型中应用最多、研究最热门、最成熟的个人信用评估方法。

---

[1] R. Fisher. Linear Discriminant Analysis[J]. Ann. Eugenics, 1936, 7: 179.
[2] D. C. Sowers. Book Review: Risk Elements in Consumer Instalment Financing[J]. Journal of Marketing, 1942, 6(4): 407-408.
[3] D.J. Hand and W.E. Henley. Statistical Classification Methods in Consumer Credit Scoring: A Review[J]. Journal of the Royal Statistical Society. Series A: Statistics in Society, 1997, 160(3): 523-541.
[4] 姜明辉,姜磊,王雅林. 线性判别式分析在个人信用评估中的应用[J]. 管理科学, 2003, 16(1): 53-55.
[5] Marcellina Mvula Chijoriga. Application of Multiple Discriminant Analysis (MDA) as a Credit Scoring and Risk Assessment Model[J]. International Journal of Emerging Markets, 2011, 6(2): 132-147.
[6] Caterina Liberati, Furio Camillo and Gilbert Saporta. Advances in Credit Scoring: Combining Performance and Interpretation in Kernel Discriminant Analysis[J]. Advances in Data Analysis and Classification, 2015, 1(11): 121-138.
[7] Katarzyna Stpor, Tomasz Smolarczyk and Piotr Fabian. Heteroscedastic Discriminant Analysis Combined with Feature Selection for Credit Scoring[J]. Statistics in Transition new series, 2016, 17(2): 265-280.

Orgler(1970)在个人信用申请评估中第一次采用线性回归评分,在实证基础上显示个人行为特征对信用评估有显著影响[1]。Wiginton(1980)使用逻辑回归方法对个人信用进行评估,显示使用逻辑回归的方法在个人信用分类问题上得到的效果较好[2]。Cramer(2000)在个人信用评估领域对逻辑回归进行改进,并通过实证得出Border 逻辑回归方法的准确率最高[3]。Kordas(2002)和Khemais(2016)实证显示逻辑回归的评估精度一般情况下会高于判别分析结果[4][5]。Lee(2003)在个人信用评估数据集中,通过均匀抽样办法来解决不平衡的问题,在性能和准确度上都获得了提升[6]。Dierckx(2004)认为逻辑回归可以输入适配模型的系数,在模型解释上表现能力较好[7]。Lund(2015)通过一个两阶段的逻辑回归来提升精确度[8]。随着新的模型与统计方法相结合,许多新的回归方法,如有偏逻辑回归[9]、Adaptive Lasso 逻辑回归[10]、稀疏最大边值逻辑回归[11]等在个人信用评估中的某些特定情形下取得了更好的判断效果。其中,逻辑回归是在线性回归分析算法基础上的变迁,主要用于解决二分类问题,用来表示某件事情发生的可能性。虽然翻译的名称中有回归,但实质上是一种分类学习的方法。逻辑回归的优点在于实现简单,在工业问题上应用非常广

---

[1] Yair E. Orgler. A Credit Scoring Model for Commercial Loans[J]. Journal of Money, Credit and Banking, 1970, 2(4): 435-445.

[2] John C. Wiginton. A Note on the Comparison of Logit and Discriminant Models of Consumer Credit Behavior[J]. The Journal of Financial and Quantitative Analysis, 1980, 15(3): 757-770.

[3] J. S. Cramer. Scoring Bank Deposits That May Go Wrong-A Case Study[J]. 2000.

[4] Zaghdoudi Khemais, Djebali Nesrine and Mezni Mohamed. Credit Scoring and Default Risk Prediction: A Comparative Study between Discriminant Analysis & Logistic Regression[J]. International Journal of Economics and Finance, 2016, 8(4): 39.

[5] Gregory Kordas. Credit Scoring Using Binary Quantile Regression.In: Yadolah Dodge, ed. Statistical Data Analysis Based on the L1-Norm and Related Methods. Basel: Birkhäuser, 2002: 125-137.

[6] Timothy H. Lee and Ming Zhang. Bias Correction and Statistical Test for Developing Credit Scoring Model through Logistic Regression Approach[J]. International Journal of Information Technology & Decision Making, 2003, 2(2): 299-311.

[7] Goedele Dierckx. Logistic Regression for Credit Scoring[J]. Wiley StatsRef: Statistics Reference Online. American Cancer Society, 2014.

[8] Anton Lund. Two-Stage Logistic Regression Models for Improved Credit Scoring. 2015.

[9] 史小康,何晓群. 有偏 logistic 回归模型及其在个人信用评级中的应用研究[J]. 数理统计与管理, 2015, 34(6).

[10] 张婷婷,景英川. 个人信用评分的 Adaptive Lasso-Logistic 回归分析[J]. 数学的实践与认识, 2016, 46(18): 92-99.

[11] S. Patra, K. Shanker and D. Kundu. Sparse Maximum Margin Logistic Regression for Credit Scoring[C]// 2008 Eighth IEEE International Conference on Data Mining, 2008: 977-982.

泛；分类时计算量非常小，因此运行的速度很快，存储资源需求低；消除多重共线性可以结合 $L2$ 正则化应对，算法易于理解和实现，计算代价低。缺点则在于当特征空间很大的情况下，性能也随之下降，容易欠拟合，通常准确率会偏低。对于非线性特征采用何种构造方式，业界没有定论，需要手工调整，依赖于经验。利用线性回归的基本思想，逻辑回归将线性回归的结果再输入sigmoid函数中。通过此类映射，将原本是线性回归结果中实数范围的值限制到[0,1]之间。依据线性回归模型假设 $z_w(x) = w_0 + w_1 x_1 + \ldots + w_n x_n$，对输出 $h_w(x)$ 进行sigmoid 映射。对于二分类样本数据集 $x_n, t_n, \phi_n = \phi_{x_n}, t = t_1, t_2, \ldots, t_n$ 在已知 $P(C_1 | x_n)$ 极大似然估计为式(5.2.1)。

$$P(t|w) = \prod_{n=1}^{N} y_n^{t_n} \times (1-y_n)^{(1-t_n)} \tag{5.2.1}$$

其对数似然估计为式(5.2.2)。

$$\ln P(t|w) = \sum_{n=1}^{N} t_n \ln y_n + (1-t_n)\ln(1-y_n) \tag{5.2.2}$$

则在式(5.2.3)基础上得到 W 的梯度为如式(5.2.3)所示。

$$\begin{aligned} \frac{\partial \ln P(t|w)}{\partial w} &= \sum_{n=1}^{N} t_n \ln y_n + (1-t_n)\ln(1-y_n) \\ &= \sum_{n=1}^{N} (y_n - t_n)\phi_n \end{aligned} \tag{5.2.3}$$

根据求 W 的梯度公式(5.2.3)，依据梯度下降法求解如下。

在实践中由于梯度下降法实现简单，在迭代时需要全部的训练数据，在输入规模较大的情况下，存在计算量暴涨的问题，一般可采用随机梯度下降、Momentum等方法进行求解。逻辑回归算法描述如图5.2.1所示。

Algorithm 1: 逻辑回归算法描述
1. 输入数据项，确认其符合离散分布。
2. 依据数据项构建超参数 w。
3. logit $P = \ln\left(\frac{P}{1-p}\right)$，采用似然极大的方法求解超参数。
4. 由所求超参数拟合函数，对未知数据集分类。

图5.2.1　逻辑回归算法

5.2.2.2　非参数模型

非参数模型指事先不知道样本的分布，也不对样本的分布进行假设。在样本分析中常用的非参数模型包括以下几种。

聚类(Cluster)模型基于一定的规则将个人信用评估数据集中的客户依据某些度量标准，聚合成簇，在此基础上划分好坏客户。赖辉(2012)引入双边聚类，结果显示双边聚类模型更简单，所需数据量比一般聚类少，并保持精度不降低[1]。孙景(2006)采用模糊等价矩阵对个人信用划分等级聚类分析，认为该方法可以较好地解决个人信用评估中特征不明确、边界不清晰的问题[2]。杨志群(2009)采用灰色聚类的方式对个人信用等级进行分析[3]。崔永生(2018)针对我国信用卡客户消费行为构建灰色聚类RFM两阶段客户细分模型，指出该模型可以解决传统RFM模型对于灰色属性指标不能直接处理的问题，为银行销售人员的营销策略提供了决策依据[4]。

决策树(Decision Tree)是20世纪80年代国外学者提出的，其核心是依据度量算法，选择度量值适应性最优的分类特征进行划分直至满足停止条件。由于其决策路径像一棵倒立的树，因此称为决策树。Makowski(1985)首次在个人信用评估中采用决策树方法并获得了不错的效果[5]。Boyle(1992)比较判别分析和决策树在个人信用评估方面的表现，结果显示决策树的精确度更优。Olaru(2003)结合模糊学Fuzzy方法与决策树建立SDT(Soft Decision Trees)模型，在个人信用评估方面比一般的决策树精度更高[6]。朱毅峰(2008)引入错分代价函数，提出了精炼决策树模型，在个人信用评估分类精度上有所提升[7]。Zhou(2008)采用粗糙集算法与决策树模型相结合来优化模型[8]。Keshavarz(2008)比较了逻辑回归模型和决策树模型，结果显示决策树模型在评估中一般都能获得更好的预测结果，然而Nie(2011)对两者的实验显示则是

---

[1] 赖辉, 帅理, 周宗放. 基于双边聚类的个人信用风险判别方法及实证研究[C]//. 风险分析和危机反应的创新理论和方法——中国灾害防御协会风险分析专业委员会第五届年会论文集. 南京: 2012: 352-357.

[2] Marjani M, Nasaruddin F, Gani A, et al. Big IoT data analytics: architecture, opportunities, and open research challenges[J]. IEEE Access, 2017, 5: 5247-5261.

[3] 杨志群. 基于灰色聚类法的个人信用等级综合评价[J]. 企业家天地(下半月版), 2009(7): 42-43.

[4] 崔永生. 基于灰聚类方法的我国银行信用卡客户细分[J]. 中国商论, 2018(21): 131-137.

[5] Paul Makowski. Credit Scoring Branches Out[J]. Credit World, 1985, 75(1): 30-37.

[6] Cristina Olaru and Louis Wehenkel. A Complete Fuzzy Decision Tree Technique[J]. Fuzzy Sets and Systems, 2003, 138(2): 221-254.

[7] 朱毅峰, 孙亚南. 精炼决策树模型在个人信用评估中的应用[J]. 统计教育, 2008(1): 5-7.

[8] XiYue Zhou, DeFu Zhang and Yi Jiang. A New Credit Scoring Method Based on Rough Sets and Decision Tree[J]. Takashi Washio, Einoshin Suzuki, Kai Ming Ting et al., eds. Advances in Knowledge Discovery and Data Mining. Berlin, Heidelberg: Springer, 2008: 1081-1089.

逻辑回归模型比决策树模型在结果上的精确度更好[1]，两者结果相异主要是构建决策树的规则以及对过拟合问题处理不同。Khanbabaei(2013)采用遗传算法、聚类及属性选择等方法来改进决策树模型在个人信用评估中的结果[2]。

贝叶斯(Bayes)模型是学习样本集中的先验概率来对个人进行评估。Vedala(2012)在实际数据集中采用贝叶斯模型。贝叶斯模型在精度方面没有优势，但可以消除低相关性变量并输出变量的先验概率[3]。一般会结合其他方法一起使用，如马尔科夫链、主成分分析。李旭升(2006)指出贝叶斯网络相对于神经网络具有较好的可解释性，可充分结合专业知识，性能优良[4]。李太勇(2013)将稀疏贝叶斯引入个人信用评估中，比传统的方法有更好的分类效果[5]。曹小林(2020)指出，采用树增强朴素贝叶斯模型，能够很好地解决实际特征之间相互依赖的问题[6]。

决策树(Decision Tree)算法是一项非常基础且应用广泛的分类与回归算法。决策树是因其树状形式的决策分支而闻名。一棵决策树由其根节点、内部子节点和叶节点构成；叶节点对应决策结果，内部节点对应分类过程中的属性判断依据；每个节点包含的样本集合根据属性测试的结果被划分到对应熵值优化节点中。从根节点到每个叶节点的路径对应了决策时的路径，即判定的路径序列。决策树的整个思想体现了分而治之的思想。决策树的构建过程对于属性的拆分并不保持稳定性，因此对同一训练集使用决策算法所得模型可能存在不同决策路径的决策树模型。决策树主要有两种类型，一是分类树，即输出是样本的类型；二是回归树，输出是一个数值。

决策树的生成是一个递归过程，如图5.2.2所示，描述了一个简单的放贷决策

---

[1] Guangli Nie, Wei Rowe, Lingling Zhang et al. Credit Card Churn Forecasting by Logistic Regression and Decision Tree[J]. Expert Systems with Applications, 2011, 38(12): 15273-15285.

[2] Mohammad Khanbabaei and Mahmood Alborzi. The Use of Genetic Algorithm, Clustering and Feature Selection Techniques in Construction of Decision Tree Models for Credit Scoring[J]. International Journal of Managing Information Technology, 2013(5): 13-32.

[3] R. Vedala and B. R. Kumar. An Application of Naive Bayes Classification for Credit Scoring in E-Lending Platform[J]. 2012 International Conference on Data Science Engineering (ICDSE). 2012(07): 81-84.

[4] 李旭升, 郭春香, 陈凯亚. 最小总风险准则的贝叶斯网络个人信用评估模型[J]. 计算机应用研究, 2009, 26(1): 50-53, 58.

[5] 李太勇, 王会军, 吴江, 等. 基于稀疏贝叶斯学习的个人信用评估[J]. 计算机应用, 2013, 33(11): 3094-3096, 3148.

[6] 曹小林. 基于贝叶斯网络模型的个人信用评价[J]. 统计与决策, 2020, 36(10): 153-155.

树。其中包含的特征有"年龄""是否是学生""信用状况"。依据某一种度量指标优先选择某一特征并按该特征所包括的种类进行划分。本例中优先选择了年龄特征，在年龄小于30时又按是否是学生来决策，充分体现了其递归的过程。

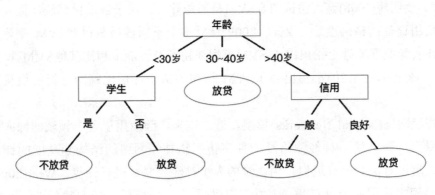

图5.2.2　一棵简单放贷决策树

5.2.2.3　人工智能模型

人工智能技术在20世纪后发展迅猛，许多人工智能的模型应用于个人信用评估中，如遗传算法、支持向量机(SVM)，特别是近十多年相关学科融合发展促进了计算力的提升，促进深度学习发展进入快车道，在多个人工智能识别领域取得了一系列的突破。神经网络模型在个人信用评分领域中的应用受到热点追踪。

遗传算法(Genetic Algorithm)模型是通过模拟特种进化过程挑选，以自然选择为前提，优先适应环境物种并在遗传过程中伴随着变异。针对此过程所挑选出的征集样本能够适应所求目标解，但是研究表明此方法处理步骤复杂，在数据较多的情况下性能较差，评估准确度并不高。在同其他模型如支持向量机、决策树等模型结合时能够提升原本的效果[1]。朱兴德(2003)结合遗传算法来优化神经网络结构和权值[2]。

支持向量机(Support Vector Machine)模型的基本原理是在样本空间中找到一个曲面使其到支持向量的距离最远，即分类的效果最佳。李建平(2004)在使用SVM模型评估个人信用时认为SVM模型比其他现行方法正确率高，但SVM

---

[1] L. Yun, Q. Cao and H. Zhang. Application of the PSO-SVM Model for Credit Scoring[C]//2011 Seventh International Conference on Computational Intelligence and Security. IEEE, 2011: 47-51.

[2] 朱兴德, 冯铁军. 基于GA神经网络的个人信用评估[J]. 系统工程理论与实践, 2003, 23(12): 70-75, 115.

预测能力比训练结果差[①]。Stecking(2006)指出，合适的核函数对于 SVM 在个人信用评估中的精确度有明显的影响，但没有统一的选择规则，需要依据经验进行尝试[②]。Stecking(2008)结合特征选择和建立多层的SVM模型提高了精度[③]。姜明辉(2008)等人尝试结合SVM与遗传算法、粒子群优化算法，提升了个人信用评估的精确度[④][⑤]。Zhou(2009)针对多个不同核函数以及SVM 变体模型，在实验数据基础上指出RBF-SVM模型在精度及性能上相比其他SVM 模型更优[⑥]。Katarzyna(2016)指出基于SVM 模型的信用评估比判别分析的效果更优[⑦]。

神经网络(Neural Networks)模型在近十年来，因应用于各个领域的惊人结果而受到广泛关注。神经网络是一种模仿生物神经网络的结构和功能的计算模型，用于对函数进行近似，由大量的人工神经元联结进行计算。West(2000)将神经网络应用在个人信用评估中，认为需要一些建模技巧和精妙的训练方法[⑧]，因为当时的计算力还不能应付几层的神经网络运算。Pang(2002)使用神经网络进行信用评分，显示其稳定性比其他模型更好[⑨]。王静(2004)引入多层前馈神经网络和BP算法，建立个人信用评分模型[⑩]。Kuldeep(2006)指出人

---

① 李建平, 徐伟宣, 刘京礼, 等. 消费者信用评估中支持向量机方法研究[J]. 系统工程, 2004,22(10): 35-39.
② Klaus B. Schebesch and Ralf Stecking. Selecting SVM Kernels and Input Variable Subsets in Credit Scoring Models[C]// Reinhold Decker and Hans -J. Lenz, eds. Advances in Data Analysis. Berlin, Heidelberg: Springer, 2007: 179-186.
③ Klaus B. Schebesch and Ralf Stecking. Using Multiple SVM Models for Unbalanced Credit Scoring Data Sets[C]// Christine Preisach, Hans Burkhardt, Lars Schmidt-Thieme et al., eds. Data Analysis, Machine Learning and Applications. Berlin, Heidelberg: Springer, 2008: 515-522.
④ 姜明辉, 袁绪川. 个人信用评估 PSO-SVM 模型的构建及应用[J]. 管理学报, 2008, 5(4): 511-515, 615.
⑤ 姜明辉, 袁绪川. 基于 Logistic 回归和后验概率 SVM 的住房贷款组合评估模型[J]. 黑龙江大学自然科学学报, 2008, 25(3): 281-286.
⑥ Ligang Zhou, Kin Keung Lai and Jerome Yen. Credit Scoring Models with Auc Maximization Based on Weighted Svm[J]. International Journal of Information Technology & Decision Making, 2009, 8(4): 677-696.
⑦ Katarzyna Stpor. A Critical Comparison of Discriminant Analysis and Svm-Based Approaches to Credit Scoring[J]. Studia Ekonomiczne, 2016 (288): 59-70.
⑧ David West. Neural Network Credit Scoring Models[J]. Computers & Operations Research, 2000, 27(11): 1131-1152.
⑨ Su-Lin Pang, Yan-Ming Wang and Yuan-Huai Bai. Credit Scoring Model Based on Neural Network[C]. Proceedings. International Conference on Machine Learning and Cybernetics. 2002(4): 1742-1746.
⑩ 王静, 王延清, 何德权. 基于多层前馈神经网络的个人信用评分模型[J]. 经济师, 2004,12: 20-21.

工神经网络相对于线性判别法，能够处理复杂数据集且不需要信用数据满足线性等分布假设，因此在个人信用评估中比线性判别法的适用场景更多[1]。Adnan(2011)使用真实信用评估数据集，显示情感(Emotional)神经网络比传统神经网络模型在速度和精确度上更好[2]。钟尚儒(2018)通过深度学习生成网络处理类别不平衡问题，对个人信用进行评估，基于FNN(Feed-forwrad Neural Network)进行离散不等长特征融合，使嵌入层转化为低维等长向量，基于LSTM(Long-Short Term Memory)对用户行为特征进行学习，基于对抗训练样本生成少数类样本，实证结果显示可以取得不差于人工特征处理的预测分类性能，提高了信用评估的预测准确性[3]。王重仁(2020)等融合LSTM与CNN(Convolutional Neural Network)，其中CNN子模型使用2个卷积层和2个池化层进行自动提取特征，实验表明比单一模型的性能更好[4]。

5.2.2.4 融合模型

融合模型是指对两个及以上的单一评估模型通过组合加权等规则对组合模型结果进行综合判断，能够提高单一模型在某些样本上的偏差性，提高融合模型的综合适应性、稳定性，以及准确度。

Bates(1969)等人首次提出以组合多个模型来进行综合评分[5]。Kuncheva(2000)研究了组合的基分类器在是否相互独立的情况下对预测的影响，得出基分类器是负相关时比独立的预测结果更好[6]。姜明辉(2008)等人将逻辑回归、SVM、粒子群算法进行组合得到了比单一模型评估结果更好的组合模型[7][8]。

---

[1] Kuldeep Kumar and Sukanto Bhattacharya. Artificial Neural Network vs Linear Discriminant Analysis in Credit Ratings Forecast: A Comparative Study of Prediction Performances[J]. Review of Accounting and Finance, 2006, 5(3): 216-227.

[2] Adnan Khashman. Credit Risk Evaluation Using Neural Networks: Emotional versus Conventional Models[J]. Applied Soft Computing, 2011, 11(8): 5477-5484.

[3] 钟尚儒. 面向类别不平衡的深度生成网络信用评估系统研究[D].北京：北京大学, 2018.

[4] 王重仁,王雯,余杰,等.融合深度神经网络的个人信用评估方法[J].计算机工程,2020,46(10): 308-314.

[5] J. M. Bates and C. W. J. Granger. The Combination of Forecasts[J]. Journal of the Operational Research Society, 1969, 20(4): 451-468.

[6] L. I. Kuncheva, C. J. Whitaker, C. A. Shipp et al. Is Independence Good for Combining Classifiers?[C]// Proceedings 15th International Conference on Pattern Recognition. ICPR-2000, 2000(2): 168-171.

[7] 姜明辉, 袁绪川. 个人信用评估 PSO-SVM 模型的构建及应用[J]. 管理学报, 2008, 5(4): 511-515, 615.

[8] 姜明辉, 袁绪川. 基于 Logistic 回归和后验概率 SVM 的住房贷款组合评估模型[J]. 黑龙江大学自然科学学报, 2008, 25(3): 281-286.

Siami(2014)使用组合评分模型对样本和个人信用评估体系进行了深入研究[1]。任潇(2016)在组合模型基础上，在"坏"样本的区分与结果判断上采用加权方法，提出修正算法，提高了评估精度[2]。

随机森林(Random Forest)是在实践中用得比较多且学习能力也比较高的监督学习算法之一，算法描述如图5.2.3所示。随机森林相对于简单组合决策树，其优势在于，一方面，每次针对同质模型的输入数据集是随机选择的，降低了同质模型由于数据相同而单调的问题；另一方面，随机地选择输入特征，即输入模型的特征并不是全集特征，而是每次随机地选择特征子集。这两种随机所带来的好处是运行速度快，另一方面由于特征选择具有随机性，不同子树的生成所构建的特征并不相同，子模型趋同性降低的同时还保证了多样性，因此过拟合的情况在一定程度上有所降低。

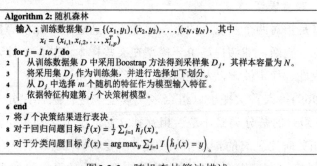

图5.2.3　随机森林算法描述

早期融合模型是单一模型被组合起来，挑选的模型和适用条件由人工决策，人工干预的做法是尽量互补，但实际效果不佳。一些学者尝试从模型的选择标准和组合方式来研究，将样本进行循环利用，通过基分类器不同形式的组合发展成集成学习(Ensemble Learning)。目前几种广泛使用的集成学习包括Bagging、Boosting、Stacking和Subspace。Gordon(1993)首先提出了Bootstrap实现循环贝叶斯算法[3]。Breiman(1996)指出集成模型相比于单一模型在提高

---

[1] Mohammad Siami, Mohammad Reza Gholamian and Javad Basiri. An Application of Locally Linear Model Tree Algorithm with Combination of Feature Selection in Credit Scoring[J]. International Journal of Systems Science, 2014, 45(10): 2213-2222.

[2] 任潇，姜明辉，车凯，等. 个人信用评估组合模型选择方案研究[J]. 哈尔滨工业大学学报，2016, 48(5): 67-71.

[3] N. J. Gordon, D. J. Salmond and A. F. M. Smith. Novel Approach to Nonlinear/Non-Gaussian Bayesian State Estimation[J]. IEE Proceedings F (Radar and Signal Processing), 1993, 140(2): 107-113.

精度方面已被广泛接受[1]。Dietterich(1997,2000)指出此时融合集成的方法在个人信用评估中带来了准确度的进一步提升,比单一模型的稳定性和准确度都更好[2][3]。Schapire(1998)基于Boosting的方式探讨投票方式的解释有效性[4]。Yang(2011)研究认为集成学习不是将所有模型集成而是集成许多模型,在错误率和相关性基础上通过Q统计来衡量多样性[5]。Lysiak(2011)分析认为互补性强的基分类器组成的融合模型优于单一模型所组成的融合模型[6]。莫赞(2019)基于Bagging对个人信用风险进行评估,认为多个异质模型在有效性方面更好[7]。

5.3 信用风险数据与数据预处理

本节将主要讲述本实验所采取的个人信用风险数据,包括所选择的理由以及在此数据集基础上进行的初步探索分析,以便在分析结果基础上,在输入模型前对数据进行整理,清理其中不适合直接进入模型的数据,以提高模型的有效识别能力。

5.3.1 数据来源

信用风险违约概率分析所采用的数据集为 Home Credit 公司提供在 Kaggle 平台信用违约竞赛的数据集。采用此数据集的原因是相对于其他数据集,本数据集特征非常多,仅申请信用人的基本特征信息就达122项,同时还存在其在申请之前的信用消费记录,以及在其他信用公司提交给征信局的相关特征,

---

[1] Leo Breiman. Bagging Predictors[J]. Machine Learning, 1996, 24(2): 123-140.

[2] Thomas G. Dietterich. Ensemble Methods in Machine Learning[C]// Multiple Classifier Systems. Berlin, Heidelberg: Springer, 2000: 1-15.

[3] G. Dietterich Thomas. Machine Learning Research: Four Current Directions[J]. Artificial Intelligence, Magazine, 1997, 18(4): 97-136.

[4] Robert E. Schapire, Yoav Freund, Peter Bartlett et al. Boosting the Margin: A New Explanation for the Effectiveness of Voting Methods[J]. Annals of Statistics, 1998, 26(5): 1651-1686.

[5] Liying Yang. Classifiers Selection for Ensemble Learning Based on Accuracy and Diversity[J]. Procedia Engineering, 2011(15): 4266-4270.

[6] Rafal Lysiak, Marek Kurzynski and Tomasz Woloszynski. Probabilistic Approach to the Dynamic Ensemble Selection Using Measures of Competence and Diversity of Base Classifiers[C]// Emilio Corchado, Marek Kurzyski and Micha Woniak, eds. Hybrid Artificial Intelligent Systems. Berlin, Heidelberg: Springer, 2011: 229-236.

[7] 莫赞,张灿凤,魏伟,等. 基于 Bagging 集成的个人信用风险评估方法研究[J]. 系统工程, 2019, 37(1): 143-151.

分别记录在不同的7张数据表格中。数据集问题存储合计2.5GiBytes，其中application_train.csv包含307511条贷款申请记录。Home Credit公司在提供给公众使用时已经对样本数据集进行了脱敏处理。样本主数据集中有122列特征属性，包括样本标记变量——贷款后是否违约标记TARGET列，其中该列包括两种数值，一种定义正常还款用户，使用1来表示，即在约定期内履行了还款义务；而未及时还款造成违约则使用0表示。

现介绍此数据集的文件构成以及各个文件之间的关系，如图5.3.1所示。

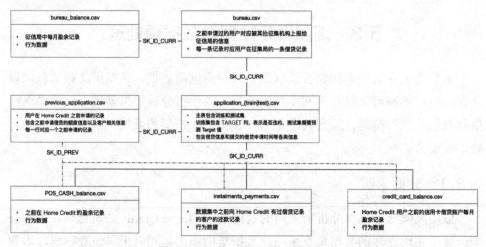

图5.3.1　Home Credit数据集关系

application_train|test.csv是借贷者向Home Credit申请所提供的申请表记录，其中以train结尾的是训练数据，包含对应的TARGET列的值；而以test结尾的是预测数据，没有TARGET列，作为预测特征，需要输入训练好的模型，对其中存在信用风险的用户进行识别。

bureau.csv是客户曾经在其他信用机构的借贷行为，其信用记录由当时服务的机构上报，信用局汇总该客户的信用记录。

bureau_balance.csv是信用局提供的客户以月为单位的信贷记录。此表数据对应其他金融机构每个月定期向信用局报告的信贷记录。

POS_CASH_balance.csv是信贷申请人之前向Home Credit在POS贷款与现金贷按月总额记录的快照。

credit_card_balance.csv是信用卡持卡人月度余额记录。该数据属于用户的行为记录信息。

previous_application.csv是客户之前在Home Credit公司申请贷款的记录，

属于历史信用信息。

installments_payments.csv 是客户本次申请前在Home Credit 分期还款的记录，属于用户交互记录。

Home Credit 开展的商业模式在某种程度上与支付宝提供的金融服务比较类似。当一个用户申请借贷时，若之前在 Home Credit 系统里没有任何记录，那么向其提供信用贷款是有很大风险的，一般需要查询用户在信用局的历史征信记录作为风险评估参考。此外，信用贷款公司还需要逐步引导用户使用自己公司的金融产品，来扩充自身的信用数据积累，更能够提供用户转化度，扩大不同产品层级的用户覆盖度。Home Credit 公司向外界提供了非常丰富的借贷种类，其中Point-OF-Sale (POS)属于 Home Credit入门级产品，对于一些价值不高的零售业商品(预计普通人都能承受起的商品)，引导用户通过该产品分期付款，从而建立初步的信用数据，与支付宝的花呗非常相似。如图5.3.2所示，用户在购买商品时，若商家与Home Credit有合作，在支付时能够选择Home Credit POS贷支付。用户提交自身信用信息与商品的商品信息直接在商家系统发起申请，Home Credit 系统依据申请信息综合判断是否放贷，若放贷则返回成功信息。商家收到信息后，用户可以取走商品。商家定期与Home Credit进行结算。而用户只需要向Home Credit定期偿还本息即可。商家解决了现金流与追偿的综合成本，而用户也不用向不同商家分期偿付。

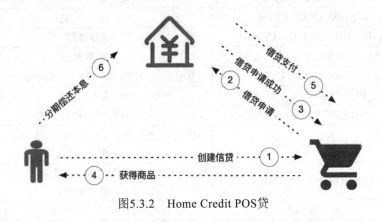

图5.3.2　Home Credit POS贷

5.3.2　数据信息

在Home Credit 提供的application_train|test.csv 中有许多特征，见表5.3.1，申请者向Home Credit公司提交申请时填写信息，如性别、教育程度、婚姻、出生日期、工作年限、子女个数、是否有住房以及收入状况。

同时还提供了申请人居住地人口密度、是否能够拨通电话、外部对申请人的标准化评分、周期内被查询征信次数等特征，仅仅是申请表就已经有非常多的特征，提供了非常详细的申请人信息，这也是本书采用 Home Credit 提供的数据集的重要原因。该数据集一方面向我们提供了非常宝贵的个人相关信息，同时也带来了处理的难度，需要对数据进行有效的探索分析，了解特征与特征之间的关联，找出其中重要的特征作为模型的输入。

表5.3.1 部分特征描述说明

字段	含义
SK_ID_CURR	此次申请的 ID
TARGET	申请人还款风险预测：1-违约概率大；0-违约概率小
NAME_CONTRACT_TYPE	借贷种类：cash(现金)、revolving(分多次支取)
CODE_GENDER	性别
FLAG_OWN_CAR	是否自有车
FLAG_OWN_REALTY	是否自有房
CNT_CHILDREN	子女人数
AMT_INCOME_TOTAL	收入信息
AMT_CREDIT	借贷量
AMT_ANNUITY	年金量
AMT_GOODS_PRICE	如果是消费贷款，该字段表示商品的实际价格
NAME_INCOME_TYPE	收入分类
NAME_EDUCATION_TYPE	受教育程度
NAME_FAMILY_STATUS	婚姻状态
NAME_HOUSING_TYPE	居住状况(租房、已购房，和父母一起住等)
REGION_POPULATION_RELATIVE	申请人居住地人口密度，已标准化
DAYS_BIRTH	申请人出生日(距离申请当日的天数，负值)
DAYS_EMPLOYED	申请人当前工作的工作年限(距离申请当日的天数，负值)
DAYS_REGISTRATION	最近一次修改注册的时间(距离申请当日的天数，负值)
FLAG_MOBIL	申请人是否提供个人电话(1-yes，0-no)
FLAG_EMP_PHONE	申请人是否提供家庭电话(1-yes，0-no)
FLAG_WORK_PHONE	申请人是否提供工作电话(1-yes，0-no)
FLAG_CONT_MOBILE	申请人个人电话是否能拨通(1-yes，0-no)
FLAG_EMAIL	申请人是否提供电子邮箱(1-yes，0-no)
OCCUPATION_TYPE	申请人职务

(续表)

字段	含义
REGION_RATING_CLIENT	本公司对申请人居住区域的评分等级(1,2,3)
REGION_RATING_CLIENT_W_CITY	在考虑所在城市的情况下，本公司对申请人居住区域的评分等级(1,2,3)
WEEKDAY_APPR_PROCESS_START	申请人发起申请日是星期几
HOUR_APPR_PROCESS_START	申请人发起申请的具体时间
REG_REGION_NOT_LIVE_REGION	申请人提供的永久地址和联系地址是否匹配 (1-不匹配，2-匹配，区域级别的)
REG_REGION_NOT_WORK_REGION	申请人提供的永久地址和工作地址是否匹配 (1-不匹配，2-匹配，区域级别的)
LIVE_REGION_NOT_WORK_REGION	申请人提供的联系地址和工作地址是否匹配 (1-不匹配，2-匹配，区域级别的)
REG_CITY_NOT_LIVE_CITY	申请人提供的永久地址和联系地址是否匹配 (1-不匹配，2-匹配，城市级别的)
REG_CITY_NOT_WORK_CITY	申请人提供的永久地址和工作地址是否匹配 (1-不匹配，2-匹配，城市级别的)
LIVE_CITY_NOT_WORK_CITY	申请人提供的联系地址和工作地址是否匹配 (1-不匹配，2-匹配，城市级别的)
ORGANIZATION_TYPE	申请人工作所属组织类型
EXT_SOURCE_1	外部数据源 1 的标准化评分
EXT_SOURCE_2	外部数据源 2 的标准化评分
EXT_SOURCE_3	外部数据源 3 的标准化评分
APARTMENTS_AVG ~EMERGENCYSTATE_MODE	申请人居住环境各项指标的标准化评分
OBS_30_CNT_SOCIAL_CIRCLE ~DEF_60_CNT_SOCIAL_CIRCLE	申请人社交圈观察到已违约 30、60 天的人数
DAYS_LAST_PHONE_CHANGE	申请人最近一次修改手机号码的时间(距离申请当日的天数，负值)
FLAG_DOCUMENT_2~FLAG_DOCUMENT_21	申请人是否额外提供了文件 2,3,4……21
AMT_REQ_CREDIT_BUREAU_HOUR	申请人发起申请前1小时内，被查询征信的次数
AMT_REQ_CREDIT_BUREAU_DAY	申请人发起申请前一天，被查询征信的次数
AMT_REQ_CREDIT_BUREAU_WEEK	申请人发起申请前一周内，被查询征信的次数
AMT_REQ_CREDIT_BUREAU_MONTH	申请人发起申请前一个月内，被查询征信的次数
AMT_REQ_CREDIT_BUREAU_QRT	申请人发起申请前一个季度内，被查询征信的次数
AMT_REQ_CREDIT_BUREAU_YEAR	申请人发起申请前一年内，被查询征信的次数

通过对application_train.csv探索分析绘制饼形图5.3.3，可以看出未违约的客户占绝大多数。而且违约客户占整个申请贷款客户的极少数。具体见表5.3.2，其中违约客户占申请客户的8.07%，因此，这个数据是一个极端不平衡的数据，即在分类任务中，某些分类数远比其他分类多，在二分类任务当中，即负样本数量远超过正样本数量。在本数据集中，未违约客户数远远多于违约客户数。这在生活当中，是一个非常正常的现象，如果两者持平，则可以想象，贷款方的损失将会非常大，因此，这是一个自然现象，但对于模型而言，由于数据集分类的极端不平衡，会影响模型的准确率。例如，模型将所有的样本都识别为负样本，则在本数据集的情况下，正确率就已经高达92%，但我们重点关注的是正样本，即违约客户，如果不能有效找出具有较高违约风险客户，那么模型的结果对于实际预测需求没有意义。因此，在处理这样不平衡的分类样本时需要重点关注不平衡所带来的影响。

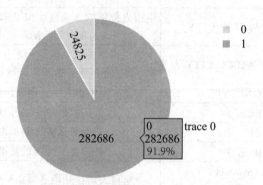

图5.3.3　申请表训练数据中违约与未违约对比

表5.3.2　客户风险分类

申请客户总数	未违约客户数	未违约客户百分比/%	违约客户数	违约客户百分比/%
307511	282686	91.9	24825	8.07

5.3.3　缺失值分析

在数据入库过程中，有非常多的情况可能造成数据输入有误，有可能是因为数据项并非必填，或数据属于额外信息，或用户选择性输入。同时，在录入过程中可能因为单位转换问题或人工误触等导致产生非常多的缺失值与错误信息。所以在数据探索分析过程中，应该尽力去发现，并采取办法对这些数据进行修复、加工、移除等。

在application_train.csv中，如表5.3.3所示，前20个缺失值在表现上，具有一定的前缀。查看该列名称对应的含义，COMMONAREA_MEDI是指客户居住处公共区域面积，是一个已经正态化处理后的数据，因此，重点考虑这些具有较高缺失值的列，分析这些列与TARGET列的相关性，可以对低相关的列直接采用删除的处理方式，这里对COMMONAREA_MODE就采取删除处理。而高相关的列，本书采取填补的办法。填补时需要考虑该列本身的性质。例如OWN_CAR_AGE，本书分析，缺失的情况比较高是因为借贷的人有较多没有自己的车辆，因此，可以针对这一列填补0，表示拥有车辆的年龄为0年，即表示没有车，这是比较合理的填补方式。另外，本书对其他缺失列也使用中位数数值等统计数据进行填补，对于有序的数据，还依据数据特点采取领域内数据填补，能够获得数据域内的近似值补充。总体上缺失值处理是非常重要的一步，尽管一些模型也能够接受一些缺失值输入模型，但大体都是内部进行了缺失补充，因此为全面把握整个处理流程，本书对于缺失都进行了处理。

表5.3.3 缺失列前 20 统计信息

特征列名称	缺失值绝对数量	缺失值占比百分数/%
COMMONAREA_MEDI	214865	69.9
COMMONAREA_AVG	214865	69.9
COMMONAREA_MODE	214865	69.9
NONLIVINGAPARTMENTS_MEDI	213514	69.4
NONLIVINGAPARTMENTS_MODE	213514	69.4
NONLIVINGAPARTMENTS_AVG	213514	69.4
FONDKAPREMONT_MODE	210295	68.4
LIVINGAPARTMENTS_MODE	210199	68.4
LIVINGAPARTMENTS_MEDI	210199	68.4
LIVINGAPARTMENTS_AVG	210199	68.4
FLOORSMIN_MODE	208642	67.8
FLOORSMIN_MEDI	208642	67.8
FLOORSMIN_AVG	208642	67.8
YEARS_BUILD_MODE	204488	66.5
YEARS_BUILD_MEDI	204488	66.5
YEARS_BUILD_AVG	204488	66.5
OWN_CAR_AGE	202929	66.0
LANDAREA_AVG	182590	59.4
LANDAREA_MEDI	182590	59.4
LANDAREA_MODE	182590	59.4

在探索CODE_GENDER时，通过value_counts()，获得了表5.3.4所示内容，显示女性申请者几乎是男性申请者的两倍，同时还存在XNA，本数据集中其他列对于XNA的说明是缺失值，考虑到此类的绝对数量是非常小的，因此，本书对于此列的缺失值直接采取了删除的方式，对总体的影响完全可以忽略。

表5.3.4 CODE_GENDER列数值

Name:CODE_GENDER	dtype:int64
F(女)	202448
M(男)	105059
XNA(未知)	4

5.3.4 分类变量

若输入变量是标签化的值，例如职业为"程序员""教师"；又例如奖项的评比结果为"一等奖""二等奖""三等奖"，将这些标签数据直接输入机器学习算法中，大部分算法是无法直接处理的，少数算法能够处理也是其内部进行了标签编码。所以标签转化的类别每次可能都不同，不反映类别的任何固有信息。例如在职业类型中，"程序员"映射为4，"教师"映射为1，但是如果我们再次执行相同的过程，标签可能被颠倒或者完全不同。整数的实际赋值是任意的。因此，当我们执行标签编码时，模型可能使用特性的相对值(例如程序员= 4和教师= 1)来分配不是我们想要的权重。如果对于一个分类变量(例如男性/女性)，我们只有两个唯一的值，那么标签编码是可以的；但是对于超过两个唯一的类别，一般选择独热编码是常见的做法。

下面简要介绍序数编码、目标编码与独热编码。

5.3.4.1 序数编码(Ordinal Encoding)

序数编码是指依据有序性的分类映射对应的数字编码，例如在奖励等级中，"一等奖"→1，"二等奖"→2，"三等奖"→3。如图5.3.4所示，对于职业列，按自然顺序对职业进行编号，其Programmer编号后，下一次遇到职业为Programmer时不再分配编号，直接采用之前的编号，其他也以相同的方式进行处理。对于本身就属于序数类别的标签，本身就保留了序数之间的关系，但对于分类属性中本不具有的先后大小等关系，采用此种方式进行编码，存在的问题是会间接引入一种关系。在图5.3.4中，"数据科学家"和"程序员"的编号分别是2和0，单纯从数字关系上看，显示是2>0，那么直接输入模型时会偏向于认知数量大小而引起的差异，可能认为"数据科学家"比"程序员"更重要，而这并不是我们模式所识别的关系，因为就职业来说两者的地位是相同。因此，可以考虑下面介绍的目标编码和独热编码处理无序数关系的类别编码。

在有的地方会称为Label Encoding，其含义与序数编码相同。而细微的差别是Ordinal Encoding一般是指针对特征变量进行处理，输入的变量维度为二维；而Label Encoding一般是指针对目标变量的转换，输入的变量为一维。在一般的语境下，存在混用的情况，因此在此处提及Ordinal Encoding和Label Encoding的异同点。

职业	编码
程序员	0
教师	1
数据科学家	2
首席执行官	3
程序员	0
程序员	0
教师	1

图5.3.4　序数编码

5.3.4.2　目标编码(Target Encoding)

目标编码是指需要考虑分类变量所对应的目标变量值。具体来说，如图5.3.5所示，类别变量"程序员"出现3次，它们对应的目标列值分别为1，0，0，因此，我们采用对应的目标平均值作为映射变量，因此对应为1/3；同理"教师"出现2次，对应的目标列为1，0，因此将"教师"映射为1/2，其余同理。正如在序数编码时提到，对于没有序数关系的类型进行序数编码存在引入序数关系的影响。而采用目标编码时，依据目标变量的值进行映射，避免了随着类别的增多而导致序数增长的情况。目标编码比较适合于类别变量无序数关系，且类别不太多的情况。当类别非常多的情况下，可以考虑独热编码来处理。

职业	目标
程序员	1
教师	1
数据科学家	1
首席执行官	1
程序员	0
程序员	0
教师	0

编码
1/3
1/2
1
1
1/3
1/3
1/2

图5.3.5 目标编码

5.3.4.3 独热编码(One-Hot Encoding)

独热编码是指有多个类别时，每一个类别作为一个列，当某个列是属于某个属性列时，则该属性列值设置为1，其他属性列则为0。此方法的映射能够非常方便地将所有的类别映射成没有序数关系的属性，完全保留了原本类别信息。同时，也因为每增加一个属性，则需要增加一个属性列，因此，采用独热编码时，随着属性的增长，特征数量会急剧增长，因此，一般还可以配合降维的算法来减少特征数量，如PCA(Principal Components Analysis)。如图5.3.6所示。

职业
程序员
教师
数据科学家
首席执行官
程序员
程序员
教师

职业_程序员	职业_教师	职业_数据科学家	职业_首席执行官
1	0	0	0
0	1	0	0
0	0	1	0
0	0	0	1
1	0	0	0
1	0	0	0
0	1	0	0

图5.3.6 独热编码

本书在处理中，依据特征列的属性，采取了不同的编码方式，对于有序数关系的标签采用序数编码，没有序数关系的依据分类数的数量采用目标编码与独热编码来处理。所采用的分类变量转换策略如图5.3.7所示。

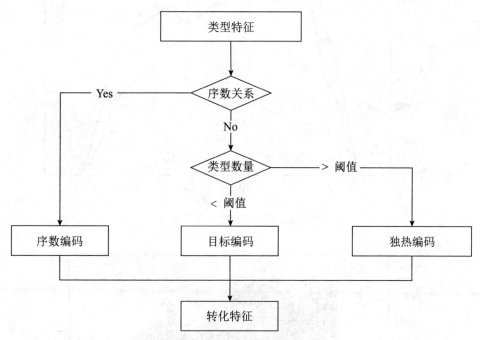

图5.3.7 本书类型特征转换策略

5.3.5 连续变量的离散化

离散化是指将连续属性、特征或变量转换或划分为离散或标称属性特征的过程。将一些连续变量进行离散化能够提升模型的拟合性，增强鲁棒性。例如年龄300，对于这个异常值，如果没有进行离散，会对训练模型造成比较大的干扰；而在离散成是否大于90时，则映射的数值为1，明显降低了对模型的影响。

通过对图5.3.8观察，正常客户与违约客户在年度特征方面呈现出不同的分布趋势，因此年龄对于模型的分类应该会起较好的作用。若是将年龄每一岁作为一个分类，将会有太多的分类，而临近的分类其实对于分类贡献不大，再通过观察图5.3.9得到各年龄阶段的详细情况。

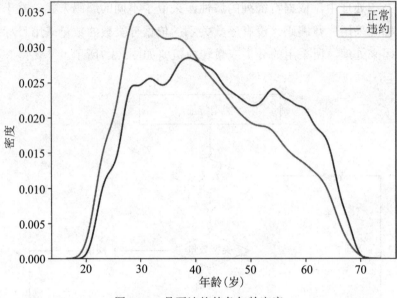

图5.3.8　是否违约的各年龄密度

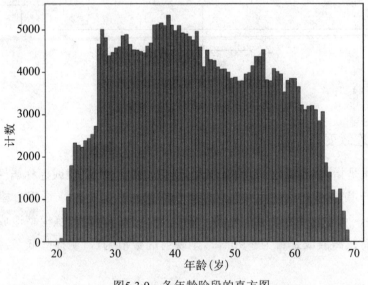

图5.3.9　各年龄阶段的直方图

5.3.6　异常值处理

数据中有一些数值存在明显异于其他的数据,而通过数据探索,需要发现这些列的异常值并进行处理。

要识别出异常值，有许多的办法。本书介绍通过箱形图的方式来进行识别。如图5.3.10所示箱形区间与正态分布的对应关系，其中，Q1表示下四分位数，即25%分位数；Q3为上四分位数，即75%分位数；IQR=Q3-Q1，而Q1-1.5×IQR与Q3+1.5×IQR基本和3σ区间重合，超过3σ区间非常少，在异常检查时此区间的值通常被认为是异常值，因此可以认为在Q1-1.5×IQR与Q3+1.5×IQR之外是异常值。当然依据不同的数据偏态，可以调整倍数乘子。

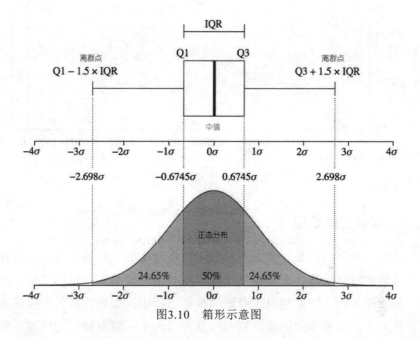

图3.10　箱形示意图

通过条形图，发现在工作年限(DAYS_EMPLOYED)异常值偏离很大，通过直方图进一步查看，在图5.3.11中，看到远端的350000处标记非常大，换算下来已经接近1000年，且多为正常客户出现在这里。而现实中不可能存在这样的值，因此可以判定该值为异常值。

通过df ['DAYS_EMPLOYED']>35000 查询，得到该异常值为365243。通过进一步计算，值为365243对应违约和未违约数有一定区分度，若直接将365243用均值等替换，会有一定的信息损失。因此，本书采取新值一列DAYS_EMPLOYED_ANOM，以标记'DAYS_EMPLOYED' == 365243，当为真时该列取值为1，否则为0。另外，将'DAYS_EMPLOYED'中的值用空值代替。

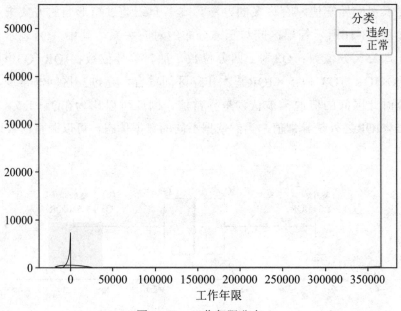

图5.3.11　工作年限分布

5.3.7　领域变量处理

领域变量是指利用某一专业领域的知识将原本的一些特征变量通过相关组合，形成新的特征变量，而新的特征变量能够帮助模型识别目标变量。由于是在某一领域积累的，因此相对于普通的特征工程中，处理需要的专家成本以及各类开销更大。由于专业的处理需要考量许多因素，随着特征的增加导致领域变量成本和复杂度线性增长甚至是指数增长，便存在领域变量的复杂性和高成本因素的制约。但若能利用好领域变量，则能够有效提升模型的识别能力，因此本书采用了少量领域变量并结合特征工程来处理其他变量。

5.4　个人信用风险违约识别与预警模型设计

银行以及借贷金融机构针对个人信用风险预警仍然主要采用传统的评分卡等形式，虽然能有一定的量化指标效用，但已经不太适应目前的个人信用风险防控形势。目前国内形成了由蚂蚁花呗、京东白条等互联网巨头开展的第三方借贷业务模式，他们尝试应用最新的技术手段来控制风险，对借贷用户进行风险预警判断。

本章在研究个人信用风险评估过程中，采用了不同的机器学习算法来对个人信用风险进行评估。本节主要讲如何设计个人信用风险违约识别与预警模型，以及构成的各个基本模型和重要相关概念。

5.4.1 模型设计分析

模型设计时将对需求分析、模型选型以及改进方向进行阐述。

5.4.1.1 需求分析

模型设计需要充分考虑设计时的目标以及处理流程。模型的设计目标是使大部分需求者通过该模型的具体实现得到对应的信用风险违约识别结果。使用模型的人员可能是不同的人群，包括熟悉不同分类算法的专业人员，以及不熟悉具体算法的非专业使用人员。因此，模型的设计需要兼顾非算法领域人员的使用需求，并同时提供相应的接口满足专业人员更为个性化的设置需求。

由于信用违约数据为真实的业务数据，在实际情况下，违约的人员和未违约的人员比值存在巨大差异，即该数据集是典型的非平衡数据集。此种情况也存在于其他的领域中，比如通过肺部 CT 图判别肺癌结果，绝大部分情况下都是阴性，仅在少数情况下是阳性。此类情况仍然存在于许多真实的场景中。在平衡的分类问题中，不同的分类数量大致相同，而在非平衡问题中，一般的算法会倾向于将少数类识别为噪声数据，特别是少数类与多数类边际情况，基于最大化准确率的模型训练原则，模型会自发地忽略少数样本，偏向于将少数样本误判为多数样本。因此，在模型设计过程中，应该重视数据中类别不平衡所引起的问题，针对实际业务中类别不平衡情况，仍然能够很好地处理并识别出数据中的违约样本。

此外，模型设计的主要目标是尽可能准确地查出具有高违约风险的人。为了实现该目标，存在着许多不同的分类模型来实现预测。本章第2节在个人信用评估模型技术部分介绍了四类评估模型。

5.4.1.2 选型分析

在模型选择上，重点是考虑模型对于数据的适用性，以及如何提高模型的识别率。针对样本数据不平衡的情况，目前存在两个解决思路。

其中一个思路，是通过对样本中的数据进行重采样，以便达到平衡的目的。其中下采样是针对样本中的多数类，通过对多数类进行采样，达到多数类与少数类的样本量平衡。该方法存在的一个问题是，为了达到平衡，去除了多数类中大量有效的信息，同时在少数类样本过少的情况下，模型整体存在欠拟合的风险。而上采样则通过将少数类向上采样，以期与多数类的数量达到平衡。最简单的上采样是对少数类进行重复采样。目前存在一些在此方面的研究，如通过 SMOTE 算法在少数类的某些特征列中进行合成，生成新的少数特征。该方法保留大部分少数类的特征，同时随机地进行某些特征的合成，经过实验证明能够降低过拟合现象，在准确率上也能有一定程度的提升。

另外一个思路，则是从算法层面进行处理。大量的算法的假设前提是数据是平衡的，因此人们便在算法层面进行考虑。在数据集层面进行修改，实质上修改了数据集的分布情况，无形之中降低了模型对于实际数据分布的识别精度。在算法层面处理，主要是改变对于少数类错分的代价。设 $cost(i,j)$ 表示将属于类别 i 划分至类别 j 的代价函数。假设少数类定义为 i，多数类定义为 j，则算法层面的调整应当是 $cost(i,j) > cost(j,i)$。此外，还存在着权值系数调整的方式，通过修改类别样式系数和动态的阈值来训练。此外，在第 2 节的相关技术介绍中，针对单个模型的结果，可通过组合的方式进行差别结果的组合。在模型造型时采用基于 Bagging 的组合以及基于 Boosting 的处理过程中，可结合代价敏感的办法来组合，以期对于少数类的预测更为准确和全面。

在说明两种组合方式前，先介绍划分子集方法，通过 Bootstrap 采样将全量的数据集采样成多个不同的子数据集。在对数据集的处理选择中，使用的是 Bootstrop(自助)方法，如图 5.4.1 所示。自助法是有放回的采样方法，这种方法可以确定数据选择的随机性。在一个含有 n 个样本的原始训练集中，每次从原始训练集中随机地抽取一个样本，记录后放回原始训练集中。然后依据采取的次数，不断地进行操作，因此可以获得相当多与原始训练集不同的数据集。

然而这种有放回抽样存在的一个问题是在概率学上大数定律可知，由于抽样后又放回，因此样本总体大约 63% 的原始数据会被抽取到采样集中，而剩余的样本则可能一直不会被抽到。其概率计算如式(5.4.1)所示。

$$1-(1-\frac{1}{n}) \approx 37\% \tag{5.4.1}$$

因此这部分约 37% 的训练数据可能在 Bootstrap 抽样中不被使用，相关研究一般称之为袋外数据(Out Of Bag Data，OOB)。在实际使用过程中，一般将 37% 的袋外数据作为测试数据。

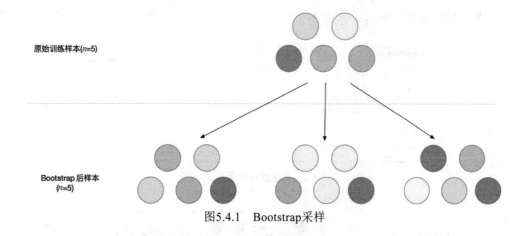

图5.4.1 Bootstrap采样

5.4.2 组合模型优化

基于 Bagging 的改进处理方法是针对原始数据集 D，通过Bootstrap 采样形成 n 个抽样后的数据集 D_i，而针对每一个生成数据集 D_i 构建对应的基模型 M_i。而对每一个基模型 M_i 并未像随机森林那样要求基模型是同质树模型，每个基模型可以完全不同，只要能够接受同维度特征，输出同维度的预测特征即可。最后由于对于每一个样本的预测，有 n 个模型的输出，因此，需要用户决定采取何种策略整合结果。常用的比如投票法，即采用预测类别最多的类别，另外还有取平均值、加权值等方法。并且在工程实现上有利的一方面是各个基模型的训练完全可以并行，可以非常方便地扩展至大数据分布式集群中进行海量数据训练，训练时间仅为训练最长的一个模型的时间。Bagging 的算法描述如图5.4.2所示。流程示意如图5.4.3。

记基模型复杂度为 $O(m)$，则Bagging复杂度大致为 $T(O(m)+O(s))$，其中 $O(s)$ 为采样与策略整合的复杂度。

基于 Boosting 的改进处理方法。Boosting算法表现出串行集成的形式，并且预测的结果非常好，有许多著名的实现算法都是基于 Boosting 算法思想作出相应的改进。具体地，该算法将许多"弱"分类器组合起来产生一个强大的分类器组。一个弱分类器相对于当前权重数据集(即每次训练后会依据预测结果而调整次级学习器的权重)的整体效果仅比随机猜好一点，但当多个弱学习器串成一组时便会形成类似于神经网络多层流通后的强分类器。Boosting算法训练流程如图5.4.4所示。初始化每个样本数据的权值分布 wi，对分类错误的样例，会在下一轮训练时增加错分代价，则相应的代价函数会在权重大的样例上被放大，模型会更关注错分样本，朝着误差减小方向变化，不断重复迭代这个过程，直至满足一定的误差率为止。

```
Algorithm 3: 基于 Bagging 的改进处理方法
输入：训练数据集 D = {(x_1,y_1),(x_2,y_2),...,(x_N,y_N)};
基学习器 κ, 学习轮数 T
1  for t=1 to T do
2  |   D_t = Bootstrap( D );
3  |   κ 初始化少数类代价值;
4  |   h_t = κ(D_t);
5  end
输出：H(x) = arg max_{y∈Y} ∑_{t=1}^{T} sign(y = h_t(x))
```

图5.4.2　Bagging的算法描述

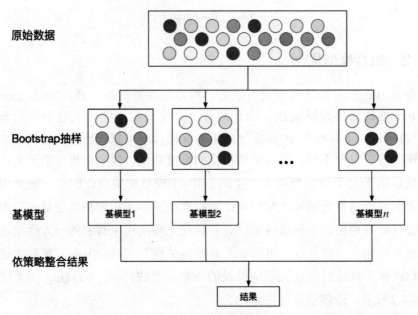

图5.4.3　Bagging流程

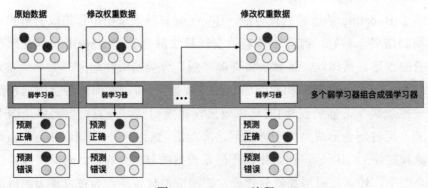

图5.4.4　Boosting流程

为了发现弱的规则，我们可以应用不同分配下的基础的(机器)学习算法，每个算法都会生成一个弱规则，这是一个迭代的过程。多次迭代后，Boosting算法可以将它们组合成一个强大的决策规则。为了选择正确的分配方式，可以遵循图5.4.5所示的算法。

Algorithm 4: 基于 Boosting 的改进处理方法
1. 所有分布下的基础学习器对于每个观测值都应该有相同的权重。
2. 如果第一个基础的学习算法预测错误，则该点在下一次的基础学习算法中有更高的权重。
3. 如果该轮出现少数类错分，将错分的误差的权重扩大为距离上次错分的窗口距离的2倍。
4. 迭代第2步，直到到达预定的学习器数量或预定的预测精度。
5. 将输出的多个弱学习器组合成一个强的学习器。

图5.4.5　基于Boosting的改进算法

Boosting 总是更加关注被错误分类的弱规则。Boosting算法是一种算法思想。谈到具有Boosting的实现算法，当前比较著名的3个算法分别是AdaBoost(Adaptive Boosting)、GBM(Gradient Boosting Machine)和XGBoost。

基于 Stacking 改进处理方法。首先介绍 Stacking 的基本处理过程，并在此基础上进行改进。与前面两种集成算法不同，Stacking 是基于模型融合的集成学习。Stacking 的算法描述如图5.4.6所示。如图5.4.7所示，在每一次初级学习器经过训练后，将验证集对应的值作为次级学习器的输入特征，有多少个初级学习器，就会产生多少维的输入特征。Stacking 的数据分析过程一般使用交叉验证和留出法(Holdout)等。

Algorithm 5: Stacking 处理流程
　　输入：训练数据集 $D = \{(x_1, y_1), (x_2, y_2), \ldots, (x_N, y_N)\}$；
　　初级学习算法 $\kappa_1, \kappa_2, \ldots, \kappa_T$；
　　次级学习算法 κ
1. **for** $t = 1$ **to** T **do**
2. 　　$h_t = \kappa(D_t)$
3. **end**
4. $D' = \emptyset$；
5. **for** $i = 1, 2, \ldots, m$ **do**
6. 　　**for** $t = 1, 2, \ldots, T$ **do**
7. 　　　　$z_{it} = h_t(x_i)$；
8. 　　**end**
9. 　　$D' = D' \bigcup ((z_{i1}, z_{i2}, \ldots, z_{iT}), y_i)$
10. **end**
11. $h' = \kappa(D')$；
　　输出：$H(x) = h'(h_1(x), h_2(x), \ldots, h_T(x))$

图5.4.6　Stacking的算法描述

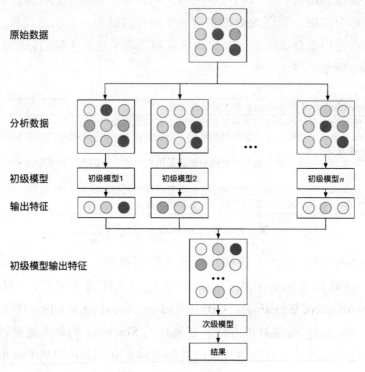

图5.4.7　Stacking流程

5.4.3　D-S Stacking模型

经过相关实验表示，基于Stacking的组合方式在模型的准确度上有一定提升，但也带来了计算开销剧增、平均训练时间过长的问题。通过实例的具体分析，在交叉验证运算阶段比较耗时，另外对于每一个模型的输入，经过数据预处理后，仍然存在相当多的特征列，无疑会由于大量特征列的计算而造成整体的处理时间过长，并且整体的模型由于在每个子模型中都是全部的特征列，因此过拟合风险较高。

基于模型设计分析中探讨到面对数据极端不平衡的情况，如何在算法层面进行改进，是一个重要的考量因素。

次级基模型输入集是上一级基学习器的输出特征，通过使用交叉验证或留出法处理方法，使上一级基学习器未使用的样本产生次级学习器的训练样本，以减少过拟合程度。以 k 折交叉验证的方法将初始训练集 D 处理为 k 个均衡的集合 $D_1, D_2, \ldots, D_k$。令 D_j 和 $\overline{D}_j = D, D_j$ 分别为 j 折的测试集和训练集，而学习器

h_t^j 通过在 $\bar{D}_j$ 上使用第 t 个学习器获取。对 D_j 中每个样本 x_i，令 $z_{it} = h_t^j(x_i)$，则由 x_i 所产生的次级训练样例的示例部分为 $(z_{i1}, z_{i2}, \ldots, z_{iT})$，为 y_i。于是，在整个交叉过程结束后，这 T 个初级学习器产生的次级训练集是 $D' = \{z_i, y_i\}_{i=1}^{m}$，然后 D' 将用于训练次级学习器。

对于 Stacking 中的输入数据，经过不同层次后所形成的测试集，留一折时，所采取的应该如图5.4.8所示，原始训练数据集D进行k折划分，选取其中一折为验证集，剩余其他折为训练集。输入模型，得到一个长度与原始训练集相同的验证集预测集作为该算法的输出。

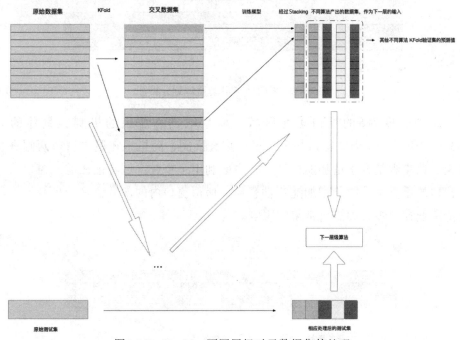

图5.4.8　Stacking不同层级对于数据集的处理

当多个异质算法按相同维度进行处理，如原始数据集长度为 n，特殊维度为 k，则经过一个算法模型，输出维度为 $n \times 1$，d 个算法处理，结合在一起，所形成的维度为 $n \times d$，以此为基础，作为下一层算法的输入。同时，还需要注意，对于测试集，同样需要进行前述的验证集操作，但不需要进行分析，而是针对 k 折后产生的 k 个数据进行聚合，例如取均值。经过如上处理，则新产生的训练集与测试集的特征数目是一致的。此后可作为下一层的输入，可以用这种方法处理多个层级，但在实际经验中，超过两层以后，产生的过拟合现象比较明显，因此 Stacking 方法在叠加层级与过拟合方面需要取得平衡。

动态滑动堆叠(D-S Stacking)在原有的Stacking处理技术上，充分考虑到信用数据经过数据预处理后，存在较多的特征列，一次全输入至模型中既加重了模型的训练时间，也影响了模型整体的稳定性。为了充分利用各特征列，将输入模型的特征列进行划分，并进行滑动和动态替换。如图5.4.9所示，原始特征列从b开始至e结束。采用长度为L的窗口，从b开始向后滑动划分，滑动步长为$L-S$，其中S表示上一个窗口与下一个窗口的重叠长度。窗口滑动至e处时，在逻辑上连接b与e，然后再继续向后进行处理。

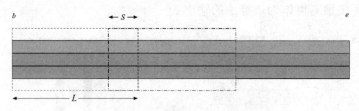

图5.4.9　采用动态滑动窗口划分特征

此处长度为S的窗口重叠区域，将采取动态替换的机制。具体的如图5.4.10所示，在当前窗口与前一窗口重叠区间，随机地在逻辑窗口两侧进行替换。该步骤是为了增加随机性，一方面利用了重叠区域特征在前一窗口与后一窗口的重复性，同时增加随机性替换，使得窗口内的部分值是随机替换，尽可能降低窗口步长固定所带来的影响。

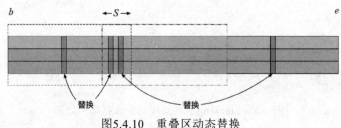

图5.4.10　重叠区动态替换

此外，基于动态滑动窗口的划分特征集，将依据业务定义度量标准进行评比。如在SVM的基学习器中，以划分代价进行统计。本书采取了不平衡数据情形下，淘汰末尾名次的方法。具体地，针对少数类错误划分为多数类，则针对同一个数据模型的滑动窗口形成数据集为$D_1, D_2,...,D_m$，则淘汰其中具有最多的将少数类错误划分为多数类的输出值。在图5.4.11中，以基模型SVM与XGB为例，其中SVM以动态滑动窗口划分的输入集进行训练后输出的特征为S_1, S_2, S_3, S_4，基于S_2具有最多的少数类错误划分，因此淘汰特征列S_2，同理对于XGB的输出集

X_1, X_2, X_3, X_4，将淘汰 X_1，因此剩余的 $S_1, S_3, S_4, X_2, X_3, X_4$ 作为下层特征输入。该步骤类似于神经网络中的 Dropout 步骤，但不同之处在于，该方法考量了少数类被错分的情况，另外由于前面的滑动窗口和替换原则，可以在保证识别少数类的情况下，相关的特征仍然有较大可能存在于其他窗口特征集中。

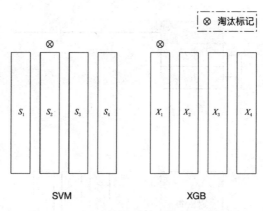

图5.4.11 同一基模型输出特征淘汰机制

初级学习器是使用其他折数据进行训练，一折数据进行验证，验证结果作为一折数据，即生成特征集的部分，迭代次数为数据分析数。在图5.4.12中不同的模型对于测试集进行预测，以 XGBoost、CatBoost、LightGBM 为例各自生成了 $m×1$ 维度的标签，再以某种聚合算法进行聚合为维度为 $m×1$ 的标签。

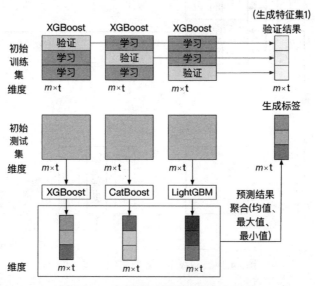

图5.4.12 初级学习器生成特征与标签

初级学习器的迭代训练过程以将原始数据分为三份为例进行说明,将两份用来训练初级模型,一份用来作为训练数据。不同的初级学习器产生的特征列组合形成次级学习器的输入。具体过程如图5.4.13、图5.4.14、图5.4.15所示。

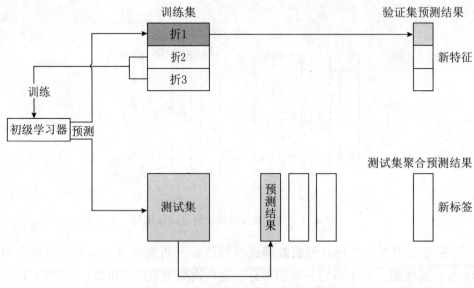

图5.4.13　初级学习器第一次迭代训练

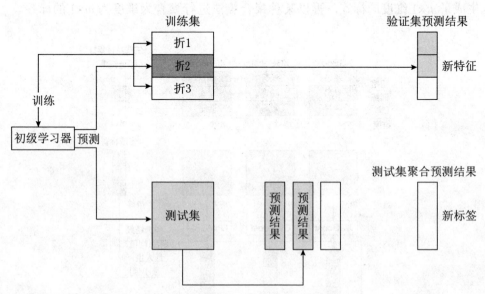

图5.4.14　初级学习器第二次迭代训练

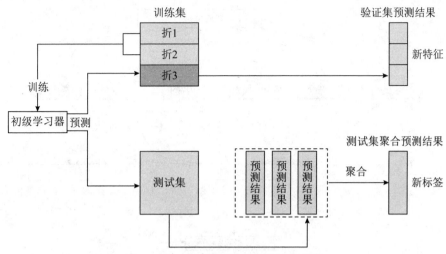

图5.4.15 初级学习器第三次迭代训练

次级学习器的输入训练数据及样本是初级学习器训练后产生的。如图5.4.16所示,初级学习器在使用训练集进行训练时对训练集进行分析,每一次迭代使用一折数据作为验证集进行预测。其中每个基学习器的输入特征列是在全量特征列基础上,采用动态滑动堆叠的方式进行划分。

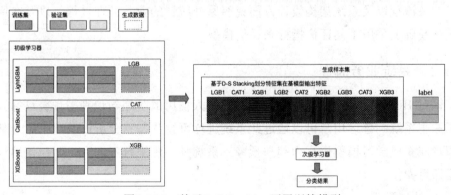

图5.4.16 基于D-S Stacking两层训练模型

本书选择的基模型如图5.4.17所示,将所有的基模型的输出作为集成模型的输入,融合集成采用逻辑回归,最后对测试集数据进行预测。需要注意的是,对于各个基模型所使用的测试集数据,还必须同训练数据集采用一样的流程,经过各个不同的基模型进行处理,在每一折的处理过程中,用每一折所对应产生的模型对训练数据进行预测,最后汇总时本书采取使用平均值的方式,对于取最大值还是最小值等各种聚合方式都可以,需要依据具体实例进行尝试。

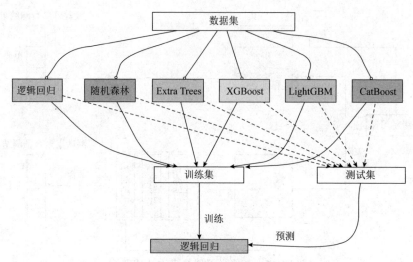

图5.4.17 所使用的基模型及集成算法处理数据

5.5 模型验证与原型系统

本节将介绍个人信用风险预警的方式以及如何对预警模型进行评估，将从系统业务流程以及系统架构设计方面说明原型统计的业务处理过程，以及在原型统计基础上采用不同评价指标来评估模型。

5.5.1 系统业务流程

针对 Home Credit 提供的数据集进行个人信用风险违约识别与预警目标开发了原型系统。普通用户可以通过此系统进行可视化探索分析以及自主组合基模型形成集成学习模型进行识别与预警。系统具备跨平台的能力，用户使用浏览器即可操作。

(1) 读取数据

首先需要设计数据源，针对原型系统，系统设置在程序数据目录下寻找默认文件目录名称。用户也可以提供相应目录路径，通过读取该目录下的多个数据 CSV 文件数据源，利用 Python 生态系统中的 Pandas 库的数据读取功能，将多个 CSV 文件加载成结构化数据为 DataFrame，并在读取的 DataFrame 系统上向外提供数据探索分析功能，方便用户通过直观的形式了解数据分布及相关特征。

(2) 数据预处理

将读取的多个信用数据进行预处理。预处理过程包括对数据中缺失数据的处理，一般通过近邻信息、中位数、众数等形式进行补充。在此基础上，分类变量需要数值化，通过分析分类变量的特点，采取不同的分类变量编码策略。对于连续变量，需要进行离散化，这样能够提升模型的稳定性。通过异常值分析，找出异常值，在可通过外部资料及手段能够修复时进行修复，如另一数据源有完整的数据，那么只需对数据进行校对即可修复，其他情况下予以删除。最后通过领域专家提供的方法，构建领域变量。

(3) 模型选取

输入数据通过联合多个文件，结合了用户的信息特征、行为特征、信用特征等，通过数据预处理，构建了许多衍生特征列。在此基础上，选择不同的基模型进行组合，并调整不同的模型参数。通过 D-S Stacking 的处理方法，生成新的第二层输入特征，第二层模型再进行训练并预测结果。预测结果将进行持久化，同时训练的模型参数也将保存在参数文件中。

(4) 识别预警

向外提供不同结果输入方式，包括自动识别前面阶段的预测文件，若检测不到，则提示用户输入预测文件。同时，用户也可以选择上传预测文件。通过前面阶段的模型训练与预测，得到模型训练结果。在此基础上，通过人工调整违约阈值，实时展示具体的违约客户以及整体的风险变化情况。

系统的业务流程如图5.5.1所示。

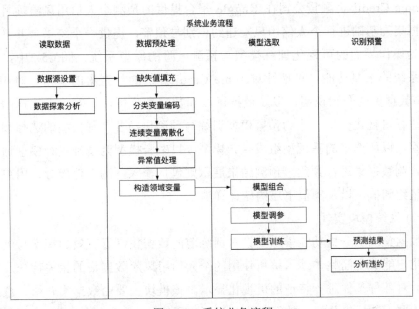

图5.5.1 系统业务流程

5.5.2 系统架构设计

5.5.2.1 系统总体架构

个人信用风险违约预测系统包括前端展示、模型运行以及提供计算资源，总体框架如图5.5.2所示。

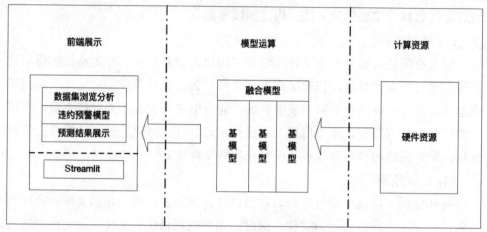

图5.5.2 原型系统总体框架

(1) 系统功能设计

本系统主要使用 Streamlit 作为基本 UI 框架，主要开发语言为 Python，以 Home Credit 金融贷公司在 Kaggle 平台提供的预测个人信用风险项目的公开数据集为基础进行个人信用风险违约识别与预警，提供一个跨平台并且以浏览器为操作界面的可视化训练模型与预测风险的原型系统。图5.5.3中，描述了该系统的主要功能，包括针对Home Credit提供的数据集的探索、对 Home Credit数据集的介绍说明，以及数据读取和数据集分析，针对个人选择的数据特征进行可视化分析；违约预警模型训练与预测包括各个基模型的选择和参数的调整，以所选择的基模型组成融合模型，以融合模型为基础进行模型训练并对待预测数据集进行预测。预测结果展示则包括输入预测文件部分、用户自主设定违约阈值，以及阈值下违约统计详情。

(2) 系统模块实现

数据集浏览分析功能模块是针对训练前的数据集进行有效的探索与浏览，方便用户能够全面整体地了解所使用的个人信用风险数据集的相关特征及其类型，并对各种条件进行特征的可视化显示。该模块主要由数据集介绍、数据集目录读取、数据集分析、特征分析与视图示所构成。

数据集介绍针对 Home Credit 的数据集进行各个文件的说明以及数据文件之间关系的说明。

数据集目录读取是指用户需要指定数据集所在的文件目录名称，若未改动则可直接使用原始默认值，否则需要设置相应的目录名称。

数据集分析是针对用户选择的某一数据集进行一系列的分析，由用户自主决定是否显示，包括显示数据集大小、进行数据预览、显示数据集的特征列名以及各列对应的类型(如数值型、分类型等)、显示特征列的缺失量与缺失点比、分位数信息统计以及列分布信息分析。另外，针对申请的训练和测试集(application_train|test.csv)还显示违约人数、性别—违约联合分析、收入类型与职业岗位联合分析、年龄密度分析。

违约预警集成模型训练与预测模块包括各个基模型的选择以及依据所选择的基模型进行训练与测试。

可选的基模型包括XGBoost 基模型、Extra Trees 基模型、随机森林基模型、CatBoost 基模型、逻辑回归基模型、LightGB 基模型。

对所选择的基模型进行整合，最后以逻辑回归将各基模型输出特征进行处理并以该模型进行预测分析。

预测结果展示模块是对预测的结果进行可视化分析。主要由输入预测文件、设定违约阈值、在阈值下违约详情展示构成。

输入预测文件是点击后选择预测结果文件，支持点击后选择也可直接拖曳预测结果文件至该区域中。

设定违约阈值是用户可设置违约的概率超过阈值时认定为违约，不超过则不违约。在阈值设置条件下统计违约与不违约的人数以及各数据详细信息。

5.5.2.2 原型系统功能实现

(1) 原型系统功能安装说明

原型系统需要安装至 Python 环境以及相应的 Python 包对应的环境中。对应需要的Python 包以及版本在项目目录中的 requirements.txt 中描述可以采用 pip 的方式进行安装，在命令行进入项目目录中，输入命令"pip install -r requirements.txt"进行安装。

(2) 原型系统运行说明

在命令行进入项目目录中，输入"streamlit run app.py"，按照提示，将链接地址输入浏览器中即可打开操作界面。

(3) 主界面功能选择

主界面包括侧边模块选择区、模块功能区,以及 Steamlit 功能设置。侧边模块选择区将会依据所选模块切换模块功能区。在模块功能区可以选择操作功能并设置Streamlit。如图5.5.3所示。

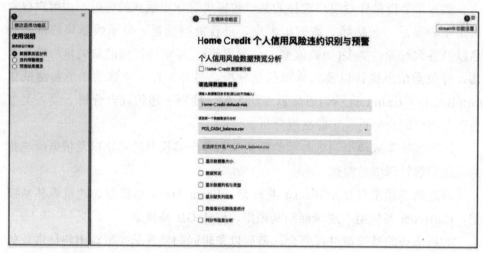

图5.5.3　原型系统功能界面

(4) 数据浏览分析

数据浏览分析主界面功能包括选择数据集,如图5.5.4所示;显示数据集维度信息;数据预览如图5.5.5所示;数据列名与类型分析、缺失列信息分析、分位数信息统计、违约人数统计、列分布分析,以及年度密度分析等功能如图5.5.6与图5.5.7所示。

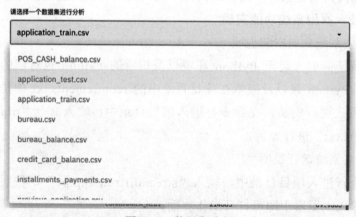

图5.5.4　数据集选择

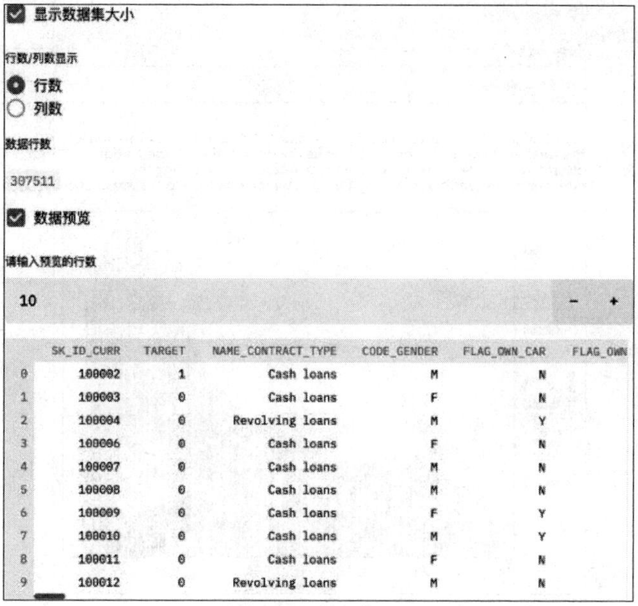

图5.5.5 数据预览

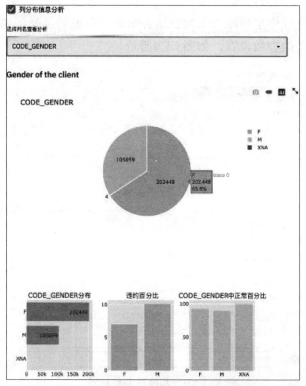

图5.5.6 性别列分布

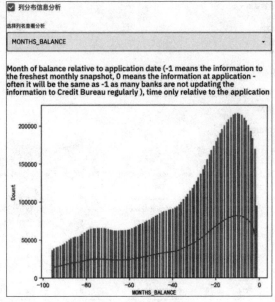

图5.5.7 月盈余列分布

(5) 违约识别模型训练

违约预警集成模型训练与预测包括各个初级模型的选择,如图5.5.8所示;以及各初级模型的参数设置,如图5.5.9所示。

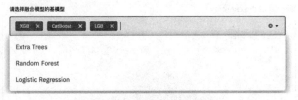

图5.5.8 初级模型选择

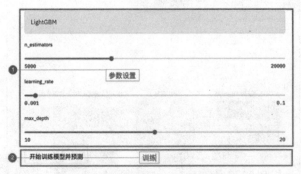

图5.5.9 基模型参数设置

(6) 预测结果展示

由于训练的结果会自动存储在项目目录下，因此训练的结果可以通过预测结果显示。初始界面如图5.5.10所示。用户可自动设置违约阈值，当设定一个阈值后，系统会自动实时计算出违约用户数与未违约用户数，并显示具体的违约概率与违约判断结果供用户查看，如图5.5.11所示。

图5.5.10 导入预测内容

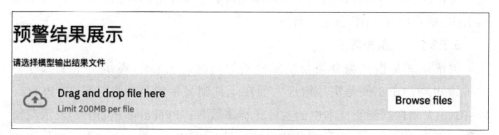

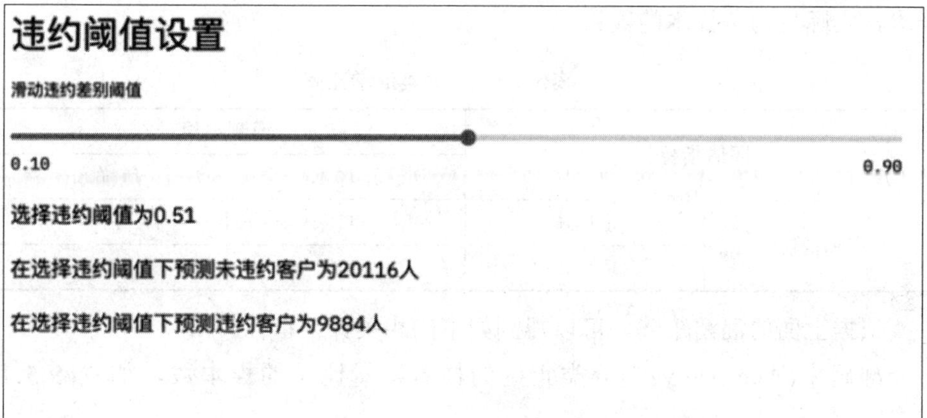

SK_ID_CURR	违约概率	违约判断结果
100001	0.39525176	false
100005	0.57928359	true
100013	0.23513822	false
100028	0.38360298	false
100038	0.69042379	true
100042	0.21070038	false
100057	0.2505249	false
100065	0.4769115	false
100066	0.19930807	false
100067	0.59959282	true
100074	0.50803734	false
100090	0.34499174	false

图5.5.11 违约阈值设置

5.5.3 原型系统效果评估

5.5.3.1 系统评价指标

模型训练结果的好坏需要有相应的评价标准，通过预测的值与实际值可以得到一系列指标值。其中混淆矩阵不仅仅针对二分类问题，还可表征多分类问题。在评价非平衡的数据集上从准确率已经无法直观看出模型的好坏，需要引入 ROC 曲线以及 AUC 值进行评价。

5.5.3.2 混淆矩阵

混淆矩阵是指预测分类与实际分类的情况。表5.5.1展示了一个二分类的混淆矩阵，在左侧是实际情况，而在上部则显示的是预测结果。TP(True Positive)表示在预测正样本中的实际正样本数量；FP(False Positive)表示在预测为正样本的情况下，实际为负样本的数量；FN(False Negtive)表示在预测结果为负样本，但实际情况却是正样本的数量；TN(True Negtive)表示预测为负样本，实际也为负样本的数量。

表5.5.1 二分类混淆矩阵

评估指标		预测结果	
		正样本	负样本
实际情况	正样本	TP	FN
	负样本	FP	TN

依据上面的混淆矩阵，可以得到如下的相关评价指标。

准确率(Accuracy)为分类正确的样本数量比总的样本数，如式(5.5.1)所示。

$$\text{Accuracy} = \frac{\text{分类正确的样本个数}}{\text{总样本个数}} = \frac{TP+TN}{TP+FP+TN+FN} \tag{5.5.1}$$

精确率(Precision)又名精确率、查准率，指预测所有正样本中判断正确的比例，如式(5.5.2)所示。

$$\text{Precision} = \frac{TP}{TP+FP} \tag{5.5.2}$$

过杀率(False Discovery Rate)反映了检测器判断为正样本的样本中，负样本所占比例。如式(5.5.3)所示。

$$FDR = \frac{FP}{TP+FP} = 1 - \text{Precision} \tag{5.5.3}$$

召回率(Recall)又名查全率、敏感性(Sensitivity)、真正率(True Positive Rate)，表示预测正确的所有正样本占实际所有正样本的比例。如式(5.5.4)所示。

$$\text{Recall} = \text{Sensitivity} = \text{TPR} = \frac{TP}{TP+FN} \tag{5.5.4}$$

特异度(Specificity)又称为真负率(True Negative Rate)，表示预测正确的所有负样本占实际所有负样本的比例。如式(5.5.5)所示。

$$\text{Specificity} = \text{TNR} = \frac{TN}{TN+FP} \tag{5.5.5}$$

假正率(False Positive Rate)又名误检率、虚警概率，表示预测误判为正样本的负样本数量占实际所有负样本的比例。如式(5.5.6)所示。

$$\text{FPR} = \frac{FP}{FP+TN} \tag{5.5.6}$$

假负率(False Negative Rate)又名漏警概率、漏检率，表示预测误判为负样本的正样本数量占实际所有正样本的比例。如式(5.5.7)所示。

$$\text{FNR} = \frac{FN}{FN+TP} = 1 - \text{Recall} \tag{5.5.7}$$

错误率(Error Rate)表示所有实验中预测错误的样本数占所有样本数量的比例。如式(5.5.8)所示。

$$\text{ErrorRate} = \frac{FP+FN}{TP+FP+TN+FN} = 1 - \text{Accuracy} \tag{5.5.8}$$

F1分数(F1 Score)又名平衡F分数(Balanced F Score)，F1分数兼顾了分类模型的精确率和召回率，定义为模型精确率和召回率的调和平均数。如式(5.5.9)所示。

$$\text{F1 Score} = 2 \times \frac{\text{Precision} \times \text{Recall}}{\text{Precision} + \text{Recall}} \tag{5.5.9}$$

Logloss值就是对数似然损失(Log-likelihoodLoss)，是通过类别概率值，利用交叉熵计算来得到的。计算如式(5.5.10)所示。

$$\text{Logloss} = -\frac{1}{N}\sum_{i=1}^{N}(y_i \log p_i + (1-y_i)\log(1-p_i)) \tag{5.5.10}$$

ROC曲线是一种可视化评估模型差异度的方法，即使样本中类型不均衡，仍然能够较好地表征模型的差异度。该曲线使用两个指标值进行绘制，分别是TPR(True Postive Rate)和FPR(False Postive Rate)。ROC 曲线使用FPR 作为横坐标点，FPR 作为纵坐标点。

如图5.5.12所示，虚线表示一个随机的分类器，即有50%的概率判断为正样本，50% 的概率判断为负样本，而低于曲线表示分类的能力比随机分类器还差，在虚线左上方则表示分类能力更好。当到达左上角时表示为完美的分类器，能够正确地将所有的正负样本区分出来。

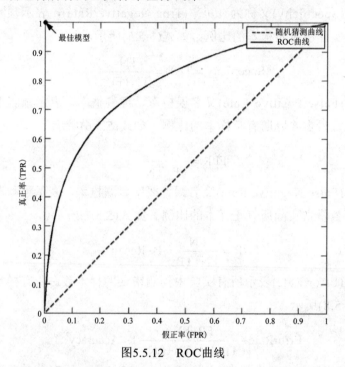

图5.5.12　ROC曲线

AUC 全称是ROC曲线下方的面积(Area Under the Curve of ROC)，亦称AUC ROC。我们可以通过曲线是否更靠近左上角来判断，但对于非图形化的比较，需要一种量化的比较方式，这里便可以通过AUC来比较。AUC越大，则表示模型的分类能力越好。

5.5.3.3　基模型评估

本书将介绍如何使用单层模型对模型进行预测，并在评估指标的基础上对单个模型进行评价。在所有对应的类目中，采取了相关的指标来进行评估。

本次采用了逻辑回归，以及目前应用比较广泛的XGBoost、CatBoost和LightGBM等分类模型。

本书针对单个模型采用了三折交叉验证的方式进行训练，并对全集数据使用评估指标，得到表5.5.2中的指标值。其中LightGBM取最大AUC值。

表5.5.2 单层模型评估指标

模型	Optimal Threshold	Accuracy	Recall	F1	Logloss	AUC
XGBoost	0.4905	0.7238	0.7053	0.2919	9.5402	0.7867
Extra Trees	0.4263	0.6793	0.7082	0.2628	11.0784	0.7576
随机森林	0.3522	0.6891	0.7058	0.2682	10.7394	0.7617
CatBoost	0.4680	0.7037	0.7282	0.2841	10.2357	0.7850
LightGBM	0.3064	0.7182	0.7250	0.2935	9.7323	0.7928
逻辑回归	0.4938	0.7029	0.7131	0.2793	10.2598	0.7754

本书采用三折交叉验证的原因是，一方面数据量本身已经非常多，每一折的数据量相比其他也非常多，另外通过测试了单个模型在五折同三折交叉验证的情况，并无明显的指标提升，反而在树模型中过拟合现象更加明显。考虑到整体的运行时间，因此对每个模型采用三折交叉验证的方式。

其中Optimal Threshold是指模型输入的概率，采用何种阈值进行二值化。

仅使用单层逻辑回归模型，相对于其他树模型在召率与AUC方面也没有差太多，能够说明在传统使用逻辑回归模型的基础上，获得的效果仍然不错。

可以观察到XGBoost的最优分隔点接近于0.5，召回率也比较高，整体的AUC值相对于Extra Trees与随机森林而言，获得了一个比较好的分数。而CatBoost与LightGBM的召回率相比其他的提升了2%左右。因此，可以预见，使用GBDT算法框架类的模型在处理本书所涉及的信用数据时，相对于其他模型，在召回率与AUC等指标上具有一定优势。然后将每一个基模型输入的测试集所预测的数据提交至Kaggle平台，这部分的测试数据我们并没有相应的目标值。表5.5.3中，XGBoost、CatBoost与LightGBM在Private Score与Public Score上都相对有优势，也反映了目前这些分类模型为什么会被广泛使用。

表5.5.3 单个模型 Kaggle 分数

模型	Private Score	Public Score
XGBoost	0.78520	0.78934
Extra Trees	0.74339	0.75075
随机森林	0.75037	0.75851
CatBoost	0.79120	0.79348
LightGBM	0.79260	0.79540
逻辑回归	0.76977	0.77767

5.5.3.4 融合模型评估

本节将介绍对多个模型采用集成的方式，选择的基模型如图5.4.14所示，将所有基模型的输出作为集成模型的输入，融合集成采用逻辑回归模型，最后对测试集数据进行预测。需要注意的是，对于逻辑回归所使用的测试集数据，还必须同训练数据集采用一样的流程，通过各个不同的基模型进行处理，在每一折的处理过程中，运用每一折所对应产生的模型对训练数据进行预测，最后汇总时采取平均值的方式，取最大值或最小值都可以，需要依据具体实例进行尝试。

使用混合多层模型进行训练后测试数据描述见表5.5.4，可以看出，混合多层模型对于极端不平衡数据所关注的召回率取最高值，同时AUC也取最高值，比单层模型取得的各项指标都更好，体现出混合多层模型在预测方面的优势。

表5.5.4 集成模型评估指标

模型	Optimal Threshold	Accuracy	Recall	F1	Logloss	AUC
Stacking	0.4711	0.7149	0.7332	0.2934	9.8459	0.7956

对于测试集，由于没有测试集的实际目标值，因此，需要提交至Kaggle平台进行打分，计算得分为测试集的AUC值。由于Kaggle平台会实时显示，使用了部分测试集进行计算，大概使用30%的数据作为Public Score来计算，而剩余70%作为Private Score。从结果来看，Private Score与Public Score相差不大，且接近80%，说明我们所使用的模型泛化能力比较强，没有出现过拟合现象。

第6章
信用环境的区域差异性影响因素

6.1 信用环境的区域差异概述

6.1.1 研究背景与意义

信用环境是指社会信用各主体如政府、企业、个人之间的信任关系、信用程度,以及社会信用体系的发达程度[①②]。研究表明,良好的信用环境对于经济发展起到重要的促进作用[③],地区的信任度越高,企业的签约成本越低[④],该地就越容易吸引企业投资。当前,中国经济正处于高速发展中,信用缺失行为严重危害经济健康发展和社会和谐稳定。目前,我国信用环境的区域差异,既存在于省级行政区域间[⑤],也存在于县级地区间[⑥]。深入了解我国不同地区的信用环境现状,研究影响信用环境的社会经济、科技教育等因素,对于有针对性地建设城市信用环境,提高城市信用环境水平,促进经济发展具有重要意义。

6.1.2 研究现状

目前,已有诸多学者针对信用环境的区域差异及影响因素开展了相关研究[⑦⑧⑨⑩]。陈海盛运用普通最小二乘法、空间滞后和空间误差模型进行回归,发现对浙江省信用环境影响最大的是政府对经济的影响力和失业保险覆盖

---

① 熊发登, 王婷婷. 改善贫困地区信用环境的对策建议[J]. 当代县域经济, 2017(6): 91-92.
② 张勇. 县域信用环境与经济增长关系研究[D]. 南京:南京审计大学, 2019: 1-59.
③ 张原, 陈玉菲, 高革, 等. 基于因子分析的陕西省区域信用环境评价研究[J]. 北京交通大学学报(社会科学版), 2015,14(2): 13-22.
④ 刘凤委, 李琳, 薛云奎. 信任、交易成本与商业信用模式[J]. 经济研究, 2009, 44(8): 60-72.
⑤ 陈海盛, 陈哲, 王宁江, 等. 浙江省商业信用环境影响因素的空间计量估计[J]. 征信,2017,35(11):27-30.
⑥ 张勇. 县域信用环境与经济增长关系研究[D]. 南京:南京审计大学, 2019: 1-59.
⑦ 张原, 陈玉菲, 高革, 等. 基于因子分析的陕西省区域信用环境评价研究[J].北京交通大学学报(社会科学版), 2015, 14(2): 13-22.
⑧ 张凯. 信用环境的空间异质性、驱动因素及其对经济增长质量的影响[D]. 浙江:浙江财经大学, 2019: 1-58.
⑨ 林钧跃.中国城市商业信用环境指数研制与分析[J]. 财贸经济, 2012(2): 89-97.
⑩ 刘成. 城市综合社会信用环境评价及其应用研究[D]. 北京:北方工业大学, 2019: 1-78.

率[①]；张凯通过双变量莫兰指数发现人均可支配收入、教育投入以及人口密度与信用环境呈显著正相关关系[②]；谭燕芝利用方差膨胀因子，构建回归模型分析得出城镇化水平和人口密度对信用环境具有较大的影响[③]。总体而言，目前针对信用环境影响因素的研究主要集中在单个省市[④⑤]或区县[⑥]。

在方法上，现有文献主要运用层次分析法、因子分析法等基本模型，难以反映信用环境与诸多影响因子之间的复杂非线性关系。随着计算机科学与技术的发展，机器学习凭借其出色的非线性问题解决能力得到广泛应用，逻辑回归[⑦]、梯度提升决策树(Gradient Boosting Decision Tree, GBDT)[⑧]、支持向量机[⑨]、随机森林[⑩]、轻量级梯度提升器(Light Gradient Boosting Machine, LGBM)[⑪]、极端梯度提升(eXtreme Gradient Boosting, XGBoost)[⑫⑬]等算法已被应用于个人信用评价领域。其中，XGBoost是一种基于决策树的集成学习方法，在多个领域的分类和回归预测中取得了较好的效果[⑭]。评估树模型(Tree Shapley Additice exPlanations，TreeSHAP)可以量化每个影响因子对模型所做预测的贡献[⑮]，解决了机器学习过程中的"黑箱"问题。将XGBoost与TreeSHAP

[①] 陈海盛,陈哲,王宁江,等.浙江省商业信用环境影响因素的空间计量估计[J].征信,2017,35(11): 27-30.
[②] 张凯.信用环境的空间异质性、驱动因素及其对经济增长质量的影响[D].浙江：浙江财经大学,2019: 1-58.
[③] 谭燕芝,王超,李国锋.信用环境的经济绩效及其影响因素——基于CEI指数及中国省级、地级市的数据[J].经济经纬,2014, 31(4): 144-149.
[④] 陈海盛,陈哲,王宁江,等.浙江省商业信用环境影响因素的空间计量估计[J].征信,2017,35(11):27-30.
[⑤] 谭燕芝,王超,李国锋.信用环境的经济绩效及其影响因素——基于CEI指数及中国省级、地级市的数据[J].经济经纬,2014, 31(4): 144-149.
[⑥] 张勇.县域信用环境与经济增长关系研究[D].南京：南京审计大学,2019: 1-59.
[⑦] 周庆岸.基于遗传XGBoost模型的个人网贷信用评估研究[D].南昌：江西财经大学,2019:1-74.
[⑧] 田德琥.基于XGBoost-LR综合模型的现金贷借款人信用评价研究[D].武汉：武汉理工大学,2019: 1-91.
[⑨] 周庆岸.基于遗传XGBoost模型的个人网贷信用评估研究[D].南昌：江西财经大学,2019: 1-74.
[⑩] 王嘉豪.基于XGBoost的还款概率预测模型分析与优化[D].西安：西安电子科技大学,2019: 1-94.
[⑪] 田德琥.基于XGBoost-LR综合模型的现金贷借款人信用评价研究[D].武汉：武汉理工大学,2019: 1-91.
[⑫] 丁浩.基于XGBoost多模型融合强化技术的个人信用评估研究[D].南京：南京信息工程大学,2019: 1-60.
[⑬] 陈耀飞,陈逸杰,李铭.基于XGBoost的信用评分预测模型[A]//2017年(第五届)全国大学生统计建模大赛获奖论文选[C].北京：中国统计教育学会, 2017: 16.
[⑭] L. Torlay, M. Perrone-Bertolotti, E. Thomas, et al. Machine learning–XGBoost analysis of language networks to classify patients with epilepsy[J]. Brain Informatics, 2017,4(3): 159-169.
[⑮] Shapley L S. A value for n-person games [J]. Contributions to the Theory of Games, 1953, 2(28): 307-17.

结合可以对非线性复杂关系进行建模并量化解释特征对结果的影响。

综合来看，已有的信用环境区域差异相关研究主要集中在单一区域或单一时间，缺少对我国总体上长时间序列信用环境时空演化特征的分析，对信用环境影响因素的分析缺少对影响因素非线性影响规律的描述及其空间分布特征的分析。本研究基于中国城市商业信用环境指数(China City Commercial Environment Credit Index，CEI)分析我国2010—2018年信用环境的区域分布和变化规律，利用XGBoost算法建立CEI指数与社会经济指标(如区域经济、行政管理、金融体系、工业企业、科技教育、就业失业、人口数量)的回归模型，分析社会经济指标对信用环境的总体影响程度，并通过引入TreeSHAP算法，从微观角度分析上述因素对信用环境的影响。

6.1.3 研究内容

研究方法流程如图6.1.1所示。首先利用局部空间自相关等方法分析2010—2018年我国各城市CEI指数的空间分布差异。然后利用全部年份的城市CEI指数和相应社会经济特征建立样本数据集，基于XGBoost算法建立CEI指数与社会经济影响因素的回归模型，分析影响因素对CEI指数的总体解释度和每个影响因素的重要性。最后引入TreeSHAP解释模型分析社会经济影响因素在不同值域区间内对信用环境的影响及差异。

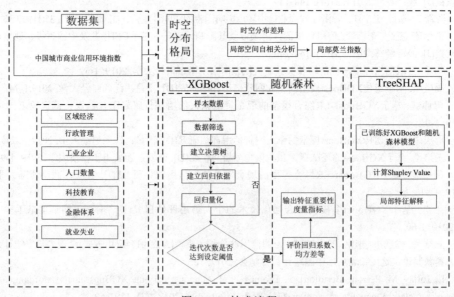

图6.1.1 技术流程

本章将完成以下方面研究内容：

首先，本章以我国200余个城市为研究对象，利用CEI指数探讨2010—2018年我国总体上信用环境的空间分布差异及社会经济特征对信用环境的影响。

其次，利用XGBoost和随机森林算法，进行特征贡献分析，计算因子的重要程度。同时将决定系数、均方差、解释方差、平均绝对误差、中位数绝对误差验证XGBoost和随机森林应用于我国城市商业信用环境回归的精度评估，分析区域经济、人口数量、行政管理、金融体系、工业企业、科技教育、就业失业等因子与我国城市商业信用环境的关系。

最后，利用TreeSHAP解释模型，从特征依赖图中分析每个特征SHAP值的变化情况，尝试从微观角度分析我国城市商业信用环境的影响因素。

6.2　相关理论技术

6.2.1　数据准备

在CEI指数与社会经济指标间的相关性探索研究中，CEI指数由中国管理科学研究院企业管理创新研究所等单位提出，其采用多指标综合评价方法，利用多个信用环境相关指标(包括企业信用管理、政府信用监管、失信违规、诚信教育等)计算得到[1]，可反映城市市场信用交易环境的优劣[2]。CEI指数数据来源于中国城市商业信用环境指数网(http://chinacei.org:8088/)，选取2010年、2011年、2012年、2015年、2017年、2018年的CEI指数作为目标值。社会经济因素与信用环境密切相关，谭燕芝等[3]研究表明区域经济发展情况、人口、科学技术及教育等间接影响城市的信用环境。因此参考已有研究选取的指标，如姚小义等[4]选取人均GDP值、财政一般预算收入占GDP比重和在校学生人均教育经费等指标建立中国信用环境综合指标评价体系，对2006—2010年中国信

---

[1] 陈贵, 林钧跃, 尚伟龙. 2017中国城市商业信用环境指数(CEI)蓝皮书[C]. 北京：北京燕山出版社, 2018: 8.
[2] 林钧跃.中国城市商业信用环境指数研制与分析[J]. 财贸经济, 2012(2): 89-97.
[3] 谭燕芝, 王超, 李国锋. 信用环境的经济绩效及其影响因素——基于CEI指数及中国省级、地级市的数据[J]. 经济经纬, 2014, 31(4): 144-149.
[4] 姚小义, 钟心岑, 杨凯. 中国信用环境评价——基于2006—2010年的省际数据[J]. 财经理论与实践, 2013, 34(3): 12-18.

用环境进行评价。陈海盛等[①]选取企业规模、居民人均存款和固定资产投资中财政支出比例等指标对浙江省商业信用环境影响因素进行空间计量估计研究。遵循科学性和可操作性原则，考虑到数据的完整性、可获取性、一致性，以《中国城市统计年鉴》为数据来源，分别选取相应年份社会经济指标数据作为特征值，见表6.2.1[②][③]。

表6.2.1 特征因子统计

社会经济指标	选取数据
区域经济	地区生产总值(万元)
	地区生产总值增长率(%)
	人均地区生产总值(元)
	社会消费品零售总额(万元)
人口数量	年末户籍人口(万人)
行政管理	地方一般公共预算支出(万元)
	地方一般公共预算收入(万元)
	流动资产合计(万元)
	固定资产合计(万元)
	主营业务税金及附加(万元)
金融体系	年末金融机构人民币各项贷款余额(万元)
	年末金融机构人民币各项存款余额(万元)
	住户存款余额(万元)
工业企业	工业企业数(个)
科技教育	科学技术支出(万元)
	普通高等学校(个)
	在校学生数(人)
	教育支出(万元)
就业失业	城镇单位从业人员期末人数(人)
	城镇私营和个体从业人员(人)
	城镇登记失业人员数(人)

6.2.2 空间自相关分析方法

空间自相关就是指特定区域内的地理要素某一属性值与相邻其他地理要素同一属性之间潜在的相互依赖性。具体到本研究的我国城市商业信用环境指数

---

① 祁友杰, 王琦. 多源数据融合算法综述[J]. 航天电子对抗, 2017, 33(6): 37-41.
② 叶陈毅, 陈依萍, 谢丽莉, 等. 基于因子分析的京津冀社会信用环境评价研究[J]. 财会通讯, 2019(26): 66-70.
③ 罗能生, 吴枭宇. 社会信用的区域差异及影响因素的空间计量分析[J]. 财经科学, 2016(4): 101-112.

中，空间自相关就是计算某城市商业信用环境指数受周边城市商业信用环境的影响程度。空间自相关分析包括全局空间自相关和局部空间自相关两类。全局自相关指标用于衡量地理要素属性在整个研究区域内的自相关程度，而局部自相关指标能够探测每一个地理要素的属性值与相邻要素属性值的相关程度。大量现有相关研究都显示住宅价格存在显著的空间自相关[1][2][3]。

6.2.2.1 全局空间自相关

全局自相关分析是对地理要素的属性值在整个区域内空间关联程度进行描述的空间分析方法[4]。本书使用最为常用的Moran's I指数来判断我国城市商业信用环境指数的空间自相关水平。

全局Moran's I是描述全局空间自相关最为常用的方法，该方法最早由澳大利亚统计学家帕克·莫兰于1950年提出，计算方式如式(6.2.1)所示。

$$I = \frac{\sum_{i=1}^{n}\sum_{j=1}^{n}w_{i,j}z_iz_j}{S^2\sum_{i=1}^{n}\sum_{j=1}^{n}w_{i,j}} \quad (6.2.1)$$

上式中 I 为Moran's I指数，$w_{i,j}$ 是要素 i 和要素 j 之间空间权重，z_i 代表要素 i 属性值与其总体平均值的偏差，n 为全部要素的数量。如式(6.2.2)、式(6.2.3)所示。

$$S^2 = \frac{1}{n}\sum_{i=1}^{n}z_i^2 \quad (6.2.2)$$

$$z_i = x_i - \bar{X} \quad (6.2.3)$$

全局Moran's I指数的取值范围为[-1,1]，指数值的符号代表空间相关的类型，而指数值绝对值的大小代表空间分布的强度。

当 I 大于0时，说明要素属性值空间正相关，也就是我国城市商业信用环境指数在相邻区域存在一定的相似性，并且 I 越接近1，总体上的空间差异越小。

当 I 等于0时，说明要素属性值空间不相关，也就是我国城市商业信用环境指数在相邻区域相互独立。

---

[1] 邹利林. 城市住宅地价时空演变及影响因素研究[D]. 武汉：中国地质大学, 2013.
[2] 李恩康, 陆玉麒, 黄群芳, 等. 泛珠江—西江经济带经济差异时空演变及其驱动因素[J]. 经济地理, 2017, 37(5): 20-27.
[3] 张玉娟, 曲建光, 等. 结合均匀度理论和Moran's I指数、广义G指数的景观格局全局相关分析[J]. 测绘通报, 2018, (11): 36-39.
[4] 潘晓, 张翠娟, 吴雷, 等. 众源地理空间数据的空间文本相关性分析[J]. 武汉大学学报(信息科学版), 2020, 45(12): 1910-1918.

当 I 小于0时,说明要素属性值空间负相关,也就是我国城市商业信用环境指数在相邻区域存在一定的差异性,并且 I 越接近-1,总体上的空间差异越大。

全局Moran's I指数计算结果的显著与否可以用Z检验进行判断[①],计算公式如式(6.2.4)所示。

$$Z(I) = \frac{I - E(I)}{\sqrt{Var(I)}} \tag{6.2.4}$$

其中 $E(I)$ 和 $Var(I)$ 分别为全局Moran's I指数的期望值和方差。

6.2.2.2 局部空间自相关

局部自相关分析能够描述地理要素在空间聚集上的异质性,且能明确计算出聚集发生的空间位置和范围。本研究采用Anselin提出的局部Moran指数(Local Moran's I)[②],对CEI指数进行局部自相关分析,指数大于0表示局部空间单元存在高高值聚集或低低值聚集,即CEI指数高或低的城市存在空间上的聚集现象;指数小于0则表示局部空间单元存在高低值或低高值聚集特征[③][④],即相邻城市CEI指数存在显著的高值被低值围绕或低值被高值围绕的空间异常值。

将具有统计显著性的高值聚类表示为HH,将具有统计显著性的低值聚类表示为LL。如果要素的Z得分是一个较低的负值,则表示有一个具有统计显著性的空间数据异常值,指明要素是否是高值要素而四周围绕的是低值要素(HL),或者要素是否是低值要素而四周围绕的是高值要素(LH)。本书使用公式(6.2.5)计算Anselin Local Moran's I。

$$I_i = Z_i \sum_{j \neq i}^{n} w_{ij} Z_j \tag{6.2.5}$$

其中,i 和 j 为第 i 和第 j 个样本,$Z_i = y_i - \bar{y}$,$Z_j = y_j - \bar{y}$,w_{ij} 为空间权重值,n 为研究区域所有地区的总数。其中利用Z值检验,如式(6.2.6)所示。

$$Z_i = \frac{I_i - E(I_i)}{\sqrt{var(I_i)}} \tag{6.2.6}$$

---

① 潘晓,张翠娟,吴雷,等. 众源地理空间数据的空间文本相关性分析[J]. 武汉大学学报(信息科学版), 2020, 45(12): 1910-1918.
② Anselin L. Local Indicators of Spatial Association—LISA[J]. Geographical Analysis, 1995, 27(2): 93-115.
③ 郑梦柳,杨红磊,彭军还,等. 市域尺度货物运输碳排放时空变化及因素分析[J]. 测绘科学, 2019, 44(5): 76-84.
④ 李文慧,韩惠. 兰州市商品住宅价格的空间分异规律[J]. 测绘科学, 2018, 43(2): 45-50.

式(6.2.6)中，$E(I_i)$为自相关性的期望值，$var(I_i)$为方差，Z_i表示标准化统计量的阈值。

通过计算得到$Z(I)$以及其对应的p值后，为了判断指标在统计上是否存在显著性，需要在零假设的情况下进行判断。零假设是要素属性在区域内完全随机分布，不存在空间自相关。在正态分布下，置信度0.05对应Z阈值为1.96。

当Z小于1.96时，接受零假设，要素属性随机分布。

当Z大于1.96时，拒绝零假设，要素属性呈显著正相关，我国城市商业信用环境指数表现为高值低值同类集聚。

当Z小于-1.96时，拒绝零假设，要素属性呈显著正相关，我国城市商业信用环境指数表现为高值低值异类集聚。

6.2.3　XGBoost算法

XGBoost(eXtreme Gradient Boosting，XGBoost)[①]是集成学习Boosting的一种。与传统梯度提升算法相比，XGBoost做了很多改进，其实现多个弱分类器迭代计算使损失函数沿其梯度方向下降以实现准确的分类效果，并采用有放回随机抽样方法使模型能够在不过度拟合模型的情况下调整输入参数。利用了损失函数的　阶导数和二阶导数值，并通过预排序、节分权位数等技术来提高算法的性能。与其他算法一样，通过最小化目标函数以求模型效果最佳，XGBoost引入了模型复杂度来衡量算法的运算效率[②]。因此XGBoost的目标函数被写作"传统损失函数+模型复杂度"，如式(6.2.7)所示。

$$Obj = \sum_{i=1}^{m} l(y_i, \hat{y}_i) + \sum_{k=1}^{K} \Omega(f_k) \qquad (6.2.7)$$

式(6.2.7)中，i代表数据集中的第i个样本，m表示导入第k棵树的数据总量，K代表建立的所有树。

为了求解目标函数，引入泰勒展开，如式(6.2.8)所示。

$$Obj = \sum_{i=1}^{m} \left[g_i f_t(x_i) + \frac{1}{2} h_i f_t(x_i)^2 \right] + \Omega(f_t) \qquad (6.2.8)$$

式(6.2.8)中，t表示训练的第t棵树，i表示第i个样本，g_i为一阶导，h_i为二

[①] Chen, T., Guestrin, C. Xgboost: a scalable tree boosting system[C]. Presented at the Proceedings of the 22nd Acm Sigkdd International Conference on Knowledge Discovery and Data Mining, 2016: 785-794.

[②] Ren Xudie，Guo Haonan，Li Shenghong, et al. A Novel Image Classification Method with CNN-XGBoost Model[J]. Lecture Notes in Computer Science. 2017, 10431: 378-390.

阶导，$f_t(x_i)$表示的是第i个样本在第t棵树中被分类到所在叶子的权重，f_t表示第t轮所生成的树模型，$\Omega(f_t)$为正则化项。

其中正则化项计算如式(6.2.9)所示。

$$\Omega(f_t) = \gamma T_t + \frac{1}{2}\lambda \sum_{j=1}^{T} \omega_j^2 \tag{6.2.9}$$

式(6.2.9)中，T_t为t轮叶节点数；ω_j为j叶子节点权重；γ和λ为预先设计的超参数。

为了建立树的结构(叶子节点的数量)与目标函数的大小之间的直接联系，以求出在第t次迭代中需要求解的最优的树f_t，可以采用式(6.2.10)来计算。

$$Obj^{(t)} = -\frac{1}{2}\sum_{j=1}^{T}\frac{G_j^2}{H_j + \lambda} + \gamma T \tag{6.2.10}$$

式(6.2.10)中，j为叶子节点，T为叶子节点总数，γ和λ为预先设计的超参数，令$\sum_{i \in I_j} g_i = G_i$，$\sum_{i \in I_j} h_i = H_i$，此时目标函数叫作"结构分数"(Structure Score)。

通常结构分数越低，树整体的结构越好，因此建立了树的结构(叶子)和模型效果的直接联系。

XGBoost作为树的集成模型用基尼系数或信息熵来衡量分支之后叶子节点的不纯度，分支前的信息熵与分支后的信息熵之差叫作信息增益，信息增益最大的特征上的分支就被我们选中。当信息增益低于某个阈值时，就让树停止生长。计算方法如式(6.2.11)所示。

$$Gain = \frac{1}{2}\left[\frac{G_L^2}{H_L + \lambda} + \frac{G_R^2}{H_R + \lambda} - \frac{(G_L + G_R)^2}{H_L + H_R + \lambda}\right] - \gamma \tag{6.2.11}$$

式(6.2.11)中，H_L、H_R分别是左节点和右节点。对所有特征的所有分支点通过上述公式计算，然后选出让目标函数下降最快的节点来进行分支。对每一棵树的每一层，比起原始的梯度下降，此种求解最佳树结构的方法运算更快。由于随机森林等非线性模型在进行预测时相对于线性模型往往有更好的精度，但是同时也失去了线性模型的可解释性，所以随机森林等模型通常被认为是黑箱模型。

6.2.4 随机森林

随机森林算法是一种基于决策树的集成学习算法，最初由Breiman[1]提出。2001年，Leo Breiman和Adele Cutler将分类树进行建设性的组合，提出了随机森林算法[2]，该算法是通过自主采样的方法获取多个不同的独立样本，然后对样本进行决策树建模，最后将这些决策树组合在一起投票计算响应权重，权重最高的即为得出最终分类或预测的结果[3]。该算法是以决策树为个体学习器对原始Bagging算法的改进。由于该方法在决策树对样本数据和特征的选取中加入随机属性选择，给集成学习模型带来了属性扰动，避免了模型的过拟合，同时提升了模型整体的泛化性能。随机森林也应用在滑坡建模的不同研究中。

随机森林被广泛应用于各种领域的分类和回归问题中，本书是二值分类问题，即滑坡点与非滑坡点分类的问题，下面介绍随机森林分类算法的主要步骤。

第一，构建每棵决策树，自主采样产生训练集。首先从原始样本数据中采用Bagging有放回的采样法建立n个样本训练子集，然后每一组样本训练子集都用于构建一个分类树，其中训练子集的数量一般约为总训练样本的三分之一。

第二，根据第一步生成的n棵决策树，构建随机森林模型。模型每次分支时，决策树都会对所有的特征进行不纯度计算，选取不纯度最低的特征分支，分支后，又针对被分支的特征值，计算其不纯度，采取同样的分支方式继续选取不纯度最低的特征进行分支。由于决策树追求的是最小不纯度，因此决策树会按照此种方式一直分支下去，直到整体的不纯度指标最优或者无更多特征可用，此时决策树就会停止生长。关于随机森林如何选取最优特征，如图6.2.1所示。

图6.2.1　决策树最优特征选取过程

第三，在预测新样本的值时，将n棵树的预测值的平均值用多数表决原则

---

[1] Breiman L: Random forests[J/OL]. Machine learning, 2001, 45(1): 5-32. https://doi.org/10.1023/A:1010933404324.
[2] 张志敏. 上市公司财务危机预警研究[J]. 合作经济与科技, 2020(20):148-151.
[3] 赵习枝. 基于多源数据的贫困度与自然灾害相关性评估[D]. 上海：华东师范大学, 2019:1-156.

来确定新样本的预测值。随机森林模型中各特征的重要性用基尼重要性指数(GiniImportance,GI)[1]衡量，GI值越高，特征对模型预测能力的平均贡献越高，对模型的解释能力越强，所有特征的GI之和为1。计算方法如式(6.2.12)所示。

$$Gini(t) = 1 - \sum_{i=0}^{e-1} p(i|t)^2 \qquad (6.2.12)$$

式(6.2.12)中，t代表给定的节点，i代表标签的任意分类，$p(i|t)$代表标签分类i在节点t上所占的比例。

在随机森林中，由于每棵树都是使用独立选择的样本子集构建的，而且在每棵树的每个节点处，只有部分特征参与最优特征和最优分裂点的选择，这些策略都增加了决策树中间的多样性，从而可以提高模型的稳定性并避免过拟合。

6.2.5 TreeSHAP模型

XGBoost相对于线性模型在进行预测时往往有更好的精度，但是同时也失去了线性模型的可解释性，所以XGBoost通常被认为是黑箱模型。针对基于树的集成模型，2017年Lundberg和Lee提出了TreeSHAP值这一广泛适用的方法用来解释各种模型(分类以及回归)，其中最大的受益者莫过于难以被理解的黑箱模型，如XGBoost、随机森林等。TreeSHAP模型是一种快速并且可以精确计算这类模型中输入特征对应Shapley值的方法[2]，并且TreeSHAP模型可以直接应用于常用的基于树的集成模型，包括随机森林、XGBoost等。对本研究来说，信用环境的特征x_i对应的Shapley值就是这个特征在所有可能输入特征序列中不同边际贡献的加权均值，解释了该特征对预测值的贡献。本书将基于树的集成回归模型和TreeSHAP模型对我国信用环境的影响因素进行分析。计算方法如式(6.2.13)所示。

$$g(z') = \phi_0 + \sum_{i=1}^{N} \phi_i z_i' \qquad (6.2.13)$$

式(6.2.13)中，g代表解释模型；$z' \in \{0,1\}^M$为哑变量向量，表示对应特征是否能被观察到，对于树模型该向量中所有值均为1；N是输入特征的数目；ϕ_i是特征的归因值，即Shapley值；ϕ_0代表所有模型预测值的均值。

---

[1] Strobl C, Boulesteix A-L, Kneib T, et al. Conditional variable importance for random forests[J]. BMC bioinformatics, 2008, 9(1): 307.
[2] Lundberg S M, Lee S I. Consistent feature attribution for tree ensembles[C]// 2017 ICML Workshop on Human Interpretability in Machine Learning (WHI 2017), Sydney, NSW, Australia.

6.3 基于两种机器学习算法的我国城市商业信用环境指数模型

6.3.1 我国城市商业信用环境指数特征共线性分析

特征的多重共线性是指回归模型中自变量之间存在一定程度的线性相关。多重共线性会造成两个影响，一是降低回归模型的稳定性，即当从总体中抽取样本时，不同样本的选取会造成模型结果的显著变化，甚至是回归结果的符号错误；二是难以区分每个自变量对因变量的影响。当两个自变量间存在共线性，在分析其中一个自变量对因变量的影响时，其影响程度大小会受另外一个自变量的影响。为了检验模型中各特征间的共线性，本书计算了自变量之间的皮尔逊[①]相关系数，如式(6.3.1)所示。

$$\rho_{X,Y} = \frac{cov(X,Y)}{\sigma_X \sigma_Y} \tag{6.3.1}$$

其中 $cov(X,Y)$ 代表变量 X 和变量 Y 之间的协方差，如公式(6.3.2)所示，σ_X 和 σ_Y 分别代表变量 X 和变量 Y 的标准差，如公式(6.3.3)所示。

$$cov(X,Y) = E\big[(X-\mu_X)(Y-\mu_Y)\big] \tag{6.3.2}$$

$$\sigma_X = \sqrt{E\big[x^2\big] - \big[E[X]\big]^2} \tag{6.3.3}$$

式中，E 代表期望，μ_X 和 μ_Y 分别指变量 X 和变量 Y 的平均值。皮尔逊相关系数反映了两个变量之间线性相关性的强弱程度，取值范围为[-1,1]，ρ 大于0代表正相关，ρ 小于0代表负相关。

由于本研究数据集变量之间的相关关系都较大，总体上变量的共线性强，删除"社会消费品零售总额""普通高等学校"这两个特征。此外，对于基于决策树的模型来说，预测时往往用贪婪算法进行变量选择，只有新变量对结果影响比较大时，才会被加入模型。因此，在逐步进行变量选择的过程中，共线性的变量只有一个会被选入模型。而且在决策树模型中，每一棵树的构建都是贪婪的，因此，冗余的特征并不会被加入模型，即如果变量之间的相关性非常强最终很可能只会选择部分进入模型，所以特征共线并不会对模型精度造成影响。我国城市商业信用环境指数各特征的皮尔逊相关系数如图6.3.1所示。

[①] 郭星宇. 融合线性及非线性回归方法的旅游时空变化趋势预测[D]. 赣州：江西理工大学, 2020.

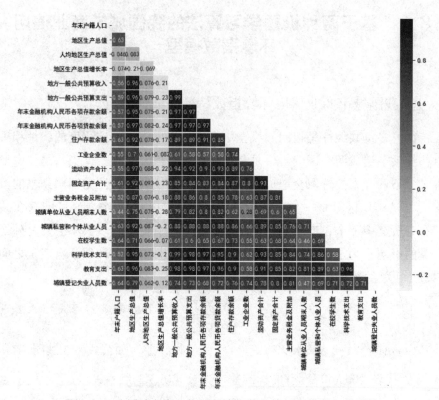

图6.3.1 我国城市商业信用环境指数各特征皮尔逊相关系数

6.3.2 基于XGBoost的我国城市商业信用环境指数模型

6.3.2.1 模型参数优化

为了选取模拟房价效果最好的模型,本研究使用网格搜索(Grid-Search)方法对不同算法建立的模型进行超参数优化[①]。网格搜索法是一种超参数值的穷极搜索法,该方法将需要调节的各超参数可能的取值进行排列组合,列举出有可能的组合生成网格,再将每一种组合用于模型的训练,用交叉验证对模型精度进行评估,最终获得最优的超参数组合。表6.3.1为基于XGBoost的我国城市商业信用环境指数模型的超参数优化。

表6.3.1 基于XGBoost的我国城市商业信用环境指数模型的超参数优化

参数	参数解释	值
n_estimators	集成算法中弱分类器的数量,即决策树个数	250

---

① Lerman P M. Fitting Segmented Regression Models by Grid Search [J]. Applied Statistics, 2018, 29(1): 77-84.

(续表)

参数	参数解释	值
learning_rate	集成算法中的学习率	0.05
max_depth	树的最大深度	6
min_child_weight	一个节点上所需的最小样本权重	2
subsample	从样本中进行采样的比例	0.8
colsample_bytree	决策树中每一棵树用随机抽样取出的特征占所有特征的比例	0.8
gamma	树叶节点上进一步分支所需的最小目标函数的下降	1
reg_alpha	目标函数中使用L1正则化强度	0
reg_lambda	目标函数中使用L2正则化强度	1
n_jobs	用于运行XGBoost的并行线程数，即训练(Fit)和预测(Predict)并行运行的作业数	4

6.3.2.2 模型特征重要性分析

利用XGBoost建立社会经济指标与CEI指数之间的回归模型。因子的重要程度可以反映因子对模型的解释度，计算各因子的重要性来分析各特征值对信用环境影响程度的大小，通过筛选18个特征因子并按降序排列得到信用环境重要性排序结果，如图6.3.2所示。在所有特征中，"住户存款余额"为最重要的特征，其重要性权重为23.45%；其次为"年末金融机构人民币各项存款余额"，重要性权重为22.45%。按区域经济特征、人口数量特征、行政管理特征、金融体系特征、工业企业特征、科技教育特征、就业失业特征进行归类，发现金融体系特征的总重要性权重最高，其次为行政管理特征、区域经济特征、科技教育特征、就业失业特征、工业企业特征、人口数量特征。其中，金融体系因素总的解释度为0.5362，远远高于其他影响因素，这是因为以银行等代表的金融体系发展水平会直接影响信用环境的好坏；行政管理因素总的解释度为0.1442，这是由于政府越廉洁高效，对经济影响力越大，对社会起到的示范和引导作用越强，对商业信用环境提升的作用也越大；区域经济总的解释度为0.1143，这是由于经济基础决定上层建筑，因而经济发展水平对信用环境状况至关重要，同时城乡居民人均存款越高，对生活品质要求也越高，促使企业生产高质量产品来满足消费者；科技教育总的解释度为0.0970，教育投入反映了区域的经济发展水平和对教育的重视程度，通过教育可以提高居民的信用意识。就业失业特征、工业企业特征和人口数量特征也对信用环境具有一定影响。通过以上分析说明，商业信用环境状况与多种因素相关，改善城市商业信用环境可从多方面着手。

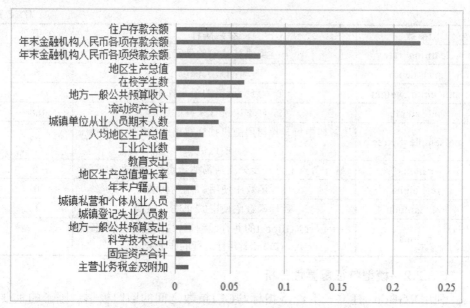

图6.3.2 基于XGBoost模型的信用环境特征重要性统计

6.3.3 基于随机森林的我国城市商业信用环境指数模型

6.3.3.1 模型参数优化

随机森林模型超参数见表6.3.2。

表6.3.2 基于随机森林的我国城市商业信用环境指数模型的超参数优化

参数	参数解释	值
n_estimators	集成算法中弱分类器的数量，即决策树个数	252
max_features	限制分支时考虑的特征个数，超过限制个数的特征都会被舍弃，默认值为总特征个数开平方取整	auto
max_depth	树的最大深度，超过最大深度的树枝都会被剪掉	56
min_samples_split	一个节点必须包含至少min_samples_split个训练样本，这个节点才允许被分支，否则分支就不会发生	2
criterion	不纯度的衡量指标，有基尼系数和信息熵两种选择	mse
oob_score	在建树时，是否适用袋外样本来预测模型的泛化精确性	true
bootstrap	在建树过程中，是否使用自举样本抽样的方式	true

6.3.3.2 模型特征重要性分析

利用随机森林算法建立社会经济指标与CEI指数之间的回归模型。通过筛选18个特征因子并按降序排列得到信用环境重要性排序结果，如图6.3.3所示。在所有特征中,"年末金融机构人民币各项存款余额"为最重要的特征,其重要性权重为38.07%;其次为"年末金融机构人民币各项贷款余额",重要性权重为25.08%。按区域经济特征、人口数量特征、行政管理特征、金融体系特征、工业企业特征、科技教育特征、就业失业特征进行归类,发现金融体系特征的总重要性权重最高,其次为科技教育特征、区域经济特征、就业失业特征、行政管理特征、工业企业特征、人口数量特征。其中,金融体系因素总的解释度为0.5683,远远高于其他影响因素,说明以银行等为代表的金融体系发展水平会直接影响信用环境的好坏;其余因子总的解释度低于0.1000,分别是科技教育因素总的解释度为0.0763、区域经济因素总的解释度为0.0673、就业失业因素总的解释度为0.0621、行政管理因素总的解释度为0.0611、工业企业因素总的解释度为0.0260、人口数量因素总的解释度为0.0240。其说明科技教育特征、区域经济特征、就业失业特征、行政管理特征、工业企业特征和人口数量特征也对信用环境有一定影响。通过以上分析表明,商业信用环境状况与多种因素相关,改善城市商业信用环境可着重从金融体系方面着手。

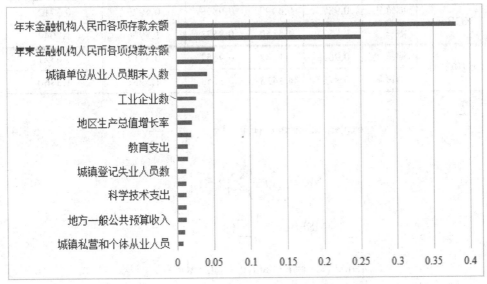

图6.3.3 基于随机森林的信用环境特征重要性统计

6.3.4 两种机器学习方法评估精度比较分析

利用随机抽取的30%样本作为测试样本,对两种机器学习方法进行对比,见表6.3.3。在选取出每个算法建立的最佳模型后,再将这些模型进行精度对比。具体而言，本研究选取五个常用的指标作为模型精度评定的标准。一是决定系数，即计算被模型解释的变异与总变异的比值，指标取值范围是[0,1]，决定系数越高表明可以被解释的程度越高，回归模型的效果越好。二是均方差(Mean Squared Error，MSE)，该指标计算预测值与真实值差异的平方和，指标值越小说明模型精度越好。三是解释方差(Explained Variance)，即解释回归模型的方差，该指标取值范围是[0,1]，指标值越接近1说明自变量对因变量方差的解释越好，指标值越接近0越差。四是平均绝对误差(Mean Absolute Error，MAE)，该指标计算预测值与真实值差异绝对值的平均值，指标值越小说明模型精度越好。五是中位数绝对误差(Median Absolute Error，MedAE)，该指标计算预测值与真实值差异的中位数，指标值越小说明模型精度越好。除此之外这一指标对于噪声点是鲁棒的。五个指标的计算公式如式(6.3.4)至式(6.3.8)所示。

表6.3.3　两种机器学习方法模型精度指标计算结果对比表

		决定系数	均方差	解释方差	平均绝对误差	中位数绝对误差
XGBoost	训练集	0.9870	0.4499	0.9869	0.5079	0.3712
	测试集	0.8571	4.5817	0.8573	1.5906	1.2044
随机森林	训练集	0.9652	1.1882	0.9652	0.8117	0.6321
	测试集	0.8753	4.1423	0.8753	1.5931	1.3360

$$\text{explained variance}(y,\hat{y})=1-\frac{\text{Var}\{y-\hat{y}\}}{\text{Var}\{y\}} \quad (6.3.4)$$

$$\text{MAE}(y,\hat{y})=\frac{1}{n}\sum_{i=0}^{n-1}|y_i-\hat{y}_i| \quad (6.3.5)$$

$$\text{MSE}(y,\hat{y})=\frac{1}{n}\sum_{i=0}^{n-1}(y_i-\hat{y}_i)^2 \quad (6.3.6)$$

$$\text{MedAE}(y,\hat{y})=\text{median}(|y_1-\hat{y}_1|,\cdots,|y_n-\hat{y}_n|) \quad (6.3.7)$$

$$R^2(y,\hat{y})=1-\frac{\sum_{i=1}^{n}(y_i-\hat{y})^2}{\sum_{i=1}^{n}(y_i-\bar{y})^2} \quad (6.3.8)$$

从我国商业城市信用环境的两种机器学习模型精度指标计算结果对比表中可以发现，综合五个精度指标，两种学习回归模型都有较好的精度，绝对系数均大于0.8，并且相互间的精度差异不大。其中，随机森林模型除平均绝对误差和中位数绝对误差之外的三个精度指标都是最好的，说明通过超参数调节得到的随机森林模型可以最好地解释我国商业诚实信用环境。

6.4 基于TreeSHAP特征因子解释分析

通过上一节中对特征重要性的分析，可以分析不同特征因子对CEI指数影响程度的大小，但无法解释各因子对CEI指数影响的方向以及同一因子在不同取值区间对CEI指数影响的差异。因此，为进一步挖掘各因子对CEI指数的影响，本节将从两个方面进行特征因子解释分析，一是绘制了信用环境模型特征Shapley值依赖图，如图6.4.1、图6.4.2所示，x轴为计算各特征的特征值，y轴为该特征因子对CEI指数的贡献值，即SHAP值。从特征依赖图中可以分析每个特征SHAP值的变化情况。二是将对信用环境影响较大的特征因子SHAP值空间化，分析特征因子SHAP值的空间格局分布。为了便于分析，SHAP值分段采用自然断点法。

6.4.1 基于XGBoost模型的特征因子解释分析

选取XGBoost模型中对信用环境影响较大的五个因素进行分析，五个因素分别是"住户存款余额""年末金融机构人民币各项存款余额""年末金融机构人民币各项贷款余额""地区生产总值""在校学生人数"。

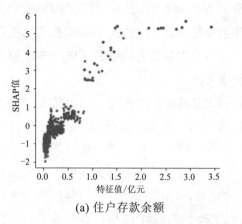
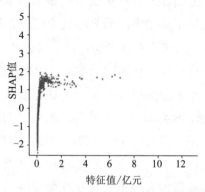

(a) 住户存款余额　　　　　　(b) 年末金融机构人民币各项存款余额

图6.4.1　各特征SHAP依赖图1

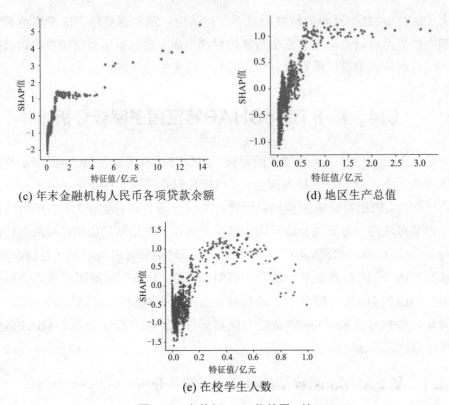

(c) 年末金融机构人民币各项贷款余额

(d) 地区生产总值

(e) 在校学生人数

图6.4.1 各特征SHAP依赖图1(续)

住户存款余额与其CEI指数的贡献呈明显的非线性关系(如图6.4.1(a))。具体而言，当住户存款余额在0～1.5亿元之间时，该因子与其对CEI指数的贡献呈明显的线性正相关关系，说明随着住户存款余额的增加，其对CEI指数的正向贡献不断增大，增大幅度为住户存款余额每增加0.5亿元，CEI指数大约提高2.33；当用户存款余额超过1.5亿元时，其对CEI指数有较强的正向影响，但影响幅度不再随特征因子特征值得增大而增大。

年末金融机构人民币各项存款余额与其CEI指数的贡献呈明显的非线性关系(如图6.4.1(b))。当年末金融机构人民币各项存款余额在0～1.5亿元之间时，该因子与其对CEI指数的贡献呈明显的线性正相关关系，说明随着年末金融机构人民币各项存款余额的增加，其对CEI的正向贡献不断增大，增大幅度为年末金融机构人民币各项存款余额每增加2亿元，CEI指数大约提高4；当年末金融机构人民币各项存款余额为1.5亿～5亿元时，其对CEI指数有较强的正向影响，影响幅度随特征因子特征值的变化不显著；但当年末金融机构人民币各项存款余额超过5.5亿元时，其对CEI指数的正向贡献开始大幅增加。

年末金融机构人民币各项贷款余额与其CEI指数的贡献呈明显的非线性关系(如图6.4.1(c))。当年末金融机构人民币各项贷款余额在0~0.4亿元之间时,该因子与其对CEI指数的贡献呈明显的线性正相关关系,说明随着年末金融机构人民币各项贷款余额的增加,其对CEI指数的正向贡献不断增大,增大幅度为年末金融机构人民币各项贷款余额每增加2亿元,CEI指数大约提高27.5;当年末金融机构人民币各项贷款余额超过0.4亿元时,其对CEI指数有较强的正向影响,但影响幅度不再随特征因子特征值的增大而变化。

地区生产总值与其对信用环境的贡献呈明显的线性正相关(见图6.4.1(d)),当年末金融机构人民币各项贷款余额在0~0.75亿元之间时,该因子与其对CEI指数的贡献呈明显的线性正相关关系,随着地区生产总值的增加,其对CEI指数的正向贡献不断增大,增大幅度为地区生产总值每增加0.5亿元,CEI指数大约提高1.67;当城市地区生产总值在0.5亿元以上时,其对CEI指数有较强的正向影响,但影响幅度不再随特征因子特征值的增大而变化。

在校学生数与其对信用环境的贡献之间的关系相对复杂(如图6.4.1(e)),呈倒"V"形,当在校学生人数增加到40万时呈明显的线性正相关,说明在校学生数量越多,其对信用环境的正向贡献越大,其增大幅度为在校学生数量每增加20万,CEI指数大约提高1.25;但在校学生数超过60万时,其对信用环境的负向贡献逐渐增大,增大幅度为在校学生数量每增加20万,CEI指数大约降低0.42。

6.4.2 基于随机森林模型的特征因子解释分析

选取随机森林模型中对信用环境影响较大的五个因素进行分析,分别是年末金融机构人民币各项存款余额、住户存款余额、年末金融机构人民币各项贷款余额、在校学生人数、城镇单位从业人员期末人数。

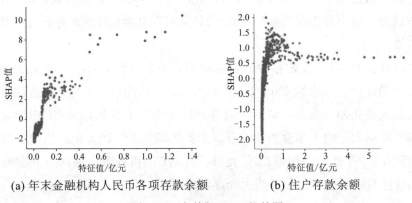

(a) 年末金融机构人民币各项存款余额　　(b) 住户存款余额

图6.4.2　各特征SHAP依赖图2

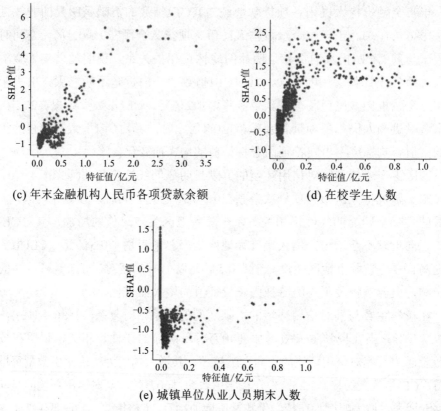

(c) 年末金融机构人民币各项贷款余额

(d) 在校学生人数

(e) 城镇单位从业人员期末人数

图6.4.2 各特征SHAP依赖图2(续)

年末金融机构人民币各项存款余额与其CEI指数的贡献呈明显的非线性关系(如图6.4.2(a))。当年末金融机构人民币各项存款余额在0~0.2亿元之间时,该因子与其对CEI指数的贡献呈明显的线性正相关关系,说明随着年末金融机构人民币各项存款余额的增加,其对CEI的正向贡献不断增大,增大幅度为年末金融机构人民币各项存款余额每增加0.2亿元,CEI指数大约提高6;但当年末金融机构人民币各项存款余额超过0.2亿元时,其对CEI指数的正向贡献开始大幅增加。

住户存款余额与其CEI指数的贡献呈明显的非线性关系(如图6.4.2(b))。具体而言,当住户存款余额在0~2.5亿元之间时,该因子与其对CEI指数的贡献呈明显的线性正相关关系,说明随着住户存款余额的增加,其对CEI指数的正向贡献不断增大,增大幅度为住户存款余额每增加0.5亿元,CEI指数大约提高1.2;但当用户存款余额超过2.5亿元时,其对CEI指数有较强的负向影响,但影响幅度随特征因子特征值的增大而逐渐降低。

年末金融机构人民币各项贷款余额与其CEI指数的贡献呈明显的非线性关系(如图6.4.2(c))。当年末金融机构人民币各项贷款余额在0~0.5亿元之间时，该因子与其对CEI指数的贡献呈明显的线性正相关关系，说明随着年末金融机构人民币各项贷款余额的增加，其对CEI指数的正向贡献不断增大，增大幅度为年末金融机构人民币各项贷款余额每增加1亿元，CEI指数大约提高8；但当年末金融机构人民币各项贷款余额超过0.5亿~2亿元时，其对CEI指数有较强的负向影响，幅度为年末金融机构人民币各项贷款余额每增加1亿元，CEI指数大约降低0.75。超过2亿元时，影响幅度不再随特征因子特征值的增大而变化。

在校学生人数与其对信用环境的贡献之间的关系相对复杂(如图6.4.2(d))，呈倒"V"形，当在校学生人数增加到40万时呈明显的线性正相关，说明在校学生数量越多，其对信用环境的正向贡献越大，其增大幅度为在校学生数量每增加20万，CEI指数大约提高1.75；但在校学生数超过60万时，其对信用环境的负向贡献逐渐增大，增大幅度为在校学生数量每增加20万，CEI指数大约降低1。

城镇单位从业人员期末人数与其对信用环境的贡献呈明显的非线性负相关(见图6.4.2(e))，当城镇单位从业人员期末人数在0~0.05亿人之间时，该因子与其对CEI指数的贡献不明显；当城镇单位从业人员期末人数在0.05亿人以上时，其对CEI指数有较强的正向影响，但影响幅度随特征因子特征值的增大而增大。

6.4.3 小结

基于XGBoost和随机森林算法构建了我国城市商业信用环境指数模型。基于XGBoost算法的模型中，从全部特征因子中选取前五个影响较大的进行针对性分析可看出，住户存款余额、年末金融机构人民币各项贷款余额、地区生产总值对信用环境的影响随特征值的增加，先增大后逐渐平稳；年末金融机构人民币各项存款余额对信用环境的影响总体呈现上升趋势；在校学生数对信用环境的影响随特征值的增加，先增大后下降。与随机森林模型相比，年末金融机构人民币各项存款余额、住户存款余额对信用环境的影响总体呈现上升趋势。而年末金融机构人民币各项贷款余额、在校学生数对信用环境的影响随特征值的增加，先增大后下降至逐渐平稳。城镇单位从业人员期末人数对信用环境的影响随特征值的增加，先下降后逐渐增大，但整体上是负向贡献。

第三部分
信用评估系统研发

第 7 章
信用评估监测预警技术及系统

7.1 系统建设目标与任务

7.1.1 建设目标

信用评估与监测预警系统是国家重点研发计划《大数据征信及智能评估技术》项目的课题二《征信大数据分析、智能评估及预警技术》中的一项任务。任务要求构建信用评估与监测预警原型系统，充分利用课题二在研究过程中突破、掌握的关键技术，初步完成信用评估模型训练、评估模型计算、评估等级计算等功能，为进一步实现真实可用的信用评估、监测预警提供技术支撑和保障。

信用评估与监测预警技术系统是使用模型对已有的数据进行违约概率计算，根据用户违约概率值进行用户信用分数的映射计算，得出用户的信用分数，再根据计算出的用户信用分数进行对应评估得到用户的信用等级。

7.1.2 建设任务

根据项目任务书和课题任务书要求，信用评估与监测预警系统主要包含以下功能。

数据处理：鉴于目前收集到的数据，大多是网上下载获取的，在进入系统之前要完成数据的预处理，方便原型系统的使用。

模型管理：信用评估模型的增、删、改、查及模型参数的设定等功能。

模型训练：用来创建训练任务，根据模型的参数通过训练数据对模型进行智能化训练，从而达到参数最佳配置，为下一步信用评估计算做准备。

信用评估计算：使用训练好的评估模型，对真实数据进行计算，计算出信用评估的违约概率值。

信用等级评估：按照系统设定的四等十级的标准，根据计算得出的违约概率值，计算出信用等级。

监测预警：利用项目课题研究的关键技术，对计算得出的信用等级结果，通过统计图表、地理信息、知识图谱等技术完成监测预警内容的可视化。

信用评估报告：根据信用等级评估结果，结合监测预警的结果，形成信用评估报告，从总体上对信用评估对象给出相应的结论。

7.1.3 总体设计方案

根据用户需求，合理划分各个功能，系统架构设计合理，既可满足当前的需求，又具有可拓展性，适应业务的发展变化。

信用评估与监测预警技术系统采用多层架构，使整个系统体系架构在保持稳定的同时具有足够的可扩展性，以满足技术和业务的发展变化；采用符合行业标准的应用集成产品和技术，建立有效集成的应用系统；采用先进的产品和技术；考虑产品和技术的成熟性，保证系统的稳定性、可用性和可拓展性。

采用面向对象技术，使系统高度结构化、模块化、层次化。每个模块完成相对独立的功能，模块之间的接口定义规范，使模块功能的变化相对独立，不影响整个系统的功能和结构。选择支持多种操作平台服务器的软件系统，具有良好平台移植性的开发语言去开发程序。充分利用项目、课题研究完成的关键技术、专利等先进算法，尽量利用各成熟的数据系统软件为该项目服务，缩短开发周期，降低成本。系统安全和数据安全是一个网络应用系统应该首先考虑的问题。对于一个相对庞大的系统来说，需要根据需求对系统管理分别设置权限，不同用户维护不同数据。坚持在高性能、高可靠性的前提下进行投资，在最佳成本的前提下获得最大的社会效益和经济效益。

7.2 系统设计

7.2.1 需求调研

随着人类社会的不断进步，征信从无到有发展至今，其重要性越来越被人们所认识。征信是指为信用活动提供的信用信息服务，分为企业征信和个人征信。其中，依法设立的个人征信机构对个人信用信息进行采集和加工，根据用户要求提供个人信用信息查询和凭借服务的活动。而征信体系则是指由与征信活动有关的法律规章、组织机构、市场管理、文化建设、宣传教育等共同构成的一个体系。

到目前为止，美国和欧洲国家的征信业已比较成熟。个人征信最早正式出现于美国。中国的征信业起步较晚，个人征信业直到20世纪90年代才逐步发展起来，目前随着金融体制改革的不断深化和对外经济交往活动的日益频繁，我国征信业得到了较大的发展。特别是随着互联网时代的到来和互联网金融的兴起，基于互联网的大数据征信已越来越被重视。相比传统的个人征信而言，当下的个人征信有着许多优势。

由于经济迅速发展，我国征信需求迫切，对信用风险评估的方式也需要进行更深入的研究。尤其是监控预警体系的建立可以有效地做出应对突发事件的决策，从而避免不必要的损失。2006年3月，中国人民银行征信中心成立，标志着我国的公共征信体系正式开始构建。同年，全国统一的企业和个人信用信息基础数据库投入使用，意味着我国个人征信体系在硬件上已经完成了初步的准备工作。健全并完善信用评估体系，才能降低信用成本及其风险。

我国经济要快速发展，就要有健全完善的个人信用体系，这是市场经济不可或缺的一部分。我国的信用体系还不完善，在一定程度上影响了我国经济的发展，因此我国个人信用体系的健全和完善需要我们更好地探究和完善，为我国社会主义市场经济的健康快速发展而服务。

7.2.2 数据库设计

(1) 数据库管理服务系统

数据库管理服务系统提供数据管理、维护、更新和服务的功能。系统采用国产安全数据库产品，提供对专题资源库、综合信息资源库、资源目录、索引库、元数据库等的管理功能，对数据库中的数据实现科学的组织和存储以及有效的获取和维护。

选用的安全数据库产品必须是具有自主知识产权的通用数据库系统，具有完整的大型通用的关系数据库系统特征，能提供高效完备的数据库管理服务功能，是入选国家自主创新产品目录的唯一数据库产品，采用成熟的关系数据库模型，支持SQL语言，提供多种符合标准的数据访问接口，适合各行业的应用需求。

(2) 数据库管理服务系统主要功能组成

数据定义管理：使用DBMS提供的数据定义语言，对数据库中的数据对象、身份鉴别、用户权限、数据访问及资源限制等进行定义。

数据操纵管理：MPP并行处理、多种数据分区及优化管理、海量数据管理，使用DBMS提供的数据操纵语言，实现对数据库的基本操作，如查询、插入、删除和修改等。

数据库控制管理：数据库的控制功能包括双机热备，并发控制，安全角色控制，对数据库管理员、安全审计员及安全管理员的三权分立管理，数据的安全性控制，数据的完备性控制和权限控制，保证数据库系统正确有效地运行。

数据库维护管理：维护功能包括物理日志数据复制、逻辑日志数据复制、数据库出现故障后的数据恢复、容错管理、数据库的重组、性能监视等。

7.2.3 系统架构设计

系统总体架构如图7.2.1所示，主要由数据资源层、关键技术层、模型算法层、工具层、功能层组成。

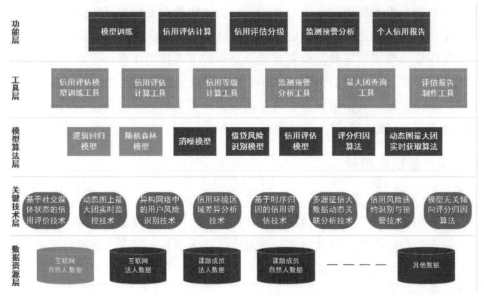

图7.2.1 系统总体架构

数据资源层：主要包括互联网自然人数据、互联网法人数据、课题成员法人数据、课题成员自然人数据以及其他数据等，提供综合信息的一体化管理、存取、维护更新、信息资源主题化描述与关联、信息资源服务等功能，为应用支撑层提供应用所需要的数据。

关键技术层：主要是由项目、课题研究的成果组成，为模型、算法提供技术支撑，具体包括基于社交媒体状态的信用评价技术、动态图上最大团实时监控技术等。

模型算法层：主要是信用评估使用到的具体模型，例如：随机森林、逻辑回归等，以及由项目、课题关键技术支撑下完成具体算法，例如：动态图最大团实时获取算法等，为原型系统中包含的工具构件提供支撑。

工具层：包括模型管理工具、模型训练工具、信用评估计算工具、监测预警分析工具、最大团查询工具、评估报告制作工具等。

功能层：模型管理、模型训练、信用评估计算、监测预警分析等。

7.2.4 功能设计

7.2.4.1 数据管理

(1) 数据来源

第一，项目内部数据来源。

项目内部完成相关信用数据的统计收集工作，相关数据信息如下。

从中国城市商业信用环境指数官网收集 2010—2018 年我国近 300 个城市的商业信用环境指数(CEI)数据。

从国家统计局官网收集 2009—2019 年中国城市统计年鉴，从中提取社会经济指标作为城市商业信用环境的解释变量，相关变量见表7.2.1。

表7.2.1 中国城市统计年鉴社会经济指标

分类	变量名称	单位
区域经济	地区生产总值	万元
	地区生产总值增长率	%
	人均地区生产总值	元
	社会消费品零售总额	万元
人口数量	年末户籍人口	万人
行政管理	地方一般公共预算支出	万元
	地方一般公共预算收入	万元
	流动资产合计	万元
	固定资产合计	万元
	主营业务税金及附加	万元
金融体系	年末金融机构人民币各项贷款余额	万元
	年末金融机构人民币各项存款余额	万元
	住户存款余额	万元
工业企业	工业企业数	个
科技教育	科学技术支出	万元
	普通高等学校	个
	在校学生人数	人
	教育支出	万元
失业就业	城镇单位从业人员期末人数	人
	城镇私营和个体从业人员	人
	城镇登记失业人员数	人

第二，网上开源数据来源。

基于项目内部数据搜集情况不理想，本系统所使用的数据来源于kaggle(为开发商和数据科学家提供举办机器学习竞赛、托管数据库、编写和分享代码的平台），训练样本数据15万条，测试样本数据10万条。数据中变量11个，包括"好坏客户""可用额度比值""年龄""逾期30～59天笔数""负债率""月收入""信贷数量""逾期90天笔数""固定资产贷款量""逾期60～89天笔数""家属数量"。数据字典见表7.2.2。

表7.2.2　各数据字段所对应的中文名称

标号	变量标签	变量解释
0	SeriousDlqin2yrs	好坏客户
1	RevolvingUtilizationOfUnsecuredLines	可用额度比值
2	age	年龄
3	NumberOfTime30-59DaysPastDueNotWorse	逾期30～59天笔数
4	DebtRatio	负债率
5	MonthlyIncome	月收入
6	NumberOfOpenCreditLinesAndLoans	信贷数量
7	NumberOfTimes90DaysLate	逾期90天笔数
8	NumberRealEstateLoansOrLines	固定资产贷款量
9	NumberOfTime60-89DaysPastDueNotWorse	逾期60～89天笔数
10	NumberOfDependents	家属数量

(2) 数据处理

本课题关键技术之一——大数据征信归因分析及模型可解释性提升技术，课题组对常用的决策性算法在征信数据中的应用效果进行比较和研究，并根据调研方案提出了基于协同学习的消噪模型(Co-Training with Mutual Information re-weighted Distribution, CT-MID)，将协同学习的思想应用到众包任务中，并通过互信息来指导协作训练的过程，解决了模型所使用的数据带噪、缺失与冗余情况，提升了模型的适应能力，提高了模型精度。

本课题专利之一——一种基于多维数据立方体的数据处理方法及电子装置和关键技术，考虑未来对多维数据的使用，课题组研究了基于多维数据立方体的数据处理方法实现方案，该方法基于汇聚的各类数据，利用地理网格划分、文本分词和本体构建等技术，解决了大量数据的分析问题，为后续大规模征信数据的存储与查询提供技术支持。

本课题关键技术之一——动态流数据的频繁模式挖掘技术，在动态流式数据以及以树形结构组织的用户数据情形下，高效实现频繁模式挖掘的算法，为未来涉及使用的多源数据提供分析与挖掘提供技术支持。

(3) 模型训练

第一，基于联邦学习的模型训练方法。

本课题专利之一——基于联邦学习的个人资质评估方法、装置、系统及存储介质，该专利涉及的模型训练方法以联邦学习技术实现多源数据共享时的数据去中心化，保证了数据信息的隐私与模型训练结果的共享。具有将模型训练部署到服务器的特点，能够有效解决作为参与方的外部机构可能不具备模型训练能力的问题。

该实施环境分为四个基础层与一个表现层，表现层主要为前端页面展示以及与后台数据打通，其他层分别表述如下。

数据访问层：通过将参与方内部杂乱的数据存储形式，转为统一规整的结构化数据接入大数据平台，实现对外提供一致 Hive 接口。为了实现对这些异构数据的抽取，数据访问层内部署多元数据转换器，从而将不同格式的数据转换为统一的数据格式。

数据处理层：数据进行一系列的清洗、转换等操作，从而使得数据满足模型训练对数据的要求，包括但不限于离群值检测、数据分箱、特征编码、数据降维、数据平衡与样本对齐等。

联邦学习层：本方法提供的个人资质评估系统被布置在联邦层内，评估系统内的各参与方并与中心服务器进行通信，进行模型的训练。

业务逻辑层：实现并封装可实行包括用户信息登记、后台数据审核、评估标准制定、资质评分生成、评估模型微调、用户标签存取、元数据信息标注、可视化信息展示等业务逻辑。

第二，基于批归一化的模型训练优化方法。

课题组设计了 GPU 计算单元之间同步的方案——基于 GPU 片上存储的批归一化方法，能够从底层提升用户行为分析的计算效率。

批归一化作为当前数据处理、机器学习和深度学习等工作中常见的操作，访存性能是制约性能的关键。近两年出现的新型 GPU 提供了容量相对较大的片上存储，使用课题组提出的解决方案，能够充分利用新型 GPU 上的片上高速存储从而提高批归一化操作的性能，为系统在使用模型对用户行为分析训练时提供底层技术支撑。

7.2.4.2 模型管理

模型管理可以创建修改模型。添加模型时，需填写模型名称、模型类型；上传模型 Python 文件，文件后缀为 .py；上传该模型需要的参数，如逻辑回归模型需上传penalty、dual等参数,文件后缀名为.xls。如图7.2.2、图7.2.3所示。

图7.2.2　添加模型

图7.2.3　上传参数

本课题关键技术之一——大数据征信归因分析及模型可解释性提升技术和基于胶囊网络的征信模型评估技术,利用关键技术中对模型可解释性提升技术的研究和征信模型的研究，我们在系统中所提供的模型有逻辑回归、随机森林、LightGBM，以及胶囊网络评估模型。课题组提出的基于决策树的改进优化算法LightGBM和胶囊网络评估模型算法，使用该算法进行违约风险预警，能够较为明显地提升违约预测效果。如图7.2.4所示。

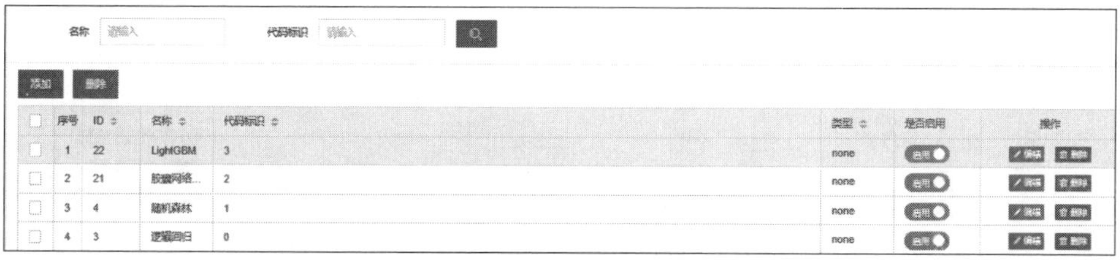

图7.2.4　模型展示

7.2.4.3　信用评估模型训练

信用评估违约概率模型系统的模型列表，展示了系统中的违约概率模型，包括模型的名称、模型文件的大小等内容。可在任务列表中选择需要使用模型。模型列表展示如图7.2.5所示。

图7.2.5　任务列表

(1) 检索

在模型列表所展示的模型中选择需要使用的训练模型，在搜索框中输入任务名称进行搜索，如图7.2.6所示。该搜索为模糊搜索，方便检索所需要的训练模型。

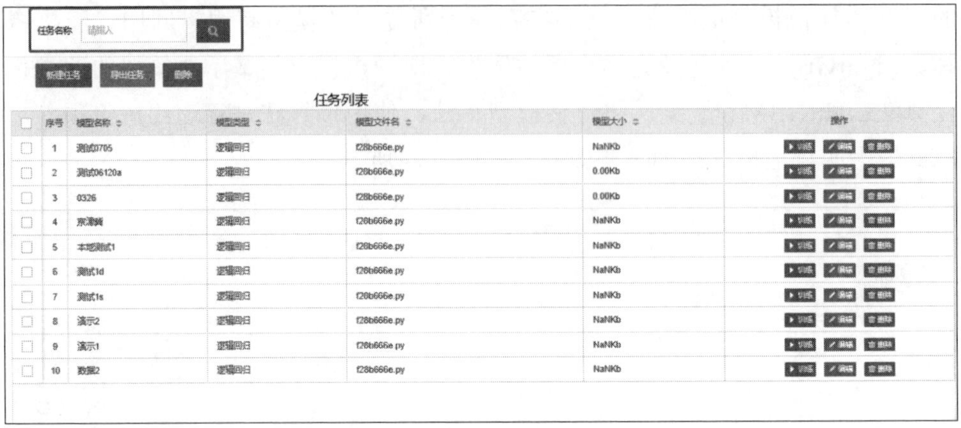

图7.2.6 模型搜索

搜索出的模型结果和搜索出的模型信息会在模型列表中进行展示，展示概率信息包括模型的名称、模型文件的大小等内容。如图7.2.7所示。

图7.2.7 模型搜索结果

在模型列表提供的模型中包括逻辑回归、随机森林、LightGBM，以及胶囊网络等评估模型，可对提供的模型进行搜索和选择使用。

(2) 新增

新建模型的使用包括新建任务、选择要上传的模型名称、训练数据的上传、训练模型、模型导出和模型的删除。

点击搜索栏下侧的"新建任务"按钮并选择存储路径，添加要使用的模型文件，如图7.2.8所示。

图7.2.8　新建模型

点击"新建任务"后会弹出弹框，点击弹框中的模型名称选择框，选择模型名称。选择模型名称后，下面会出现该模型所需参数数据，可选择用户自己所需参数；如不选中参数，参数则为默认值。如图7.2.9、图7.2.10所示。

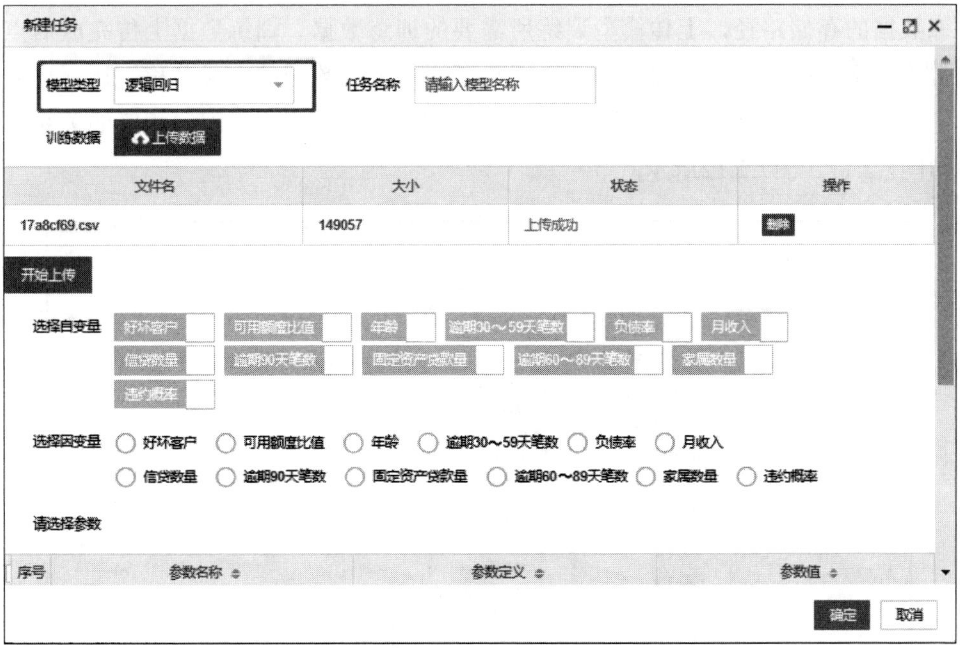

图7.2.9　选择模型

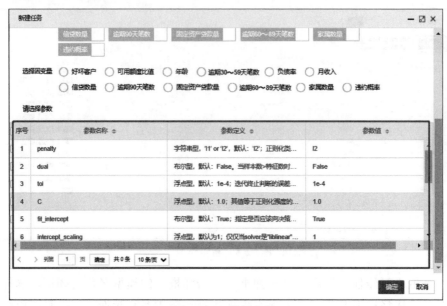

图7.2.10 模型参数

模型上传完成后，上传模型的训练数据，点击"上传数据"按钮，选择训练数据的存储路径，上传模型训练所需要的训练数据。训练数据上传完成后点击"确定"按钮，上传完数据后，用户可根据上传数据的字段名称，选择自变量以及因变量，字段名称匹配用户可在系统管理数据字典中配置相应的关系。如图7.2.11、图7.2.12所示。

图7.2.11 上传数据

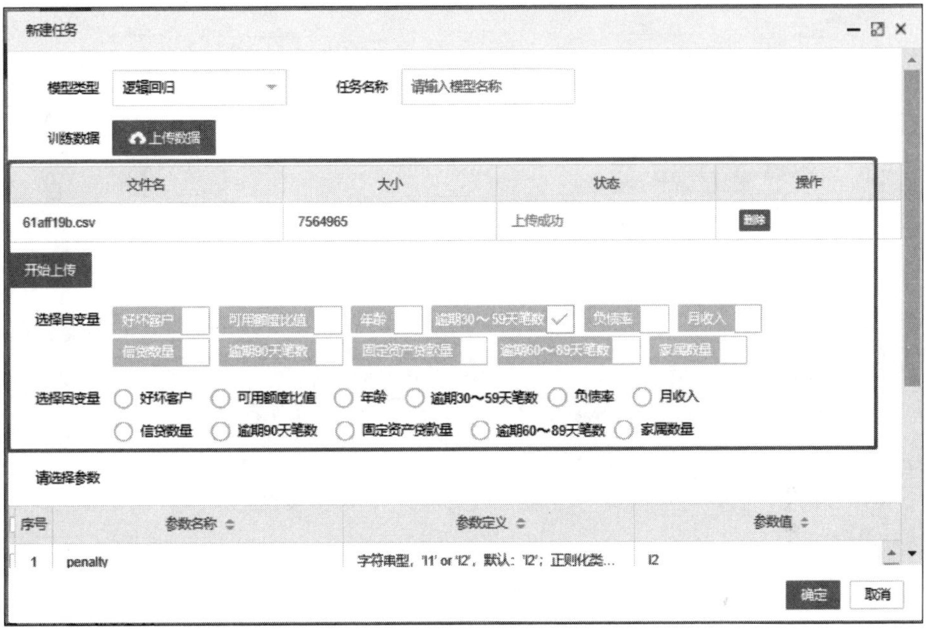

图7.2.12　选择自变量和因变量

(3) 编辑

在右侧的操作栏中，点击"编辑"按钮对选择搜索出的模型进行下一步的编辑模型操作，如图7.2.13、图7.2.14和图7.2.15所示。

图7.2.13　编辑模型操作

图7.2.14　任务编辑

图7.2.15　任务训练

(4) 删除

对于任务列表中的训练模型也可以进行删除操作,如图7.2.16所示,点击模型列表右侧操作栏中的"删除"按钮即可删除。

图7.2.16　任务删除操作

用户可点击左侧多选选择框,再点击上方"删除"按钮,对数据进行多个删除。如图7.2.17所示。

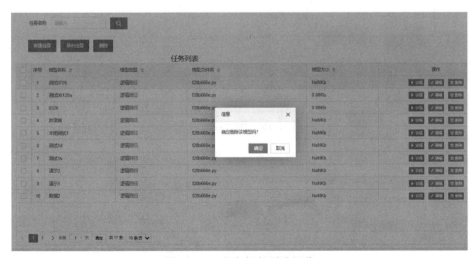

图7.2.17　多个任务删除操作

(5) 导出

点击搜索栏下的"新建任务"按钮并选择存储路径,添加要使用的模型文件,如图7.2.18所示。

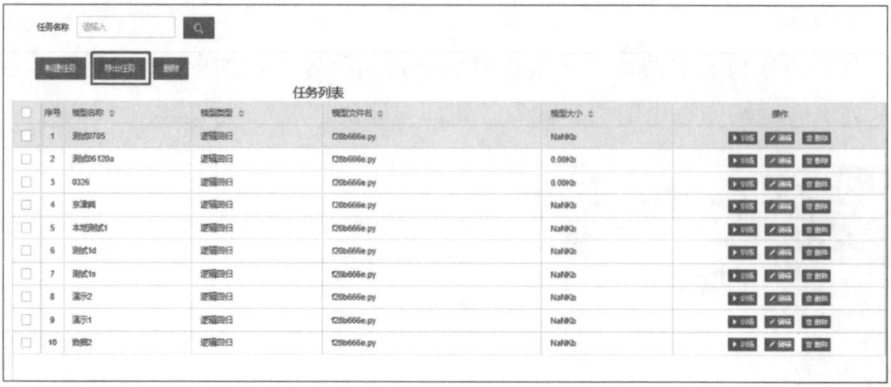

图7.2.18　导出模型任务

下载的zip压缩包里面的文件，包括训练的数据、Csv文件、Python文件、已经存放的位置、xls文件。如图7.2.19、图7.2.20所示。

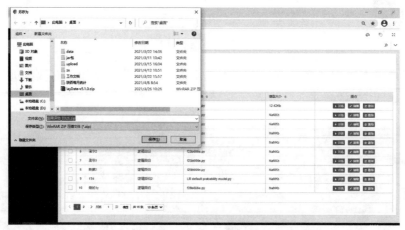

图7.2.19　选择导出位置

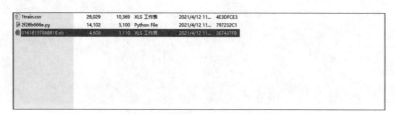

图7.2.20　导出内容

7.2.4.4　信用评估计算

模型训练完成后，可使用已经创建好的模型来对数据进行计算，并将计算结果违约概率展示在页面下方以便查看，如图7.2.21、图7.2.22所示。

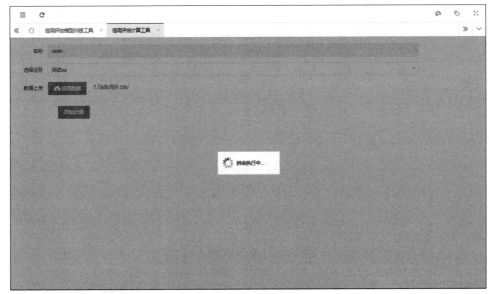

图7.2.21　开始计算

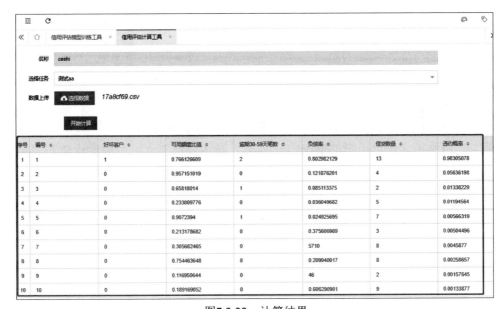

图7.2.22　计算结果

7.2.4.5　信用等级评估

主页面展示了训练好的模型内容，包括模型的名称、训练数据名称、数据训练数量等内容，如图7.2.23所示。

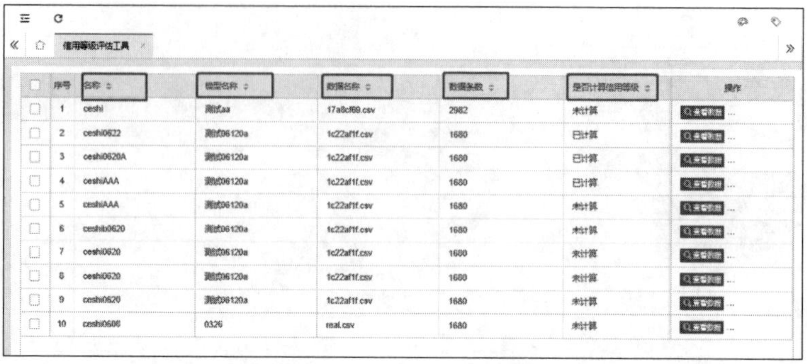

序号	名称	模型名称	数据名称	数据条数	是否计算信用等级	操作
1	ceshi	测试aa	17a8cf69.csv	2982	未计算	
2	ceshi0622	测试06120a	1c22af1f.csv	1680	已计算	
3	ceshi0620A	测试06120a	1c22af1f.csv	1680	已计算	
4	ceshiAAA	测试06120a	1c22af1f.csv	1680	已计算	
5	ceshiAAA	测试06120a	1c22af1f.csv	1680	未计算	
6	ceshib0620	测试06120a	1c22af1f.csv	1680	未计算	
7	ceshi0620	测试06120a	1c22af1f.csv	1680	未计算	
8	ceshi0620	测试06120a	1c22af1f.csv	1680	未计算	
9	ceshi0620	测试06120a	1c22af1f.csv	1680	未计算	
10	ceshi0608	0326	real.csv	1680	未计算	

图7.2.23 信用等级评估页面

点击右侧操作栏“查看数据”按钮，可以查看需要计算信用分数人员的基本信息，如图7.2.24所示。

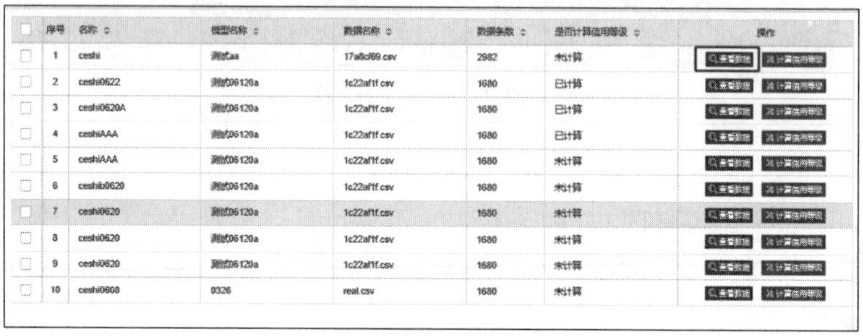

序号	名称	模型名称	数据名称	数据条数	是否计算信用等级	操作
1	ceshi	测试aa	17a8cf69.csv	2982	未计算	
2	ceshi0622	测试06120a	1c22af1f.csv	1680	已计算	
3	ceshi0620A	测试06120a	1c22af1f.csv	1680	已计算	
4	ceshiAAA	测试06120a	1c22af1f.csv	1680	已计算	
5	ceshiAAA	测试06120a	1c22af1f.csv	1680	未计算	
6	ceshib0620	测试06120a	1c22af1f.csv	1680	未计算	
7	ceshi0620	测试06120a	1c22af1f.csv	1680	未计算	
8	ceshi0620	测试06120a	1c22af1f.csv	1680	未计算	
9	ceshi0620	测试06120a	1c22af1f.csv	1680	未计算	
10	ceshi0608	0326	real.csv	1680	未计算	

图7.2.24 用户数据查看

点击“查看数据”按钮后弹出弹框，显示了每个用户的信息情况，如图7.2.24所示。每位用户的情况信息包括“好坏客户”“可用额度比值”“年龄”“逾期30～59天笔数”“负债率”“月收入”“信贷数量”“逾期90天笔数”“固定资产贷款量”“逾期60～89天笔数”“家属数量”。如图7.2.25所示。

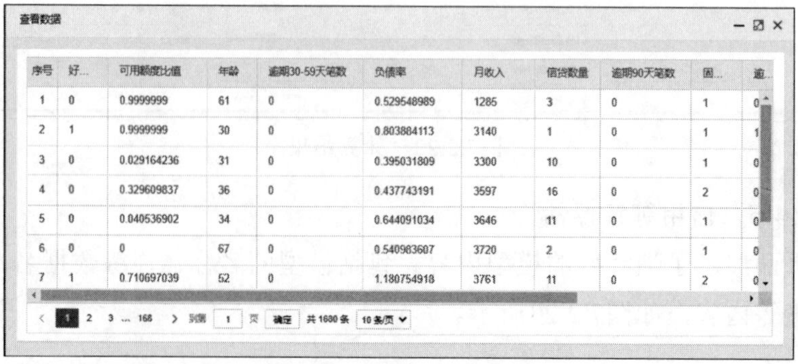

查看数据

序号	好...	可用额度比值	年龄	逾期30-59天笔数	负债率	月收入	信贷数量	逾期90天笔数	固...	逾...
1	0	0.9999999	61	0	0.529548989	1285	3	0	1	0
2	1	0.9999999	30	0	0.803884113	3140	1	0	1	1
3	0	0.029164236	31	0	0.395031809	3300	10	0	1	0
4	0	0.329609837	36	0	0.437743191	3597	16	0	2	0
5	0	0.040536902	34	0	0.644091034	3646	11	0	1	0
6	0	0	67	0	0.540983607	3720	2	0	1	0
7	1	0.710697039	52	0	1.180754918	3761	11	0	2	0

< 1 2 3 ... 168 > 到第 1 页 确定 共1680条 10条/页

图7.2.25 用户信息情况

点击"计算信用等级"按钮，可以根据用户的违约概率计算用户的信用分数，如图7.2.26所示。

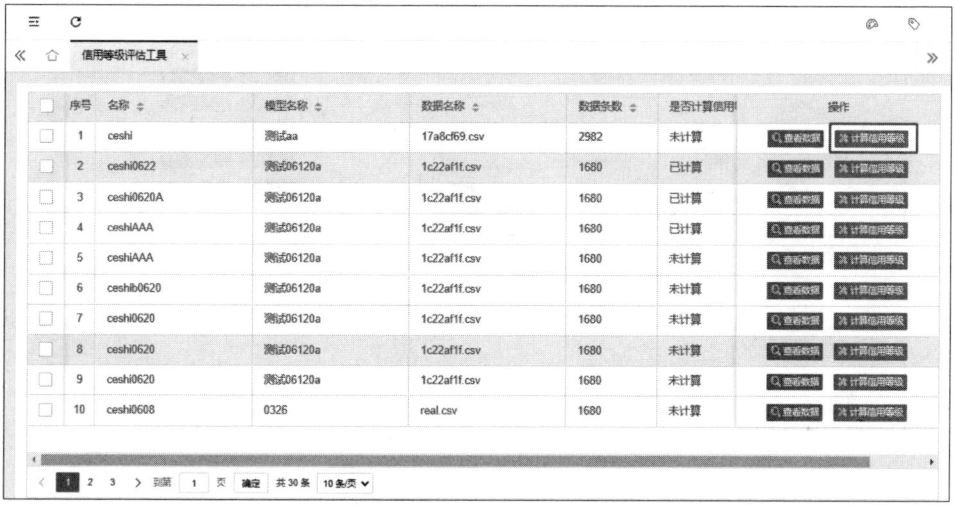

图7.2.26　信用分数计算

点击"计算信用等级"按钮，弹出弹框，可以对信用分数计算公式进行选择，公式选择"默认参数"，如图7.2.27所示，具体公式计算的设置见7.2.4.8系统管理中"(3)概率公式"的介绍。

图7.2.27　信用分数计算公式的设置

设置完成后点击"确定"按钮，系统就会开始计算用户的信用分数，计算完成后页面会提示计算成功，如图7.2.28所示。

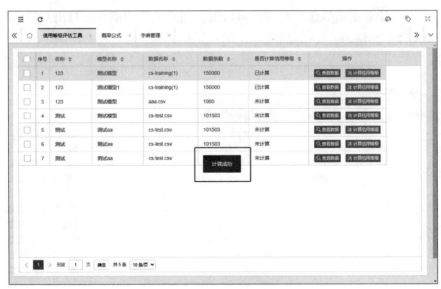

图7.2.28　信用分数的计算

计算成功后点击右侧操作栏中的"查看数据"，可以查看已经计算出的用户信用分数，如图7.2.29所示。

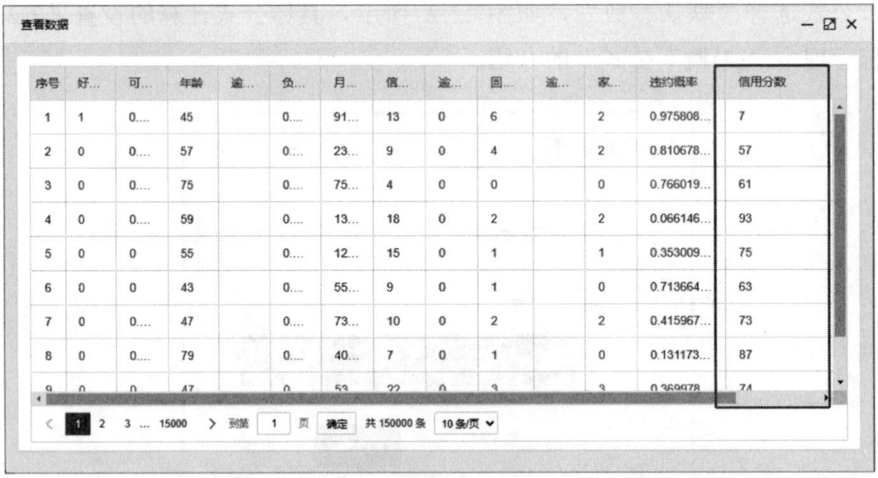

图7.2.29　查看用户信用分数的计算结果

信用等级评估是对已经计算好违约概率的数据进行等级计算，用户可选择计算信用等级的公式。信用分数是对用户信用等级的计算，用户的信用等级按照国际通用的四等十级的方法进行信用分数与信用等级的对应，对应规则见表7.2.3。

表7.2.3　信用分数与信用等级对应表

信用分数	等级	信用记录	信用能力	风险程度
91～100	AAA	极好	很强	几乎无风险
81～90	AA	优良	可靠	基本无风险
71～80	A	较好	较稳定，可能有波动	风险较小
61～70	BBB	一般	基本稳定，容易产生一定波动	稍有风险
51～60	BB	欠佳	不稳定，容易产生较大波动	有一定的风险
41～50	B	较差	较低	有较大风险
31～40	CCC	很差	很低	有很大风险
21～30	CC	太差	基本无能力	有重大风险
11～20	C	极差	基本无信用	有极大风险
0～10	D	没有信用	无信用	充满风险

点击页面右侧操作栏中的"计算信用等级"按钮，进行用户信用等级的计算，如图7.2.30所示。

图7.2.30　信用等级的计算

信用等级计算完成后页面中"是否计算信用等级"一栏会显示用户信用等级的计算情况，完成计算的显示"已计算"，没有计算的显示"未计算"，如图7.2.31所示。

图7.2.31　信用等级计算完成情况

点击页面右侧操作栏中的“查看数据”按钮，可以查看已经计算出来的用户信用等级，如图7.2.32所示。

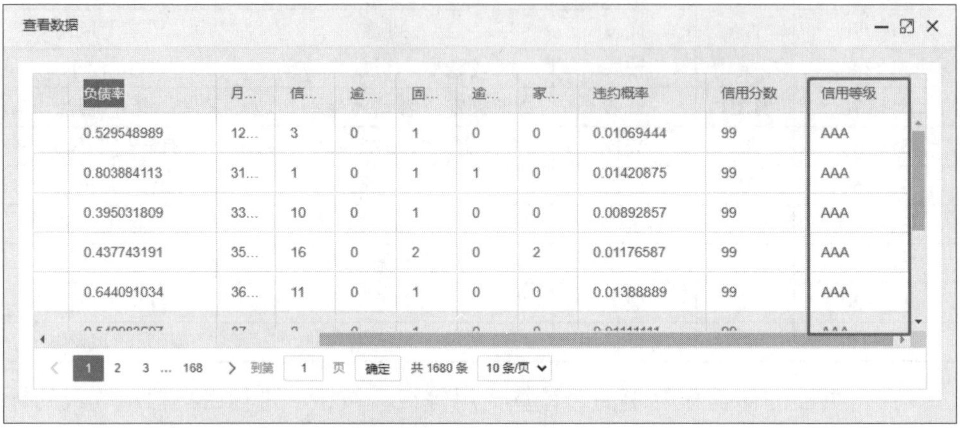

查看数据

负债率	月...	信...	逾...	固...	逾...	家...	违约概率	信用分数	信用等级
0.529548989	12...	3	0	1	0	0	0.01069444	99	AAA
0.803884113	31...	1	0	1	1	0	0.01420875	99	AAA
0.395031809	33...	10	0	1	0	0	0.00892857	99	AAA
0.437743191	35...	16	0	2	0	2	0.01176587	99	AAA
0.644091034	36...	11	0	1	0	0	0.01388889	99	AAA

< 1 2 3 ... 168 > 到第 1 页 确定 共 1680 条 10 条/页

图7.2.32　查看用户信用等级的计算结果

7.2.4.6　信用评估风险预警分析

(1) 信用评估风险预警统计分析

风险预警评估是对已有的数据进行统计展示，用户可根据信用等级，选择对应的数据表进行模糊查询。在数据表下以统计图的形式展示出来，可以直观地展示出各个信用等级所占比例，每个类型中按照年龄段和收入分析进行柱状图展示。如图7.2.33和图7.2.34所示。

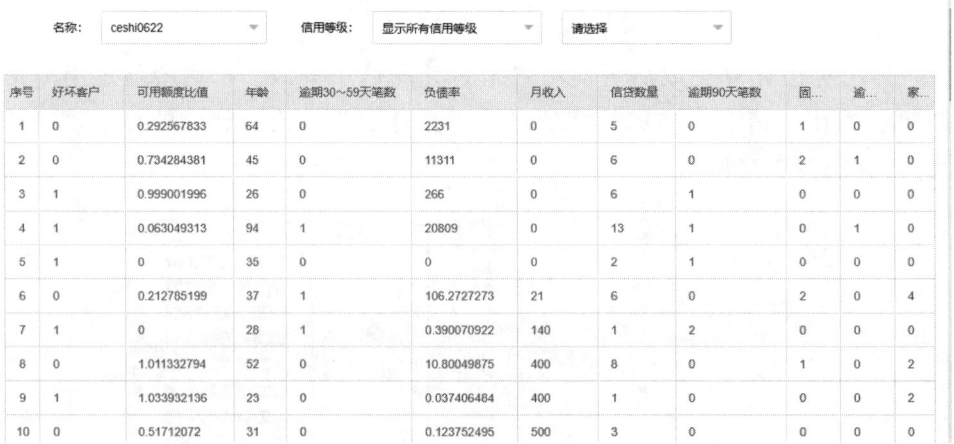

名称：ceshi0622　信用等级：显示所有信用等级　请选择

序号	好坏客户	可用额度比值	年龄	逾期30~59天笔数	负债率	月收入	信贷数量	逾期90天笔数	固...	逾...	家...
1	0	0.292567833	64	0	2231	0	5	0	1	0	0
2	0	0.734284381	45	0	11311	0	6	0	2	1	0
3	1	0.999001996	26	0	266	0	6	1	0	0	0
4	1	0.063049313	94	1	20809	0	13	1	0	1	0
5	1	0	35	0	0	0	2	1	0	0	0
6	0	0.212785199	37	1	106.2727273	21	6	0	2	0	4
7	1	0	28	1	0.390070922	140	1	2	0	0	0
8	0	1.011332794	52	0	10.80049875	400	8	0	1	0	2
9	1	1.033932136	23	0	0.037406484	400	1	0	0	0	2
10	0	0.51712072	31	0	0.123752495	500	3	0	0	0	0

图7.2.33　风险预警主页面

第7章 信用评估监测预警技术及系统 | 349

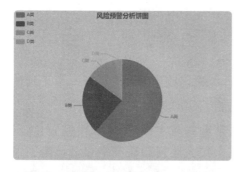
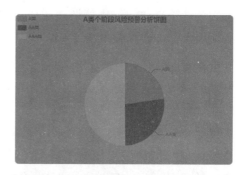
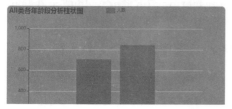
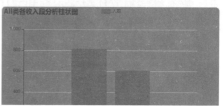

图7.2.34 风险预警页面

(2) 信用环境影响因素分析

本课题关键技术之一——基于评估树模型的信用状况影响因素局部解释关键技术和我国城市个人信用分评价方法研究，利用全部年份的城市CEI指数和相应社会经济特征建立样本数据集，基于XGBoost算法建立CEI指数与社会经济影响因素的回归模型，分析影响因素对CEI指数的总体解释度和每个影响因素的重要性。最后引入TreeSHAP解释模型分析社会经济影响因素在不同值域区间内对信用环境的影响及差异。

(3) 关系图展示

随着当前反欺诈技术的进步，金融欺诈越来越难以由个体完成，而是需要通过团伙有组织地进行。关系网络提供了全新的反欺诈分析角度，采用关系网络进行反欺诈检测变得越来越重要。利用客户交易关联信息和申请关联信息可以构建凸显异常行为的复杂关系网络。该网络是一种基于图的数据结构，由节点和边组成，每个节点代表一个个体，每条边为个体与个体之间的关系。关系网络把不同的个体按照其关系连接在一起，从而提供了从"关系"的角度分析问题的能力。

社区发现是从复杂网络中，通过识别其中具有特定规律的社团或子网络，进而对复杂网络进行划分，找出其中节点潜在的联系规律的一种技术。在交易反欺诈和申请反欺诈领域中，利用社区发现技术对关系网络进行分析挖掘，可以有效地识别出网络内的欺诈团伙，预防欺诈行为的发生。

最大团即最大最完全子图，对于社区发现具有基础性意义，完全子图即对应最紧密的社区。现实中的图是不断变化的，课题参与单位北京大学团队首次研究了动态图上最大团的演化规律，创新性地采用刷新必要性估计与基于阈值的刷新等策略实现了对动态图上最大团连续、实时的监控。大规模真实图上实验验证表明所提出的方法是有效的，其性能相对于基准算法有一到两个数量级的优势。该成果填补了国际上动态图上最大团问题研究空白，该论文发表在数据科学领域顶级学术期刊《IEEE Transactions on Knowledge and Data Engineering》(IEEE TKDE)上。

我们利用此项成果开发了信用用户的相关关系图，如图7.2.35所示。

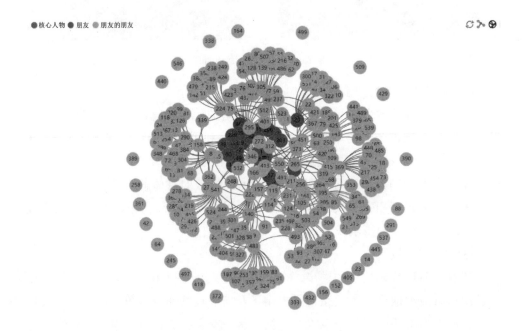

图7.2.35 关系图展示

7.2.4.7 信用评估报告

信用评估报告显示个人信用具体情况并以书面形式展示出来。其中，信用等级展示的数据包括了"用户可用额度比值""负债率""信贷数量""固定资产贷款量""同信用等级用户数值"，以及"同信用等级用户排名"等。如图7.2.36所示。

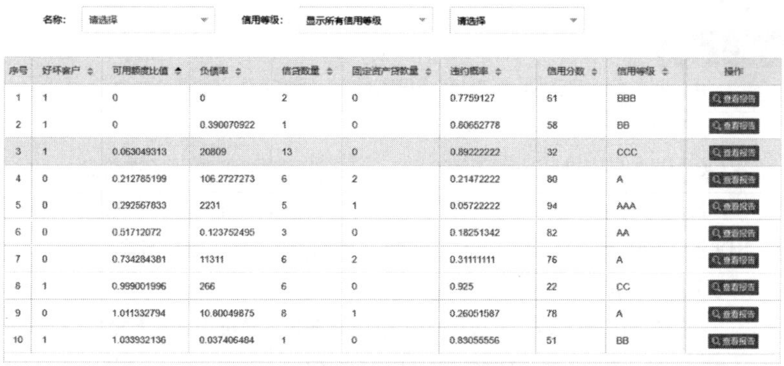

图7.2.36 数据展示

用户可根据信用等级来筛选展示数据,如图7.2.37所示。

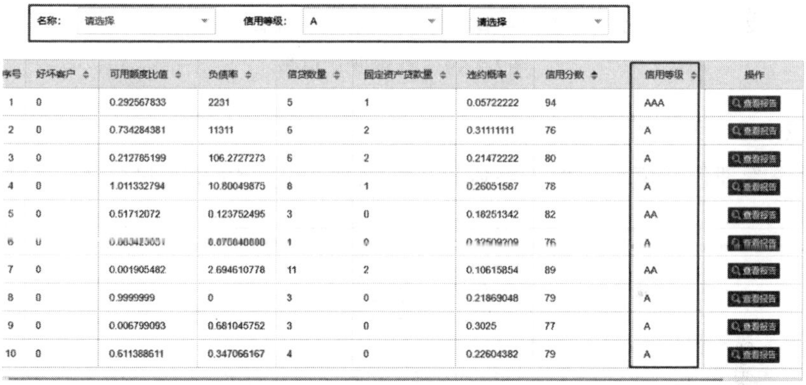

图7.2.37 筛选展示数据

点击右侧"查看报告",可查看用户详细信用情况,如图7.2.38、图7.2.39所示。

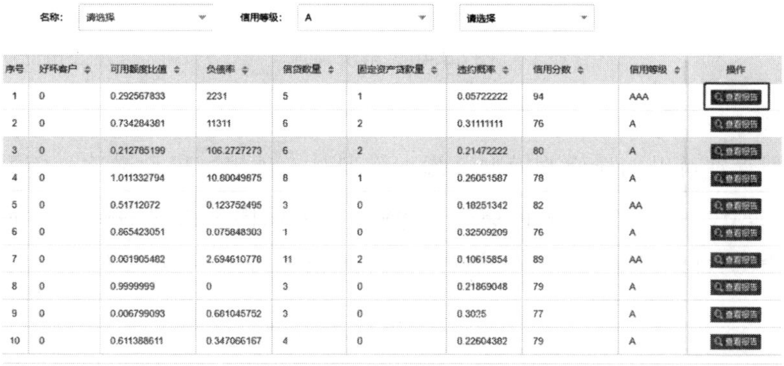

图7.2.38 查看报告

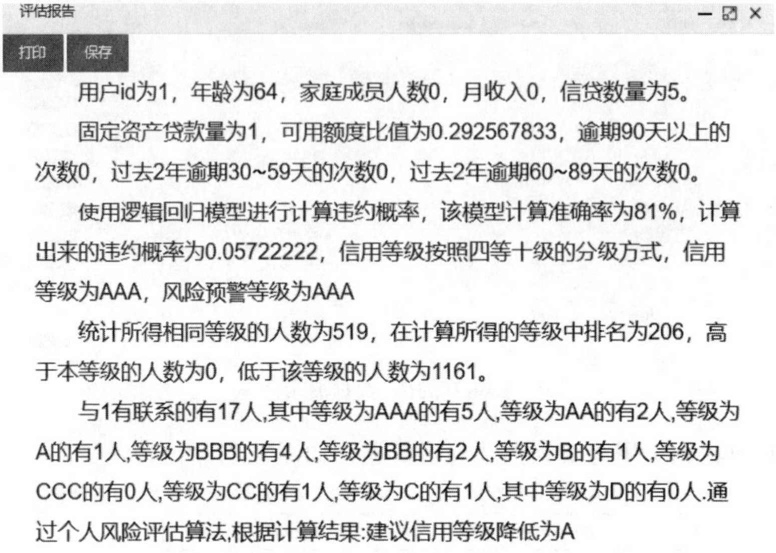

用户id为1，年龄为64，家庭成员人数0，月收入0，信贷数量为5。

固定资产贷款量为1，可用额度比值为0.292567833，逾期90天以上的次数0，过去2年逾期30~59天的次数0，过去2年逾期60~89天的次数0。

使用逻辑回归模型进行计算违约概率，该模型计算准确率为81%，计算出来的违约概率为0.05722222，信用等级按照四等十级的分级方式，信用等级为AAA，风险预警等级为AAA。

统计所得相同等级的人数为519，在计算所得的等级中排名为206，高于本等级的人数为0，低于该等级的人数为1161。

与1有联系的有17人，其中等级为AAA的有5人，等级为AA的有2人，等级为A的有1人，等级为BBB的有4人，等级为BB的有2人，等级为B的有1人，等级为CCC的有0人，等级为CC的有1人，等级为C的有1人，其中等级为D的有0人。通过个人风险评估算法，根据计算结果：建议信用等级降低为A

图7.2.39　查看评估报告

7.2.4.8　系统管理

系统管理包括模型管理、字典管理、概率公式，以及回归方法，如图7.2.40所示。

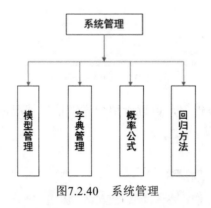

图7.2.40　系统管理

(1) 模型管理

模型管理可以创建修改模型。添加模型时，须填写模型名称、模型类型；上传模型Ppython文件，文件后缀为.py；上传该模型需要的参数，如逻辑回归模型需上传penalty、dual等参数，文件后缀名为.xls。如图7.2.41、图7.2.42所示。

第 7 章 信用评估监测预警技术及系统

图7.2.41 添加模型

图7.2.42 上传参数

(2) 数据字典

数据字典是用来记录数据表字段所对应的中文名称的，上传数据中所使用的数据字段对应关系见表7.2.4。页面展示如图7.2.43所示。

表7.2.4 各数据字段对应的中文名称

标号	变量标签	变量解释
0	SeriousDlqin2yrs	好坏客户
1	RevolvingUtilizationOfUnsecuredLines	可用额度比值
2	age	年龄

(续表)

标号	变量标签	变量解释
3	NumberOfTime30-59DaysPastDueNotWorse	逾期30~59天笔数
4	DebtRatio	负债率
5	MonthlyIncome	月收入
6	NumberOfOpenCreditLinesAndLoans	信贷数量
7	NumberOfTimes90DaysLate	逾期90天笔数
8	NumberRealEstateLoansOrLines	固定资产贷款量
9	NumberOfTime60-89DaysPastDueNotWorse	逾期60~89天笔数
10	NumberOfDependents	家属数量

图7.2.43　页面展示

数据字典添加时，名称为上传数据所对应的中文名称；代码标识为上传数据的英文名称(名称一般指上传数据文件第一行字段)；类型选择"节点"；是否启用选择"启用"状态。如图7.2.44所示。

(3) 概率公式

概率公式是用户违约概率与信用分数的具体映射，计算方法是将概率值进行排序，找出头部的20%概率值映射到80~100分，尾部的20%概率值映射到0~60分，中间的60%概率值映射到60~80分。见表7.2.6。

图7.2.44 添加字典

表7.2.6 信用分数与信用等级计算公式

违约概率值X	$0 \leqslant X < 20\%$	$20\% \leqslant X < 80\%$	$80\% \leqslant X \leqslant 100\%$
信用分数Y	$Y_1 = -100X+100$	$Y_2 = -100/3X+260/3$	$Y_3 = -300X+300$

考虑后期模型的改进,信用概率值和信用分数都可以进行阈值调节。具体操作如下。

点击页面左侧"系统管理"按钮,显示"概率公式"页面,如图7.2.45所示。

图7.2.45 系统管理概率公式设置界面

点击右侧操作栏中的"编辑"按钮，可对信用概率值和信用分数进行阈值调节，如图7.2.46所示。

图7.2.46　概率公式的编辑

点击"编辑"按钮后弹出弹框，映射方式可以拖动概率值区间和信用分区间的滚动条进行调节设定，设定完成后点击"确定"按钮，如图7.2.47所示。

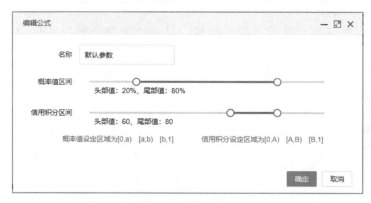

图7.2.47　阈值调节

7.2.5　接口设计

实现资源"统一规范、统一入口、统一管理、统一服务"的服务模式，其统一接口的方式包括数据接口和服务接口。

(1) 数据接口

根据信息资源整合利用的一体化思路，实现业务系统互联互通和资源共享，需从数据层实现资源整合汇聚。信用评估和预警体系提供与第三方系统的数据接口。

信用评估和预警体系系统对第三方系统提供统一的数据接口规范，明确接口类型、接口调用地址、接口版本、接口成功接到请求后的返回状态、返回信息的数据格式等，不对具体的信息参数作要求，具体要交换的字段信息由信息资源目录的信息项来确定。保障数据交互顺畅，按约定的数据格式对返回数据进行封装，可以是JSON或者XML格式数据。

(2) 服务接口

为了保证整合后的业务信息资源展示方式和展示效果与原系统保持一致，信用评估和预警体系系统需与原系统进行互联互通，通过URL或者可视化服务接口、地图服务接口调用原系统信息资源展示服务。不管用哪种方式进行连接，都需要进行信任传递，保证在接口调用或者URL地址跳转过程中，对用户信息进行信任授权，实现系统间单点登录。

7.2.6 系统部署

在对系统进行安装部署前，首先进行部署环境检测，对承载应用系统的服务器、终端和网络环境进行识别判断，检测要点包括以下内容。

第一，检查Tomat8.5.55是否安装配置妥当，日志文件是否指定了固定目录，存储空间是否充足，启动是否正常。

第二，检查MySql数据库系统是否安装好，服务是否随机启动，用户账户能否正常登录，用户过期限制是否取消等。

第三，检测应用服务器、数据库服务器、存储备份服务器之间的网络是否畅通。

第四，检测服务器开放的端口能否正常访问。

第五，检测服务器与终端之间的网络是否畅通。

7.2.7 软件安装

安装MySql数据库，下载MySql数据库，根据步骤安装，设置用户名为root，密码为Casm9202，端口号为3306，安装到指定路径。

安装navict数据管理工具，根据步骤安装成功，打开navict后，链接数据库，输入用户名、密码，确认链接。

使用MySql数据库，安装时以用户名为root，密码为Casm9202创建用户，打开navicat创建本地链接数据库。创建calculation、creditrating、creditratinggroup、model、parameter_table、sys_dictionary等数据库表。

将项目部署放到Tomcat的apache-tomcat-8.5.55\webapps文件夹下，点击apache-tomcat-8.5.55\bin文件夹下的startup.bat文件启动Tomcat，打开浏览器，输入http://localhost:8080/credit/index网址，进入信用评估登录页面，输入用户名admin，密码admin，进入系统。